J. A. Reidenbach

Amerika

Eine kurze Beschreibung der Vereinigten Staaten

weitsuechtig

J. A. Reidenbach

Amerika

Eine kurze Beschreibung der Vereinigten Staaten

ISBN/EAN: 9783943850987

Auflage: 1

Erscheinungsjahr: 2013

Erscheinungsort: Bremen, Deutschland

Amerika.

Eine

kurze Beschreibung der Vereinigten Staaten,

sowie

ein Rathgeber für Auswanderer.

Von

Pfarrer J. A. Reidenbach.

Nördlingen.

Druck und Verlag der C. H. Beck'schen Buchhandlung.

1870.

weitsuechtig

Vorwort.

Folgende auf eigener langjähriger Anschauung beruhende Darstellung wird mit dem Wunsche hinausgesandt, daß sie auch in ihrem bescheidenen Theile mit dazu beitragen möge, daß Wahrheit und Menschenwohl befördert werde. Wahrheit bedürfen wir zur Kenntniß Amerika's; Wohlfahrt sucht und bedarf der Auswanderer. Möge Gott diese Arbeit zu Beidem dienen lassen. Ich habe die Reise sechsmal über verschiedene Häfen gemacht und bin des Weges kundig; habe mich während meines langen Aufenthaltes in Amerika bemüht, das Land von den verschiedenen Seiten kennen zu lernen. Hier ist eine kleine Gabe. —

Es war beabsichtigt, dem Buche eine Karte der Vereinigten Staaten beizugeben; da aber von den in Deutschland vorhandenen keine dem Zweck entsprechend gefunden wurde, so mußte einstweilen davon Abstand genommen werden; später wird jedoch eine zuverlässige Karte mit dem Buche erscheinen.

Allen, die sich in dieser Sache an mich wenden, will ich gerne dienen.

Kirchheim u. Teck, Württemberg,
im Mai 1870.

Der Verfasser.

Inhaltsverzeichniß.

Seite.

Zweiter Theil.

An den Leser.

Wenn du, lieber Leser, eine Reise machst in ein dir unbekanntes Land, so bist du froh, wenn Jemand mit dir geht, der in diesem Lande wohl bekannt ist und der dir darum in zweifacher Weise nützlich sein kann: erstlich kann er dir den rechten Weg zeigen und dich vor allen Abwegen und Umwegen bewahren; sodann kann er dir Alles erklären, daß du viel mehr von deiner Reise hast, als wenn du allein wärest; er kann dich auf die Gefahren und Vortheile aufmerksam machen, daß du dich vor den einen hüten, die andern benutzen kannst.

Ein solch treuer Führer möchte ich dir sein, und zwar ein Führer zunächst nach den Vereinigten Staaten von Nord-Amerika. In ein anderes Land gehe ich einstweilen nicht mit. Weil ich nun aber selbst dich nicht begleiten kann, so will ich dir einen Stellvertreter mitgeben, der viele meiner Erfahrungen aufgenommen hat und sie dir mittheilen soll, wo immer es nöthig sein wird. Dieses Büchlein ist der Führer; und wenn du seinem gutgemeinten Rath treulich folgest, so wirst du bald erfahren, daß du wohl daran gethan hast.

Der **Zweck** dieses Buches ist ein doppelter: es will für Alle eine bescheidene Darstellung des Landes, des Volkes und der Verhältnisse der Ver. Staaten geben; es will sodann ein Handbuch für Auswanderer sein, ein Rathgeber, auf den sie sich verlassen, ein Führer, dem sie sich anvertrauen können. — Es versteht sich von selbst, daß hier keine ausführliche Geographie des Landes gegeben werden soll; auch eine genaue, auf's Einzelne eingehende Schilderung der Leute und Verhältnisse ist nicht beabsichtigt. Es wird ein Gesammtblick auf's Ganze geworfen; über Land und Volk wird das gesagt, was Jeder wissen sollte, der über das große und merkwürdige Land ein Urtheil fällen will und was in unserer Zeit überhaupt bekannt sein sollte, was aber, besonders für Auswanderer, die in Amerika eine Heimath suchen, zu wissen nöthig ist, wenn sie ihre Vortheile nicht versäumen wollen. — Der Verfasser will also einstweilen nur das Nöthigste sagen und hofft, damit Vielen nützlich zu sein. Ein Weiteres behält er sich für eine andere Zeit vor. Bei den vielen sich widersprechenden Berichten und noch widersprechenderen Ansichten über Amerika kann er's ruhig auf die Probe ankommen lassen; und so bescheiden sein Bericht ist, so weiß er doch, daß derselbe wahr ist. Denn er beruht zunächst nicht auf andern Darstellungen und Berichten, sondern auf eigener langjähriger Anschauung, vielen eingehenden Reisen und Studien über seinen Gegenstand. Fast alle genannten Orte hat er selbst besucht, die meisten sogar öfters und steht in Verbindung mit denen, die über die verschiedenen Fragen sichere Auskunft geben können. Es ist ihm nicht um diese oder jene Ansicht zu thun, sondern allein um die Wahrheit, und er will auch in seinem Theile mithelfen, daß diese — diese allein bekannt werde.

Wenn ich mich nun auch an Alle wende und Allen dienen möchte, so habe ich doch besonders die Auswanderer im Auge, denen diese Fragen praktisch nahe gelegt sind und die über Amerika mehr wissen sollten, als es gewöhnlich der Fall ist. Ich will ihnen aber nicht allein über Amerika erzählen, sondern ihnen auch meinen Rath ertheilen, noch ehe sie sich zur Auswanderung entschließen und sie sodann auf der Reise Schritt für Schritt begleiten. — Es ist ein weites Feld, das sich vor uns öffnet, ein großer Zug, dem wir uns anschließen und den wir, so viel wie möglich, auch führen wollen.

Ist's auch **nöthig?** könnte man fragen. — Wer die Auswanderer auf ihren Wegen so vielfach gesehen hat, wie Verfasser, und die Verhältnisse drr Landsleute in Amerika kennt, der kann nicht anders, er muß zugeben, daß hier noch recht viel gethan und geholfen werden könnte und sollte; er muß jedes Mittel willkommen heißen, das Hilfe verspricht. Ehe der Noth abgeholfen werden kann, muß man sie kennen, ehe man retten kann, muß man wissen, wo die Gefahr ist. Ich habe mich bemüht, mich sorgfältig von Allem zu überzeugen, und es ist mein Bestreben, die Leiden und Freuden des Auswanderers klar und gewissenhaft zu schildern, ohne Rücksicht auf persönliche Verhältnisse oder Sonderinteresse. In wie weit mir das gelingt, muß ich dem nachsichtigen Urtheil derer überlassen, die hierin ein Urtheil haben. Wenn ich aber durch diese Arbeit — vielleicht Vielen —

Gutes thun kann, so ist mein Wunsch erfüllt. — Doch, auch im Allgemeinen ist eine solche Arbeit wohl nicht überflüssig. Die Ansichten über Amerika bedürfen vielfach nach der einen oder der andern Seite der Berichtigung. Nach Amerika ist das Auge der Deutschen gerichtet, wie nach keinem andern Land; dort wohnen der Unsern so viele, wie sonst nirgends. Wir müssen wissen, wie es ihnen geht, müssen das Land kennen, das so Viele an sich zieht und die Aufmerksamkeit der Welt auf sich lenkt. Alles, was hierüber sichern Aufschluß gibt, muß uns willkommen sein; denn es handelt sich hier zunächst um nichts Geringeres, als um praktische Bedürfnisse, bei Vielen um Lebensfragen. Reisende aber, die in einigen Monaten das Land flüchtig durcheilen, können doch wohl kaum eine richtige Darstellung der dortigen Verhältnisse und Zustände geben. Es will mindestens gewagt erscheinen, mit einem so großen Lande und dessen vielseitigen, ihm ganz eigenen Verhältnissen so schnell fertig zu sein. Wenigstens können die Amerikaner, nachdem sie solche Berichte gelesen, es viel leichter begreifen, warum im Ausland die Ansichten über sie und ihr Land oft so einseitig sind. Schon v. Raumer klagt über diese vielen Reisebeschreibungen und sagt, er habe ihrer unzählige gelesen, sie hätten ihn aber nur verwirrt und erst als er selbst in die Vereinigten Staaten gekommen sei, habe er dieselben verstanden. Die Gefahr liegt nahe, daß man ungerecht und einseitig hierin wird. Wir sind in ganz andern Verhältnissen aufgewachsen, als sie dort herrschen und können diese nur dadurch recht verstehen lernen, daß wir Jahre lang in ihnen wohnen und sorgfältig und gewissenhaft Alles zu erforschen suchen, was zu einem richtigen Urtheil nöthig ist. Wer die verschiedenen Verhältnisse mit einander vergleichen kann, nur der wird sie recht verstehen. — Wenn ich auch hiezu einen kleinen Beitrag liefern kann, so ist das der beste Lohn der Arbeit. Auch hier, wie überall, wird die Wahrheit sich Bahn brechen und die ihr gebührende Stelle einnehmen.

Es wird demnach diese Arbeit aus zwei Haupttheilen bestehen: 1. Amerika oder das Ziel; 2. der Weg zu diesem Ziele. Im ersten Theile wird, so weit sie hieher gehört, eine kurze Beschreibung von Land und Volk der Ver. Staaten gegeben; der zweite Theil wird ein Rathgeber und Führer sein für Auswanderer, und zwar von der Zeit an, da sie sich zur Auswanderung entschließen, bis zur Ansiedlung in der neuen Heimath.

1*

Erster Theil.

Amerika: Land und Leute.

A. Das Land.

Amerika wird mit Recht „das eigentliche Land der Mitte" genannt. Frei liegt es zwischen den Gewässern der Erde, ist eine selbständige Hemisphäre und berührt keinen der übrigen Erdtheile. Schon dadurch wird es fest, stark, unabhängig. Es drängt sich am weitesten gegen den Südpol und gegen den Nordpol hin, hat eine Länge von 1870 deutschen Meilen und eine Breite von 6 (Central-Amerika) bis 870 Meilen. Sein Flächeninhalt ist etwa ein Drittel der ganzen Erde, seine Bevölkerung dagegen blos etwas mehr als der siebzehnte Theil der Menschen. Es ist wasserreich, hat die größten Flüsse der Erde, mächtige Gebirge, doch herrscht die Ebene und das Tiefland vor. Der Boden ist sehr fruchtbar, daher die Pflanzenwelt überaus üppig. — Es ist ein schönes und in jeder Beziehung reiches Land.

Doch hier haben wir's nur mit einem Theile von Amerika zu thun, und zwar mit dem besten und bedeutendsten Theile: den Vereinigten Staaten von Nord-Amerika*).

*) Der Volksmund nennt darum die Vereinigten Staaten von Nord-Amerika einfach: Amerika, was zwar nicht richtig ist, aber doch in der Bedeutung dieses Theiles zum Ganzen seinen Grund hat. Dem Volksmund folgend, werden wir die Vereinigten Staaten der Kürze und Einfachheit wegen forthin auch meistens nur Amerika nennen. Obwohl wir damit also nicht der Monroe-Doctrin folgen wollen, so müssen wir doch sagen: Was wäre Amerika ohne die Vereinigten Staaten von Nordamerika!

I. Kurze Beschreibung der Ver. Staaten im Allgemeinen.

1. Lage, Größe und Grenzen.

Die Vereinigten Staaten liegen zwischen dem 25. und 49. Grad nördlicher Breite und zwischen dem 66.° 59′ und 131. Grad westlicher Länge von Greenwich. Sie haben also von Süd nach Nord eine Ausdehnung von 24 Breitegraden, oder 360 deutsche Meilen (1656 engl. Meilen), 720 Stunden; eine grade Linie von Palermo bis beinahe nach Drontheim; von Ost nach West haben sie eine Länge von 587 deutschen geographischen Meilen (2700 engl. Meilen), 1174 Stunden.

Der Gesammt-Flächeninhalt der Vereinigten Staaten mit Einschluß der Wasser-Oberfläche der Seen und Flüsse und des von Rußland angekauften Landgebietes, Alaska, beträgt nahezu vier Millionen Quadratmeilen (4.000.000).*)

Die Grenzen dieses großen Landes sind sehr einfach: im Osten der atlantische Ocean und die Provinz Neu-Braunschweig; im Norden das Britische Amerika; im Westen der stille Ocean; im Süden Mexiko und der mexikanische Meerbusen.

2. Gebirge.

Es gibt zwei großartige Gebirge in den Vereinigten Staaten; im Osten das Alleghany-Gebirge, im Westen das Felsen-Gebirge (Rocky Mountains). Beide Gebirge sind in jeder Beziehung verschieden von einander, Das Alleghany-Gebirge erhebt sich sanft aus dem Mississippi-Thal und zieht sich nach Nord-Ost**); das Felsen-Gebirge ist eine Fortsetzung der Anden und drängt nach Nordwesten vor. Beide Gebirge laufen also gegen Süden zusammen, gegen Norden auseinander. Sie umgeben wie ein Gerippe das ganze Land und dem entsprechend ist die Gestalt des Landes von Nord nach Süd zulaufend, was bei Süd-Amerika noch mehr der Fall ist. Das Land ist darum gegen Norden offen und flacht sich ab; gegen Süden ist's von den Bergen eingefaßt und nur das Mississippi-Thal zieht sich zwischen denselben durch. Darum ist der Mississippi auch

---

*) Es ist hier und forthin nur von englischen Meilen die Rede, als welche in Amerika allein gebräuchlich sind. 23 engl. Meilen sind 5 deutsche, genauer betragen 100 engl. 21.702 deutsche geographische Meilen.

**) Vom Mississippi zieht es sich zuerst mehr in östlicher Richtung bis an die Ostgrenze von Georgien; hier ist eine Fersen-Biegung und dann folgt nordöstliche Richtung.

der einzige große Fluß, der sich wie eine mächtige Ader beinahe durch das ganze Land von Nord nach Süden zieht.

Aber nicht allein in der Richtung, sondern auch in der Formation, dem Holzwuchs, dem Boden und dem innern Gehalt unterscheiden sich beide Gebirge von einander. — Die Alleghanies sind kegelförmig und haben unzählige sanfte Kuppeln und schöne runde Hügel, nirgends stark zerrissen, keine Picks, im Durchschnitt nur 3000′ hoch und die höchsten Punkte nicht höher, als 6000—7000′. Die Höhen und Gipfel sind alle mit dem besten Laubholz bewachsen, alle Sorten Eichen sind zu finden, im Nordosten auch Nadelholz. Der Boden ist überall sehr fruchtbar und die Thäler zwischen diesen Bergen gehören zu den besten Gegenden der Erde (z. B. das Thal von Virginia); es ist großer Reichthum vorhanden. Im Innern findet man weniger Gold und Silber, aber unerschöpfliche Schätze von Eisen, Kohlen, Kohlenöl (Erdöl) u. s. w.; auch Heilquellen findet man überall. — Ganz anders die Felsen-Gebirge. Sie sind schärfer gezeichnet, wild, zackig, haben kühne, zerrissene Spitzen, majestätische Picks; die Hügel sind nicht rund, sondern alle scharf; das ganze Gebirge ist höher, besonders die einzelnen Peaks (Fremont Peak = 13570′ hoch); die Gipfel sind fast gar nicht bewachsen, und wo sie bewachsen sind, da findet man meistens nur verkrüppeltes Nadelholz. Der Boden ist, mit nur sehr wenigen Ausnahmen, nicht fruchtbar und eignet sich weniger zum Ackerbau: ein rauher Sand umlagert das ganze Gebiet des Felsen-Gebirges, das in der That ein Felsen-Gebirg ist. Im Innern findet man weniger Eisen, Kohlen u. s. w., mehr Gold und Silber. — Steht man auf den Höhen der Alleghanies, so sieht man um sich her eine herrliche Natür; steht man auf den Gipfeln des Felsengebirges, so sieht man überall eine wüste, wilde, unwirthbare Welt vor sich. Und doch haben auch diese Gebirge in ihrer Großartigkeit und Majestät ihre besondern Reize. Da liegen sie so schwer, so sicher und ruhig, als wären's ewige Berge.

Westlich von dem Felsengebirge ist eine sandige und wüste Hochebene. An der Küste hin ziehen sich die Sierra Nevada, welche weiter nördlich Cascadengebirge heißen. Hier wachsen die längsten Tannen; in Oregon die Königin der Tannen, 250′ hoch. Es gibt hier vulkanische Gipfel bis 15000′ hoch.

Südöstlich vom Felsen-Gebirge ist das Ozark-Gebirg, das bis in die Nähe von St. Louis vordringt und außerordentlich reich an Eisen, Kohlen, Blei u. s. w. ist.

Die Alleghanies haben im Süden bei den verschiedenen Staaten verschiedene Namen. Von den drei Hauptzügen, die sich von Georgien aus parallel nordöstlich ziehen, heißt der östliche: Blaue Berge, der mittlere behält den Namen der Alleghanies, der westliche heißt: Cumberland-Berge. In Vermont heißen sie: Grüne Berge, in New-Hampshire: Weiße Berge.

Die einzelnen unbedeutenden Berge werden hier nicht erwähnt.

3. Die Gestalt des Bodens.

Nach dem eben Gesagten, ist die Gestalt des Bodens im Allgemeinen leicht zu erkennen; im Einzelnen ist sie sehr verschieden. Der Nord-Osten ist durchbrochen und hügelig; im Ganzen gutes Ackerland. Die Seeküste — 80—100 Meilen landeinwärts — von New-Yersey südlich bis Florida und von da westlich bis Texas hat viele Marschen und Sümpfe, ist flach und sandig, kein gutes Ackerland, zum Theil gar nicht zu gebrauchen. Die Küste lauft parallel mit dem Gebirge und nach den Bergen zu erhebt sich der Boden beständig. Zwischen den Alleghanies und dem Felsengebirge liegt das große Mississippi-Thal. Wie nun der Boden von der atlantischen Küste bis zu den Alleghanies beständig steigt, so sinkt er wieder westlich von denselben bis zum Mississippi. Westlich von diesem Strome hebt er sich ununterbrochen wieder bis zum Felsen-Gebirge; westlich von diesem Gebirge hält sich der Boden in der Höhe, sinkt nur wenig und westlich von dieser Hochebene erheben sich die Sierra Nevada, welche dann aber schroff und steil ins Meer fallen.

Hieraus ist klar, daß die Sierra Nevada auf der Westseite einen höhern Abhang haben, als auf der Ostseite, und daß die westlichen Abhänge des Felsengebirges nicht so hoch sind, als die östlichen. Die atlantische Küste ist sanft, die Westküste ist steil und zerrissen. Daraus ist erklärlich, warum die Westküste so wenig und schlechte Häfen hat, mit der einzigen Ausnahme von San Franzisko, welches einen schönen Hafen hat; ebenso, warum der einzige große Fluß der Westküste, der Columbia, nicht so weit schiffbar ist, als er seiner Wassermasse nach sein könnte.

Vom Mississippi aus steigt der Boden nach Westen stärker, als nach Osten. Cheyenne, am Fuße der Berge, 517 Meilen von Omaha, liegt 5095 Fuß höher als Omaha; und diese 517 Meilen sind nicht einmal wirkliche Entfernung, sondern Bahnlänge. Die fast ganz flache, weite Ebene hebt sich also 1000′ auf 100 Meilen Entfernung, doch so gleichmäßig, daß man's nicht merkt. Ebenso ist's mit der ganzen Ebene vor dem Felsengebirge. — Die Staaten Minnesota, Iowa, Wisconsin, Michigan, Indiana und Illinois sind nicht ganz eben, sondern meist wellenförmig. Auf beiden Seiten des Mississippi erheben sich zum Theil recht schroffe Uferketten, hier Bluffs genannt, welche ihn die größere Länge seines Laufs begleiten, aber nicht hoch sind und nicht weit in's Land reichen.

So viel zum ganzen Bild; das Einzelne bei den einzelnen Staaten.

4. Küstenentwickelung.

Diese hängt mit der Gestalt des Bodens eng zusammen; und wie sich in Bezug auf Gebirge und Formation des Bodens der Osten vom Westen unterscheidet, so auch nicht minder in Bezug auf die Küstenentwickelung. Diese ist im Westen so schlecht als möglich, im Osten dagegen ausgezeichnet. Darum drängt sich hier auch Hafen an Hafen und ist der Handel so blühend. Von New-York aus östlich sind die Ufer oft etwas schroff, von da südlich bis Texas durchaus sanft. Unzählige größere oder kleinere Baien, Buchten und Einschnitte geben dem Land im Osten eine reiche Gliederung.

5. Gewässer.

Amerika ist sehr wasserreich und hat die größten Seen und Flüsse.

Die Seen. Wir nennen nur die größten: der Superior (obere) See, 350 Meilen lang, 130 Meilen breit; der Michigan-See, 330 Meilen lang und 60 Meilen breit; der Huron-See, 218 Meilen lang und 180 Meilen breit; der Erie-See, 249 Meilen lang und 60 Meilen breit; der Ontario-See, 175 Meilen lang und 50 Meilen breit. — Diese fünf großen Seen sind alle mit einander verbunden: der Obere See mit dem Huron-See durch die Durchfahrt St. Mary, der Huron-See im Nordwesten durch die Mackinaw-Str. mit dem Michigan-See, im Süden durch den St. Clair-Fluß und St. Claire-See (24 Meilen lang und 30 Meilen breit)*) mit dem Erie-See, und der Erie-See durch den Niagara-Fluß mit dem Ontario-See. Der Niagara-Fluß hat einen reißenden Lauf; denn der Ontario-See liegt bei einer Entfernung von nur 36 Meilen 334 Fuß tiefer als der Erie-See. Es ist ein schöner Anblick, das klare Wasser in starkem Strom dahin rollen sehen. Etwa 5 Meilen unterhalb des Erie-Sees liegt die reizende Insel Grand Island und weiter unten ist der bekannte Niagara-Fall, einer der größten, jedenfalls merkwürdigsten Wasserfälle auf Erden und höchst sehenswerth. Der mächtige breite Strom fällt in Form eines Hufeisens 162 Fuß tief hinab und dadurch entsteht eine Wolke

*) Der Ausfluß aus dem St. Clair-See in den Erie-See heißt auch speciell Detroit-Fluß.

von feinen Wassertheilchen, die hoch aufsteigt und schon von ferne gesehen wird. Niagara-City liegt ganz nahe an dem Fall und ist ein schöner Sommeraufenthalt für Viele.

Etwa 2 Meilen unterhalb des Falles führt eine eiserne Hängebrücke über den Fluß. Sie ist ein anerkanntes Meisterwerk und dient einem doppelten Zweck: sie ist eine Brücke für gewöhnliche Fuhrwerke mit Raum für Fußgänger auf beiden Seiten, sodann ist obendrüber 28 Fuß höher die Eisenbahnbrücke. Sie ist von enormer Stärke; die großen schwer beladenen Eisenbahnzüge laufen drüber, ohne die geringste Vibration hervorzubringen; wurde 1852 angefangen und 1855 liefen die ersten Züge drüber. Ihre Länge ist 800 Fuß, Weite 24′, Höhe über dem Fluß 250′; ihr ganzes Gewicht 800 Tonnen = 1,600,000 Pfund und kostet 500,000 Dollars. *)

Wenn man auf dieser Brücke steht und schaut sich das Alles umher an, so wird man voll Anbetung und Bewunderung über die Allmacht und Majestät Gottes.

Es ist von der größten Wichtigkeit für den ganzen Nordwesten, und besonders für die angrenzenden Staaten, daß diese Seen nicht allein unter sich, sondern durch den wasserreichen St. Lorenz-Fluß auch mit dem atlantischen Ocean in Verbindung stehen. Durch Kanäle wird der Niagara-Fall umgangen und der Ontario-See mit dem Erie-See verbunden, so daß kleinere Seeschiffe direct in den Michigan-See laufen können. Ebenso steht der Erie-See durch Kanäle in Verbindung mit New-York und mit dem Ohio-Fluß und hiedurch mit dem Süden.

Alle diese Seen haben lebhafte Schifffahrt; sie sind sehr tief, man hat an mehreren Stellen bei 1800 Fuß keinen Grund gefunden. Sie haben klares, süßes Wasser und sind die größte Masse süßen Wassers auf Erden, haben überhaupt mehr als die Hälfte alles vorhandenen süßen Wassers. Sie haben einen größeren Flächeninhalt als Großbrittanien. Der Wasserspiegel des Michigan-Sees ist 618′ über der Meeresfläche. Sie liefern überreichlich Fische von trefflichem Geschmack. — Die Ver. Staaten und Canada theilen sich gleichmäßig in ihren Besitz; nur der Michigan-See liegt ganz im Gebiet der Ver. Staaten.**)

*) Sie wurde von unserm deutschen Landsmann Röbling erbaut, der auch sonst sich auszeichnete und ebenfalls die große Brücke zwischen New-York und Brooklyn bauen sollte. Leider ist er bei Vermessungen für dieses Riesenwerk voriges Jahr verunglückt und bald darauf gestorben.

**) Unter den kleineren Seen wollen wir ihrer Bedeutung wegen noch zwei nennen: der Champlain-See zwischen New-York und Vermont, bedeutend, weil er den St. Lorenz mit dem Hudson-Fluß verbindet; der Große Salz-See (Great Salt Lake) in Utah, an dem die Mormonen sich niedergelassen.

Flüsse gibt's viele und große in den Ver. Staaten; die bedeutendsten werden hier angeführt.

In den Atlantischen Ocean ergießen sich: Der ebenerwähnte St. Lorenz, Ausfluß der 5 Seen. Wenn man sagt, er entspringe eigentlich westlich vom Obern See in der Nähe der Mississippi-Quellen, so ist das eine unbegründete Behauptung; jeder Ausfluß der Seen hat einfach seinen eigenen Namen und das Flüßchen, das die Quelle sein soll, heißt St. Louis-Fluß, welcher, wie andere, sich in den Obern See ergießt. Unterhalb des Ontario-Sees heißt der Wasserstrom St. Lorenz. Seine klaren Wasser fließen schnell, seine Umgebung ist malerisch, sein Lauf wird sehr breit und erweitert sich endlich zu einer Bay und fällt als solche unter dem Namen St. Lorenz-Bay in den Atlantischen Ocean. Er ist schiffbar für alle Seeschiffe bis Quebec, für Schiffe von 600 Tonnen bis Montreal. — Der Connecticut, bis Hartfort schiffbar, mündet in den Long-Island-Sund. — Der Hudson, der „amerikanische Rhein", ein bedeutender Fluß, mit Seeschiffen von 80 Tonnen bis Albany schiffbar, mündet in die Bay von New-York. — Der Delaware fließt durch New-Jersey und Pennsylvanien und mündet bei Philadelphia in die Delaware-Bay; er ist für große Seeschiffe bis Philadelphia schiffbar, für flache Boote bis Trenton. Der Susquehannah, längster Fluß des Ostens, entspringt in New-York, fließt durch ganz Pennsylvanien und mündet bei Havre de Grace, in Maryland, in die Chesapeake-Bay; er hat wunderschönes Wasser, so klar, daß man auch an tiefen Stellen die kleinen Steinchen auf dem Grunde sieht; weil er aber oft über schroffe Felsenriffe rauscht, so ist er nur 5 Meilen schiffbar. — Der Potomac scheidet Virginien von Maryland und dem Distrikt Columbia, ist bis Washington schiffbar. An seinem rechten Ufer ist Washingtons Heimath (Mount Vernon) und sein Grab. Im letzten Kriege war er ein Schauplatz schwerer Schlachten und eine wichtige Grenze zwischen beiden Armeen. — Der James in Virginien, trübes Wasser, Stromschnellen bei Richmond, ist schiffbar bis City Point. An seinen Ufern waren die ersten Niederlassungen von England aus (Jamestown gegründet a. 1607). — Der Roanoke und der Cape Fear in Nord-Carolina. — Der Great Pedee und der Santee in Süd-Carolina, der Savannah, Grenze zwischen Süd-Carolina und Georgia und der Alatamaha in Georgia sind alle auf längere Strecken schiffbar.

In den Golf von Mexico ergießen sich: der Appalachicola, — der Alabama mit Tombigbee in die Mobile-

Bay, — der Mississippi, der Vater der Ströme, — der Sabine, Grenze zwischen Louisiana und Texas; ferner in Texas: der Trinity, Brazos, Colorado und der Rio Grande del Norte, der fast seiner ganzen Länge nach die Grenze zwischen Texas und Mexiko bildet.

In den Golf von Californien ergießt sich: ebenfalls ein Colorado. — In den Pacific-Ocean: der goldreiche Sacramento in die St. Francisco-Bay; — der Columbia oder Oregon ist wasserreich; wäre er weiter hinauf schiffbar, so wäre er für die westlichen Gebiete bedeutender; er hat Wasserfälle und vielfach wechselnde Ufer.

Nach dieser Runde ums Land müssen wir noch etwas in der Mitte verweilen: beim Mississippi. Wir sehen, alle diese Flüsse entspringen auf der äußeren Seite der Gebirge, d. i. auf der Seite nach den Meeren zu; keiner dringt tiefer ins Land hinein, sondern sie alle nehmen sofort ihre Richtung nach Außen und laufen auf dem nächsten Wege dem Meere zu. Der Mississippi dagegen greift mit seinen Armen durch den größten Theil (⅔) des ganzen Landes. Innerhalb der beiden Gebirgssysteme neigt sich das Land der Mitte zu, wo der Mississippi fließt. Darum laufen die Flüsse hier einander entgegen: die einen kommen von Ost, die andern von West. Die Bedeutung des Mississippi kann darum gar nicht überschätzt werden. Seine Nebenflüsse sind zum Theil selbst große Ströme. Er entspringt im Itaska-See in Minnesota, bildet bei St. Anthony nicht großartige, aber recht anmuthige Wasserfälle (58′ hoch). Seine Nebenflüsse von Osten sind: der Wisconsin, Rock, Illinois; von Westen: der Minnesota, oder St. Peters, der Jowa mit dem Red Cedar und der Des Moines; 18 Meilen oberhalb St. Louis vereinigt er sich mit dem Missouri. Der Missouri hat einen merkwürdigen Lauf und bis zur Mündung in den Golf eine ganz enorme Länge, die noch keineswegs festgestellt ist. Er hat so viele Krümmungen, daß seine eigentliche Länge sehr schwer zu berechnen ist*). Von der Missouri-Quelle an gerechnet ist der Mississippi bei weitem der längste Strom der Welt. Der Missouri entspringt im Felsengebirge, an der Grenze von Montana und Dakota, 44. Grad nördlicher Breite, hat anfangs einen sehr starken Fall und fällt im Lauf von 18 Meilen 365 Fuß; unter den Wasserfällen sind die höchsten 87 und 47 Fuß hoch. Die be-

*) Die Encyclop. Americana schätzt seine Länge auf 4400 Meilen.

deutendsten der vielen Nebenflüsse sind: der Yellowstone, der Nebraska oder Platte und der Kansas. Obwohl nun der Missouri bis zum Zusammenfluß mehr als doppelt so lang ist, als der Mississippi, und 3—4 mal so viel Wasser herbei trägt, so hat doch unrechter Weise der letztere das Vorrecht bekommen und der vereinigte Fluß behält fortan den Namen Mississippi. — Unterhalb St. Louis nimmt er von Osten her den Ohio auf (Nebenflüsse des Ohio sind: Miami, Wabasch, Cumberland, Tennessee); von Westen: den Arkansas und Red River (Rothe Fl.). Durch viele Arme fließt er unterhalb New-Orleans in den Golf. Von den mehr als 200 Nebenflüssen ist der Ohio der bedeutendste. — Das Wasser des Mississippi ist trübe und setzt immer Schlamm an. Jedes Frühjahr, wenn droben auf den Bergen Schnee und Eis schmelzen, steigt er sehr und oft verursacht er große Ueberschwemmungen. Mächtige Stämme, oft sogar kleine Inselchen, kommen dann dahergeschwommen und sind den Dampfbooten gefährlich. Im Jahre 1844 war ein großer Theil des Mississippi-Thals ein großer See. Er ist nach der Vereinigung im Durchschnitt 120′ tief und 2400′ breit. Seine Ufer sind oberhalb St. Louis meistens Bluffs (durchbrochene, schroffe Uferketten), unterhalb meistens flach; nur in Tennessee u. s. w., wo die Alleghanies vordingen, finden sich wieder Bluffs. Prairien und undurchdringliche Urwälder sind auf beiden Seiten. Eine Reise auf dem Mississippi mit den prächtigen Dampfern bietet etwas, wovon man in Deutschland keine Vorstellung hat.

6. Kanäle, Eisenbahnen und Landstraßen.

Kein Land der Erde hat so viele Kanäle und Eisenbahnen, wie die Vereinigten Staaten; mit den Landstraßen stehen sie Deutschland nach.

Kanäle. — Bald nachdem das Volk als solches geboren war — schon im Jahre 1777, ein Jahr nach der Unabhängigkeitserklärung — dachte man daran, den Verkehr durch Kanäle zu fördern und wollte zunächst den Erie-See mit dem Hudson-Fluß (und also mit New-York und dem Ocean verbinden. Vor diesem Plan erschrack man damals noch. Alles Große und Gute findet Widerstand und muß sich auch den Spott der Menge gefallen lassen. Das erfuhren auch jene tapfern Männer. De Witt Clinton, Morris u. A. drangen erst nach viel Selbstverleugnung und Kampf durch: Am 4. Juli (Jahrestag der Unabhängigkeitserklärung) 1817 wurde die Arbeit am Erie-Kanal begonnen, und am 4. October 1825 wurde das große Werk beendet. Dieser Kanal, nun bedeutend erweitert, ist noch jetzt der wichtigste unter allen; er ist 364 Meilen lang, 70 Fuß breit, 7 Fuß tief und 849′ über der Meeresfläche; er hat 97 Schleusen, mittelst welcher er die schweren Schiffe 15 Stockwerk hoch über Felsen und Hügel trägt. Bei Rochester führt ihn ein 780 Fuß langer Aquaduct über den drunter wegfließenden Genessee-Fluß. Eine Fahrt auf diesem Kanal war immer sehr angenehm. — Das war vor 50 Jahren. Man staunte über diese Arbeit des jungen Volkes. Auch sonst wurde man hierauf rege; überall wollte man Kanäle haben und jetzt sind etwa 5000 Meilen fertig. Amerika hat also die meisten Kanäle der Welt. — Von den übrigen Kanälen sind die bedeutendsten: der Ohio- und Erie-Kanal*), verbindet den Erie-See (und also auch die andern Seen) mit dem Ohio-Fluß und dadurch mit dem Mississippi und dem Süden; — dasselbe will der Wabasch- und Erie-Kanal, von der Grenze Ohios nach Evansville, Indiana, sich ziehend; — mit dem Illinois- und Michigan-Kanal beabsichtigt man, Dampfboote vom Mississippi in die Seen laufen zu lassen.

Die meisten Kanäle hat Pennsylvanien mit 1015 Meilen; New-York hat 804, Ohio 705, Indiana 299 Meilen.

Die **Eisenbahnen** sind jünger als die Kanäle, sind aber diesen schon lange weit vorausgeeilt; denn eine unruhig eilende Zeit zieht sie vor; sie entsprechen ihr auch besser. — Im Jahre 1825 wurde die erste Eisenbahn von den unternehmenden Neu-Engländern begonnen**) (also zu der Zeit, da der Erie-Kanal fertig wurde). 1829 wurde die Eisenbahn von Baltimore zum Relay House (9 Meilen) eröffnet; man spannte damals Pferde vor die Wagen. Im J. 1850 waren 8588 Meilen, 1860 waren 30,598 und jetzt sind über 40,000 Meilen fertig! Und das Alles in so kurzer Zeit! Welche Energie und Ausdauer ist dazu nöthig! Aber auch welche Mittel gehören dazu! Denn eine Meile Eisenbahn kostet im Durchschnitte etwa 37,000 Dollars — also weniger als in England, weil Holz und Boden billiger ist, aber bei der großen Meilenzahl doch eine ganz enorme Summe.

Ein Meisterstück der Eisenbahnen ist die Union Pacific Eisenbahn, welche von Omaha über das Felsengebirge nach dem Pacific-Ocean führt. Man hielt ein solches Werk lange für unmöglich. Sie ist von großem Werth nicht nur für die Vereinigten

---

*) Er zieht sich von Clevland am Erie-See nach Portsmouth am Ohio-Fl.
**) Die kleine Quincy-Bahn in Massachusetts.

Staaten allein, sondern sie hat Einfluß auf den Welthandel. Sie hat den bisher abgeschlossenen Westen mit dem industriellen Osten, den Pacific- mit dem Atlant. Ocean verbunden. Nun werden wir an der bisher öden Westküste bald einen lebhaften Welthandel sehen; Schiffe von China und andern Ländern Asiens werden die Häfen füllen. — Aber diese Bahn ist auch ebenso ein geistiges als materielles Verbindungsmittel; diese Doppelrichtung auseinander reißen oder gar einander entgegensetzen, wäre einseitig.*)

Es wird jedoch nicht lange anstehen und wir haben 2—3 Eisenbahnen nach der Westküste: eine weiter südlich durch Kansas, welche schon bis an die Westgrenze von Kansas fertig ist (700 Meilen westlich von St. Louis) und eine andere weiter nördlich. Die erste soll von St. Louis nach San Francisco führen, die andere von der westlichen Spitze des Superior-Sees nach dem Puget-Sund am Stillen Ocean. Beide Bahnen werden in den nächsten Jahren ohne Zweifel gebaut werden.

Es gibt in Amerika nur eine Klasse von Eisenbahn-Passagieren und nur eine Klasse von Wagen, welche etwa der II. Klasse in Deutschland entsprechen.**) Die Postzüge, Expreß- und Schnellzüge (Courierzüge) haben alle den gleichen Preis, der Schnellzug kostet nicht mehr als der gewöhnliche Postzug, im Durchschnitt etwa 3 Cents die Meile. Rangunterschied findet gar nicht statt unter den Passagieren, auch ein Zug hat keinen Vorzug vor einem andern. Reiche und Arme, Berühmte und Unberühmte — Alle sitzen hier, sich unterhaltend, neben einander, Alle haben gleiche Rechte. Doch wird der Anstand nie verletzt, dafür bürgt schon die amerikanische Sitte. Rohheiten, wie man sie besonders an manchen Orten in Deutschland auf der Eisenbahn immer findet, kommen nirgends vor. Ich möchte Keinem rathen, sich unanständig zu betragen in einem Eisenbahnwagen; würde eine einmalige Warnung nicht hinreichen,

---

*) Diese Eisenbahn führt von Omaha nach Sacramento, eine Entfernung von 1721 Meilen; eine andere Bahn führt weiter nach S. Francisco. — Von S. Francisco bis Omaha = 1845 Meilen, von Omaha nach New-York = 1413 Meilen. Diese Strecke von 3258 Meilen kostet mit Emigrantenzug 50 Dollars.

**) Es gibt freilich auch „Emigrantenzüge", zu welchen die geringern Wagen genommen werden, die langsamer und zu billigerem Preis fahren als die anderen. Aber sie werden nur für neue Einwanderer benutzt und nie im allgemeinen Verkehr. Deshalb laufen sie auch nur von den Seehäfen aus in's Land. Sonst kennt man sie im Innern des Landes nicht.

so würde er von den Beamten ohne alle Complimente hinaus befördert werden. Man will mit Ruhe und Anstand reisen und die Rechte einer jeden Person geschützt wissen. Frauen können durch's ganze Land reisen und werden gewiß nirgends mit Schamlosigkeit, sondern überall mit gebührendem Anstand behandelt. Bei jedem Zug ist ein Wagen für Raucher, sonst darf auf dem ganzen Zug nicht geraucht werden. Wenn etwa in einem andern Wagen lauter Herren sind und manche fangen deshalb an zu rauchen, so darf es nur mit Bewilligung der andern geschehen; erhebt einer Widerspruch, so muß es unterbleiben; kommt aber auch nur eine Frau, so hören gewiß Alle sofort von selbst auf. Gewöhnlich kommen Frauen, und Männer in Begleitung von Frauen zusammen in die Ladies Cars (Damenwagen), einzelne Herren allein und die Raucher wieder allein.

Die Wagen sind geräumiger, länger, höher, weiter, als in Deutschland, haben oben auf beiden Seiten Ventile und sind überhaupt sehr luftig und angenehm. In der Mitte ist der Länge nach ein Gang von einem Ende zum andern; an jedem Ende ist eine Thür in der Mitte, welche von außen auf den Gang führt.*) Auf jeder Seite ist eine Reihe Sitze mit beweglichen Rückenlehnen. Angehörige können ihre Sitze daher so richten, daß ihre Angesichter gegen einander gerichtet sind. — Namentlich die neuern Wagen sind bequem und sogar brillant. Unter diesen ist eine Klasse, welche vollends Alles übertrifft, was man erwarten konnte; man nennt sie Silver palace (Silber-Palast). Es gibt da abgeschlossene Familienzimmer mit Sopha, Tisch, Spiegel; der Boden mit den feinsten Teppichen, die Möbel mit dem besten Sammt überzogen. — Auch Nachts kann man reisen, ebenso gut wie am Tage und braucht den Schlaf nicht zu entbehren: bei allen Nachtzügen gibt's Schlafwagen mit reinlichen, guten Betten, wo man um 1½—2 Dollars bequem schlafen und zugleich hunderte von Meilen zurücklegen kann. — Für die sonstigen Bedürfnisse ist ebenfalls gesorgt. In jedem Wagen ist eine Urne mit frischem Wasser; ein Ofen oder zwei, wird bei kaltem Wetter geheizt und ist es bei der größten Kälte in den Wagen sehr warm; ein Abort oder zwei und gewöhnlich ein Spiegel findet

*) Die württembergischen Eisenbahnwagen sind nach dem Muster der amerikanischen gemacht; und da sie ebenfalls geheizt sind, so ist die II. Klasse der württembergischen den amerikanischen sehr ähnlich, nur müßten sie geräumiger und mit den andern Bequemlichkeiten versehen sein.

sich in jedem Wagen. Auf jedem Zug ist ein berechtigter Krämer, der bietet allerlei Obst und Gebackenes an; Aepfel, Nüsse, Orangen, Citronen und allerlei Südfrüchte wechseln mit einander ab. Dann kommt er mit einem mächtigen Stoß Zeitungen, die neuesten Nachrichten aus der ganzen Welt; denn wenn die Amerikaner reisen, lesen sie fast immer Zeitungen. An allerlei Büchern fehlt es auch nicht. Morgens, Mittags und Abends halten alle Züge an ihren regelmäßigen Erfrischungsstationen 20 Minuten an, ein reichliches Essen wartet auf die Reisenden, diese lassen sich's wohl schmecken, schauen weder rechts noch links, um die Zeit gut zu benutzen und dann geht's eilends wieder weiter. — „Es ist die Möglichkeit!“ würde der Thüringer ausrufen. Ja, ein unternehmender praktischer Amerikaner kam auf den Gedanken, es wäre doch noch kürzer und bequemer, wenn man auch das Essen gleich auf dem Zuge haben könnte und nicht erst in die Restauration müßte. Und richtig! er baute große brillante Wagen und ließ sie als „Hotels“ einrichten, in welchen gekocht, gebraten, gebacken wird, wo Alles zu haben ist und es hergeht, wie in einem feinen Hotel. Da hängt denn nun ein solch wanderndes Hotel am Zuge, der Reisende kehrt ein und kann seine Mahlzeit ruhig zu sich nehmen, während er in großer Schnelligkeit zugleich weiter reist. Diese Einrichtung ist jedoch erst auf wenigen Bahnen eingeführt. Der Geschäftsmann will möglichst schnell reisen und es ist ihm lieb, wenn er auch nur eine Stunde gewinnen kann. Darum halten die Schnellzüge auch nur an den Hauptstationen an und man kann sehr schnell von einer größern Stadt zur andern kommen.

Sobald man in die Nähe einer großen Stadt kommt, geht ein autorisirter Agent einer Expreß-Compagnie (Gepäckbeförderungs-Gesellschaft) durch die Wagen, um das Gepäck der Reisenden weiter zu befördern. Dieses Institut ist zuverlässig. Man übergibt seine Gepäck-Marke und seine Adresse dem Agenten, bekommt dagegen einen Schein und bekümmert sich nicht weiter um das Gepäck, welches gegen eine geringe Vergütung an die bezeichnete Adresse gebracht wird.

Landstraßen hat die Regierung überall gebaut. Sie sind 25 Fuß breit und zum Theil gut, die meisten aber lassen noch viel zu wünschen übrig. Im Frühjahr sind viele Straßen fast ganz unfahrbar. Das Fahren, wie es besonders früher in Deutschland üblich war, als die großen Wagen durch's ganze Land zogen, ist in Amerika nie gebräuchlich gewesen; man legte sich gleich anfangs mehr auf Kanäle und Eisenbahnen und hatte so gute Straßen weniger nöthig.

Die **Post** wird von den Eisenbahnstationen ab theils durch Postkutschen, theils durch Reiter weiter befördert. Man hat sehr großartige Postämter, doch ist in abgelegenen Gegenden nicht selten auch der einsame Farmer zugleich Postmeister für seine Umgebung. In kleinen Orten versieht gewöhnlich ein Krämer oder Kaufmann dieses Amt. Briefe kosten nach allen Theilen des Landes nur 3 Cents. Zeitungen und Packete werden ebenfalls sehr billig versandt. Es ist den Ver. Staaten zu danken, daß das Porto zwischen ihnen und Deutschland so mäßig ist.

Auch **Telegraphen** ziehen sich selbstverständlich durch's ganze Land hin.

Es wäre hier vielleicht am Platze, über die Industrie im Allgemeinen, über Handel und Gewerbe einen Ueberblick zu geben, wir müssen's uns jedoch versagen. Wenn wir aber einen Augenblick stille stehen und das Alles überlegen, so können wir nicht wohl anders: wir müssen ein Volk bewundern, das es in 40—50 Jahren so weit gebracht hat. Noch ist das Volk keine hundert Jahre alt, hatte in den ersten Zeiten um seine bedrohte Existenz ernstlich zu kämpfen, und als diese gesichert war und es in Frieden leben konnte, da fing es an, mit Energie an seinem innern und äußern Wohle zu arbeiten. Mit welchem Erfolg, das sieht heute die ganze Welt. Das junge Volk — und diese Jugend muß bei Allem in Rechnung gezogen werden — ist in seiner National-Betriebsamkeit den alten Völkern nicht allein gleich gekommen, sondern denselben längst vorausgeeilt. Und wie kommt das? Es tragen die ganzen Verhältnisse des Landes mit dazu bei. Aber man wäre in so kurzer Zeit gewiß nicht so weit gekommen, wenn die Regierung das Alles hätte einführen und thun sollen. Einige Eisenbahnen und Kanäle in New-York und Pennsylvanien sind von den Regierungen dieser Staaten erbaut worden; sonst ist Alles die Frucht des Privatfleißes und die Regierung hat nichts damit zu thun. Wollte man darum fragen: Wie ist das ohne die Hilfe der Regierung möglich? so müßten wir allerdings antworten: Es ist nur da möglich, wo die Regierung sich nicht darum bekümmert. Man muß überall auch dem Denken, dem Fleiß und der Kraft Anderer Raum lassen und auch ihnen etwas zutrauen. Es müssen nicht Einzelne für Alle denken und zurecht machen wollen. Man geht sicherer, wenn man auch den Einzelnen sich entfalten und bethätigen läßt. Regierungen haben zu den Berathungen gewöhnlich fast unendliche Zeit nöthig, auch wenn man von der Nothwendigkeit, Ausführbarkeit und Nützlichkeit einer Sache längst überzeugt ist. Kommt man dann endlich mit all den Vorlagen zu einem Schluß, so ist eine Summe Geldes fort, noch ehe man mit der Arbeit zu einem praktischen Anfang gekommen ist.

Sind die Eisenbahnen Eigenthum von Privat-Gesellschaften, so geht es nicht allein schneller mit dem Bau, sondern es sind noch manche andere Vortheile damit verbunden. Wir wollen aber nur noch an das eine erinnern, nämlich an den Vortheil, der dem Lande dadurch erwächst. Wollen einzelne Männer mit großem Kapital eine Eisenbahn bauen, so werden sie's auch hinausführen können. Die Regierung hat dann keine Auslagen und das Volk keine Abgaben dadurch. Alles Risiko haben die betreffenden Männer selbst übernommen und sie können Ausgaben und Gewinn (oder Verlust) theilen. Das Land kann sich nur gut dabei stellen, weil die bessern Verkehrsmittel unter solchen Umständen demselben ja nur einen bessern Handel bringen und eine Gegend überhaupt heben. In richtiger Würdigung dieses Vortheils für das Land hat die Regierung denn auch solche Gesellschaften unterstützt. Da, wo nämlich die Regierungsländereien noch nicht an Private verkauft waren, bot sie einer Gesellschaft Landschenkungen an. Die Gesellschaft, die dann eine Eisenbahn durch eine solche Gegend baute, erhielt auf jeder Seite der Bahn 15—20 Meilen weit die Hälfte des Landes von der Regierung geschenkt; also von einem Strich Land 30—40 Meilen breit und so lang als die ganze Bahn jede andere Section.*) Die Regierung hatte aber keinen Nachtheil, sondern nur Gewinn von diesem Geschenk. Denn weil das Land durch die Eisenbahn mehr werth wurde, so verkaufte sie die andere Hälfte um den doppelten Preis. Der wirkliche Gewinn kommt aber dadurch, daß das verkaufte Land der Regierung allerlei Abgaben einbringt, das unverkaufte nicht. Es versteht sich von selbst, daß diese Schenkungen von Seiten der Regierung da wegfallen, wo sie selbst kein Land mehr hat.

7. Klima. Wechselfieber; Verhalten dabei.

Das Klima der Vereinigten Staaten ist nicht an und für sich ungesund zu nennen; das beweisen die vielen Menschen, die ein

---

*) Die Union- und Central-Pacific-Eisenbahn-Gesellschaften nennen nun einen 40 Meilen breiten Strich Landes von Omaha bis Sacramento (1721 Meilen lang) ihr eigen. Die Regierung verkauft ihre Ländereien gewöhnlich zu 1¼ Dollar den Acker; bei den Eisenbahnen verkauft sie den Acker zu 2½ Dollar.

sehr hohes Alter erreichen — das beweist überhaupt das ganze energische Volk. Die Behauptungen einiger Reisenden, als sei das Klima ungesund*), werden durch die Erfahrung einfach widerlegt. Das Klima ist zunächst ein anderes, strengeres, als in Deutschland, sowie überhaupt jedes Land sein eigenes Klima hat und überall (also auch in Amerika) muß man sich erst angewöhnen. Bei ein klein wenig Vorsicht in der Lebensweise und Kleidung, besonders im Anfang, ist für die Deutschen fast im ganzen Lande keine Gefahr; einzelne ungesunde Gegenden werden wir angeben, wenn wir nun genauer auf's Klima eingehen.

Die Ver. Staaten liegen alle in der gemäßigten Zone und im Ganzen südlicher als Deutschland. Ihre Nordgrenze würde eine Linie geben von Paris nach Karlsruhe, Stuttgart, Regensburg u. s. w. Was also in Deutschland nördlicher liegt als Karlsruhe und Regensburg, liegt nördlicher, als das Gebiet der Ver. Staaten sich überhaupt nach Norden erstreckt. Dabei ist noch zu bemerken, daß das Gebiet der Ver. Staaten sich nur westlich vom Obern-See bis zum 49° nördlicher Breite erstreckt, östlich von diesem See ist die nördliche Grenze noch bis zu 7 Grad südlicher gelegen. Frankfurt a. M. würde schon in's südliche Labrador oder an's südliche Ende der Hudson-Bay zu liegen kommen — eine Kälte, vor der man sich in den Ver. Staaten fürchtet. Quebec in Canada gilt für sehr kalt, liegt aber südlicher als Deutschland, unter demselben Breitegrad wie Bern. Maine ist einer der kältesten Staaten, liegt aber in derselben Breite, wie das südliche Frankreich oder Florenz in Italien. Am Erie-See ist die nördliche Grenze der Ver. Staaten unter dem 42° nördlicher Breite; das ist die Breite von Rom (Chicago und Rom liegen unter demselben Breitegrad). New-York liegt in derselben Breite wie Neapel und Madrid und die Südgrenze der Ver. Staaten, Florida, würde mitten durch die afrikanische Wüste Saharah nach Theben in Aegypten führen.

Demnach sollte man meinen, das Klima wäre im Ganzen ein südliches, mildes Klima, milder als in Deutschland. Allein es findet hier hauptsächlich ein zweifacher Unterschied statt: das Klima der Ver. Staaten ist erstens unter denselben Breitegraden kälter als in Europa**), zweitens ist zwischen der Wärme des Sommers

*) Aeltere Berichte sind schon darum nicht mehr richtig, weil das Klima milder wird, je mehr die Kultur voranschreitet.

**) Die westliche Halbkugel ist überhaupt kälter, als die östliche.

und der Kälte des Winters ein größerer Unterschied als hier. — New=York, in der Breite wie Neapel, hat nicht den Winter von Neapel, sondern von Kopenhagen. Im Sommer macht sich dann aber doch wieder die südliche Lage geltend und es wird heiß. Es ist also im Sommer wärmer und im Winter kälter als in Deutschland. Die Winter sind im Allgemeinen kurz, die Sommer lang; der November hat gewöhnlich noch herrliches Wetter, die erste December=Hälfte auch. Eigentliche Winter=Monate sind Januar und Februar, in welchen es sehr kalt wird. Durch die vielen Winde und Stürme wird die Kälte unangenehm und empfindlich; dies wird noch durch die viele Nässe gesteigert. Die stille, gleichmäßige Kälte, wie in Deutschland, hat man nicht. Es ist als wären die Elemente beständig in Kampf miteinander. Der größten Kälte kann oft ein ganz milder Tag folgen, ja man hat dort nicht selten alle Jahreszeiten in einem Tag. Dem Winter folgt ein ganz kurzes Frühjahr, diesem ein heißer Sommer und ein angenehmer Herbst.

Das Klima zeichnet sich ferner aus durch viele Winde. Vorherrschend sind, besonders im Winter, der Nordost und der Nordwest; beide sind am meisten gefürchtet. Der Nordost ist kalt und feucht und bringt unfreundliches, veränderliches Wetter mit vielen Regenschauern; der Nordwest ist kalt und trocken, bringt Stürme und anhaltende Kälte. Die Kälte des Winters wäre aber ohne die vielen Winde lange nicht so drückend. Man meint oft, die stürmischen Winde kämen von allen Seiten. — Der Südwest weht mehr im Sommer als im Winter und am meisten im Südwesten; er erzeugt schwüle, erschlaffende Hitze. — Der Südost und Ostwind, ebenfalls mehr im Sommer wehend, ist kühl und angenehm. — Der Nordwind weht nicht viel, doch im Süden mehr als im Norden. — Ist das Wetter klar, so trocknen die Winde außerordentlich schnell; die Wege sind bald fahrbar und die Frauen haben ihre Wäsche unglaublich schnell getrocknet.

Wolken bilden sich in wunderbarer Kürze und können sich eben so schnell wieder vertheilen. Der Regen kommt, besonders in den südlichen Staaten, oft fast plötzlich; am heitern Himmel hat man kaum ein Wölkchen bemerkt; und eben so plötzlich ist der Himmel wieder klar und hell.

An der Westküste regnet es selten; es gibt dort eine sogenannte „Regenzeit.“ Im Osten regnet es viel und ist hier der Niederschlag bedeutend; darum auch im Winter viel Schnee, der aber nicht so lange liegen bleibt, wie in Deutschland. — Doch eigentlich trübe, düstere oder nebelige Tage (ohne Regen) gibt es nicht viele. Vielmehr ist der Himmel entweder hell oder es regnet. Vorherrschend sind jedoch die schönen, heitern Tage. Der Sonnenschein hat eine eigenthümliche Lieblichkeit; das Blau des Himmels ist so tief und reizend, wie man es in Deutschland nicht kennt; der gestirnte Himmel ist besonders reich an Glanz und Fülle.

Die Wechsel der Witterung sind schnell und oft bedeutend, und dies zunächst ist das Ungesunde des Klimas. Man trägt deshalb allgemein Unterhemde von Flanell, welche den Schweiß sofort aufnehmen und den Einfluß des Wechsels weniger schädlich machen. Es ist aber die allgemeine Erfahrung, daß das Klima milder wird, je mehr das Land angebaut wird; in den östlichen Staaten ist es darum jetzt schon viel milder, als es früher war. Je mehr die Kultur im ganzen Land voran schreitet, desto milder und angenehmer wird das Klima werden.

In einem so großen Lande ist natürlich das Klima nicht überall gleich. Werfen wir noch einen Blick auf die einzelnen Theile des Landes. Denn es ist für Viele doch gar nicht unwichtig zu wissen, wo es am besten für sie ist. — Das Klima im Mississippi-Thal ist milder und geschützter, als östlich und westlich von demselben; unter Mississippi-Thal sind hier verstanden, alle Staaten westlich von den Alleghanies, und östlich von dem Felsengebirge und nicht weiter südlich, als Tennessee. Unzweifelhaft bieten die östlichen und westlichen Gebirge diesem Thale einigen Schutz. Westlich vom Felsengebirge ist das Klima verherrschend trocken, mit scharfen Winden und anhaltend kalten Wintern; am Pacific-Ocean wird dann das Klima wieder milder. Im Nordosten dagegen (östlich von den Alleghanies) ist das Klima feuchter, als im fernen Westen. Die Nordostwinde setzen feuchte Dünste ab und der Niederschlag ist hier bedeutender als im Westen. Auch wenn man meint, die Luft sei trocken, so werden die Wände doch oft feucht und das Schuhwerk wird schimmlich. Der schnelle Wechsel ist hier am häufigsten. Der Winter ist in New-York sehr stürmisch und angreifend, der heiße Sommer sehr erschlaffend. Für Brustleidende oder Solche, die doch zu Brustleiden geneigt sind, ist das westliche Klima besser als das östliche. — Ueber die südlichen Staaten merke man sich Folgendes: Von Virginien an südlich bis Florida und von da westlich bis Texas bleibe man immer wenigstens 100 Meilen von der Küste entfernt, besser 150. Denn die kommende

Fluth drängt sich in den unzähligen Buchten, Flüßchen und Flüssen weit zurück, übersteigt oft deren Ufer, so daß weite Flächen unter Wasser kommen; tritt dann die Ebbe wieder ein, so bleibt das Wasser auf dem Lande stehen und dadurch werden allerlei Fieber erzeugt. Eben in Folge dieser Ueberfluthungen sind diese Küstenstriche besonders zu Reisbau geeignet. Aber die Deutschen sollten sich ferne von hier halten; denn auch in anderer Beziehung bietet dieser Strich keine Vortheile und es gilt für ihn: Je weiter ab vom Ocean oder mexikanischen Meerbusen und je näher den Bergen, desto besser ist Klima und Boden. — Sonst ist im Süden das Klima regelmäßiger und gleichmäßiger als im Norden. Der Unterschied zwischen Sommer-Wärme und Winter-Kälte ist nicht so groß. Der Winter ist sehr mild; der Sommer wenigstens nicht heißer, zum Theil nicht so heiß, als in New-York; die Hitze im Süden ist nicht so erschlaffend und leichter zu ertragen als im Norden.*) Der Abhang nach dem atlantischen Ocean**) hat kühlern Sommer als der Abhang nach dem Golf von Mexiko; die im Sommer vielfach wehenden Südost- und Ostwinde vom Ocean sind kühl, feucht und sehr erfrischend; der Golfstrom hat keine kühlen Winde. Ein gesunderes Klima gibt's nirgends, als das Thal von Virginien oder Shenandoah Valley hat.

Das **Wechselfieber** sucht Viele heim und ist darum Vorsicht nöthig, besonders bis man sich angewöhnt hat. Folgende Vorsichtsmaßregeln dürften daher Neuankommenden überhaupt dringend zu empfehlen sein. — Man sei vorsichtig in Nahrung und Kleidung und gehe des Morgens nicht nüchtern hinaus in's Feld. — Im Essen sei man mäßig und fahre nicht so auf Alles zu, was man nicht gewöhnt ist, sondern bleibe bei einfacher aber kräftiger Speise und enthalte sich der geistigen Getränke. Es gibt dort manches, was arme Leute in Deutschland nicht gewöhnt sind —

---

*) Die Niederungen und Sümpfe an der Küste natürlich ausgenommen. Ich habe einen ganzen Sommer im Süden verlebt und fand, daß die Hitze nicht so niederdrückend oder ermüdend war, wie in New-York. Eine Prüfung des Thermometerstandes von mehreren Jahren bestätigte entschieden diese Erfahrung. Es ist in New-York oft heißer als im Süden. Es ist ferner eine Thatsache, daß im Süden viel weniger Sonnenstiche vorkommen als im Norden. Wenn ich aber hier die Niederungen und Sümpfe ausnehme, so meine ich auch besonders die niedrig gelegenen Städte, besonders Hafenstädte.

**) Also die Staaten Virginien, Nord- und Süd-Carolina und das östliche Georgien gegen die Berge hin.

und ihren Appetit besonders reizen könnte — man sei aber in der ersten Zeit besonders vorsichtig. — Man kleide sich sorgfältig, wie's die Witterung verlangt; man hüte sich vor Naßwerden und wenn man naß geworden ist, kleide man sich schnell um; besonders hüte man sich vor nassen Füßen und meide die Nachtluft. Es wäre thöricht, wenn man sich im fremden Klima halten wollte, wie im heimischen; erst nach und nach kann man sich angewöhnen. — Ehe man sich Morgens dem Thau aussetzt, trinke man etwas Warmes, etwa eine Tasse Kaffee. — Wer sich nach diesen drei Regeln hält, wird Vieles vermeiden und sich auch gegen das Fieber auf die beste Weise schützen. Beim Fieber selbst folgt auf große Hitze starker Frost mit brennendem Durst, oft auch Erbrechen. Hat man das Fieber einmal gehabt, so kommt es gerne jedes Jahr um dieselbe Zeit wieder, was zu um so größerer Vorsicht treibt.

Ist das Fieber da, dann wird Dir fast Jeder etwas Anderes dagegen rathen, Du aber wirst erfahren, daß es meistens nichts hilft. Dem Einen hilft dies, dem Andern das; was aber Einem hilft, hält er für's Beste, hilft aber nicht Allen. Die Irländer trinken dann tüchtig Branntwein (Whisky); die Amerikaner machen aus schwarzem Pfeffer und heißem Wasser einen Trank — stark genug für Pferde, hilft aber nicht immer. Es dürften folgende auf Erfahrung beruhenden Regeln vielleicht nicht nutzlos sein. Halte dich zunächst auch während des Fiebers nach den drei obigen Regeln; iß nichts Fettes, Saures oder Schweres, Nichts das in Fett geröstet, gebraten oder gebacken ist. Viel kommt auf die Schafstelle an: das Bett muß in einem trocknen Zimmer stehen, nicht an der Wand, den Kopf nach Süden. Das Zimmer muß Mittags einige Stunden gelüftet werden; vor der Nachtluft muß es sorgfältig verschlossen bleiben. In feuchten Häusern ist's gut, wenn man dickes Glas unter die Füße der Bettstelle thut (am besten ist eine Glaskugel oder den Fuß in eine abgebrochene Flasche gestellt. Dadurch wird nämlich alle Feuchtigkeit abgehalten, die vom Boden in's Bett kommen könnte). Kann man's haben, so lege man etwas altes Seidenzeug unter das Betttuch und trage ein seidenes Hemd auf der Haut. Bei dem Frost gib schwarzen Kaffee; bei der Hitze ist kaltes Wasser das Beste; gib dem Kranken davon so viel er will; hat er viel Verlangen nach Saurem, so gib gute Limonade, bereitet aus Citronen, Limonen oder Fruchtsaft. Oftes Abwischen des Schweißes mit einem warmen nassen Tuche erleichtert die Hitze. Nach jedem Schweiße wechselt man die Wäsche. Die frische Wäsche, die man anzieht, muß gut trocken und durchwärmt sein; am Besten ist's, wenn sie von einem gesunden Menschen so lange zwischen den Fingern gerieben wird, bis aller Waschgeruch weg ist. — Hilft diese zweckmäßige Behandlung nicht, so frage man einen guten Arzt; es ist dann gewöhnlich ein tieferes Leiden im Körper vorhanden.

Noch sei auf Folgendes aufmerksam gemacht: Hat der Kranke ein unwiderstehliches Verlangen nach einer bestimmten Speise und ist diese überhaupt gesund, so gebe man sie ihm. Schon Viele haben sich durch eine ganz einfache Speise, nach der sie großes Verlangen hatten, das Fieber vertrieben. — Das Fieber macht die Glieder matt und schlaff und sieht gefährlicher aus, als es ist;

man fühlt sich lebensmüde und auch der Geist wird ganz herunter gezogen; man hat keinen Willen mehr. Läßt man sich gehen, dann wird's immer schlimmer; setzt man aber diesem Gefühl einen ernsten festen Willen entgegen, dann wird's besser. Ich kenne einen starken Bauern, der lag und hatte das Fieber. Er wußte, daß die Krankheit nicht gefährlich sei und ärgerte sich, daß er doch so herum liegen müsse. In seinem Eifer läuft er hinaus und fängt an zu arbeiten, als triebe ihn die Verzweiflung und — das Fieber war dahin. So geht's oft.

8. Fruchtbarkeit des Bodens.

Der Boden ist im Ganzen sehr fruchtbar und bringt bei weniger Arbeit mehr hervor, als der Boden in Deutschland. Und dieser fruchtbare Boden ist der größte Reichthum der Ver. Staaten. — Schon am Holzwuchs kann man den Boden erkennen: wo Laubhölzer, namentlich die weichern Sorten, gut gedeihen, ist guter Boden, geeignet zu allen Obst- und Getreide-Arten, die überhaupt in dieser Breite gedeihen; wo vorherrschend oder nur Nadelholz wächst, ist der Boden geringer, leichter, sandiger und zum Ackerbau nicht sehr geeignet.

Oben an steht das Mississippi-Thal. Dieses ausgezeichnete Thal ist bis jetzt noch nicht übertroffen; es ist in jeder Hinsicht eine der nutzbarsten Gegenden der Erde und hat noch eine große Zukunft. Eine solche Masse des fruchtbarsten Landes an einem Stück ist nicht leicht zu finden. Man rechnete es bis jetzt zum Westen und es ist doch eigentlich die Mitte, das Herz des Landes. Sollte es nicht einstens auch das politische Centrum werden?! — Der Boden ist ein äußerst fetter, mehrere Fuß tiefer Alluvial-Boden (angeschwemmter Boden). Hier sind die eigentlichen undurchdringlichen Urwälder mit der üppigsten Fülle und Mannichfaltigkeit. Obst und Getreide sind von vorzüglicher Güte.

Im Osten (östlich von den Alleghanies) ist der Boden im Allgemeinen gut, nur an einzelnen Strichen gering und öfter mit unvortheilhaften Hügeln durchzogen.

Der Süden ist landeinwärts ziemlich gut bis gut zu nennen (nur einige Thäler zwischen den Bergen sehr gut; z. B. das Shenandoah-Thal und einige andere Thäler).*) Unter diese Klasse ist auch der Boden an der Westküste zu rechnen.

Dagegen schlecht zu nennen, für Ackerbau nicht zu empfehlen, ist der Boden vor und in dem Felsengebirge und die Küste der südlichen Staaten.

*) Am untern Mississippi gibt es auch sehr guten Boden, nur müßte hier das Klima und der Gesundheitszustand von Ansiedlern in Betracht gezogen werden.

Man könnte das Resultat übersichtlich so zusammenstellen:
schlecht = der Küstenstrich der südlichen Staaten und die Umgebung des Felsengebirges;
ziemlich gut — gut = die südlichen (und südwestlichen) Staaten von dem Küstenstrich landeinwärts (mit Einschluß von einigen sehr guten Stellen);
gut = der Osten; die Gebirgsgegenden des Südens (Tennessee, Kentucky);
sehr gut = der größere Theil des Mississippi-Thales.

Daß es im Einzelnen wieder Ausnahmen gibt, versteht sich von selbst. — Der Küstenstrich der südlichen Staaten, von Virginien bis Florida und von da bis Texas, ist derselbe, der oben beim Klima erwähnt wurde, nur ist er in unserer jetzigen Beziehung noch breiter, als in Beziehung auf's Klima; denn dieses kann schon gut sein, auch wo der Boden schlecht ist. Wo aber Klima und Boden schlecht sind, da werden Landwirthe nicht versucht sein, sich nieder zu lassen. Auch wo die großen Sümpfe und sandigen Marschen aufhören, bleibt der Boden noch sandig und leicht (etwa 150 und mehr Meilen an der Küste hin); man findet darum auch im Südosten nicht jene starken Urwälder, sondern leichte Wälder, meist Nadelholz. — Gegen die Berge hin wird der Boden immer besser. — Vor (östlich von) dem Felsengebirge ist ein rauher Sand, fast zu Allem unbrauchbar. Nebraska ist im Osten sehr fruchtbar; im Westen, gegen die Berge, gar nicht zu empfehlen und unfruchtbar. Aehnlich ist es mit allen Staaten, die an's Felsengebirge grenzen und um dasselbe herumliegen. Erst westlich von hier wird's wieder besser und es wechseln fruchtbare Thäler mit öden Bergen an der Westküste, wo auch wieder ein besserer Holzwuchs ist.

9. Pflanzenreich.

Von der Pflanzenwelt der Ver. Staaten hat man in Deutschland keinen Begriff. Denn wenn im Norden der Winter auch strenger als in Deutschland ist, so macht sich im Sommer doch die südlichere Lage durch größere Hitze geltend und die Sonne scheint hier eine besonders starke, Leben erzeugende Kraft zu haben; es finden sich allerlei tropische Gewächse, die in Deutschland nicht wachsen. Die Naturwissenschaft hat hier ein großes Gebiet.

Wir wollen hier kein Verzeichniß dieser Pflanzen geben; der Zweck dieses Buches erfordert es nicht; es genüge an einigen Angaben.

In Frankreich gibt es nur 37 Arten Bäume, die 30 Fuß hoch werden; in Amerika 130 Arten, die dieses Maß übersteigen. Gibt es doch allein 30—36 verschiedene Sorten Eichen; auch verschiedene Sorten Buchen, Tannen u. s. w. und die „Königin der Tannen" in Oregon ist höher als alle Bäume. Im Mississippi-Thal sind undurchdringliche Urwälder mit den Riesen-Stämmen, vielen Schlingpflanzen und Ranken*) aller Art. Die lederzähe und knochenharte Hickory (weißer amerikanischer Wallnußbaum), die zähe aber weiche Sycamore (wilder oder ägyptischer Feigenbaum), mehrere Sorten Ahorn, unter denen der Zucker-Ahorn,**) mächtige Platanen, schöne Magnolien, der Sassafras (Fenchelholz), der Tulpenbaum, die sinnige Trauerweide, Cypressen, Maulbeerbäume, Lebensbäume u. s. w. sind eine weitverbreitete Zierde des Landes und vermehren den Reichthum. Die Wälder liefern vorzügliches Bauholz in unerschöpflicher Menge und ausgezeichneten Gerbestoff ohne Maß. — Früher war dieses schöne Holz fast werthlos und man brannte ganze Wälder nieder, um das Land frei zum Ackerbau zu bekommen. Durch die Eisenbahnen und Kanäle steigt es sehr in seinem Werth, wird verschifft und das massenweise Verbrennen läßt immer mehr nach. — In den Wäldern, an den Rändern der Wiesen und Felder, in Thälern und auf Bergen wachsen viele nützlichen Sträucher, Gräser, Kräuter und Blumen zu Arzneien. Die verschiedenen Arten der Münze sind überall in großer Fülle zu treffen. Die Wachsmyrthe, Kalmien, Lilien, Mariengold, mehrere Palmenarten u. s. w. sind heimisch und weit verbreitet. Auf den Prairien erreicht das Gras die Höhe eines Mannes, welches durch seine mannichfaltige Blumenpracht einen eigenthümlich lieblichen Anblick gewährt.

Auch die Produkte des Ackerbaus sind in großer Mannichfaltigkeit und Fülle vorhanden. Aus Amerika kommt der Tabak,***) die Kartoffel, der Mais. Alle Getreide-Arten gedeihen vorzüglich. Am meisten wird gepflanzt Mais (Welschkorn oder indianisches Korn, in Amerika einfach Corn genannt) und Weizen; dann folgen Hafer, Gerste, Roggen u. s. w. Getreide wird mehr im Norden gepflanzt als im Süden. Reis, Baumwolle, Zuckerrohr und allerlei Südfrüchte liefert der Süden. — Tabak gedeiht am besten in Virginien; Maryland und die westlichen Staaten liefern auch eine große Menge. Wein wird mit Erfolg gepflanzt

*) Besonders die fruchtbare und nützliche wilde Rebe, von der man einen starken Wein gewinnt. Sie kommt besonders in Missouri und Arkansas in großer Menge vor.

**) Von diesem Baume wird in Ohio und Michigan besonders viel Zucker bereitet.

***) Wenn es auch bestritten werden kann („Rauchhexe"), ob der Tabak ein Segen für die Menschheit war und ist, so könnte doch ohne die Kartoffel Deutschland seine Bevölkerung nicht mehr ernähren.

in Californien und Missouri;*) auch in Nord- und Süd-Carolina und an andern Orten hat man schon gute Erfolge erzielt. Er wird nach und nach immer allgemeiner gepflanzt werden. — Obst wird viel gezogen; sehr viele Aepfel von vortrefflicher Güte, aber wenig Birnen. Pfirsiche gerathen sehr gut und finden sich reichlich durch's ganze Land; sie sind ein sehr angenehmes und gutes Obst. Im Frühjahr ist der Markt von New-York schon sehr früh mit allerlei der besten Beeren — besonders köstliche Erdbeeren — gefüllt. Es ist überhaupt eine Lust, den Markt von New-York oder einer andern großen Stadt zu sehen, wo man die Produkte des Gartens und des Feldes in reichster Fülle und bester Güte findet.

Diese ganze Vegetation — das, was die Natur von selbst hervorbringt und was der Fleiß der Menschen ihr abgewinnt — bietet durch die Fülle und Mannichfaltigkeit in Wuchs und Farbe einen ergötzenden Anblick.

10. Thierreich.

Die wilden Thiere nehmen, wie die wilden Indianer, immer mehr ab. Das größte aller vierfüßigen Thiere, der Mammuth,**) einst hier zu finden, ist ausgestorben. Die großen Heerden Büffel u. s. w. sind von den Prairien im Mississippi-Thal fast ganz verschwunden, westlich sind sie jedoch noch zu finden. Sie ziehen in Truppen von 20—30 in den Bergen und auf der großen Sandwüste vor dem Felsengebirge umher. — Die Prairie-Hunde, nicht größer als Eichhörnchen, finden sich in großer Anzahl und wohnen in „Dörfern“ beisammen. Kommt man in die Nähe dieser klugen Thierchen, so stehen sie auf die Hinterfüße und machen Männchen und laufen dann flugs weiter, wenn sie durch diese Fernsicht etwa Gefahr entdeckt haben. — Ein gar liebliches Thier, schön und zierlich gebaut, ist das gewandte Elk (Elennthier), welches dem Reisenden Ueberraschung und Freude bereitet. Das ganze Thier scheint elastisch zu sein; es bewegt seine Füße so behende, daß man

*) Das Städtchen Hermann am Missourifluß, ganz deutsch, zeichnet sich durch seinen Weinbau besonders aus.

**) Ein gutes Skelett kann man in Peales' Museum in Philadelphia sehen. — In Wyoming sagte mir Jemand, der hierin Bescheid weiß: „Es ist, als ob das wilde Thier den Geruch des Weißen nicht ertragen könnte; bei den Indianern ist es zu Hause; sobald sich aber die Weißen in der Wildniß sehen lassen und Straßen bauen, weicht das Wild scheu zurück.“ — Dieses kann überhaupt nicht die Kultur, sondern nur die wilden Wälder ertragen.

die Bewegung kaum sieht. Wie ein Gummi-Ball, den man auf die Erde wirft, von selbst um so schneller in die Höhe schnellt, je gewaltiger man ihn hinwarf — so ist's mit diesem Thiere, wenn seine Füße die Erde berühren. Am meisten Aehnlichkeit hat es mit dem Reh; Kopf und Rücken sind grau, der Bauch ist gelblich. Sie sind immer in größern Heerden beisammen. Auch wilde Katzen zeigen sich viele. Bäre, Wölfe, Füchse u. s. w. ziehen sich zurück.

Die Hausthiere sind von guter Art. Pferde und Kühe sind stark vertreten. Im Jahre 1860 hatten die Ver. Staaten 6,115,458 Pferde und 8,728,862 Kühe. Es gibt besonders gute, schnelle Reitpferde. Ochsen werden zur Arbeit nicht so viele gebraucht, wie in Deutschland. Die Schweine hat man am liebsten vom Westen, besonders Illinois, und gelten in New-York immer mehr als die östlichen. Die Schafe von Ohio sind sehr beliebt.

Vögel sind in Menge vorhanden, Hausvögel und andere. Hühner (Rebhühner, Truthühner, Perlhühner, Waldhühner, Wasserhühner), wilde Schwäne, -Gänse, -Enten, -Tauben; dann vom Adler (mehrere Sorten) und Aasgeier herab alle Größen und Sorten bis zum winzig kleinen, äußerst zierlichen Kolibri, ein Amerikaner, dessen Flügelschlag so behende ist, daß man die einzelnen Schwingungen nicht unterscheiden kann. Doch fehlen die Sänger allzusehr: des Landmanns Freude, die Lerche, kommt nicht vor; Du hörst keine Amsel, keine Droschel, auch die Nachtigall erfreut dich nicht. Der Spatz (Sperling) fehlt auch; man hat schon Versuche gemacht, ihn einzuführen, hat große Partien hinüber gebracht, — mit geringem Erfolg jedoch. — Daß viele der lieblichsten Vögel fehlen, ist in der That ein Vermissen.

Die Fische*) sind von ausgezeichnetem Geschmack, sehr groß und finden sich in größerer Masse als irgendwo.

Allerlei andere Wasserthiere und Amphibien sind in größter Anzahl vorhanden.**) Den Insekten ist das Klima günstig; sie finden sich im Uebermaß. Besonders lästig ist die Mosquito, eine nicht geringe Landplage.

---

*) Ein großer Hai hatte sich vor einigen Jahren nach New-York gewagt und wurde dort gefangen.

**) Die Austern kommen in Masse vor und werden sehr viel gebraucht. Sie sind am besten in den Monaten, die ein R haben; in den übrigen (also Mai, Juni, Juli, August) werden sie darum weniger gegessen. — Der Kaiman (Alligator) zeigt sich hie und da in Florida. Allerlei Arten Schlangen sind häufig.

11. Mineralreich.

Das Mineralreich ist fast in jeder Gestalt vertreten. — Von den edeln Metallen finden sich: Gold und Silber in großer Menge.*) Die Gebiete Montana, Idaho, Nevada, Arizona, New-Mexiko, Colorado haben alle große Schätze in sich verborgen und scheinen das Goldland Californien noch übertreffen zu wollen. Auch in Oregan und dem Gebiete Washington hat man bereits Gold gefunden. In all diesen westlichen Bergen scheinen in dieser Hinsicht unübertreffliche Schätze vorhanden zu sein. Die östlichen Berge haben weniger Gold und Silber. Man hat zwar auch in Virginien, Nord- und Süd-Carolina (und überhaupt in den Bergen dort) schon Gold gefunden, aber doch nicht in bedeutender Menge und der Reichthum dieser Berge besteht in Kohlen, Eisen u. s. w. — Kupfer findet sich reichlich am Obern-See (Minnesota, Wisconsin, Michigan). Blei in ungeheurer Menge in Missouri,**) Arkansas, auch in der Nähe der Seen. Eisen im Ueberfluß in Missouri,**) Pennsylvanien, New-York, Ohio. Kohlen am besten und in großer Menge in Pennsylvanien und in den Alleghanies überhaupt; auch viel in Missouri, Illinois, Indiana. — Das Kohlen-Oel***) ist eine merkwürdige Erscheinung. Seit 1859 hat man in Pennsylvanien reiche Quellen entdeckt, die im Innern der Erde so stark flossen, daß man kaum die nöthigen Gefäße herbeischaffen konnten, um das Oel aufzufangen. Ein neuer Beweis, daß im Innern des amerikanischen Bodens noch unermeßliche Schätze verborgen sind, die man bis jetzt gewiß noch nicht alle kennt. — Natürlichen Schwefel findet man in Virginien. Granit, Porphyr, Sandsteine, blauen und schwarzen Marmor besonders in Maryland; weißen Marmor in großen Lagern am Weißen Fluß (White River, Ark).

Welchen Reichthum das Land in all diesen Mineralien besitzt, läßt sich nicht absehen.

12. Weltstellung.

Werfen wir nun noch einen übersichtlichen Blick zurück, ehe wir zu den einzelnen Staaten übergehen.

---

*) Platina kommt nicht vor.

**) In Missouri findet sich fast ganz reines Blei vor; es gibt Berge, die 95 Procent reines Blei haben. — Ebenso gibt es hier Berge mit fast ganz reinem Eisenoxyd.

***) Petroleum-Steinöl, auch Erdöl genannt; ist auch im Ausland in starkem Gebrauch.

Muß uns nicht schon das Wenige, das wir bis jetzt gesehen haben, überzeugen, daß wir es hier mit einem Land zu thun haben, wie es wenige, vielleicht kein anderes, gibt. In jeder Beziehung eine reiche, ergiebige, herrliche Natur; keine Wüsten wie Afrika und Asien; viele und große Flüße; die meisten Kanäle der Welt; ebenso mehr Eisenbahnen, als irgend ein Land; das wasserreiche Land hat fruchtbaren Boden; eine Pflanzenwelt und Thierwelt, wie sie kein Land besser hat, aber ein Mineralreich, das Alles übertrifft, was je ein Land geboten hat — das Alles sind doch natürliche Vortheile, sind Segnungen, die ganz dazu angethan sind, ein Land zum ersten und bedeutendsten der Welt zu machen. Dazu kommt noch die Lage. Fünfzehn Staaten grenzen an den Atlantischen Ocean, vier (mit Florida fünf) an den Meerbusen und drei an den Pacific-Ocean; — 22 Staaten stehen also in unmittelbarer Verbindung mit dem Weltmeer; aber fast alle stehen in mittelbarer Verbindung mit demselben. Denn merkwürdiger Weise sind alle*) Staaten durch Schifffahrt mit einander verbunden. Acht Staaten grenzen an die fünf großen Seen; die andern haben Flußschifffahrt,**) welche in keinem Land so bedeutend ist, wie hier. New-York und Pennsylvanien stehen mit dem Ocean und den Seen in Verbindung und ziehen sich durch die ganze Breite des Landes. Die östliche Küstenentwickelung ist, wie wir gesehen haben, sehr gut. Unzählige Buchten und Meereseinschnitte fördern Verkehr und Handel. Fleiß und Ausdauer eines energischen Volkes haben alle diese natürlichen Vortheile des ganzen Landes in jeder Beziehung benutzt. Dem Reisenden, dem Geschäftsmann, dem Pionier — Allen mußten sie dienen. Wo die natürlichen Mittel nicht ausreichten, wurden mit großer Thatkraft neue geschaffen.

Aus Allem sehen wir, daß die Ver. Staaten von Nord-Amerika kein Bedürfniß haben, daß sie nicht auch ohne andere Länder befriedigen könnten, und daß sie deshalb mehr als irgend ein Reich auf Erden einen geschlossenen Handelsstaat bilden könnten. Sie waren weise genug, letzteres nicht auszuführen. Denn ein solches Volk ist zu noch Größerem bestimmt.

13. Oeffentliche Ländereien.

Oeffentliche Ländereien, Regierungsländereien oder

*) Nur wenige westliche Gebiete ausgenommen.

**) Auch Vermont hat den Champlain-See, der durch den Richelieu- oder Sorel-Fluß mit dem St. Lorenz verbunden ist.

Congreßland, sind solche Ländereien, die noch der General-Regierung der Ver. Staaten gehören und nicht an Private verkauft oder an die einzelnen Staaten abgetreten sind.*) Von diesen müssen wir hier noch reden, um bei den einzelnen Staaten, die noch solche Ländereien haben, darauf zurückkommen zu können.

Dieser wichtige Gegenstand war in Deutschland nie genug bekannt. Darum sind die hieraus entspringenden Vortheile unsern armen Leuten nicht so zu Theil geworden, wie es hätte geschehen können. Es verdient diese Sache aber auch jetzt noch weite Bekanntmachung, obwohl in vielen Staaten jetzt gar keine öffentlichen Ländereien mehr sind.

Von diesen Ländereien kann nämlich jeder Ansiedler 160 Acker = 200 preußische Morgen von der Regierung geschenkt erhalten. Als Gebühr für Registratur u. s. w. braucht man nur 14 Dollars zu bezahlen. In neuen Gegenden hat die Regierung gewöhnlich große Schenkungen von Land gemacht, um den Bau von Eisenbahnen damit zu unterstützen und zu befördern. Wenn nun eine Eisenbahngesellschaft durch eine solche Gegend eine Eisenbahn bauen wollte, so erhielt sie auf jeder Seite des Geleises 15—20 Meilen breit und so lang wie die Bahn jede andere Section von der Regierung geschenkt (siehe oben unter 6. Eisenbahnen). Da diese Ländereien, die innerhalb dieses Eisenbahn-Bezirks liegen, von der Regierung zum doppelten Preis**) verkauft werden, so verschenkt sie hievon auch nicht 160, sondern 80 Acker. Es kann also Jeder entweder 160 Acker außerhalb der Eisenbahn-Bezirke oder 80 Acker innerhalb derselben geschenkt erhalten. Das Land kann man sich auswählen, wo man will. Wer bereits Land besitzt, kann sein Gut um 160 Acker des anstoßenden Landes vermehren, wenn solches noch der Regierung gehört. Doch kann man nicht nur so zulaufen.

Wer kann dieses Land bekommen?

1. Jede Person, welche Bürger der Ver. Staaten ist oder wenigstens in gehöriger Form erklärt hat, Bürger werden zu wollen***) und nie Waffen gegen die Ver. Staaten getragen oder deren Feinden Vorschub geleistet hat. — Hat nun eine Person nichts gegen das Gesetz gethan, so muß sie aber ferner

*) Auch die Regierungen der einzelnen Staaten haben zum Theil noch öffentliche Ländereien, die sie zum Besten ihrer Staaten verwenden.

**) Zu 2½ Dollar statt 1¼ Dollar den Acre, was sie außerhalb dieses Bezirks kosten.

***) Wie das geschieht, siehe weiter unten.

2. entweder Familienhaupt (also Vater oder Mutter — Wittwe) sein,

3. oder, wenn ledig, das 21. Jahr zurückgelegt haben.

4. Wer aber nicht weniger als vierzehn Tage in der Armee oder Flotte der Ver. Staaten gedient hat, bekommt dieses Land ebenfalls, auch wenn er noch nicht 21 Jahre alt oder kein Familienhaupt ist.

5. Das Land darf nur zu eigenem Gebrauch benutzt werden; man muß selbst wenigstens 5 Jahre darauf wohnen und es bebauen. Vor Abflnß dieser fünf Jahre darf man es nicht verkaufen oder sonstwie darüber verfügen; nach Verlauf der fünf Jahre aber darf man damit machen, was man will. Keiner darf das Land müßig liegen lassen, sondern man muß wenigstens einen Anfang mit der Kultur machen. Keiner kann für eine andere Person, sondern Jeder kann nur für sich und zur eigenen Bearbeitung das Land bekommen. Ausnahmen hievon machen nur Soldaten zu Wasser oder zu Land im Dienst der Ver. Staaten; diese können durch ihre Frauen oder sonst Jemand (dem sie Vollmacht geben) das Land beanspruchen lassen.

6. Alles dieses muß mit einem Eide vor dem Registrator des betreffenden Landamtes bekräftigt werden.

7. Wer wegen körperlichen Gebrechen oder andern genügenden Gründen nicht zum Registrator des Landamtes gehen kann (falls dieses zu weit entfernt ist), der kann statt dessen Alles vor dem Gerichtsschreiber des Countys, in welchem er wohnt, abmachen.

8. Wer das Land vor fünf Jahren verläßt, verliert dadurch sein Eigenthumsrecht auf dasselbe. Nach fünf Jahren bekommt er vom Präsidenten der Ver. Staaten ein Patent, wodurch er zum unumschränkten Besitzer des Landes wird.

9. Will Jemand vor Ablauf der fünf Jahre das Land verkaufen, so braucht er nur der Regierung den festgesetzten Preis (1¼ oder beziehungsweise 2½ Dollar) zu bezahlen. Er mag dann dafür bekommen, so viel er will. — Es versteht sich von selbst, daß Jeder, er mag wohnen, wo er will, sich um diesen geringen Preis so viel Land von der Regierung kaufen kann, wie er will. Er bekommt dann gleich das Patent, welches der beste Besitztitel ist.

10. Das auf diese Weise erworbene Land ist nicht angreifbar für Schulden, welche vor Ablauf der fünf Jahre gemacht wurden.

Manche haben sich schon als sogenannte Squatters ohne alles Weitere auf Congreßland niedergelassen. Das thut nur gut, so lange die Reihe nicht an dieses Stück Land kommt. Dann aber muß man entweder allen obigen Forderungen nachkommen oder das Land verlassen. Eine weitere Strafe liegt nicht darauf.

Man hat auch schon gesagt, Mann und Frau könne jedes ein solches Stück Land auf seinen Namen bekommen; ich kann aber in den betreffenden Gesetzen nichts davon finden und muß diese Meinung für unrichtig halten. — Von den weitläufigen Gesetzen hierüber habe ich alles Wissenswerthe kurz zusammengezogen und hier gegeben. — Unsere armen Leute, die hinüberkommen, haben ja nichts gegen die Gesetze der Ver. Staaten gethan und sie können ihre ersten Papiere nehmen, wenn sie hinüberkommen und sich dann auf solchem Land niederlassen. — Nun sind noch zu wissen nöthig die Orte, in denen Landämter sind, an welche man sich wenden kann, um dieses Land zu bekommen.

Staaten und Orte, in denen Landämter sind:

Ohio	Chilicothe.
Indiana	Indianapolis.
Illinois	Springfield.
Missouri	Ironton.
„	Boonville.
„	Springfield.
Michigan	Detroit.
„	East Saginaw.
„	Iona.
„	Traverse City.
„	Marquette.
Iowa	Des Moines.
„	Fort Dodge.
„	Council Bluffs.
„	Sioux City.
Wisconsin	Menasha.
„	Stevens' Point.
„	La Crosse.
„	L'Eau Claire.
„	St. Croix Falls.
„	Bayfield.
Minnesota	Tailors' Falls.
„	Du Luth.
„	St. Cloud.
„	Greenleaf.
„	St. Peter.
„	Winnebago City.
Dakota	Vermillion.
Idaho	Lewiston.
„	Boise City.
Washington Ter.	Olympia.
„	Vancouver.
Oregon	Oregon City.
„	Roseburg.
„	Le Grande.
Nevada	Carson City.
„	Belmont.
„	Austin.
Arizona	Prescott.
New-Mexiko	Santa Fe.
Colorado	Golden City.
Nebraska	Omaha.
„	Brownsville.
„	Nebraska City.
„	Dakota City.
Kansas	Topeka.
„	Junction City.
„	Humboldt.
Arkansas	Washington.
„	Clarksville.
Louisiana	New-Orleans.
„	Natchitoches.
„	Monroe.
Mississippi	Jackson.
Alabama	Mobile.
„	Montgomery.
„	Decatur.
Florida	Tallahassee.
California	San Francisco.
„	Los Angelos.
„	Marysville.
„	Humboldt.
„	Stocton.
„	Visalia.

II. Die einzelnen Staaten und Territorien.

Geschichtliches.

Verschiedene Länder theilten sich früher in den Besitz der Ver. Staaten. Nachdem das Land bekannt geworden war, kamen Engländer, Franzosen und Spanier u. A., und Jeder nahm so viel er konnte. Die englischen Kolonien wollten sich die ungerechte Oberherrschaft des Mutterlandes nicht mehr gefallen lassen und sie kündigten zuerst den Gehorsam auf. Es waren folgende 13 Staaten, welche am 4. Juli 1776 sich unabhängig von England erklärten und damit ein selbständiges Reich gründeten:

New-Hampshire, Massachusetts, Rhode Island, Connecticut, New-York, New-Jersey, Pennsylvanien, Delaware, Maryland, Virginien (Ost und West), Nord-Carolina, Süd-Carolina, Georgia. — Zum Andenken an diese kühne, nothgedrungene, gerechte und durch die Geschichte gerechtfertigte That wird alljährlich der 4. Juli im ganzen Land gefeiert. Bei dieser Feier merkt man überall: das Volk weiß, was ihm damals dieser Tag gebracht und anerkennt durch allgemeine und vielseitige Feier, was jene wackern Männer gethan. Unter Allen ragt die edle Gestalt George Washingtons hervor; noch jetzt wirkt er begeisternd auf die Jugend des Landes.

Nach dieser Unabhängigkeitserklärung hatte das damals noch schwache Volk sieben Jahre lang mit mächtigen Feinden zu kämpfen. Alle standen zusammen wie ein Mann. Jeder machte die Sache des Volkes zu seiner eigenen. Wer für eine gute Sache mit solcher Energie, Hingabe, Selbstverleugnung einsteht, darf auf schließlichen Erfolg rechnen. Sie gingen siegreich aus all den schweren Kämpfen hervor. Niemand hatte das vorher zu glauben gewagt. England mußte 1783 die Unabhängigkeit anerkennen.

Von dieser Zeit an ging für die fremden Herrscher ein Gebiet nach dem andern verloren. Die Staaten aber nahmen nach Innen und Außen immer mehr zu. Zu den 13 ursprünglichen Staaten wurden seither zugelassen 24 Staaten und 11 weitere Territorien warten auf die Aufnahme. Die Union besteht also gegenwärtig aus 37 Staaten, 11 Territorien und 1 Distrikt! Im Jahre 1782 betrug die Bevölkerung 2 Mill., gegenwärtig beträgt sie 40 Mill.!

Eintheilung.

Man hat bei der Eintheilung der Staaten noch immer die alte Weise festgehalten. Nach dieser nennt man östliche Staaten oder Neu-England Staaten: die 6 Staaten östlich von New-York: Maine, New-Hampshire, Vermont, Massachusetts, Rhode Island und Connecticut;

mittlere Staaten: die 4 Staaten: New-York, New-Jersey, Pennsylvanien und Delaware;

südliche Staaten: die 14 Staaten: Maryland (Distrikt Columbia), Virginia, West-Virginia, Nord-Carolina, Süd-Carolina, Georgia, Florida, Alabama, Mississippi, Louisiana, Texas, Arkansas, Tennessee und Kentucky;

westliche Staaten: die Staaten: Ohio, Indiana, Illinois, Michigan, Wisconsin, Jowa, Minnesota, Nebraska, Missouri, Kansas, California, Oregon, Nevada; hierher würden auch die Gebiete gehören: Dakota, Montana, Washington, Idaho, Wyonning, Colorado, Utah, Arizona, New-Mexiko, Indian Ter. und Alaska im Nordwesten.*)

Allein die sogenannten 4 mittleren Staaten waren wohl unter den ursprünglichen 13 Staaten die mittleren, sie sind es aber schon lange nicht mehr. Und gegenwärtig wäre eine andere Eintheilung natürlicher und entsprechender; wenn man nämlich die Staaten östlich vom Alleghany-Gebirg als östliche bezeichnete, als mittlere die Staaten im Mississippi-Thal, als westliche die Staaten westlich vom Mississippi-Thal, als südliche solche, die südlich vom Distrikt Columbia liegen.

Nach Angabe dieser Eintheilung führen wir nun die einzelnen Staaten der Reihe nach an, ohne dabei nochmals die Eintheilung anzugeben. Am Schluß werden wir dann versuchen, eine kurze Charakteristik der einzelnen Gruppen zu geben.**)

---

*) Jeder Staat wird wieder eingetheilt in Counties. Das Wort County (Plur. Counties) wird gewöhnlich mit Grafschaft oder Kanton übersetzt. Beides können wir hier nicht zulassen. Bei Grafschaften denkt man zu sehr an Grafen; und von diesen ist in Amerika nicht die Rede. Die Counties haben aber auch nicht so viel Selbständigkeit, wie ein Kanton in der Schweiz, sondern sie bedeuten einfach das, was man in Süddeutschland Oberamt, in Norddeutschland Bezirk nennt. Wir bezeichnen sie forthin mit dem einheimischen Namen: Counties.

**) Berge, Flüsse, Eisenbahnen, Kanäle u. s. w. geben wir auch bei den einzelnen Staaten nicht alle an; die Hauptsache ist gegeben. — Die gebräuchliche Angabe der Grenzen jedes Staates, wobei man sich immer wiederholt, wird auch unterlassen. Diese Grenzen sind höchst einfach und leicht zu finden; sie sind unwichtig, weil alle Staaten doch eigentlich nur an ihr eigenes Land grenzen. Man verfuhr bei der Abtheilung der einzelnen Staaten nach einem festen Plan: entweder nahm man Berge oder Flüsse als Grenzen an oder man zog eine gerade Linie.

1. Maine.

Wurde am 3. März 1820 in die Union aufgenommen. — Flächeninhalt 35,000 Quadrat-Meilen. Hatte 1860 eine Einwohnerzahl von 628,279. Hat noch 2½ Millionen öffentliche Ländereien. Der größere Theil des Staates ist noch nicht bewohnt. Das Klima ist sehr streng, doch gesund und die Einwohner werden gewöhnlich alt. Die Waldungen sind schön und der Holzhandel sehr bedeutend. Der Boden ist in der Mitte des Staates, also zwischen den Flüssen Penobscot und Kennebec am fruchtbarsten. Die hügelige Gestalt ist vorherrschend. Die Küste hat die meisten Buchten und Meereseinschnitte aller Staaten. Die Ufer sind zum Theil schroff und zerrissen. Unter den dreizehn Häfen ist Portland der bedeutendste. Der Staat hat zehn Eisenbahnen.

Augusta, die Hauptstadt des Staates, liegt am Kennebec und hat etwa 8500 Einw. — **Bangor** am Penobscot, der bis hierher schiffbar ist; die Stadt hat regelmäßige Dampfschifffahrt mit Portland und Boston. Bedeutend durch seinen großen Holzhandel. Hat ein gutes theologisches Seminar. Etwa 17,000 Einw. — **Portland,** mit 27,000 Einw., Haupthafen.

2. New-Hampshire.

Gehört zu den ältesten Ansiedlungen und ersten Heimstätten der Pilgerväter; schon seit 1623 haben sie sich hier niedergelassen. Einer der dreizehn ursprünglichen Staaten. — Flächeninhalt 9280 Quadrat-Meilen. Einwohner (1860) 326,073. — Ein Bergland mit vielen Landseen im Innern. Die höchsten Gipfel der Alleghanies sind hier. Der Boden eignet sich zu Weizen, Mais, Roggen (Korn), Gerste, Hafer; auch wird viel Obst (mehr als in Maine) gepflanzt, welches gut gedeiht; aus den Aepfeln und Birnen wird ein guter Cyder (Obstwein, Apfel- und Birnenmost) gepreßt. Die Wiesen liefern gutes Gras. Das Vieh von hier ist im ganzen Land beliebt. Manufacturen und Handel sind bedeutend und werden durch die dreizehn Eisenbahnen, die den Staat durchziehen, unterstützt. Der Staat hat nur 18 Meilen Küste. Das Klima ist heiter und zwischen den Bergen mild.

Concord, die Hauptstadt des Staates, hat 11,000 Einw., liegt am Merrimack-Fluß, welcher sich mitten durch den Staat zieht. Der Connecticut bildet die westliche Grenze. — **Portsmouth,** am Piscataqua, hat 10,000 Einw., ist freundlich gelegen, hat den bedeutendsten Hafen des Staates; der Hafen ist schön und sicher. — **Nashua** mit 10,000 Einw., **Dover** mit 9000 Einw.

3. Vermont.

Wurde am 18. Februar 1791 in die Union aufgenommen. — Flächeninhalt 10,212 Quadrat-Meilen. 1860 hatte er 315,098 Einwohner. — Der Name bedeutet: grüner Berg; die Alleghanies heißen hier „Grüne Berge". Der Name hat natürlichen Grund: die Berge haben eine grüne Ansicht. Früher war dieser Staat ein Theil des Staates New-York. — Ackerbau und Viehzucht sind hier die Hauptbeschäftigung; da der Staat keine Küste hat, so ist der Handel nicht so bedeutend, wie in den andern nordöstlichen Staaten. Die Fischerei fehlt fast ganz. Dagegen ist er unter diesen Staaten der beste für Landwirthe und Jäger. Denn Ackerbau und Wiesen sind gut; alle Getreidearten gerathen wohl und die Rinder sind größer und stärker als in den beiden vorigen Staaten. Auch die Jagd ist noch sehr ergiebig. Im Nordwesten ist der Champlain-See, welcher durch seinen Ausfluß, Richelieu- oder Sorel-Fluß, mit dem St. Lorenz verbunden ist.

Montpelier, die Hauptstadt des Staates, ist freundlich gelegen, gesund und hat etwa 5000 Einw. — **Burlington,** 8000 Einw., die bedeutendste und schönste Stadt des Staates, wunderschön am Champlain-See gelegen. — **St. Albans** am Champlain-See mit 3000 Einw. — **Rutland** an einem Eisenbahnnetz; — **Bennington** und **Middleburg** sind Städte von 4000 Einw. — **Windsor,** 3000 Einw.; hier ist das Staatsgefängniß.

4. Massachusetts.

Aeltester Staat der Union. In Plymouth landeten 1620 die frommen Pilgerväter, die um ihres Glaubens willen ihr Vaterland (England) verlassen hatten. Einer der 13 ursprünglichen Staaten. — Flächeninhalt 7800 Quadrat-Meilen. Einwohnerzahl 1,231,066. — Kein Staat übertrifft diesen an geistiger Kultur. Für Unterricht ist sehr gut gesorgt; an Kirchen kein Mangel; Wissenschaft und Bildung hochgeachtet. Bedeutende Opfer werden zur Unterstützung von allerlei guten Anstalten gemacht. — Aber auch in Gewerbsfleiß, Industrie, Manufacturen wird dieser Staat von keinem andern übertroffen, sondern er steht in Vielem obenan. Der Ackerbau blüht. Die Fischerei wird stärker als in irgend einem Staate getrieben, besonders Stockfisch- und Wallfischfang. Die bedeutendsten Webereien (in Wolle und Baumwolle u. s. w.) des Landes. Dieser Staat ist am stärksten bevölkert, nämlich 158 Einwohner auf eine Quadrat-Meile. Darum ist auch das Land theuer und für arme Ansiedler hier kein Raum mehr; um so besser ist es für Handwerker.

Boston, 200,000 Einw., Hauptstadt des Staates, ist jedenfalls eine der gebildetsten und gediegensten größern Städte der Welt. Künstler und Gelehrte haben sich hier in großer Anzahl gesammelt, sind geachtet und haben guten Verdienst. Die Stadt ist, im Gegensatz zu andern amerikanischen Städten, unregelmäßig gebaut und ist darin einer deutschen Stadt ähnlich. In der Mitte ist ein Hügel; sonst liegt sie niedrig. Sie hat bedeutenden Handel mit allen Ländern der Welt. Der stark besuchte Hafen ist schön, doch nicht sehr groß; die Einfahrt ist sehr eng. — Hier wohnen 6000—7000 Deutsche meist in guten Verhältnissen; sie haben Kirchen und Schulen und sonstige Anstalten. Nahe um Boston herum liegen mehrere Städte. **Charlestown,** 26,000 Einw., liegt 1 Meile nördlich von Boston. Nahe dabei ist Bunkers-Hill mit einem Monument. **Roxbury,** 2 Meilen südlich von Boston, hat 25,000 Einw. **Cambridge,** 3 Meilen nordöstlich von Boston, 27,000 Einw., ist eine der ältesten Städte Amerikas. Die erste Druckerei Amerikas wurde hier 1639 von Stephan Day angefangen. Sie hat eine bedeutende Universität (Harvards College). — In Lexington wurde der Freiheitskampf begonnen; ein Monument bezeichnet die Stätte. — **Salem,** 23,000 Einw., nach Boston der bedeutendste Hafen des Staates, großer Handel, bedeutende Geschäfte mit dem Ausland. — **Newburyport,** ebenfalls ein Hafen und sehr schöne Stadt mit etwa 15,000 Einw. — **Lowell,** das amerikanische Manchester, außerordentlich blühende Stadt mit den ausgedehntesten Manufacturen (besonders Webereien) und hierin allen Städten voran, hat 40,000 Einw. — **Lynn,** eine der bedeutendsten Städte für die Schuhfabrikation und zeichnet sich hiedurch aus, wie Lowell mit seinen Webereien; hat 21,000 Einw. — **New-Bedford,** Hafen, mit 24,000 Einw. — **Andover** hat eine der bedeutendsten Schulen: das theologische Seminar; 4000—5000 Einw. — Die älteste Stadt des Staates, **Plymouth,** hat jetzt etwa 6000 Einw. — Größere Städte, alle blühend, sind über den ganzen Staat zerstreut.

5. Rhode-Island.

Einer der ursprünglichen dreizehn Staaten. Dieses ist der kleinste Staat der Union; Flächeninhalt 1306 Quadrat-Meilen; 1860 hatte er 174,620 Einwohner. Dieser kleine Inselstaat ist eifrig in der Verbesserung seines Gebietes, hat lebhafte Industrie, milderes Klima als die vorigen und sehr gute Seebäder.

Newport, mit 13,000 Einw., ist die Hauptstadt des Staates und liegt auf der Insel Rhode, von welcher der Staat seinen Namen hat (Island = Insel). Hat bedeutende Schifffahrt und guten Handel. Die Seebäder sind im Sommer stark besucht. — **Providence,** 52,000 Einw., die größte Stadt des Staates, hat ebenfalls bedeutende Manufacturen. Unter den verschiedenen Unterrichtsanstalten zeichnet sich Browns Universität aus. — **Smithfield** mit 14,000, **Cumberland** mit 8500 Einw.

6. Connecticut.

Einer der dreizehn ursprünglichen Staaten. Flächeninhalt 4750 Quadrat-Meilen. Einwohner (1860) 460,147. — In

Gewerbe, Handel, Industrie — überhaupt im Ganzen ist dieser Staat Massachusetts sehr ähnlich.

Bedeutende Städte sind: **New-Haven,** Hauptstadt des Staates, 40,000 Einw.; ein theologisches Seminar; das Yale-College hat eine bedeutende Mineralien-Sammlung. — **Hartford,** 30,000 Einw., in jeder Beziehung sehr thätige Stadt. Der Connecticut ist bis hierher schiffbar. Sie hat eine Irren- und eine Taubstummen-Anstalt. Washingtons College und andere Anstalten zieren die Stadt. — **New-London,** mit 10,000 Einw., ist der beste Hafen des Staates. — **Bridgeport,** mit 13,000 Einw. am Long-Island-Sund; **Norwich,** 14,000 Einw., wo die Gräber der Mohican-Indianer noch heute zu sehen sind. — **Stafford-Springs,** berühmte und stark besuchte Stahlquellen. — **Litchfield** und mehrere andere freundliche Städte liegen nahe beisammen.

7. New-York.

Dieser Staat ist nicht, wie die vorigen, von Engländern, sondern von Holländern gegründet worden. Schon im Jahre 1614 siedelten sich Holländer hier an und gaben ihm den Namen Neu-Niederland; die Stadt New-York hieß darum Neu-Amsterdam. Er ist einer der dreizehn ursprünglichen Staaten. — Flächeninhalt 47,000 Quadrat-Meilen. Einwohner (1860) 3,890,735. — Die Gestalt ist mannichfaltig. Er erstreckt sich von den Seen Erie und Ontario bis an den atlantischen Ocean. In der Mitte hat er von Ost nach West eine Länge von 351 Meilen, aber nur ein schmaler Strich drängt sich südlich zum Ocean. — Der Boden ist meist hügelig; durch die Mitte zieht sich das Gebirge schief hindurch; hier wechseln schroffe Berge mit angenehmen Thälern. Gegen die Seen hin wird der Boden zuerst wellenförmig und dann ganz flach; gegen Süden ist er hügelig. Der Boden hat viel Kalkgehalt und erzeugt gutes, nahrhaftes Gras, treffliche Weide. Darum wird Ackerbau und Viehzucht eifrig betrieben. Der Weizen ist gut, Rochester ist durch sein gutes Mehl berühmt geworden. Butter und Käse wird im ganzen Staat sehr viel gemacht und findet in der Stadt New-York immer Absatz. Das beste Ackerland ist im nordwestlichen Theile des Staates, besonders im Thale des Genessee-Flusses. Die Verkehrsmittel sind sehr gut. Der Staat steht in der Industrie keinem Staate nach. Ueberall finden sich Deutsche in großer Anzahl. Mehrere Heilquellen und Bäder werden viel besucht. Der Staat hat viele schöne Städte und ist reich zu nennen. Doch hat er nur eine geringe Küste; der Hafen von New-York aber ist ausgezeichnet, geräumig, geschützt und sicher und bietet zugleich einen herrlichen Anblick. Er gehört zu den besten Häfen, die es überhaupt gibt. Auch an den beiden Seen hat der Staat gute Häfen.

New-York ist die größte und bedeutendste Stadt des Staates und des ganzen Landes mit herrlichem Hafen und über 1 Mill. Einw., worunter 150,000 Deutsche, die bedeutenden Einfluß haben. Mit den Vorstädten (**Brooklyn** hat allein etwa 300,000 Einw.) wohnen hier über 1½ Millionen Menschen beisammen. Diese Metropole und zweite — bald die erste — Handelsstadt der Welt, birgt in sich die größten Gegensätze: den größten Reichthum gegenüber der größten Armuth, die prächtigsten Gebäude und elendesten Hütten, die glaubensinnigste Frömmigkeit und das schamloseste, frechste Laster. Hier ist, mit einem Wort, eine ganze Welt mit all ihrer Herrlichkeit und all ihrem Jammer beisammen. Hier sind die Völker der ganzen Welt vertreten und wer die ganze Welt kennen lernen will, hat hier die beste Gelegenheit dazu. — Es versteht sich von selbst, daß hier kein Mangel ist an allerlei Anstalten für Unterricht, Wissenschaft, Kunst u. s. w.; ebenso Anstalten der Barmherzigkeit und Wohlthätigkeit, die aber hier nicht einzeln angeführt werden können. Auch an Kirchen ist kein Mangel. Für die vielen Deutschen könnte aber immer noch Vieles geschehen. — Der untere Theil der Stadt ist der Geschäftstheil, hier sind gar keine Privatwohnungen; der obere Theil zeichnet sich aus durch prächtige Gebäude, meist Privatwohnungen (nur in den Avenues sind Geschäfte). Im untern Stadttheil (dem Geschäftstheil) laufen die Straßen unregelmäßig und manche sind für die ungeheuren Geschäfte, die hier gemacht werden, viel zu eng; im obern Stadttheil sind die Straßen breit und laufen regelmäßig entweder von Süden nach Norden oder von Osten nach Westen, so daß sie sich alle rechtwinkelig kreuzen. Auf jeder Seite ist ein breiter Trottoir für Fußgänger. Die Straßen von Süden nach Norden laufend heißen Avenues (Allee, wörtlich: Zugang) und werden theils mit den Buchstaben des Alphabets bezeichnet und theils numerirt; die Straßen von O. nach W. werden numerirt. Die bedeutendste Straße ist der Broadway (breite Weg), in welchem man sehen kann, was Reichthum ist. Zu jeder Tageszeit, Sommer und Winter, Regen und Sonnenschein, ist hier ein unbegreifliches Gedränge. Wer da gegen den Strom „schwimmen" will, kommt nicht durch. Kopf an Kopf schiebt sich da eine ewige Menschenwoge hin und her. — Die bedeutendsten Geld- und Wechselgeschäfte sind in der Wall Street. Nach den Erfahrungen der letzten Jahre müssen wir diese Straße eine Weltmacht nennen. Denn sie hat in den letzten neun Jahren mehr Einfluß auf die ganze Welt ausgeübt, als manches Königreich; sie war es nämlich, in welcher das Gold-Agio bestimmt wurde. Was wurde da geschrieen, gestritten, Herzen zerrissen. Niemand, auch die Klügsten der Betheiligten selbst nicht, konnte erklären, warum das Agio eigentlich steige oder falle. Diese Zeit ist nun auch am Ende. Welch ein eigenthümliches Gefühl überkam Einen, wenn man stand und schaute dem furchtbaren Getreibe stille zu, und auf einmal spielte das Glockenspiel der nahen prächtigen Trinity-Kirche einen lieblichen Choral zum Ganzen. — Die Stadt hat verschiedene Parke, unter denen sich der Central-Park am nördlichen Ende der Stadt besonders auszeichnet. Er ist zum Theil sehr schön angelegt, zum Theil ist er noch in seinem Naturzustand, hat herrliche Seen und Anlagen. Das Ganze macht einen höchst angenehmen Eindruck. Darum strömt denn auch die Stadt Sommer und Winter in Schaaren hinaus; im Sommer ist die frische Luft eine wahre Erquickung; im Winter fährt man Schlitten um die Wette und lauft ebenso Schlittschuhe. Die Seen fassen Tausende von Schlittschuhläufern auf einmal. Am südlichen Ende der Stadt ist die Battery, 11 Acker groß, höchst einfach angelegt, gewährt aber eine schöne Aussicht auf den Hafen, auf die verschiedenen Inseln und Ufer rechts und links. Hier ist auch Castle Garden (Schloßgarten), früher eine Festung, nun aber für Einwanderer bestimmt. — Erst in New-York, in keiner deutschen Stadt, kann man sehen, was eine Geschäftsstadt ist. — Ringsumher sind überall Städte. Unter den Vorstädten ist Brooklyn die bedeutendste. Es ist eine schöne Stadt; man nennt sie auch die Stadt der Kirchen, auf der freundlichen und fruchtbaren Insel Long-Island (lange Insel) gelegen. Sie hat keine großartigen Geschäfte, diese sind alle in New-York, sondern nur kleinere Geschäfte und Privathäuser. Sehr viele der New-Yorker Geschäftsleute wohnen hier und in den umherliegenden Städten, zum Theil 20—30 Meilen weit von der Stadt entfernt; da kommen sie denn jeden Tag mit der Eisenbahn hereingeströmt zu ihren Geschäften und Abends verlassen sie die Stadt auf dieselbe Weise wieder. Zwischen New-York und Brooklyn laufen von verschiedenen Punkten der beiden Städte alle paar Minuten Dampfboote, so daß die Verbindung eine regelmäßige und schnelle ist. Bei Brooklyn ist der weithin bekannte Gottesacker Greenwood Cemetery, von welchem man eine reizende Aussicht hat auf die Städte, das Land umher und den Ocean. Long-Island ist eine sehr fruchtbare Insel mit mehreren lieblichen Städtchen und Seebädern, worunter besonders Coney-Island. — Staten Island ist eine äußerst angenehme Insel südlich von New-York. Auf der andern Seite, westlich von New-York ist Jersey City, im Staate New-Jersey, weniger schön und weniger bedeutend. Hobocken dagegen ist ein angenehmer kleinerer Ort, wo viele der deutschen Geschäftsleute von New-York wohnen. Alle die umherliegenden Städte sind durch Dampffähre mit New-York verbunden. Eine Fahrt auf dem Hudson-Fluß ist sehr angenehm, bietet schöne Ansichten und führt an vielen freundlichen Städtchen vorbei. Wir erwähnen West-Point, die Militärakademie der Ver. Staaten. Singsing mit dem Staatsgefängniß von New-York. Newburgh und Poughkupsie, zwei freundliche Städte, von Deutschen gegründet. Castkill und Hudson liegen ebenfalls sehr schön und hoch und haben, wie alle diese Orte, im Sommer eine sehr erfrischende Luft; die erste liegt am rechten, die andere am linken Ufer des Flusses; — **Albany** ist die Hauptstadt des Staates und Sitz der Regierung mit etwa 80,000 Einw.; hat bedeutende Fabrikation, besonders in Eisen (sehr gute Oefen werden geliefert), Manufacturen und guten Handel; eine thätige und blühende Stadt; 145 Meilen nördlich von New-York. Viel Aehnlichkeit mit Albany hat das 6 Meilen nördlich gelegene **Troy** mit schwunghafter Fabrikation und etwa halb so vielen Einwohnern wie Albany. — **Utica** mit 22,000 Einw.; **Syracuse** mit 28,000 Einw.; **Rochester** mit 50,000 Einw.; **Buffalo** am Erie-See mit etwa 100,000 Einw.; wovon etwa der vierte Theil Deutsche sind. Ferner: Batavia (23,000 Einw.), Seneca, Ithaca (7000 Einw.), Auburn mit dem berühmten Staatsgefängniß und über 12,000 Einw.; Canandaigua (über 7000 Einw.), Geneva (über 5000 Einw.) u. s. w. sind blühende Städte in schöner fruchtbarer Gegend. Das Genessee-Thal ist besonders empfehlenswerth. Mehrere Seen liegen nahe bei einander.

Von den Heilquellen des Staates mögen folgende erwähnt werden: **Saratoga Springs**, 38 Meilen nördlich von Albany, berühmtester Badeplatz des Staates mit mehreren Quellen; gut besonders bei Brust- und Magenleiden, Scropheln und chronischen Rheumatismen; — **New-Lebanon Springs**, 24 Meilen nordöstlich von Hudson, warme Quellen gegen rheumatische Leiden; — **Sharon Sulphur Springs**, 12 Meilen von der Station Palatine Bridge, zwischen Albany und Utica, gegen Gicht; — **Clifton Springs**, 12 Meilen von Geneva, berühmte Schwefelquellen; — **Avon Springs**, 20 Meilen südlich von Rochester, nahe am Genessee-Fluß gegen rheumatische Leiden u. s. w. — Alle diese Bäder haben viele Bequemlichkeiten und werden stark besucht.

8. New-Jersey.

Einer der dreizehn ursprünglichen Staaten. Flächeninhalt 8320 Quadrat-Meilen. Einwohner (1860) 672,035. Der kleine Staat hat 140 Meilen Seeküste, aber keinen bedeutenden Hafen. — Im nördlichen Theile ist der Boden wie in New-York: hügelig, zum Theil bergig, in der Mitte angenehm, stark wellenförmig; gegen die Küste hin und östlich vom Delaware-Fluß ist angeschwemmtes, sandiges Land, zum Ackerbau großentheils nicht geeignet, aber sehr geeignet zu Wiesen. Reichthum an Mineralien, besonders Eisen und Zink; am Raritan-Fluß sind reiche Kohlenlager. Im ganzen Staat sind Deutsche zu finden.

Trenton, 20,000 Einw., Hauptstadt des Staates, am Delaware-Fluß, und **Newark** haben schwunghafte Fabrikation und Manufactur. Letztere ist die bedeutendste Staat des Staates, hat etwa 80,000 Einw., worunter viele Deutsche, und ist 9 Meilen von New-York entfernt. — **New-Brunswick**, 13,000 Einw., hat ein theologisches Seminar der niederländisch-reformirten Kirche und das Queens-College. — **Princeton**, 3000 Einw., hat ein bedeutendes theologisches Seminar der Presbyterianer. — **Elisabethtown**, **Rahway**, **Burlington**, **Camden**, Philadelphia gegenüber, sind strebsame Städte. Alle diese Städte liegen an der Eisenbahn zwischen New-York und Philadelphia, welche von **Jersey City** ausgeht. — **Paterson**, am Passaic-Fluß, ist ein bedeutender Gewerbsplatz. — **Hoboken**, **Orange**, **Perth-Amboy** sind freundliche Städte.

9. Pennsylvania.

Dieser Staat ist von dem frommen Quäker W. Penn 1682 gegründet und nach ihm genannt worden (Pennsylvania = Penn's Wald, der Wald des Penn). Er ist einer der dreizehn ursprünglichen Staaten. — Flächeninhalt 46,000 Quadrat-Meilen und etwa 3 Millionen Einwohner. — Man nennt diesen Staat gerne das amerikanische Deutschland, und zwar mit Recht. Sind doch etwa die Hälfte aller Einwohner Deutsche; die allermeisten dieser Deutschen in Pennsylvania sind jedoch nicht eingewanderte, sondern von deutschen Eltern dort geboren, deren Eltern meistens auch schon dort geboren wurden. Wir haben also das dritte, vierte oder fünfte Glied der früher eingewanderten Deutschen als die Mehrzahl der Deutschen in Pennsylvania anzusehen. Schon dadurch unterscheidet sich dieser Staat von den westlichen Staaten, in welchen die Deutschen eingewandert sind, nicht daselbst geboren. Kein Staat der ganzen Union erinnert so sehr an das alte Vaterland, keiner ist ihm so ähnlich, wie dieser Staat. Die Nachkommen der alten Deutschen haben deren Sitten und Gebräuche bis auf den heutigen Tag treu bewahrt, so daß wir fast glauben möchten, man finde das alte Deutschland dort besser wieder, als in dem zerwühlten neuen Deutschland. Die deutschen Pennsylvanier sind einfache, ernste, religiöse, gediegene Leute, im Umgang ohne viel Complimente, herzlich, aufrichtig, so daß man immer weiß, woran man ist. Der Redliche geht gerne mit ihnen um; der Eingebildete fühlt sich immer verletzt. Sie lieben die Kirche, achten die Prediger, sind züchtig, und nirgends bewahrt die öffentliche Presse, die stark vertreten ist, mehr Anstand, als hier. Sie sind sehr gastfreundlich und zuvorkommend; sie sind ehrerbietig, aber sie sind auch durchaus freie Leute und unterwerfen sich keiner Anmaßung. Das Verdienst wird hochgeachtet; der Demüthige, der nicht scheinen und nicht herrschen will, wird geliebt und emporgehoben und für ihn thun sie Alles; wer mehr sein will als sie, oder als er selbst wirklich ist, wer sich in eitler Weise über sie erhebt, der muß weichen. Sie haben etwas Conservatives, fast Zähes und lassen das Alte nicht gerne fahren. — Es hat sich hier eine Sprache gebildet, die in Deutschland nichts Aehnliches findet; es ist eine Mischung des Deutschen und Englischen, wobei dem Englischen deutsche Vor- und Nachsylben beigefügt werden. Dieser Dialekt ist übrigens sehr gemüthlich. — Man hat schon gesagt, das Klima sei aufreibend und daher ungesund. Sollte es ungesunder sein, als das der andern bisher genannten Staaten? Sollte es nicht milder sein, als in den nordöstlichen Staaten? Es ist schon nicht so veränderlich, wie in New-York. Das Klima ist streng, kräftigend, heiter und gesund; doch hat es Theil an der Veränderlichkeit des nordöstlichen Klimas überhaupt. Man muß es nur ertragen können. Wer sich an ein südliches Klima gewöhnt oder sich durch dasselbe verdorben hat, sei vorsichtig oder bleibe weg. Dieses gilt aber noch mehr von den bisher genannten Staaten. Wenn man die Menschen in Pennsylvania sieht, hat man gar nicht den Eindruck, als wäre das Klima ungesund. Man findet nirgends gesundere und schönere Menschen als hier. Sie sehen meistens auch im Alter noch jugendlich und rüstig aus. Die blühenden Jünglinge und Jungfrauen verrathen durch Gestalt und Bewegung eine kräftige Gesundheit. Ueberall herrscht Frohsinn und Heiterkeit. — Der **Ackerbau** hat im ganzen Lande keine solche Blüthe erreicht, wie hier. Im Norden und Westen liegt noch viel Land müßig und wartet auf Einwanderer. Im ganzen Südosten ist das Land sehr angebaut und theuer. — Der Staat hat einen unerschöpflichen Schatz von **Mineralien**, besonders Eisen und Kohlen. Die reichlich fließenden **Oelquellen** vermehren diese Schätze bedeutend. Lehigh Valley (von den Deutschen gewöhnlich Lecha-Thal genannt), das Lebanon-Thal, die Umgebung von Harrisburg und weiter gegen die Gebirge hin und über Lancaster zurück nach Philadelphia — das Alles sind überaus fruchtbare und schöne Gegenden. — Die Gestalt des Staates ist ein länglichtes Viereck mit ganz geradgezogenen Linien auf drei Seiten.

Harrisburg, reizend am Susquehanna-Fluß gelegen, mit etwa 15,000 Einw., ist die Hauptstadt des Staates. — **Philadelphia** hat etwa 700,000 Einw. und ist die zweite Stadt der Union. Sie hat nicht das Großartige wie New-York, ist aber eine der schönsten Städte, die es gibt. Die Häuser sind fast alle von einer Farbe, nämlich braun oder roth; die Fensterläden weiß, die Treppen vor allen Häusern sind von weißem Marmor. Der Charakter der Einwohner ist gediegener, als er sonst bei so großen Städten zu sein pflegt. Gewisse Leute nennen sie darum auch die Quäkerstadt. Hier hielt der Congreß seine erste Sitzung. Hier wurde einst die Unabhängigkeitserklärung unterzeichnet. Das alte Staatshaus, in welchem dieses geschah, steht noch und wird vielfach besucht. Die Stadt hat überhaupt manches Sehenswerthe. Sie hat öffentliche Anlagen und Parke und die berühmten Wasserwerke ziehen die Aufmerksamkeit aller Reisenden auf sich. An allerlei Anstalten, Gesellschaften und Vereinen ist kein Mangel. Für deutsche Kirchen und Schulen ist gut gesorgt. Unter den vielen Deutschen sind die Württemberger stark vertreten. Der Hafen von Philadelphia steht dem von New-York weit nach, ist aber gut und tief genug für die größten Schiffe. Hier hätte man schon längst eine regelmäßige Schifffahrt eine direkte Verbindung mit Deutschland herstellen sollen. Es wären hier manche Vortheile geboten. — **Pittsburg,** das amerikanische Birmingham, ist eine bedeutende Stadt mit schwunghafter Fabrikation, in blühendem Zustand, mitten in der Kohlen- und Eisen-Region gelegen. Sie hat die besten Glasfabriken der Union und steht in Gewerbsamkeit keiner Stadt nach. — **Lancaster,** im Garten von Pennsylvanien, **York, Chambersburg Gettysburg,** mit einem lutherischen Seminar, — berühmt ist diese Stadt durch die Schlacht von 1863 geworden und durch den nationalen Gottesacker; — **Easton, Bethlehem,** ein Ort der Brüdergemeine; nicht weit davon ist Nazareth, auch ein Ort der Herrnhuter; **Allentown, Reading** sind alles gewerbsame, blühende Städte. **Pottsville** ist ein Hauptort des Kohlenhandels. Auch **Mauch-Chunk** hat bedeutenden Kohlenhandel. **Erie** ist ein guter Hafen am Erie-See.

10. Delaware.

Dieser Staat ist nach Lord **Delaware**, der dahin verschlagen wurde, so genannt. Er ist einer der dreizehn ursprünglichen Staaten. Flächeninhalt 2120 Quadrat-Meilen; er ist also nach Rhode-Island der kleinste Staat. An Einwohnerzahl steht er aber diesem noch nach; 1860 hatte er 112,216 Einwohner. Delaware wäre also der geringste Staat der ganzen Union. In Handel und Gewerbsamkeit zeichnet er sich nicht aus. An Mineralien ist kein Reichthum vorhanden. An Fischereien und Manufacturen ist jedoch kein Mangel. — Der Staat ist ein langer schmaler Landstrich von Süd nach Nord am westlichen Ufer der Delaware-Bay und im Süden breiter als im Norden. Fast der ganze südliche Theil und die Küste ist eine Niederung mit vielen Sümpfen und Marschen; hier sind undurchdringliche Cypressen-Wälder, Stämme von unglaublicher Höhe und Dicke. Auch der Tulpenbaum gedeiht vorzüglich. Die Mitte und der Norden des Staates sind angenehm, hügelig und geeignet zu Ackerbau. — Das Klima ist im nördlichen Theile des Staates gut, im südlichen jedoch kann es nicht gesund sein. Da nur wenige Deutsche im Staat wohnen, werden sich Deutsche weniger dahin gezogen fühlen.

Dover, etwa 1200 Einw., ist die Hauptstadt des Staates; ein freundlich gelegenes Städtchen. — **Wilmington** ist die bedeutendste Stadt des Staates, liegt an der Eisenbahn zwischen Philadelphia und Baltimore, treibt bedeutende Geschäfte und hat etwa 22,000 Einw. — **New-Castle,** mit 3000 Einw., **Lewistown** mit über 4000 Einw.

11. Maryland.

Die ersten Ansiedler dieses Staates waren verfolgte englische Katholiken, welche sich im Jahre 1631 hier niederließen. König Karl I. von England schenkte Lord Baltimore 1632 das Land, welches dieser zu Ehren der Königin Mary Maryland nannte. Doch herrschte von Anfang an vollständige Glaubensfreiheit und noch heute herrscht dort der Katholicismus nicht so, wie in der Stadt New-York. Nach Lord Baltimore ist die erste Stadt des Staates genannt. — Flächeninhalt 11,124 Quadrat-Meilen; Einwohner (1860) 687,049. — Kein Staat hat eine so auffallend zerrissene Gestalt, wie dieser. Die Grenze ist im Norden zwar eine gerade Linie, im Osten, so weit Delaware geht, auch; aber von Süden her wird er durch die Chesapeake-Bay in zwei Theile getheilt; diese Bay macht zugleich unzählige Einschnitte, bildet Inseln und Sümpfe. Weiter hin bildet der unregelmäßige Lauf des Potomac-Flusses die südliche Grenze, wodurch der Staat in Washington-County so eingeengt wird, daß er nur noch einige Meilen breit ist. — Der Boden ist sehr mannichfaltig. Von Baltimore an westlich und nördlich ist er hügelig, zum Theil bergig, um die Bay herum ist er flach. Am fruchtbarsten sind die westlichen Counties, besonders Alleghany und Washington-Counties, die zum Theil schon in den Gebirgen liegen. Hier wird der Ackerbau sehr fleißig getrieben und erzielt eine gute Ernte. Die Berge haben viele Mineralien, besonders Kohlen, Kalk, grauer Marmor u. s. w. — Das Klima ist demgemäß verschieden: um die Bay herum, Ostküste und Westküste, ist's ungesund, fieberhaft; landeinwärts, gegen die Berge hin ist es sehr gut. Die sandigen Niederungen, Marschen und Sümpfe der Ost- und Westküste vermeide man. In der Stadt Baltimore und im Westen des Staates wohnen viele Deutsche.

Annapolis (Anna-Stadt), Hauptstadt des Staates, etwa 4000 Einw., liegt an der Bay, ist freundlich, im Handel aber unbedeutend. — **Baltimore**, nach Lord Baltimore so genannt, bedeutendste Stadt des Staates, liegt zum Theil auf einem ausgetrockneten Sumpf. Umher liegen freundliche Hügel, welche sich zum Theil in die Stadt hereinziehen; diese liegt also nicht eben. Sie hat einen guten Hafen, der durch Fort Mc Henry geschützt ist. Schade nur, daß die Bay an Stellen so seicht ist, daß Schiffe mit 19' Tiefgang schon je und je festfahren. Segelschifffahrt belebte schon lange den Hafen, seit zwei Jahren ist jedoch auch regelmäßige Dampfschifffahrt mit Bremen hergestellt. Die Stadt hat einen sehr bedeutenden und weit ausgedehnten Handel und hat alle Eigenschaften einer Weltstadt; sie zählt bereits über 250,000 Einw., unter welchen viele Deutsche. Für Kirche und Schule ist gut gesorgt. An allerlei wohlthätigen und nützlichen Anstalten ist kein Mangel. Vom Washington-Monument, welches auf dem höchsten Punkte der Stadt errichtet ist, hat man eine schöne Aussicht über Stadt und Umgebung. Der Druid-Hill-Park in der Nähe ist sehenswerth. — Von den übrigen Städten sind **Cumberland** mit 12,000 Einw., **Frederick-City** mit 9000 Einw., **Hagerstown** mit 6000 Einw. und **Westminster** die bedeutendsten, liegen alle westlich von Baltimore in hügeliger und guter Gegend. Havre de Grace liegt an der Mündung des Susquehanna und hat 2500 Einw.

12. Der Distrikt Columbia

gehörte früher zu den beiden Staaten Maryland und Virginia und lag auf beiden Seiten des Potomac-Flusses. Weil man aber das Bedürfniß fühlte, eine Bundeshauptstadt zu haben, die unabhängig von den einzelnen Staaten für sich bestehe und darum zu allen Staaten im gleichen Verhältnisse stehe, so übergab jeder dieser beiden Staaten im Jahre 1790 der Union ein Stück Land zum Sitz der Central-Regierung. Man nannte es Columbia zu Ehren des Entdeckers der neuen Welt, Columbus. Die Bundeshauptstadt selbst aber nannte man nach jenem braven Helden, den der Amerikaner noch jetzt gerne den Vater seines Vaterlandes nennt, Washington. Aber noch waren in dem Theil, den Virginia übergeben hatte, die Gesetze dieses Staates in Kraft, im andern Theile galten die Gesetze von Maryland. Darum wurde 1846 vom Congreß der virginische Theil wieder vom Distrikt getrennt und an Virginia zurückgegeben. Nun liegt der Distrikt ganz auf der Seite von Maryland und ist 10 Quadrat-Meilen groß. Er steht unmittelbar unter der Central-Regierung (Präsident und Congreß) und haben also die Bürger hier kein Stimmrecht (der einzige Bezirk der Union, wo dieses der Fall ist). — Der Boden ist hügelig; das Klima gesund. — Es lag im Plane der Gründer der Union, daß die Hauptstadt kein großartiger Centralpunkt werden sollte; und darum sollte sie in keinem größern Staat, sondern in einem kleinen, für sich abgeschnittenen Gebiete liegen. Man wollte damit alle unnöthigen Einflüsse ferne halten und Einfachheit in Sitten und Leben bewahren. Allein das Laster hat seinen Weg nach der Hauptstadt gefunden.

Washington, etwa 70,000 Einw., ist Sitz des Präsidenten der Ver. Staaten, des Congresses, des höchsten Gerichtshofes und aller Centralbehörden. Wenn Fremde zum ersten Mal mit der Eisenbahn von New-York über Philadelphia und Baltimore hierher kommen, so sehen sie sich zunächst merklich getäuscht. Sie erwarten in einem solchen Lande eine glänzende, prächtige Hauptstadt, begegnen aber zuerst nur schlechten Hütten, welche freilich nur Vorläufer des Bessern sind. Links drüben sieht man auf einmal das Capitol; es sieht etwas schwerfällig, doch imposant aus und wenn man näher kommt, sieht man einen prächtigen Bau. Die Stadt ist sehr weitläufig angelegt, das Capitol in der Mitte; doch steht es jetzt noch ganz auf der einen Seite, da die andere Seite der Stadt noch fast gar nicht angebaut ist. Kommt man vom Capitol durch Pennsylvania-Avenue zum „weißen Haus“ (so wird die Wohnung des Präsidenten genannt), zu den Ministerien, dem General-Postamt, dem Schatzamt u. s. w., so kann man sich wieder mit der Hauptstadt aussöhnen. Besonders sehenswerth ist das Smithsonian (so hieß der Gründer) Institut mit seinen merkwürdigen Sammlungen aller Art. Die Straßen sind sehr breit, 100—160 Fuß. — Auf der Westseite von Washington liegt **Georgetown** mit etwa 9000 Einw., nur durch den Rock-Creek von der Stadt getrennt.

13. Virginia.

Dieses Land wurde zuerst von Engländern besucht und bewohnt und von ihnen zu Ehren der Königin Elisabeth Virginia (= Jungfrau) genannt. Walther Raleigh war schon 1584 hier und **Jamestown** am James-River war die erste Stadt, welche die Engländer in Amerika bauten. Er war einer der dreizehn ursprünglichen Staaten. — Im Jahre 1862 trennte sich in Folge der Rebellion der nordwestliche Theil vom Staate und organisirte sich als selbständigen Staat unter dem Namen West-Virginia. Virginia hielt es mit dem Süden und kämpfte gegen den Norden. Damit waren die Bewohner des nordwestlichen Theiles des Staates nicht einverstanden; als Gegner der Rebellion und ihrer Ursachen trennten sie sich von dem alten Virginia, kämpften gegen den Süden und standen forthin fest auf der Seite des Nordens. — Vor der Trennung hatte der Staat einen Flächeninhalt von 61,352 Quadrat-Meilen. Einwohner hat er jetzt noch etwa 1¼ Million.

Wir haben schon bei New-Jersey, Delaware und Maryland gesehen, daß die Küste in Beziehung auf Boden und Klima nicht zu empfehlen ist. Dieß ist aber von hier an weiter südlich noch mehr der Fall. Man unterscheidet hier mehrere Distrikte: Der Tide water district, der Piedmont district und der Gebirgs-Distrikt. Der Tide water district (Fluth-Wasser-Distrikt; so genannt, weil Ebbe und Fluth so weit reichen) ist die sandige, niedere Küste mit vielen Sümpfen und Marschen und vielen Stellen, die fast immer unter Wasser sind. Dieser Distrikt läuft am Ocean hin und ist etwa 100—120 Meilen breit und wird gegen Süden — in Süd-Carolina und Florida — noch breiter. Kommt die Fluth, so übersteigt sie die flachen Ufer der Flüsse und Buchten und überschwemmt das Land. Aber eben deshalb eignet sich dieser Distrikt zum Reisbau, der während seines Wachsthums wiederholt ganz unter Wasser gebracht werden muß. In diesen feuchten Niederungen ist es im Sommer sehr heiß und schwül. Die Neger können es ertragen; ja, es scheint ihnen sogar recht wohl zu thun, wenn sie sich auf den glühenden heißen Sand legen und die Sonne auf sich brennen lassen. Aber Deutsche können es hier nicht aushalten und unterliegen bald dem Klima und dem Fieber. — Der zweite Distrikt, Piedmont district, liegt landeinwärts vom ersten, also zwischen dem Küstenstrich und den Bergen. Er ist sanft anschwellend und wellenförmig, hat bessern Boden und gesunderes Klima. Hier ist ein großer Theil des Bodens sehr ausgesogen und liegt seit Aufhebung der Sklaverei brach. An den Flüssen ist der Boden gut; im Allgemeinen kann er bei guter Behandlung, die er bis jetzt nicht gewohnt war, sehr gebessert werden und liefert dann eine gute Ernte. — Aber besser als dieser Distrikt ist das Bergland, der dritte Distrikt. Hier ist guter Boden, trefflich geeignet zu allen Getreide-Arten und zur Viehzucht. Das Klima ist sehr gut und kann nirgends empfehlenswerther sein. — Ebenso ist hier guter Holzwuchs, meistens Laubholz. In den beiden ersten Distrikten ist das Nadelholz vorherrschend.*)

In Virginia ist westlich von diesem Distrikt, zwischen den blauen Bergen und den Alleghanies, das in jeder Beziehung ausgezeichnete Shenandoah-Thal, das mit seinem herrlichen Klima alle Reize eines Landes in sich vereinigt. Doch ist hier das Land ziemlich theuer. Bebautes Land in gutem Zustand kann man nicht unter 100 Dollars den Acker haben. Eine Farm, von der etwa ein Drittel urbar ist, das andere Wald, kostet im Durchschnitt nicht weniger als 25 Dollars per Acker. Im Piedmont-Distrikt kann man Farmen genug kaufen den Acker zu 5—10 Dollars. — Der Staat hat einen Ueberfluß von Mineralien, besonders Eisen, Kohlen, Kalk u. s. w. — Weizen,**) Mais und alle andern Getreide-Arten, auch Würzeln und Ranken gedeihen gut. Ein Hauptartikel ist der Tabak. Im Jahre 1859 wurden 123,968,312 Pfund und bei mangelnder Hilfe nach dem Kriege 1866 doch noch 95,000,000 Pfund gepflanzt. — Für Alles, was man verkaufen kann, hat man einen guten Markt. Die Hauptstädte des Landes sind in der Nähe und bieten dem Staat manche Vortheile. Dieser Staat zeichnet sich aus durch viele Heilquellen und Naturmerkwürdigkeiten; unter diesen ist die blasende Höhle und auch die natürliche Felsenbrücke in Rockbridge-County besonders erwähnenswerth. — Wenn auch nicht so viele Deutsche hier sind, wie in den westlichen oder mittleren Staaten, so ist doch das deutsche Element in den südlichen Staaten nirgends stärker als in Virginien — nur etwa Texas ausgenommen. — An vielen Stellen des Staates kann man die Verheerungen des Krieges noch sehen. Die Folgen desselben kann man aber im ganzen Staate wahrnehmen.

---

*) Diese Eintheilung in drei Distrikte gilt auch für die andern Staaten bis Georgia. Das Shenandoah-Thal jedoch erstreckt sich nicht weiter, als Virginia. — Nach dem, was schon früher gesagt wurde, kann man diese Eintheilung in drei Distrikte auch auf die Golf-Staaten (von Florida bis Texas) anwenden. Denn auch bei diesen, wie bei den atlantischen Staaten, ist der Küstenstrich sandig, niedrig, ungesund; der zweite Distrikt ist besser; aber auch diesem ist der dritte Distrikt an und in den Bergen vorzuziehen. — Nach dieser Bemerkung können wir bei den einzelnen Staaten kurz sein und werden auf dieses verweisen.

**) Das Weizenmehl von Virginia ist sehr beliebt; und der Mehlhandel ist bedeutend, besonders mit Süd-Amerika. Die Galico-Mühlen in Richmond machen in einem Tag 1500 Fässer Mehl, welches man hier nicht kaufen kann, sondern nach Süd-Amerika versandt wird.

Richmond, mit etwa 38,000 Einw., unter welchen 6000—7000 Deutsche, ist die Hauptstadt und größte Stadt des Staates. Sie liegt am James-Fluß, ist hügelig, aber schön und gesund. Der obere Theil der Stadt ist besonders angenehm. Auf beiden Seiten der Straßen sind Bäume gepflanzt, welche über die Häuser wegragen, so daß man von ferne die Häuser fast nicht sieht vor dem üppigen Grün der Bäume. Vom Thurme des Capitols hat man eine schöne Aussicht. Während des Krieges war die Stadt der Regierungssitz der conföderirten Staaten. Sie war stark befestigt. Fast das letzte Blut des großen Kampfes ist hier geflossen. Als die nördlichen Truppen vordrangen und die südlichen ihre Stadt nicht mehr halten konnten, zündeten diese selbst die Stadt an und verließen sie; die nördlichen Soldaten löschten dann das Feuer. Der Schaden war bedeutend. Große Vorräthe von Tabak wurden von den Flammen zerstört. Noch jetzt sind die Ruinen der abgebrannten Häuser zu sehen. Die Stadt treibt hauptsächlich Handel mit Tabak und Mehl. Die Deutschen haben zwei Kirchen. Für Schulen ist noch wenig gethan; für deutsche Schulen fast gar nichts. — **Petersburg,** mit etwa 18,000 Einw., eben gelegene, schöne Stadt am Appomatox-Fluß. Es wohnen hier mehr als 1000 Deutsche, die kürzlich mit Predigt versehen worden sind. Eine Kirche haben sie noch nicht. — **Norfolk,** niedrig gelegene Stadt am Elisabeth-Fluß mit etwa 15,000 Einw., worunter einige Hundert Deutsche, für welche als solche gar nichts gethan ist. Die Stadt hat einen guten und schönen Hafen und treibt bedeutenden Handel. In der Umgebung werden viele Erdbeeren gepflanzt, welche früh reifen und auf den Markt von New-York gebracht werden. Der Ertrag eines mit Erdbeeren bepflanzten Ackers ist oft außerordentlich groß. Die Gegend ist jedoch nicht frei vom Fieber. — **Portsmouth,** Norfolk gegenüber am linken Ufer des Elisabeth-Flusses. — **Alexandria,** freundliche Stadt am Potomac, 6 Meilen unterhalb Washington, mit etwa 13,000 Einw. Bis 1846 gehörte sie zum Distrikt Columbia. — **Lynchburg,** noch hügeliger als Richmond, gesund, mit malerischer Umgebung, liegt am James-Fluß, nahe an den Bergen, hat sehr bedeutenden Tabakhandel und 7000 Einw. — **Fredericksburg,** über 5000 Einw., unter welchen mehrere Hundert Deutsche, auf einer schönen Ebene an der Eisenbahn von Washington nach Richmond gelegen; diese Eisenbahn ist eine der schönsten, die es gibt. — **Charlottesville,** in einem freundlichen fruchtbaren Thale am Rivanna-Fluß gelegen, etwa 2500 Einw.; die Deutschen haben kürzlich eine lutherische Kirche erhalten. Die von Jefferson gegründete Universität ist noch in gutem Zustand. Drei Meilen von hier ist Monticello, einst der Wohnsitz Thomas Jeffersons. — **Harpers-Ferry,** an der Mündung der Shenandoah in den Potomac, in einer der herrlichsten Gegenden Amerikas gelegen; im letzten Krieg ein bedeutender Posten und viel heimgesucht; auch außerdem ist dieser Ort schon vielfach genannt worden (John Brown). — Bei **Warrenton,** 6 Meilen südöstlich, sind die berühmten Fauquier White Sulphur Springs (weiße Schwefelquellen), am westlichen Abhange der Alleghanies. — **Staunton,** freundliche Stadt, ebenfalls im Shenandoah-Thal. Zwölf Meilen davon sind die Augusta Springs, Schwefelbad in einer malerischen Gegend. In der Nähe sind die merkwürdigen Cyklopenthürme. — Der bedeutendste Badeort Virginias sind jedoch die **White Sulphur Springs** am westlichen Abhange der Alleghanies. — **Martinsburg** an der Baltimore- und Ohio-Eisenbahn; 25 Meilen davon sind die Berkely Springs. — **Charleston,** 8 Meilen von Harpers-Ferry; 5 Meilen davon entfernt sind die Shannondale Springs, bedeutende Sauerbrunnen; 18 Meilen von Woodstock sind die Yellow Springs (= gelbe Quellen), kräftige Stahlquellen. Ferner gibt es noch die Red Sulphur Springs (rothe), Salt Sulphur Springs (salzige), Sweet Springs (süße), Healing Springs (heilsame), Hot Springs (heiße Quellen) u. s. w. Vierzehn Meilen von Lexington ist die natürliche Felsenbrücke. — Ein großer Theil dieses Staates war Kriegsschauplatz und viele Städte tragen noch die Spuren schrecklicher Verwüstung an sich.

14. West-Virginia.

Im letzten Kriege hielt es Virginia mit dem Süden. Damit waren die 49 Counties im Nordwesten des Staates nicht zufrieden, trennten sich von demselben und standen zum Norden. Der Staat hat einen Flächeninhalt von 23,000 Quadrat-Meilen und liegt zwischen den Alleghanies und dem Ohio-Fluß. Er zeichnet sich aus durch sein gesundes Klima, seinen Reichthum an Mineralien (Kohlenöl), seine Viehzucht und die vielen Heilquellen. Der Boden erzeugt Blaugras und ist im ganzen hügelig; die Viehzucht ist hier mehr empfohlen als der Ackerbau.

Wheeling ist die blühende Hauptstadt, am Ohio gelegen, mit steilen Bergen umgeben, treibt starken Handel und ist ein bedeutender Kohlenort. Das deutsche Element ist stark vertreten, thätig und einflußreich. — An Kirchen und Schulen ist kein Mangel. — **Parkersburg** ist ebenfalls eine blühende Stadt am Ohio und in raschem Wachsthum begriffen.

15. Nord-Carolina.

Die beiden Staaten Nord- und Süd-Carolina gehörten anfänglich zusammen. Protestantische Flüchtlinge aus Frankreich, Huguenotten, ließen sich zuerst hier nieder und wollten eine Colonie gründen. Sie waren entzückt über das schöne Land und ihr Anführer nannte die Stelle, wo sie landeten, Port Royal (königlicher Hafen); das Land nannten sie nach ihrem König Karl IX. Carolina. Sie wurden aber von den fanatischen Spaniern gänzlich vertilgt. — König Karl II. von England schenkte 1663 mehreren vornehmen englischen Lords die Landschaft Carolina und unter deren Leitung wurde die erste erfolgreiche Ansiedlung da begonnen, wo auch die Franzosen gelandet hatten, nämlich in Port Royal. In den Jahren 1719—1721 wurde das Land in zwei Staaten getheilt: in Nord- und Süd-Carolina.*) Beide Carolinas gehören zu den dreizehn ursprünglichen Staaten.

*) Das frühere Carolina umfaßte aber mehr, als die beiden jetzigen Carolinas.

Nord-Carolina hat einen Flächeninhalt von 50,704 Quadrat-Meilen und hatte 1860 eine Bevölkerung von 992,622 Einwohnern. — Klima, Fruchtbarkeit des Bodens u. s. w. ist schon oben angegeben (siehe bei Virginia). In der Gebirgsgegend ist der Boden gut. Am meisten wird gepflanzt: Weizen, Mais, Roggen; man erzielt im Durchschnitt eine mittelmäßige Ernte. Auch Baumwolle wird hier gepflanzt mit ziemlichem Erfolg. In den Niederungen an der Küste gedeiht der Reis. Besonders aber liefern die Wälder viel Theer, Pech und Terpentin, wovon Wilmington eine starke Ausfuhr hat. — Die Rebe gedeiht gut und wird bereits vielfach gepflanzt. Unter den verschiedenen Sorten haben die Catawba, Isabella und Concord den Vorzug. Die Scuppernong wächst sogar wild und gibt guten Wein. Gold hat man schon bis zu 400,000 Dollars in einem Jahr gefunden.

Dieser Staat hat keine großen Städte. **Raleigh,** die Hauptstadt, angenehm gelegen, hat 3800 Einw., unter welchen nicht viele Deutsche. **Wilmington,** bedeutendster Handelsplatz, hat einen Hafen von 12 Fuß Tiefe und 10,000 Einw. **Newbern,** 6000 Einw., bedeutende Stadt und Hafen am Neuse-Fluß. **Fayetteville** am Cape-Fear-Fluß mit 4000 Einw. — **Beaufort** (schöne Festung), am North-River, guter Hafen, vertheidigt durch Fort Macon, 1500 Einw.; Edenton, Elisabeth-City liegen am Albemarle-Sund. Charlotte, in deren Nähe Goldminen sind.

16. Süd-Carolina.

Dieser Staat (siehe bei Nord-Carolina und bei Virginia) hat einen Flächeninhalt von 34,000 Quadrat-Meilen und hatte 1860 eine Bevölkerung von 703,708 Einwohnern. Die Bewohner dieses Staates zeichnen sich aus durch Stolz und Energie. Von ihnen kann man mit Wahrheit sagen: sie waren die ersten im Kriege und die ersten im Frieden. Sie rebellirten zuerst und begannen damit den furchtbaren Krieg; nachdem der Süden unterlegen, waren sie die ersten, welche die Bedingungen des Nordens annahmen. Ein Neger wurde zum Staatsminister gewählt. — Im Bergland wird fleißig Ackerbau getrieben; im Mittelland wird viel Baumwolle gepflanzt, und im Tiefland an der Küste viel Reis, welcher hier sehr gut geräth. Der Staat hat ausgedehnte Tannenwälder an der Küste. Die Waldwirthschaft ist sehr bedeutend; man bereitet viel Pech, Theer und Terpentin. Berühmt ist die Baumwolle von den See-Inseln. Der Ackerbau wurde bisher schlecht betrieben; der Boden kann noch bedeutend verbessert werden. Für Schulen wurde bis jetzt auch nicht in gehöriger Weise gesorgt.

Columbia, etwa 9000 Einw., ist die Hauptstadt des Staates. Sie liegt auf einer Sandebene und wurde im letzten Kriege von Sherman fast ganz zerstört, ist aber zum großen Theil bereits wieder schön aufgebaut. Es sind nur wenige Deutsche hier; die lutherische Gemeinde, zu welcher sie sich halten, ist vorwiegend englisch. — **Charleston,** 65,000 Einw., ist die bedeutendste Stadt des Staates, der Hafen ist sehr besucht und hat lebhaften Handel; sie ist niedrig und auf einer Halbinsel gelegen. Auch diese Stadt hat im Kriege viel gelitten. Die 2000—3000 Deutschen haben eine Kirche. — **Beaufort,** an der Port Royal-Bay, über 3000 Einw. **Georgetown,** am Great-Pedee-Fluß. **Spartanbourg** und **Greenville** im Nordwesten. **Wallhalla,** eine deutsche Colonie (die einzige des Staates), schön und gesund im Nordwesten gelegen.

17. Georgia.

Georgia gehörte früher zu Carolina und wurde auf Anordnung des Königs Georg II. im Jahre 1732 von Carolina getrennt und dem König zu Ehren Georgia genannt. 1733 wurde eine englische Colonie gegründet zum Schutze gegen die Spanier in Florida und die Franzosen am Mississippi. — Auch dieser Staat ist einer (der letzte) der dreizehn ursprünglichen Staaten, hat einen Flächeninhalt von 58,000 Quadrat-Meilen und hatte 1860 eine Bevölkerung von 1,057,286 Einwohnern. Das Klima im nördlichen Theile ist sehr gut, im Süden und an der Küste ist es schwül und drückend. Ebenso ist der Boden im Norden besser als im Süden und Südosten; an den Flüssen jedoch ist er überall gut. Reis, Baumwolle und Zucker werden am meisten gepflanzt. Auch alle andern Südfrüchte gedeihen. Reis wird gepflanzt an der Küste und an den Flüssen. Die Baumwolle gedeiht hier besser als in Carolina. Bei guter Behandlung kann man von einem Acker einen Ballen (500 Pfund) Baumwolle gewinnen. Plantagebau war immer vorherrschend; Ackerbau wurde weniger getrieben. Es ist vielleicht auch jetzt noch besser, wenn man die hier üblichen Südfrüchte pflanzt und vom Getreidebau Abstand nimmt. — Die Viehzucht war bis jetzt unbedeutend. Mineralien sind vorhanden, sie nehmen aber von hier an auch ab. Georgia ist einer der bessern südlichen Staaten. Die eigentlich südliche Weise in Allem ist hier erst recht angedeutet und auch herrschend. — Es wohnen nicht viele Deutsche im Staat; die aber da sind, finden sich fast alle in den Städten.

Viele Männer, die ihren Staat genau kennen und viel Erfahrung haben, in Georgia auch als solche gelten, haben mir dort gesagt, es sei viel vortheilhafter, wenn man hauptsächlich Baumwolle, Zucker, Reis u. s. w. pflanze und seinen Bedarf für die Haushaltung kaufe. Hat die Baumwolle einen einigermaßen guten Preis, so bekommt man 75—100 Dollars für den Ballen, was man mit Getreide nicht erzielen kann. Mehl, Kartoffeln, Gemüse u. s. w. kommt von den nördlicheren Staaten, ist besser als es hier wächst und nicht sehr theuer. Es wächst zwar auch hier Alles, aber die Pflanzen schlagen zu sehr in's Kraut; die Kartoffeln und alle Wurzeln geben keine reiche Ernte und halten sich nicht gut über Winter. Man stellt sich darum besser, wenn man Südfrüchte pflanzt, diese verkauft und seinen weitern Bedarf einkauft. — Man findet überhaupt im Süden meist Plantagebau, weniger Getreidebau, Viehzucht, Bergwerke, Industrie u. s. w., und könnte diese Bemerkung auf den ganzen Süden anzuwenden sein. — **Atlanta**, während des Krieges durch Sherman auf seinem großen Siegeszug durch den Süden gänzlich zerstört, hat sich diese Stadt wunderbar schnell gehoben, ist rasch wieder aufgebaut worden und jetzt ist sie schon größer, als sie vor dem Kriege war. Sie zählt über 30,000 Einw. und ist nach dem Kriege zur Hauptstadt des Staates erhoben worden. Sie hat eine gesunde Lage, gutes Klima, guten Boden, gute Eisenbahn-Verbindungen und alle Aussicht auf eine bedeutende Zukunft. Eine Eisenbahn von hier nach Lynchburg soll gebaut werden. — Dieß würde eine gerade Linie nach New-York und der kürzeste Weg von New-York nach New-Orleans werden. Es wohnen etwa 200 deutsche Familien hier, die bis jetzt noch nicht viel thun konnten. — **Augusta**, etwa 20,000 Einw., ist eine schöne Stadt am Savannah-Fluß. Sie blieb im letzten Kriege verschont und bietet darum einen wohlthuenden Anblick und macht überhaupt einen guten Eindruck. Sie ist reich, so zu sagen vornehm gehalten und hat einen stolzen Charakter. Die Deutschen haben eine kleine Gemeinde. — **Milledgeville** war früher die Hauptstadt. — **Savannah**, Hafen des Staates an der Mündung des Savannah-Flusses. — Athens, Macon, Columbia, Darien an der Mündung des Alatamaha, Brunswick an der Küste — und andere nicht sehr große Städte.

18. Florida.

Die hier landenden Spanier waren entzückt über das Land und nannten es Florida, d. h. Blumenland. Ponce de Leon landete hier 1512, und 1565 gründeten die Spanier St. Augustine, die älteste Stadt in den Ver. Staaten. Forthin waren die Spanier die Besitzer dieses Gebietes. Aus Religionshaß zerstörten sie in barbarischer Weise eine Ansiedlung der Huguenotten. Florida wurde am 30. März 1822 als Territorium der Ver. Staaten organisirt und am 3. März 1845 als Staat in die Union zugelassen. Er hat einen Flächeninhalt von 59,268 Quadrat-Meilen und hatte 1860 eine Bevölkerung von 140,425 Einwohnern. — Der südliche Theil des Staates ist ein ausgedehntes Sumpfland; weiter im Norden ist die Oberfläche im Allgemeinen eben und nur hie und da von Höhen unterbrochen; der westliche Theil, da wo Tallahassee liegt, ist mehr hügelig und angenehm. Obwohl nun der größte Theil des Staates eine sandige Ebene ist, so gewinnt doch das warme Klima dem Boden eine nicht unbedeutende Fruchtbarkeit ab. Es findet sich darum eine mannichfaltige Pflanzenwelt vor. Baumwolle, Reis, Zucker, Tabak und süße Kartoffeln sind die Hauptprodukte des Staates. Den Vorzug verdienen vielleicht die Counties Jefferson, Madison und Leon. Dieser Staat hat noch 17,500,000 Acker öffentliche Ländereien und ein Landamt in Tallahassee.

Tallahassee auf einer angenehmen Anhöhe, ist die Hauptstadt des Staates und besitzt die Staatsgebäude und ein Landamt. Die Nachbarschaft dieser Stadt gehört zur besten und am stärksten bevölkerten Gegend des Staates. — **Pensacola** und **Appalachicola** sind gute Hafen am Golf und treiben bedeutenden Handel. Letztere Stadt liegt an der Mündung des gleichnamigen Flusses und an der Bay, die nach demselben genannt ist. — **St. Augustine** hat einen tiefen sichern Hafen an der Ostküste; sein gutes Klima, besonders für Brustleidende, zieht viele Invalide an. — **Jacksonville** am St. John-Fluß, **Fernandina und Key West** sind die größeren Städte des Staates.

19. Alabama.

Dieser Staat, einer der Golf-Staaten, ist nach einem Indianer-Stamm so genannt. Der Name bedeutet: „Wir bleiben hier"; dieser Stamm wählte hier seine Heimath. — Die ersten Weißen, die den Boden dieses Staates betraten, waren Abenteurer unter de Soto, in ihrem berühmten Zug an den Mississippi. Die erste französische Niederlassung geschah unter Bienville im Jahre 1702. Der Friede von 1763 brachte das Gebiet nördlich vom Golfe und östlich von Mississippi an England. Alabama gehörte anfänglich theils zu Georgia, theils zu Florida und Mississippi und ist erst seit dem 3. März 1817 in seiner jetzigen Gestalt ein Territorium der Ver. Staaten und wurde am 14. Dezember 1819 als Staat in die Union zugelassen. — Er hat einen Flächeninhalt von 50,722 Quadrat-Meilen und hatte 1860 eine Bevölkerung von 964,201 Einwohnern. — Der Staat hat im Ganzen viel Aehnlichkeit mit Georgia. Das Alleghany-Gebirge endet in dem nordöstlichen Theile des Staates und verläuft sich in kleine Hügel. Der Tennessee-Fluß durchfließt im Norden den Staat in seiner ganzen Breite. Hier sind sehr schöne und fruchtbare Thäler. Gegen Süden flacht sich der Staat allmählig ab und endet in einer Niederung. — Das Klima ist dem entsprechend, im nördlichen Hochland sehr gesund, in der südlichen Niederung ungesund. — Der Plantagebau ist auch hier vorherrschend. Baumwolle, Reis und andere Südfrüchte gedeihen gut. Mais liefert meistens auch eine gute Ernte. Die Waldungen stehen sehr gut im Norden und werden leichter gegen Süden. Die Mineralien sind nicht bedeutend. Die Viehzucht hat in den letzten Jahren sehr zugenommen. — Dieser Staat hat noch 6,900,000 Acker öffentliche Ländereien. Landämter sind in Mobile, Montgomery und Decatur.

Montgomery am Alabama-Fluß ist die Hauptstadt des Staates und ist ein Stapelplatz des innern Handels. — **Mobile,** etwa 30,000 Einw., hat einen guten Hafen und ist nach New-Orleans die bedeutendste Handelsstadt am Golf. Die Stadt ist regelmäßig gebaut; die Straßen sind breit und von tropischen Bäumen beschattet. Die Deutschen haben Kirchen und Schulen. Tuscaloosa, Marion, Huntsville, Jacksonville, Blackely, Selma und Tuscumbia sind die größeren Städte.

20. Mississippi.

Dieser Staat ist nach dem Mississippi-Fluß so genannt; der indianische Name bedeutet wohl: „Vater des Wassers." Die ersten Ansiedler waren Franzosen. Am 7. April 1798 wurde Mississippi als Territorium der Ver. Staaten organisirt und am 10. Dezember 1817 als Staat in die Union zugelassen. Seine Länge von Norden nach Süden beträgt 334 Meilen, seine Breite durchschnittlich 150 Meilen. Der nordöstliche und mittlere Theil des Staates ist eine Hochebene, welche sich nach Westen und Süden senkt. Darum laufen auch die Gewässer nach Süden und Westen. Der Boden im nordöstlichen Theile ist schwarze klebende Dammerde und sehr fruchtbar. Im Süden ist er leicht und für schwere Saaten nicht geeignet; im Durchschnitt jedoch ist der Boden fruchtbar. — Das Klima ist im Hochland gesund, in den südlichen und westlichen Niederungen sehr ungesund. — Hauptprodukte sind: Reis im Süden, Zuckerrohr am Fluß, Baumwolle und Mais. Der Getreide- und Obstbau nimmt zu. — Die Viehzucht ist so bedeutend, daß man den Staat das „Kuhland" nennt. — Mineralien hat man bis jetzt noch nicht viele vorgefunden. — Der Staat hat am Golf keinen bedeutenden Hafen und der Fluß, der an seiner ganzen westlichen Grenze fließt, ist von großem Werth für ihn. Die Bluffs an den Ufern des Flusses treten theils ganz nahe an denselben heran und überragen ihn in 200 Fuß hohen Klippen, theils treten sie weiter ab und lassen einen ebenen Zwischenraum zurück, der jedes Frühjahr überschwemmt und dadurch morastig wird.

Dieser Staat hat noch 4,900,000 Acker öffentliche Ländereien und ein Landamt zu Jackson.

Jackson, am Pearl-Fluß, ist die Hauptstadt des Staates, liegt in einer schönen Ebene, hat bedeutenden Baumwollenhandel und etwa 4000 Einw. — **Natchez**, am Mississippi, 280 Meilen oberhalb New-Orleans, ist die bedeutendste Handelsstadt des Staates; sie liegt an einer Uferwand, die den Fluß 200 Fuß überragt und ist nicht gesund. — **Vicksburg**, 120 Meilen oberhalb Natchez, am Mississippi, ist ebenfalls ein großer Baumwollenmarkt. Die Stadt hat durch den Krieg sehr gelitten. — **Colombus**, Stapelplatz im Nordwesten; Aberdeen, Holly Springs, Canton, Grenada, Woodville gehören zu den größern Städten des Staates. — Dieser Staat hat auch mehrere Heilquellen mit Schwefel- und Eisen-Gehalt, welche als sehr heilsam gelten für Hautausschläge und Unterleibsleiden. Die Coopers-Quelle in Hinds-County, zwölf Meilen von Jackson, wird besucht.

21. Louisiana.

Dieser Staat war früher eine französische Besitzung und erhielt seinen Namen nach Louis XIV. Das Gebiet wurde 1763 an Spanien abgetreten, kam aber durch den Frieden von Amiens, 1802, wieder an Frankreich und 1803 verkaufte Napoleon es an die Ver. Staaten um 15 Mill. Dollars, am 3. März 1805 wurde es als Territorium organisirt und am 8. April 1812 als Staat in die Union zugelassen. Noch jetzt herrscht in der Bevölkerung das französische Element vor. — Seine Länge ist 292 Meilen, seine durchschnittliche Breite 250 Meilen, sein Flächeninhalt 41,346 Quadrat-Meilen und seine Bevölkerung 1860 zählte 708,002 Einwohner. — „Die Oberfläche des Staates, kaum 200 Fuß über dem Wasserspiegel des Golfes, ist an vielen Stellen so nieder, daß während der Zeit des Hochwassers in den Flüssen ganze Distrikte, namentlich im Süden, unter Wasser gesetzt sind. Westlich vom Bassin des Mississippi gegen den nordöstlichen Theil des Staates erhebt sich der Boden zu Hügelland, welches jedoch von Morästen längst den Verzweigungen des Red-Flusses durchbrochen wird. Das Delta des Mississippi, von den Atchafalaya- und Iberville-Flüssen und den vierten Theil des Flächeninhaltes des Staates bildend, ist nirgends über zehn Fuß über die Meeresfläche erhoben, und in seinem ganzen Umfange der jährlichen Ueberschwemmung unterworfen. Große Waldungen von Harzfichten, untermischt mit Eichen, Elmen, Cypressen und Akazien bedecken die nördlichen und westlichen Hochlande. Im Bezirke von Concordia findet man zahlreiche Erddämme, welche menschliche Gebeine, Töpferarbeiten und Pfeilspitzen enthalten. Die Erhöhungen sind außerhalb dem Bereiche der Ueberschwemmungen und werden für die Gärtnerei und Obstbaumzucht sehr gepriesen."*)

*) Wilson, 1867 S. 37.

Jedes Frühjahr finden große Ueberschwemmungen statt. Der angeschwemmte **Boden** ist den Flüssen entlang besonders fruchtbar. An manchen Stellen ist die reiche schwarze Dammerde 1000 Fuß tief. — Hiernach kann man das **Klima** leicht beurtheilen. Die Winter sind sehr mild. Die im Frühjahr überschwemmten Länder erzeugen in dem langen heißen Sommer durch ihre Ausdünstung eine ungesunde Luft und im Herbst stellen sich allerlei Fieber ein. Das Hochland ist der Gesundheit zuträglicher und hat sehr schöne Gegenden. — Die **Hauptprodukte** sind: **Zucker, Reis** und **Baumwolle**. Von den Obstsorten gerathen Aepfel und Birnen weniger gut, Feigen, Quitten, Pfirsiche und Pflaumen dagegen sehr gut. — An **Mineralien** hat man noch keinen Reichthum vorgefunden; am Washita-Fluß zeigen sich jedoch kostbare Steine. — Dieser Staat hat einen **ausgedehnten Handel** mit dem In- und Ausland. Der Mississippi hat mit seinen Nebenflüssen und deren Zuflüssen 17,000 Meilen Schifffahrt, mittelst welcher die Erzeugnisse von vierzehn Staaten nach New-Orleans strömen und von da weiter verschifft werden.

In diesem Staate sind noch 6,580,000 Acker öffentliche Ländereien. Landämter sind in **New-Orleans, Natchitoches** am Red River und **Monroe** am Washita River.

Baton Rouge, die Hauptstadt des Staates, hat etwa 6000 Einw., liegt auf einer hohen Klippe am Mississippi 130 Meilen oberhalb New-Orleans; sie ist als eine der gesunderen Städte am Mississippi bekannt und liegt in einer fruchtbaren Gegend. — **New-Orleans** ist die Haupthandelsstadt des Südwesten, liegt am Mississippi, 105 Meilen oberhalb seiner Mündung und zählt etwa 170,000 Einw., worunter mehr als 20,000 Deutsche, die in mannichfaltiger Weise thätig sind. Sie haben Kirchen und Schulen und andere Anstalten; auch eine deutsche Gesellschaft, die sich der Einwanderer annimmt. Die Stadt liegt tiefer als der Fluß und muß durch Dämme so viel als möglich vor Ueberschwemmungen geschützt werden. Doch versteht sich von selbst, daß die ganze Grundlage der Stadt feucht ist, und daß auch die besten Abzugskanäle diesem Uebel nicht in genügender Weise abhelfen können. — Es herrschen hier französische Namen, Sitten und Sittenverderbniß.

22. Texas.

Texas ist nach einem Indianer-Stamm so genannt. Dieser Staat war zuerst spanisch, dann mexikanisch, dann eine selbständige Republik und am 29. Dezember 1845 wurde er in die Union zugelassen. Die Geschichte von Texas hat Züge edler Tapferkeit; ein kleines Volk befreit sich von großer tyrannischer Uebermacht. — Dieß ist der **größte Staat** der Union; sein **Flächeninhalt** beträgt 274,356 Quadrat=Meilen und 1860 hatte er eine Einwohnerzahl von 604,215. — Der Boden ist durchgängig fruchtbar — Wald und Prairie. Es sind sehr reiche Pflanzungen hier. Die Baumwolle von Texas ist beliebt. Zucker, Tabak, Mais und alle Getreidearten gedeihen. Pflanzen und Thiere sind überhaupt sehr gut vertreten. An Mineralien ist noch kein Reichthum vorgefunden worden. Mit Eisenbahnen ist der Staat schlecht versehen. Die Manufacturen sind noch unbedeutend. Alle Industrie-Zweige sind noch in den Anfängen. — Das Klima ist sehr verschieden; je nachdem die Lage ist, gesund und wieder sehr ungesund. Wer hingeht, sei vorsichtig in seiner Wahl. Am besten soll es im mittleren und nordöstlichen Theile sein. Man meide die Niederungen allesammt; die Fieber zeigen dort eben doch einen bösartigen Charakter. — Der Staat ist gut bewässert, doch sind die bedeutenden Flüsse zu wenig schiffbar. — Wie der ganze Staat, so hat auch das deutsche Element in demselben regelmäßig zugenommen. Man findet da und dort deutsche Gemeinden, was in andern südlichen Staaten weniger der Fall ist.

Austin am Colorado River ist die Hauptstadt des Staates mit über 2000 Einw. — **Galveston,** auf einer Insel, bedeutendste Handelsstadt und bester Hafen des Staates, obwohl auch dieser nur 12—15 Fuß tief ist; große Seeschiffe können also hier nicht einlaufen; hat etwa 12,000 Einw. — **Houston,** auf einer Prairie, wo man oft vor Wasser nicht durch kann. **New-Braunfels** und **Friedrichsburg** sind beides deutsche Städte; sie liegen im Gebiete des ehemaligen „Vereins zum Schutze deutscher Auswanderer in Texas", der auch unter dem Namen „der Mainzer- oder der Adels-Verein" bekannt ist, Grafen und Fürsten an seiner Spitze hatte und dennoch unterging, nachdem er von 1843 an etwa 10—12 Jahre nicht ohne Mittel und Sorgfalt gewirkt hatte.

23. Arkansas.

Dieser Staat war früher ein Theil von Louisiana. Die ersten Ansiedler waren Franzosen, welche sich im Jahre 1685 hier niederließen. Doch machte die Civilisation nur wenige Fortschritte. Das Territorium wurde organisirt am 2. März 1819 und am 15. Juni 1836 als Staat in die Union zugelassen. — Er hat einen Flächeninhalt von 52,198 Quadrat=Meilen und hatte 1860 eine Einwohnerzahl von 435,450. — Die Oberfläche des Bodens ist sehr verschieden. Der ganze östliche Theil am Mississippi ist eine niedrige, sumpfige Ebene und den jährlichen Ueberschwemmungen unterworfen. Gegen die Mitte des Staates hebt sich der Boden und geht endlich in Hügelland über, welches sich an das Ozark-

Gebirge anschließt. Dieses Gebirge theilt den Staat in zwei ungleiche Theile, von denen der eine den nördlichen, der andere den südlichen Staaten ähnlich ist. — Auch die Güte des Bodens ist sehr verschieden. Die angeschwemmte Dammerde in den Ebenen ist außerordentlich fruchtbar, kann aber zum großen Theile ohne Abzugskanäle nicht benutzt werden. An den White- und St. Francis-Flüssen ist das Land zum Ackerbau sehr geeignet; westlich von diesen Flüssen kommen unfruchtbare Bergrücken und nördlich vom Gebirge ist gutes Weideland. — Die Waldungen von Arkansas sind unübertrefflich an Ueppigkeit und Mannichfaltigkeit. Die Vegetation ist überhaupt sehr reich. Baumwolle und Tabak gedeihen. Der Getreidebau ist in der Zunahme begriffen. — Mineralien sind in großer Fülle vorhanden, besonders Eisen, Steinkohlen, Blei, Gyps, Braunstein, Zinn und Salz. Gyps ist hier mehr als in irgend einem Staate. In der Zink-Produktion steht Arkansas nächst zu New-Jersey. Die Oelsteine von Arkansas sind die besten der Welt. — Aber diesen natürlichen Reichthümern steht ein Klima gegenüber, das großentheils nicht zu empfehlen ist. In den Niederungen ist es im Allgemeinen ungesünd und ähnlich dem in Louisiana; und hierher gehören der ganze östliche und südliche Theil des Staates. Das Hochland im Norden und Westen ist jedoch gesund und hat das Klima der weiter nördlich gelegenen Staaten. — Die Manufacturen sind noch unbedeutend. Eisenbahnen sind noch nicht viele gebaut worden.

In diesem Staate sind noch 11,700,000 Acker öffentliche Ländereien. Landämter sind in Little Rock, Clarksville am Arkansas River und Washington im südwestlichen Theile des Staates.

Eine seltene Naturerscheinung, welche allgemeine Aufmerksamkeit auf sich zieht, mag hier noch erwähnt werden. Sechzig Meilen südwestlich von Little Rock entspringen aus einem Bergrücken ganz nahe bei einander eine Anzahl von Quellen, welche in ihrer Temperatur so verschieden sind, daß die einen kaltem Quellenwasser gleich sind, während die andern eine Hitze von 160° Fahrenheit haben. Diese äußersten Temperatur-Verschiedenheiten sind so nahe bei einander, daß man zu gleicher Zeit die eine Hand in kaltes und die andere in heißes Wasser stecken kann. — In der Nähe fließt ein Flüßchen vorbei, welches durch das Einfließen dieser Quellen so warm wird, daß man selbst beim kältesten Wetter ein angenehmes Bad in demselben findet. Viele chronische Krankheiten werden durch diese Quellen geheilt, deren Heilkraft in ihrer verschiedenartigen Temperatur und ihrer chemischen Vermischung besteht. Sie bilden die Zuflucht für Invalide aus allen Theilen des Landes. — Der 250 Fuß hohe Bergrücken, dem diese Quellen entfließen, aus schönstem Oelstein, von chalcedonischer Weiße und der Sandsteinformation angehörend, hat sich durch das Eindringen von warmen alkalischen Wassern umgebildet. — Das hier gegründete Städtchen wurde demgemäß Hot Springs (heiße Quellen) genannt und ist mit Postkutschen von Little Rock aus zu erreichen. Auch das County und das Flüßchen tragen diesen Namen.

Little Rock (= kleiner Fels), am Arkansas-Fluß, liegt auf einem felsigen Gebirgsvorsprung, fünfzig Fuß über dem Wasserspiegel des Flusses, bietet eine Fernsicht nach allen Seiten und ist die Hauptstadt des Staates mit etwa 4000 Einw. Helena am Mississippi, Arkansas Post, Van Buren, Fort Smith sind die bedeutenderen Orte des Staates.

24. Tennessee.

Dieser Staat gehörte früher zu Carolina und wurde am 1. Juni 1796 in die Union zugelassen. Sein Flächeninhalt beträgt 45,600 Quadrat-Meilen und hatte 1860 eine Einwohnerzahl von 1,109,801. — Die Gestalt des Bodens ist im Allgemeinen die: der Osten ist bergig, die Mitte hügelig, der Westen vorherrschend eben und wellenförmig, nur wenig hügelig, am Mississippi sind Bluffs. — Die Gestalt des Staates ist verschieden von derjenigen der vorigen Staaten. Seine größte Länge ist nicht von Nord nach Süd, sondern von Ost nach West, nämlich 420 Meilen. Seine Breite beträgt 100 Meilen. Die vorigen Staaten haben ihr Hochland im Norden, dieser im Osten. Er erstreckt sich vom Alleghany-Gebirge bis zum Mississippi-Fluß. — Der ganze Staat Tennessee kann in Beziehung auf Boden und Klima im Durchschnitt gut genannt werden. Doch findet der Unterschied statt, daß das Klima da am besten ist, wo der Boden am geringsten ist. Bei den andern südlichen Staaten haben wir gesehen, daß das gute Klima und der gute Boden immer beisammen sind, nämlich im Norden, beziehungsweise im Westen. Die bergige Landschaft im Osten dieses Staates ist nicht sehr fruchtbar, kann aber auch nicht unfruchtbar genannt werden. Die Thäler sind alle gut und geben ein ausgezeichnetes Gras und empfehlen sich auch zum Ackerbau. Da aber auch selbst die Berge überall ein gutes Gras liefern und dieses auf denselben sogar wild wächst, so ist im ganzen östlichen Theile dieses

Staates die Viehzucht mehr empfohlen, als der Ackerbau. Das Klima ist hier vorzüglich. — Im mittleren und westlichen Theile des Staates ist der Boden sehr ergiebig; das Klima steht aber an manchen Stellen dem östlichen nach. Für Landbau ist der mittlere Theil vielleicht vorzuziehen. Es ist eine niedrige Gegend, die sich gegen die Mitte senkt; man nennt sie „Belt" und der Mittelpunkt ist etwa da, wo Murfreesboro liegt. — Kommt man aus den südlicheren Staaten nach Tennessee, so hat man bei Allem den Eindruck, als habe der eigentliche Süden hier aufgehört. Dieser Staat hat manches Aehnliche mit dem Norden. Es sind nicht mehr die Südfrüchte, welche vorherrschend gepflanzt werden, sondern neben der Baumwolle, die hier noch gedeiht, auch Tabak, Mais und andere Getreidearten. — Von Mineralien findet man Eisen, Gyps, Kalk u. s. w. — Deutsche Gemeinden sind da und dort über den Staat zerstreut.*)

Nashville, die Hauptstadt, mit 20,000 Einw., unter welchen etwa 2000 Deutsche; freundliche Stadt am Cumberland-Fluß — **Knoxville**, gesunde Stadt in Ost-Tennessee 10,000 Einw. — **Murfreesboro** in einer fruchtbaren schönen Gegend; hier geschah viel Blutvergießen während des Krieges; in der Nähe sind viele Gräber der Gefallenen. Ebenso war **Chattanooga**, am Süd-Paß, der Schauplatz schwerer Kämpfe. — **Memphis** am Mississippi hat etwa 24,000 Einw.

25. Kentucky

ist seit dem 4. Februar 1791 ein Staat der Union, hat einen Flächeninhalt von 37,680 Quadrat-Meilen und (1860) eine Bevölkerung von 1,155,684 Einwohnern. — Wir kommen nun wieder in einen Staat, in welchem Ackerbau und Viehzucht am stärksten betrieben werden. Die südlichen Produkte nehmen ab und kommen nur noch selten vor. Doch ist ein guter Ackerbau durch Nichts zu ersetzen; ihm zur Seite steht gewöhnlich eine gute Viehzucht. — Der Boden dieses Staates ist durchgängig hügelig und hat eine Kalkunterlage. Er liefert guten Graswuchs und bedeutende Wälder. Der Osten ist auch hier bergig, während im Westen

*) Ueberall in Tennessee hörte ich klagen über unzuverlässige Verhältnisse in diesem schönen Staate. Leider scheinen diese Klagen begründet zu sein und viele Deutschen wollten den Staat verlassen. Ich will keine Einzelheiten anführen, aber hiemit zur größten Vorsicht ermahnen. Noch immer gibt es dort, wie's scheint, Viele, die sich mit der neuen Gestalt der Dinge nicht aussöhnen wollen. Ost-Tennessee ist sonderlich in Verdacht.

sich Tiefländer finden. Der Staat zieht sich von den Alleghanies bis zum Mississippi und hat auf seiner ganzen Nordseite den Ohio als Grenze. — Welschkorn, Weizen, Hafer, Roggen und alle Getreidearten. — An Mineralien ist kein Mangel, besonders Kohlen, Salz, Salpeter u. s. w. — Das Klima ist sehr angenehm und gesund. — Die Manufacturen und Fabriken haben in den letzten Jahren auch bedeutend zugenommen. — Es sind mehrere Höhlen im Staate, unter welchen die Mammuth-Höhle am Green River die bedeutendste ist; sie ist nicht weit von der Louisville- und Nashville-Eisenbahn, Station Cave City. Es sind im ganzen Staate Deutsche zu finden, die Kirchen und Schulen haben.

Frankfort am Kentucky River hat etwa 7000 Einw. und ist die Hauptstadt des Staates; sie liegt in einer hügeligen Gegend. **Louisville** am Ohio ist eine bedeutende Stadt in blühendem Zustand mit etwa 80,000 Einw., unter welchen viele Deutsche. Die Stadt treibt bedeutenden Handel. — **Lexington** ist die älteste Stadt des Staates und hat 13,000—14,000 Einw. und eine Universität. — **Covington** am Ohio, Cincinnati gegenüber, **Newport** und **Maysville** gehören zu den blühenden Städten dieses Staates.

26. Ohio.

Dieser Staat hat von Nord nach Süd eine Länge von 200 Meilen; von Ost nach West 195 Meilen und einen Flächeninhalt von 39,964 Quadrat-Meilen, seine Einwohnerzahl wird auf 2,500,000 Einwohner geschätzt.

Die erste Ansiedlung von Weißen in Ohio fand statt im Jahre 1788; man gründete damals Marietta, welches also die älteste Stadt des Staates ist. Im Herbst desselben Jahres wurde an der Stelle, wo jetzt Cincinnati liegt, das Fort Washington zum Schutz gegen die Indianer erbaut. Im Januar 1789 wurde die Stadt Cincinnati ausgelegt, welche jedoch bis zur völligen Niederlage der Indianer durch den General Wayne im Jahre 1794 nur langsame Fortschritte machte. Seit dieser Zeit aber machte Cincinnati und die umliegende Gegend rasche und ununterbrochene Fortschritte an Bevölkerung, Reichthum und Ausbildung. Cincinnati war bis zum Jahre 1800 der Sitz der Territorial-Regierung. — Bedenkt man diese kurze Zeit, so muß man staunen über den blühenden Zustand, in welchem Ohio sich befindet. Der Staat hat in jeder Beziehung außerordentliche Fortschritte gemacht. Die Manufactur und Fabrikation wird schwunghaft betrieben. Alle Industriezweige blühen. — Ackerbau und Viehzucht werden mit großem Erfolg gepflegt. Alle Getreidearten gerathen gut. Ohio nahm 1865 unter allen Staaten die dritte Stelle ein mit seiner Weizen- und Maisernte; die vierte im Hafer. Die Getreideernte im Jahre 1865 repräsentirte einen Werth von 80 Millionen Dollars. Auch der Weinberg wird eifrig gepflegt, besonders an den Ufern des Ohio und am Erie-See. Auf einzelnen Inseln in diesem See wächst sehr guter Wein. — Der Werth an Pferden in diesem Staat wurde im Jahre 1865 auf 38,710,308 Dollars geschätzt, der der Kühe auf 38,432,410 Dollars und der Schafe auf 30,103,572 Dollars. Ein Jahr später (1866) zeigte sich im Grund- und persönlichen Eigenthum eine Zunahme von 36 Millionen Dollars. Die Schweinezucht ist bedeutend. Die Schafe von hier sind, wie bereits oben gesagt, beliebt. — Kein Staat ist besser mit Eisenbahnen und andern Verkehrsmitteln versehen, als dieser. — An Mineralien ist zwar keine große Verschiedenheit vorhanden, aber der Reichthum an Eisen, Kohlen und Salz in dem östlichen und südlichen Theile des Staates ist sehr groß. — Der Boden ist durchaus fruchtbar. Doch sind die Thäler der Flüsse vorzuziehen; besonders zeichnen sich aus die Thäler des Scioto, des Maumee und der beiden Miami. Die Oberfläche des Bodens ist im Osten und Südosten, wo die Ausläufer der Alleghanies sind, hügelig, im Norden und Nordwesten und im Innern des Staates ist er meist eben, nur hie und da wellenförmig. Wir finden hier zum Theil gute Waldungen, theils Prairien. — Das Klima ist durchgängig gesund. Der Sommer ist warm, der Herbst sehr angenehm. — Kirchen und Schulen und andere Bildungsanstalten zeigen von großer Regsamkeit der Einwohner. — Der Vorrath von öffentlichen Ländereien ist selbstverständlich in diesem Staate nur noch unbedeutend; ein Landamt ist in Chilicothe. — Im ganzen Staat wohnen überall viele Deutsche.

Columbus am Scioto ist die Hauptstadt, hat 20,000 Einw., unter welchen viele Deutsche; ein lutherisches Seminar besteht hier schon seit vielen Jahren. — **Cincinnati**, große und bedeutende Handelsstadt am Ohio-Fluß mit 200,000 Einw., unter welchen viele Deutsche. Sie hat eine schöne, fruchtbare Umgebung. In Bezug auf ihren bedeutenden Handel nannte man sie „Königin des Westens“; St. Louis und Chicaga machen ihr diesen Rang aber streitig. Wegen dem starken Handel in Schweinefleisch hat sie auch den Namen Pork house (= Schweinehaus) erhalten. Der Ohio hat von hier aus eine bedeutende Schifffahrt. — **Cleveland** am Erie-See hat etwa 40,000 Einw.; der hochgelegene Theil der Stadt ist sehr schön; der tiefgelegene Theil am See ist unfreundlich. — **Toledo** wird nicht für sehr gesund gehalten. — Dayton, Xenia, Zanesville, Mansfield u. s. w. sind schöne blühende Städte.

27. Indiana.

Dieser Staat hat von Nord nach Süd eine Länge von 275 Meilen und eine Breite von Ost nach West von 135 Meilen; sein Flächeninhalt beträgt 33,809 Quadrat-Meilen und seine Bevölkerung etwa 2 Millionen. — Indiana war, wie das ganze nordwestliche Gebiet, anfänglich französische Besitzung. Im Jahre 1702 kamen französische Canadier den Wabash-Fluß herab und ließen sich östlich von diesem Flusse nieder. Durch den Vertrag zwischen England, Frankreich und Spanien kam 1763 das ganze Gebiet an England und durch den Friedensschluß von 1783 an die Ver. Staaten. — Das Territorium wurde organisirt am 7. Mai 1800 und am 11. Dezember 1816 als Staat in die Union zugelassen.

Indiana ist im Ganzen ein reicher und fruchtbarer Staat, steht aber dennoch Ohio nicht gleich. Auch das Klima läßt Manches zu wünschen übrig. Gallenfieber und Wechselfieber nebst andern Leiden zeigen sich nämlich in vielen Gegenden des Staates fast ohne Aufhören, was vielfach zusammenhängt mit der Oberfläche des Bodens. Diese ist im größten Theile des Staates eben und flach, nur hie und da etwas wellenförmig. Große Strecken Landes werden Jahr aus Jahr ein nicht trocken; in vielen Strichen finden sich sogar Sümpfe, besonders im Nordwesten; auch weiterhin findet sich an manchen Stellen fast das ganze Jahr hindurch stehendes Wasser auf der Oberfläche. Gebirge sind nicht vorhanden; nur am Ohio und an andern Flüssen im südlichen Theile des Staates sind Hügel von 100—300 Fuß Höhe. In den höheren trockenen Gegenden ist das Klima gut. — Für Landbau ist der Boden im Allgemeinen gut. Im nordwestlichen Theile sind große Sandflächen, welche sich auch sonst im Staate in verschiedenen Gegenden zeigen. Fruchtbar sind die Flußthäler am Ohio, Wabash, White, St. Joseph, Elkhart u. a. — Im Jahre 1865 nahm Indiana in Bezug auf seine Maisernte die zweite, in Bezug auf seine Weizenernte die fünfte Stelle unter allen Staaten ein. Auch alle andern Getreidearten gedeihen. Im Jahre 1866 repräsentirte der Ertrag der Felder an Getreide, Kartoffeln, Tabak und Heu einen Werth von mehr als 80 Millionen Dollars. In demselben Jahre hatte der Staat einen Werth an Viehstand von beinahe 89 Millionen Dollars. — Der Rebenbau wird fleißig betrieben, besonders längs des Ohio-Flusses. — Die Waldungen waren ursprünglich gut,

5

nehmen nun aber ab. Ein großer Theil des Staates ist Prairie. — An Mineralien finden sich große Steinkohlenlager im Südwesten des Staates, wo die Kohlengebiete von Illinois sich eindrängen. Außerdem findet man Eisen, Kalk, Gyps, Schiefer und Thonerde für Töpfer. — Die öffentlichen Ländereien in diesem Staate sind nicht nennenswerth. — Die Eisenbahnen und Verkehrsmittel sind bedeutend. — Die Deutschen sind stark vertreten und haben zum Theil gute Gemeinden. Für Unterricht und allerlei gute Anstalten ist gesorgt.

Indiana hat acht Städte, die 10,000 und mehr Einwohner haben. **Indianapolis,** schön angelegte Stadt und Hauptstadt des Staates mit 35,000 Einw.; sie liegt an einem Eisenbahnnetz und treibt bedeutenden Handel; unter den Anstalten zeichnen sich aus ein Taubstummenasyl und eine Irrenanstalt; überhaupt ist die schöne Stadt in blühendem Zustand. — **Evansville** am Ohio, rasch aufstrebende Stadt mit etwa 20,000 Einw., unter welchen viele Deutsche. — **New-Albany** am Ohio-Fluß mit 19,000 Einw. **Fort Wayne** im Nordosten des Staates ist eine sehr thätige Stadt und hat 13,000 Einw.; die lutherische Missouri-Synode hat hier ein vortreffliches Gymnasium. La Fayette, Terre Haute, Madison, Richmond, Vincennes und Lawrenceburg sind blühende Städte.

28. Illinois.

Illinois hat von Norden nach Süden eine Länge von 388 Meilen und die größte Breite beträgt 212 Meilen, der Flächeninhalt 55,410 Quadrat-Meilen und hatte 1865 eine Bevölkerung von 2,151,007 Einwohnern.

Die ersten Ansiedler waren auch hier französische Canadier, welche sich schon im Jahre 1682 in dem westlichen Theil des Staates niederließen und Kaskaskia und Cahokia und andere Orte gründeten. — Das Territorium wurde am 3. Februar 1809 organisirt und am 3. Dezember 1818 als Staat in die Union aufgenommen.

Illinois ist ein vortrefflicher Staat und steht in Ackerbau und Viehzucht in erster Reihe. Er ist eine wahre Goldgrube für den Landbauer. — Die Oberfläche ist eine wellenförmige Ebene, durchschnittlich über 550 Fuß über dem Wasserspiegel des mexikanischen Meerbusens. Ein kleiner Theil im Nordwesten ist Hügelland, mit einzelnen steilen Bergwänden an dem Mississippi, dem Illinois und andern Flüssen; doch der größte Theil des Staates besteht aus Ebenen. Kein Staat hat verhältnißmäßig mehr ebenes oder wellenförmiges Land und weniger durchbrochenes Hügelland. Nach den Vermessungen sind 90 Procent des ganzen Staates gut geeignet zum Ackerbau. — Der Boden ist tief und fruchtbar, frei von Felsen und Steinen, die den Landbau erschweren. Manche Theile des Bodens am Mississippi wurden mehr als hundert Jahre bebaut, ohne die geringste Spur von Erschöpfung zu zeigen. Dieser fette Alluvialboden (angeschwemmter Boden) von unerschöpflicher Güte liefert außerordentlich gute Ernten. Der Staat übertraf 1860 alle übrigen im Weizen- und Maisbau; beinahe der siebente Theil der ganzen Weizen- und Maisernte in den Ver. Staaten ist auf seinem Boden gewachsen. Roggen, Hafer, Gerste, Kartoffeln, Tabak, Flachs, Hanf, Hopfen liefern einen guten Ertrag. Der Boden ist im Stande, die schwersten Saaten zu ernähren. Die Baumwollenernte lieferte in demselben Jahre 5 Millionen Pfund. Die Obstgärten, Gemüsegärten stehen sehr gut und liefern eine große Mannichfaltigkeit der besten Früchte. Auch der Rebenbau wird mit immer mehr Fleiß und gutem Erfolg betrieben. — Der Werth an Viehstand betrug im Jahre 1865 nahezu 124 Millionen Dollars. Die Viehzucht ist noch immer im Wachsthum begriffen. Nur New-York, Pennsylvanien und Ohio erzeugen mehr Butter und an Schlachtvieh wird Illinois nur von New-York übertroffen. — An Mineralien ist ein großer Reichthum vorhanden, besonders an Steinkohlen und Blei. Das Steinkohlenlager von Illinois wird auf 44,000 Quadrat-Meilen geschätzt; es erstreckt sich vom Mississippi, nahe bei Rock Island, östlich gegen den Fox-Fluß, dann durch den ganzen Staat hindurch und südöstlich durch Indiana und südlich nach Kentucky. Sein Kohlengehalt soll nach einer Schätzung hinreichen, um durch fast hunderttausend Jahre einen jährlichen Ertrag von 13 Millionen Tonnen*) zu liefern; es ist sechs Mal so groß als alle Steinkohlengebiete Englands und enthält den dritten Theil aller Steinkohlenlager Nord-Amerikas. — Der große Blei-Distrikt des Mississippi liegt im nordwestlichen Illinois und den angrenzenden Theilen der Staaten Wisconsin und Iowa. Der Blei-Ertrag ist sehr bedeutend. Eisen, Kupfer u. s. w. wird ebenfalls gefunden. — Im Jahre 1866 wurde der wirkliche Reichthum des Staates auf 1,200,000,000 Dollars geschätzt. — Alle diese Thatsachen und Zahlen beweisen, daß es für Landbauern keinen besseren Staat gibt, als der Staat Illinois ist. Das Klima ist gut. Die Niederungen an der Südspitze des Staates, die den jährlichen Ueberschwemmungen ausgesetzt sind und einige andern nassen Gegenden an den Flüssen sind ungesund.

*) Eine Tonne = 2000 Pfund.

— Der Staat besitzt auch dadurch einen natürlichen Vortheil, daß der Ohio und Mississippi seine südlichen und westlichen und der Wabash einen Theil seiner östlichen Grenze umspülen, während der nordöstliche Theil den Michigan-See zur Grenze hat. — Eisenbahnen und Kunststraßen durchziehen den ganzen Staat. Die Industrie macht rasche Fortschritte. Die Schifffahrt des Staates ist bedeutend. Der Mississippi ist durch den Illinois-Fluß und einen Kanal mit dem Michigan-See verbunden. Auch andere Flüsse des Staates sind schiffbar und dreizehn Eisenbahnen berühren innerhalb der Grenzen des Staates den Mississippi. Der Markt kann mithin nirgends besser sein.

Die Regierungen verschiedener Staaten, die ich besuchte, gaben oder sandten mir nachher officielle Berichte über ihre Staaten, die alle in englischer Sprache geschrieben und mit dem großen Siegel der Staaten versehen sind. Nur der Bericht der Regierung dieses Staates ist deutsch, weil der Staatssecretär (= Minister) ein Deutscher ist. Es wird nicht unangenehm sein, wenn ich denselben hier wörtlich folgen lasse, mit Ausnahme einiger unwesentlichen Stellen. Er lautet:

„Geehrter Herr!

Ihr Besuch in einer für unsern Staat sehr wichtigen Angelegenheit hat unsere Regierung sehr erfreut. Der Staat Illinois hat die Adoptivbürger und ganz besonders die deutschen Eingewanderten nicht nur schätzen und ehren, sondern deren Verdienste um die Förderung unseres gemeinsamen Wohlstandes würdigen gelernt, indem mehr als in einem andern Staate Deutsche hervorragende Aemter bekleiden. Wir haben einen deutschen Staatssecretär, etwa ein Viertel der gesammten Countybeamten sind Deutsche; außerdem ist noch eine große Anzahl von Deutschen in städtischen Administrationen zu finden. Ganze Counties im Staate Illinois sind mit Deutschen besiedelt und sind binnen wenigen Jahren wohlhabend geworden. Kein anderer Staat in den Vereinigten Staaten kann ein so rasches Wachsthum aufweisen, als Illinois. Chicago, das im Jahre 1830 noch ein öder Küstenplatz war, zählt heute nahe an 300,000 Einwohner mit etwa 80—90,000 Deutschen. Mehr als in irgend einem andern Staat werden hier die Verdienste der Deutschen anerkannt. Die Letzteren umfassen eine große Anzahl hervorragender Männer, welche sich in den Augen der Amerikaner Respect zu verschaffen wissen. Kurz, der Staat Illinois ist in jeder Beziehung der geeignetste für die Deutschen.

Das Klima ist dem Deutschen am zuträglichsten und der Boden besonders ergiebig. Deutscher Fleiß erntet hier die geeignete Belohnung und Illinois hat in dieser Beziehung die schlagendsten Beweise aufzuweisen, denn Tausende von deutschen Einwanderern, welche vor wenigen Jahren mittellos hierher kamen, sich auf Credit ein kleines Grundstück ankauften, zählen heute schon zu sehr vermögenden Bürgern des Staates. Alle Arten Getreide gedeihen vortrefflich und selten ist bis jetzt eine geringere als mittelmäßige Ernte erzielt worden. Seit wenigen Jahren haben auch die Deutschen, besonders am Illinois-Fluß und im südlichen Theile des Staates mit dem Weinbau begonnen und derartige Resultate erzielt, daß jetzt allenthalben im Staate Reben angepflanzt werden und man mit Zuversicht annehmen kann, daß Illinois binnen 10 Jahren Wein in solcher Menge producirt, daß er fast zum Preise des Bieres ausgeschenkt werden kann. . . . .

Schließlich kann ich Ihnen noch versichern, daß die Regierung Alles aufbieten wird, die Einwanderung nach diesem Staate zu befördern und derselben jedmöglichen Vorschub zu leisten. Sie wird dem Einwanderer ebenfalls jeden Schutz angedeihen lassen, und daß sich der Deutsche hier heimisch fühle und ihm in jeder Beziehung Gerechtigkeit wird, dafür bürgt der deutsche Einfluß.

Höchst achtungsvoll und ergebenst
Ihr
Edward Rummel,
Staatssecretär von Illinois."

Diesem Bericht fügt der Gouverneur selbst noch ein Schreiben bei, welches denselben bestätigt und ebenfalls mit dem großen Staatssiegel versehen ist.

Es sind in diesem Staate natürlich fast gar keine öffentliche Ländereien mehr. Aber ich glaube auf eine Gelegenheit aufmerksam machen zu sollen, welche für Solche, die sich in diesem Staate niederlassen wollen, sehr vortheilhaft ist — eine Gelegenheit, wie sie sich sonst in diesem Staate nicht wieder findet. Die Illinois-Central-Eisenbahn-Gesellschaft, die bedeutendste des Staates, hat nämlich noch 800,000 Acker des besten Landes zu verkaufen, welches sie zu einem billigen Preise und unter sehr günstigen Bedingungen an Ansiedler verkauft. Im Jahre 1850 erhielt sie, wie andere Eisenbahn-Gesellschaften (siehe oben bei „Oeffentliche Ländereien") von der Regierung bedeutende Landschenkungen und baute eine Eisenbahn durch die ganze Länge des Staates von Süd nach Nord mit einer Ausgabe von 30 Millionen Dollars. Die Bahn fängt an in Cairo und hat bis Centralia eine Länge von 112 Meilen. Hier theilt sich die Bahn; eine geht nach Chicago und die andere nach Dunleith*) im Nordwesten des Staates; die Strecke von Centralia nach Chicago ist 253 Meilen, die von Centralia nach Dunleith 343 Meilen lang, also eine ganze Bahnlänge von 708 Meilen. Auf beiden Seiten der Bahn hat die Gesellschaft noch jetzt viele Ländereien zu verkaufen, welche sie zu 7—12 Dollars den Acker abgibt. Man braucht nur ein Viertel oder ein Fünftel des Preises anzuzahlen; das Uebrige kann man in vier jährlichen Zielen abzahlen; will Jemand jedoch Alles gleich baar bezahlen, so werden ihm 10 Procent vom Preise nachgelassen. Eine Farm von 40

*) Von Dunleith führt eine Eisenbahnbrücke über den Mississippi nach Dubuque und von hier hat dieselbe Gesellschaft eine Bahn, welche tief in den Staat Iowa hineingeht und durch diesen ganzen Staat hindurch gebaut werden soll.

Ackern zu à 8 Dollars würde 320 Dollars kosten; gegen baare Bezahlung ist sie zu haben um 288 Dollars. Es kann hier Jeder mit sehr geringen Mitteln einen guten Anfang machen, und es ist allerdings wahr, daß Viele, welche arm dort ankamen, jetzt vermöglich sind. Das Land hat neben der ausgezeichneten Güte noch den Vortheil, daß es nahe an der Eisenbahn liegt. Es ist zwar nicht besser, als die andern Ländereien in der Nähe, aber es ist billiger; was diese Gesellschaft um 8 Dollars verkauft, das kostet bei Privaten das Vier- bis Fünffache. Und darum glaube ich, daß hier darauf hingewiesen werden sollte. Die Gesellschaft handelt durchaus edel, nimmt Rücksicht auf die Dürftigkeit der Ansiedler, unterstützt, wo sie nur kann und ist sehr zuverlässig. Sie hat bei Amerikanern und Deutschen einen guten Namen und letztere wünschten überall, man solle ihren Landsleuten Mittheilung machen von den Ländereien dieser Gesellschaft.

Es möge hier noch ein Auszug eines Berichtes Platz finden:

Herr J. Caird, M. P., welcher in England für die höchste Autorität in der Agrikultur gehalten wird, bereiste vor einigen Jahren die Ländereien der Illinois-Central-Eisenbahn und gibt Zeugniß von der unerschöpflichen Fruchtbarkeit des Bodens. Er verschaffte sich Muster des Bodens an verschiedenen Orten und unterwarf sie einer chemischen Untersuchung. In seinem Werk über „Prairie Farming in America“ (Prairiebau in Amerika) sagt Herr Caird, er habe den Boden durch den Prof. Völcker, Chemiker der königlichen Agrikultur-Gesellschaft in England, untersuchen lassen. Es ist hauptsächlich die Fülle des Nitrogen, welche diesen Boden auszeichnet und welche dem Weizenbau so förderlich ist. Nimmt man den Boden in einer Durchschnittstiefe von 10 Zoll, so enthält ein Acker über 6000 Pfund Nitrogen, und da eine gute Weizenernte (mit Stroh) auf einem Acker etwa 52 Pfund Nitrogen enthält, so ist hier in diesem Boden ein natürlicher Vorrath dieses Stoffes, hinreichend für mehr als 100 Weizenernten. Der fruchtbarste Boden in England enthält nur etwa die Hälfte. Mit Prof. Völckers eigenen Worten: „.... Ich habe vorher nie Boden analysirt, welcher so viel Nitrogen enthält, noch auch finde ich irgend einen Bericht von Boden reicher an Nitrogen, als dieser. ....“ *)

Springfield, schöne Stadt mit etwa 16,000 Einw.; Heimath des Abraham Lincoln, ist die Hauptstadt des Staates. — Die bedeutendste Stadt in diesem Staate und eine der bedeutendsten im Westen ist **Chicago**, nahe am südlichen Ende des Michigan-Sees gelegen. Vierundzwanzig Eisenbahnen treffen hier zusammen und 200 Wagenzüge verkehren hier täglich. Diese Stadt ist gegenwärtig der ausgedehnteste Getreide- und Holz-

*) Die Gesellschaft hat ein Bureau in Chicago, ganz in der Nähe des Central-Bahnhofes und eines in Centralia. Man wende sich an den Land-Agenten H. D. Kingsbury, Centralia, Illinois — oder auch an das Bureau in Chicago. Auch ich bin gerne bereit, alle Auskunft zu geben, wenn man sich persönlich oder brieflich (portofrei) an mich wendet. — Diese Ländereien haben auch den Vortheil, daß der Besitztitel immer durchaus sicher ist.

Markt der Welt. Früher war diese Gegend ein Sumpf. — Viele andere aufblühende Städte befinden sich in diesem Staate. **Galena** in der Bleiregion (daher auch sein Name = Bleiglanz), sehr hügelig an der Illinois-Central-Eisenbahn gelegen; Heimath des Präsidenten Grant. — Quincy*) und Alton am Mississippi; Peoria am Illinois, schön gelegen; Vandalia am Kaskaskia-Fluß; Belleville, 12 Meilen östlich von St. Louis, hat meist deutsche Einwohner. — Cairo, an der Mündung des Ohio in den Mississippi, hat zwar eine günstige Lage für eine Handelsstadt, da sie aber tiefer liegt als der Fluß und nicht gesund ist, so wird sie nie so bedeutend werden, wie sie ihrer Lage nach werden könnte. Wenn im Frühjahr das Wasser hoch ist, so ist oft die ganze Umgegend überschwemmt.

29. Michigan.

Schon im Jahre 1670 ließen sich Franzosen hier nieder und gründeten Detroit. Auch dieser Staat war anfänglich französische Besitzung. Das Territorium wurde am 11. Januar 1805 organisirt und am 26. Januar 1837 als Staat in die Union zugelassen. — Sein Flächeninhalt beträgt 56,451 Quadrat-Meilen, seine Einwohnerzahl nach der neuesten Schätzung etwas über eine Million. — Dieser Staat ist durch den Michigan-See in zwei Halbinseln getheilt, welche unter sich verschieden sind. Der Theil, welcher nördlich vom Michigan-See liegt, ist noch sehr wenig bewohnt. Das Klima ist hier rauher und unangenehmer als in der südlichen Halbinsel, doch erlaubt es eine gute Ernte der Wintergetreide. Dem Maisbau jedoch ist es nicht günstig. Die landwirthschaftliche Fähigkeit dieses Theiles von Michigan ist überhaupt noch unentschieden, doch scheint der Ackerbau keine große Zukunft hier zu haben. Dagegen sind die Mineralien hier sehr bedeutend, besonders Kupfer und Eisen. Das Kupfergebiet ist 120 Meilen lang und 2—6 Meilen breit. Diese Kupferlager gehören zu den reichhaltigsten der Welt. — Mehrere Gegenden sind dicht bewaldet. Die vorkommenden Bäume sind: Fichten, Tannen, Birken, Eichen. — Die nördliche Halbinsel hat malerische Gegenden; die südliche hat weniger auffallende Landschaften. Der östliche Theil der ersteren ist wellenförmig und erhebt sich von der Seeküste allmählig zu einer Hochebene, welche weiter westlich in Hügelland übergeht und sich dann dem Porcupine-Gebirge anschließt. Dieser Gebirgsrücken bildet die Wasserscheide zwischen dem Superior- und Michigan-See; die höchsten Gipfel erreichen eine Höhe von 1800—2000 Fuß. Die Küsten des Superior-Sees sind reich an hervorragenden romantischen Landschaften, die „Pictured Rocks" (wörtlich: gemalte Felsen) gehören zu den

*) Auch bei Quincy und ebenso bei Rock-Island führen Eisenbahnen über den Mississippi.

besondern Sehenswürdigkeiten. Sie bestehen aus theilweise farbigen Sandsteinen, welche durch das Spülen der Wellen solche Formen erhielten, daß sie fast wie zerfallene Tempel und Burgen aussehen.

Die südliche Halbinsel ist eben und einförmig. Durch die Mitte zieht sich von Nord nach Süd eine geringe Anhöhe, welche die Wasserscheide zwischen dem Michigan-See und den Seen östlich vom Staate bildet. Von der Mitte aus flacht sich der Boden nach Osten und Westen ab; an den Seen sind Niederungen, welche nicht gesund sind. Die Flüsse sind demnach nicht bedeutend; ihr Lauf ist kurz, da sie entweder östlich oder westlich fließen und sich in die angrenzenden Seen ergießen. Die südliche Halbinsel, die der nördlichen vorzuziehen ist, hat milderes Klima, als man in andern Staaten unter gleicher Breite findet. Das Süßwasser der Seen, welche diesen Theil auf drei Seiten umgeben (Michigan, Huron, St. Clair und Erie), übt einen mildernden Einfluß auf das Klima aus. — Auch diese südliche Halbinsel ist nur in ihrem südlichen Theile mittelmäßig bewohnt, in ihrem größeren nördlichen Theile findet man noch fast gar keine Ansiedlungen. Der größte Theil des Staates liegt noch in seinem Urzustande da und wartet auf die Hände fleißiger Menschen. — Der Boden ist im Süden und in der Mitte sehr fruchtbar, im Allgemeinen frei von Steinen und besteht aus tiefer, dunkler, sandiger Lehmerde, die öfters mit Kies- und Thonerde untermischt ist. Der nördliche Theil dieser Halbinsel ist stark bewaldet. Die vorkommenden Bäume sind: Eichen, Hickories, Eschen, Zucker-Ahorn, Linden, wilde Akazien, Pappeln und die schwarze und weiße Wallnuß. Der Holzhandel ist sehr bedeutend. Der Markt ist gut. Detroit hat direkte Handelsverbindungen mit Liverpool und der ganze Staat hat eine Küstenausdehnung von 1400 Meilen. — Weizen, Roggen, Mais, Hafer, Gerste gerathen gut; die Obstgärten stehen auch gut; die Milchwirthschaft wird eifrig betrieben; auch Ahorn-Zucker wird vielfach gewonnen. — Die Kupferausbeute hat einen jährlichen Durchschnittsertrag von 8000 Tonnen erreicht, und im Jahr 1863 lieferte nur Pennsylvanien mehr Eisen als Michigan. Salz wird in Fülle gefunden, besonders bei Saginaw. — Die Seen umher liefern ausgezeichnete Fische; im Jahre 1865 wurden hievon 35,200 Fässer verkauft, die eine Einnahme von beinahe 565,000 Dollars ergaben. Die Gesetzgebung hat den Fischfang mit dem Schleppnetze verboten, damit dieser Industriezweig keinen Schaden erleide. — Die gesammte Industrie ist im Wachsthum begriffen.

Die Einwanderung in diesen Staat war früher bedeutend, seit Jahren ist sie nicht mehr sehr stark. Von Bayern aus wurden mehrere lutherischen Colonien hier gegründet, welche entsprechende Namen haben: Frankenmuth, Frankenlust, Frankentrost, Frankenhilf. Die Deutschen sind überall stark vertreten.

In diesem Staate sind noch über 5 Millionen Acker öffentliche Ländereien. Landämter sind in Detroit, East Saginaw, Jonia, Traverse City und Marquette am Superior-See.

Landsing ist die Hauptstadt des Staates. — **Detroit** liegt an der Wasserstraße, welche den Erie- und St. Clair-See mit einander verbindet; es ist eine sehr schöne Stadt mit bedeutendem Handel und hatte 1865 schon 60,000 Einw. und nimmt rasch zu. — Monroe am Raisin River, Saginaw, Port Hudson, St. Mary, Ben Buffalo, Ann Arbor, Adrian, Jackson, Kalamazoo, Grand Haven an der Mündung des Grand River, Muskegon am Flusse gleichen Namens, sind blühende Städte; durch sein rasches Wachsthum ist besonders East Saginaw bekannt.

30. Wisconsin.

Wisconsin, früher zum französischen Gebiete gehörig, wurde am 20. April 1836 als Territorium der Ver. Staaten organisirt und am 3. März 1847 als Staat in die Union zugelassen. Seine äußerste Länge von Süden nach Norden ist 302 Meilen; seine Breite wechselt zwischen 146 und 258 Meilen ab; sein Flächeninhalt beträgt 53,924 Quadrat-Meilen; er hatte 1867 eine Million Einwohner und ist in starker Zunahme begriffen. — Wie wir schon früher gesehen, ist der ganze Staat vorherrschend wellenförmig und besitzt weder Berge noch hohe Hügel. Im Süden ist er stark wellenförmig, hat oft schwache Hügel; im Norden flacht er sich ab und wird endlich ganz eben. Der Abhang gegen den Superior-See ist sehr jäh, so daß die Flüsse, die sich in denselben ergießen, zwar vortreffliche Wasserkraft zu Fabrikzwecken abgeben, für die Schifffahrt aber nicht geeignet sind. Der Boden ist im südlichen Theile im Allgemeinen sehr fruchtbar und auch in den Mineralgegenden des Nordwesten zur Weide geeignet. Gegen den Superior-See sind Sümpfe und Moräste und sandige Strecken, welche den Boden für Landbau nicht empfehlen. — Der größte Theil des Staates besteht aus Prairien. Große Waldungen findet man nur im südlichen Theile. Die vorkommenden Bäume sind: Eichen, Hickories, Eschen, Pappeln, Tannen und Fichten. Große Fichtenwälder, mit andern Bäumen untermischt, finden sich auch im nordwestlichen Theile des Staates. — Den Vorzug verdient in jeder Beziehung der südliche Theil. Er ist darum auch schon mittelmäßig bewohnt, während der größere nördliche Theil noch fast ganz öde ist. — Als Ackerbau treibender Staat nimmt Wisconsin eine gute Stelle ein. Wie in allen nordwestlichen Staaten, so wird auch hier meistens Weizen gepflanzt. Dieser ist der Stapel-Artikel des Nordwestens. Roggen, Mais, Hafer, Gerste, Kartoffeln, Flachs, Hopfen, Klee und Gras werden mit Erfolg gepflanzt. — Die Mineralien, die wir bereits kennen, sind werthvoll. Die Blei-Region im Südwesten erstreckt sich über eine Fläche von 2140 Quadrat-Meilen. Eisen, Kupfer, Marmor sind ebenfalls vorhanden. — Das Klima ist streng, aber den plötzlichen Abwechselungen nicht unterworfen. Die Winter sind anhaltend kalt, die Sommer heiß. Am Michigan-See ist die Temperatur unter gleicher Breite durchschnittlich 6½ Grad Fahrenheit wärmer als am Mississippi. — Die Hälfte aller Einwohner dieses Staates sind Deutsche, die in jeder Beziehung sehr thätig sind. Bei der Regierung dieses Staates war keinerlei Rückhaltung zu merken; sie ging bereitwillig auf Alles ein, will die Einwanderung befördern und beschützen und hat schon manche lobenswerthe Schritte hierin gethan.

Madison, die Hauptstadt des Staates, zwischen den Mendota- und Monona-Seen sehr freundlich und gesund gelegen, ist eine der schönsten Städte im Westen. Sie liegt erhaben, hat prächtige Anlagen um die Staatsgebäude herum, eine Staatsuniversität und hatte 1865 10,000 Einw. — **Milwaukee,** an der Mündung des gleichnamigen Flusses, ist die größte Stadt des Staates, treibt bedeutenden Handel und verschifft besonders viel Weizen. Die Stadt ist berühmt durch ihre vorzüglichen Ziegelsteine, welche durch die ganze Union versendet werden. Im Jahre 1867 hatte sie 75,000 Einw., unter welchen 30—35,000 Deutsche, die im Erbauen von Kirchen und Schulen und andern Anstalten recht fleißig sind. Von dieser Stadt war 1835 noch nichts zu sehen. Damals stand noch nichts da, als die einsame Hütte eines Pelzhändlers. Die Stadt unterhält eine lebhafte Schifffahrt auf dem See und hat gute Eisenbahnverbindungen. — Unter den übrigen Städten sind die bedeutendsten: Kenosha (4000 Einw.), Racine (8000 Einw.), Sheboygan (über 4000 Einw.), mit einem reformirten Missionshaus, Manitowoc (3400 Einw.), alle am Michigan-See gelegen; — Fond du Lac am Winnebago-See, 11,000 Einw., Oshkosh (10,000 Einw.), Watertown mit einem College der lutherischen Wisconsin-Synode und etwa 7000 Einw.; Portage (3300 Einw.), Beloit am Rock-Fluß, Columbus, Dodgeville, Green Bay, Janesville; La Crosse und Prairie du Chien, beide am Mississippi gelegen, letztere vier Meilen oberhalb der Mündung des Wisconsin.

31. Minnesota.

Minnesota gehörte früher den Franzosen und hat bis jetzt noch sehr viele französische Namen. Der Franciscaner-Missionar

Louis Hennepin wurde 1680 mit zwei Händlern in die obere Mississippi-Gegend gesandt, um dieselbe zu erforschen. Dieß waren die ersten Weißen, welche Minnesota betraten. Hennepin wurde von den Indianern gefangen genommen, aber bald wieder frei gegeben. Auf seiner Rückreise begegnete er dem französischen Erforscher Du Luth mit einer Gesellschaft von Reisenden, welche nun tiefer in das Land eindrangen. Im Jahre 1689 nahm Perrot im Namen Frankreichs förmlich Besitz von dem Gebiete und baute eine Festung am westlichen Ufer des Pepin-Sees. Doch gab es, mit Ausnahme von Pembina, keine Ansiedlung von Weißen in diesem Gebiet vor dem Jahre 1845. — Minnesota wurde am 3. März 1849 als Territorium der Ver. Staaten organisirt und am 26. Februar 1857 als Staat in die Union aufgenommen. Nachdem das Territorium organisirt war, und besonders nachdem es als Staat aufgenommen war, nahm die Einwanderung rasch zu. Im Jahre 1868 hatte der Staat etwas über 400,000 Einwohner.

Der Name kommt, wie die allermeisten ältern nordwestlichen und westlichen Namen, von zwei Wörtern der Indianer her: „Minne“ (Wasser) und „Sotah“ (himmelsblau gefärbt) = himmelsblau gefärbtes Wasser. Der Staat hat nämlich unzählige kleine Seen und Flüsse und das bläuliche Wasser derselben ist so klar und schön wie ein Krystall. Keiner der nordwestlichen Staaten hat so viele Naturschönheiten und wahrhaft reizende Gegenden, wie dieser. Die indianischen Namen sind alle der Natur angepaßt und sehr wohlklingend. (Z. B. Minne — ha — ha = lachendes Wasser), so nannten sie einen äußerst lieblichen (allerdings lachenden) Wasserfall, nicht weit von St. Paul, der jetzt noch diesen Namen hat u. s. w.

Die Oberfläche des Bodens ist die Kuppe einer Hochebene, welche sich nach drei Seiten hin senkt und die Wasserscheide bildet. Die Hochebene sendet nämlich ihre Wasser nach Süden (der Mississippi), nach Osten (die Flüsse, welche in den Superior-See münden) und nach Norden (Red River); nur nach dem Westen hält sich der Boden in der Höhe und weiter westlich erhebt er sich noch mehr. Die ganze Ebene ist wellenförmig, nirgends von Bergen, nur selten von geringen Hügeln unterbrochen. — Der Boden ist von verschiedenartiger Beschaffenheit. Der südliche, besonders der südwestliche und westliche Theil des Staates ist sehr ergiebig; das Thal des Red River (im Nordwesten) ist ebenfalls sehr gut. Oberhalb der St. Anthony's-Fälle ist das Land vielfach mit Triebsand und Morästen bedeckt, was den zum erfolgreichen Ackerbau geeigneten Flächenraum beschränkt. Der Nordosten, gegen den Superior=See, ist nicht angenehm. — Der Stapel=Artikel von Minnesota ist **Weizen**, zu welchem der Boden sehr geeignet ist. Ungeachtet seiner hohen nördlichen Lage producirt der Staat **Mais** von besonderer Güte und in beträchtlicher Menge. Auch die andern Früchte des Ackerbaus werden mit Erfolg gepflanzt. — Das **Klima** Minnesotas ist in Folge der nördlichen Lage natürlich rauh, aber sehr gleichmäßig, so daß sich der menschliche Körper leicht daran gewöhnt. Die plötzlichen Wechsel, welche der Gesundheit so nachtheilig sind, kommen hier weniger vor. Darum steht in den Listen der Sterbefällen und des Gesundheitszustandes dieser Staat mit Auszeichnung da. Der Winter ist lang und anhaltend, der Sommer heiß und den Saaten günstig. — Die **Mineralien** des Staates sind noch unentwickelt; es scheinen hierin jedoch keine großen Schätze vorhanden zu sein. — In einigen Gegenden sind gute **Waldungen**. Auf den sandigen Strecken sind Fichten, Tannen und leichtere Bäume. — Die ausgezeichnete Wasserkraft dieses Staates ist der **Industrie** günstig; Fabriken, Mühlen u. s. w. nehmen darum in den letzten Jahren zu. — Es unterliegt keinem Zweifel mehr, daß eine Pacific=Eisenbahn vom Superior=See durch den ganzen Staat und bis an den Pacific=Ocean gebaut werden wird. Hierdurch wird der Staat sehr gewinnen. — Im ganzen Staate wohnen verhältnißmäßig sehr viele Deutsche.

Hier sind noch etwa 36 Millionen Acker öffentliche Ländereien. Landämter sind in **St. Peters**, **Winnebago City**, **Greenleaf**, **St. Cloud**, **Taylors Falls** und **Du Luth** am Superior=See.

Ich lasse hier noch ein amtliches Schreiben folgen, welches der Gouverneur von Minnesota an mich richtete:

„Geehrter Herr!

Ich kann Ihnen sagen, daß dieser Staat auf seinem fruchtbaren Boden und in seinem gesunden Klima Auswanderer aus der alten Welt willkommen heißt, die in der neuen eine Heimath suchen. Von Jahr zu Jahr publicirt der Staat mit großen Kosten und vertheilt unentgeltlich an Auswanderer Pamphlete, welche Auskunft geben über den Boden, das Klima und die natürlichen Hilfsquellen und Vortheile des Staates, die er als eine Heimath für Auswanderer bietet.....

Nahezu die Hälfte unserer Einwohner sind Ausländer, meistens Deutsche und Scandinavier.....

Unsere Gesetze sind besonders liberal gegen Ausländer. Ein Aufenthalt von nur einem Jahr in den Vereinigten Staaten (vier Monate dieser Zeit in diesem Staate) berechtigt eine Person von ausländischer Geburt in Minnesota zu wählen und ein Amt*) zu bekleiden. (In beinahe allen andern Staaten wird die volle Zeit der Naturalisation der Vereinigten Staaten — 5 Jahre — verlangt.) .

Es gibt in Minnesota viele Millionen Acker öffentliche Ländereien, welche der Ansiedlung unter dem Vorkaufs- oder Heimstätte-Gesetz offen stehen. .... Es herrscht durchaus kein Vorurtheil gegen Ausländer; alle sind uns willkommen. Unser ganzes Volk ist eifrig besorgt, daß sie kommen und uns entwickeln helfen und besitzen die Reichthümer dieser 83 Tausend Quadrat-Meilen reichen und fruchtbaren Landes, welche gegenwärtig durchschnittlich nur 5 Einwohner auf die Quadrat-Meile zählen. Der Staat würde nicht gedrängt voll (crowded) sein, wenn er zehn oder zwanzig Mal so viel Einwohner hätte.

Höchst achtungsvoll

W. R. Marshall,
Gouverneur von Minnesota.

St. Paul ist die Hauptstadt des Staates und liegt am östlichen Ufer des Mississippi, der von hier an schiffbar ist. Die Stadt liegt 70—80 Fuß über dem Wasserspiegel des Flusses und hat eine reizende Umgebung; sie zählt etwa 20,000 Einw. und ist sehr strebsam. Red Wing, St. Anthony, Fort Snelling, Stillwater, Mankato, St. Cloud und Minneapolis sind die bedeutenderen Städte, welche rasch an Bevölkerung zunehmen, alle gesund und angenehm sind.

32. Jowa.

Jowa (sprich: Ei—o—wäh), früher zu dem französischen Gebiet gehörig, wurde am 13. Juni 1838 von Wisconsin getrennt und als Territorium der Ver. Staaten organisirt und 1845 als Staat in die Union aufgenommen. Seine Länge von Osten nach Westen beträgt 300 Meilen, seine Breite 208 Meilen und sein Flächeninhalt 55,045 Quadrat-Meilen. — Die erste bleibende Niederlassung geschah im Jahre 1833 in Lee County und gegenwärtig zählt der Staat schon über 1,100,000 Einwohner, von welchen etwa der sechste Theil Ausländer sind. Die Ausländer sind vorherrschend Deutsche. Die meisten Einwohner kamen aus den Staaten Ohio, Indiana, Pennsylvania und New-York. — Dieser Staat hat eine sehr gute Lage zwischen den beiden großen Flüssen: vom Mississippi wird er im Osten, vom Missouri im Westen begrenzt. Die Oberfläche ist durchaus wellenförmig und wölbt sich bald mehr bald weniger. An den beiden Flüssen, im Westen und im Osten, erheben sich Hügel, die zum Theil, besonders an der westlichen Grenze, schroff sind und darum hier Bluffs genannt werden. Gegen Süden wird die Landschaft sanfter und endlich ganz flach. Die tiefen, sumpfigen Gegenden sind auch hier ungesund und erzeugen Fieber.

---

*) Mit „Amt" ist hier ein öffentliches Staatsamt gemeint.

— Die wellenförmigen Prairien, aus welchen etwa 90 Procent des Staates bestehen, sind mit Flüssen durchzogen, die alle mit Wald umsäumt sind und deren Ufer häufig 40—130 Fuß hohe Kalkwände bilden. Obwohl die Waldungen gering sind, so sind sie doch so gut vertheilt, daß hier weniger Holzmangel gefühlt wird, als in andern Prairie-Staaten. Großer Holzmangel wird erst nördlich vom 42. Grad fühlbar. — Der Boden ist sehr ergiebig. Die Thäler der Cedar-, Jowa- und Des-Moines-Flüsse sind vorzüglich zum Ackerbau geeignet. Alle Getreidearten, besonders Weizen, sind hier empfohlen. Der nördliche Theil des Staates ist minder werthvoll, doch für einzelne Zweige der Landwirthschaft sehr verwendbar. — Der Mineralreichthum ist bedeutend. Der Blei-Distrikt von Illinois und Wisconsin erstreckt sich in diesen Staat, nur liegt das Erz hier tiefer als an der Ostseite des Mississippi. Dubuque ist der Mittelpunkt der Bleiregion von Jowa. Zink und Kupfer werden in denselben Gegenden mit dem Blei gefunden. Steinkohlen sind in großer Menge vorhanden und leicht zu gewinnen. — Durch die vorhandenen Steinkohlen und Wasserkräfte wird die Industrie gefördert, welche in den letzten Jahren bedeutend zugenommen hat.

Jowa ist ein schöner, fruchtbarer und gesunder Staat. Das Klima ist zwar streng, aber gleichmäßig und durchaus gesund. Mehr als zwei Drittel des Staates sind noch nicht angesiedelt; 25 Millionen Acker Landes wurden noch nicht mit dem Pfluge berührt und sind zu einem billigen Preise zu haben. Der Vorrath an öffentlichen Ländereien in dem nordwestlichen Theile des Staates beträgt noch etwa 3 Millionen Acker und ist, wie bereits angedeutet, von geringerer Güte. Landämter sind in Des-Moines, Fort Dodge, Sioux City und Council Bluffs.

Dieser Staat hat keine Schulden mehr, sondern noch einen ansehnlichen Staatsschatz. Die Abgaben sind gering. — Die religiösen und wissenschaftlichen Anstalten stehen auf einer guten Stufe. Der Staat thut viel für das Unterrichtswesen. Stirbt in Jowa Jemand ohne Erben und ohne ein Testament gemacht zu haben, so fließt sein Vermögen in den Schulfond. Die Gelder, die zur Befreiung vom Militärdienst bezahlt werden, sowie der reine Ertrag aller Strafgelder, welche für Uebertretung des Strafgesetzes erhoben werden, werden ebenfalls für Schulzwecke verwendet.

Der Gouverneur Samuel Merrill von Jowa hat ein längeres Schreiben an mich gerichtet, in welchem er die Hilfsquellen des Staates schildert, auf die Vortheile desselben aufmerksam macht und in aufrichtiger und freundlichster Weise versichert, er wolle seinen ganzen Einfluß aufbieten, um Einwanderer zu schützen und ihnen in jeder Beziehuug behilflich zu sein, auch solchen Anstalten, die zum Besten der Einwanderer innerhalb des Staates errichtet werden (ich schlug Davenport vor) Unterstützungen vom Staate zu verschaffen.

Des-Moines, am gleichnamigen Flusse gelegen, ist die Hauptstadt mit etwa 8000 Einw. **Jowa City,** die frühere Hauptstadt, am Jowa-Fluß, ist von herrlichen Hainen und fruchtbaren Feldern umgeben. Sie besitzt die Staats-Universität und mehrere andere Lehranstalten und hat etwa 7000 Einw. **Davenport,** sehr schön am Mississippi gelegen, über welchen hier eine Brücke führt; zählt etwa 17,000 Einw. — **Dubuque,** ebenfalls am Mississippi in der Bleiregion gelegen, wurde von einem französischen Handelsmann im Jahre 1788 gegründet und ist die größte Stadt des Staates mit etwa 20,000 Einw. Der Handel ist bedeutend. Auch hier führt eine Brücke über den Mississippi. **Keokuk,** an der Mündung des Des-Moines in den Mississippi, Burlington, Muscatine, Council Bluffs am Missouri, sind alles strebsame und blühende Städte. In allen finden sich Deutsche, die Kirchen und Schulen haben.

33. Missouri.

Die ersten Ansiedler dieses Staates waren Franzosen. Das Territorium wurde organisirt am 4. Juni 1812 und am 2. März 1821 als Staat in die Union zugelassen. Seine äußerste Länge beträgt 318, seine Breite 280 Meilen und sein Flächeninhalt 65,350 Quadrat-Meilen. Die Einwohnerzahl beträgt etwa 1,500,000.

Der Staat ist durch den Missouri-Fluß in zwei Theile getheilt, welche in der äußern Beschaffenheit sehr verschieden sind. Der nördliche Theil hat keine Berge, jedoch viel Hügelland, welches mit ganz flachen Ebenen abwechselt. Südlich von dem Missouri und gegen Westen bis an den Osage-Fluß steigt der Boden zu einer hohen Bergkette, welche das Vorgebirge der Ozark-Berge bildet. Der weite Südwesten ist eine wellenförmige Prairie, welche gegen Westen immer sanfter wird. Der südöstliche Theil ist sumpfig. Der Staat ist gut bewässert und reich an allen Erfordernissen einer guten Landwirthschaft. — Der Boden ist sehr verschieden; im Ganzen aber gut. An den Flüssen sind sehr fruchtbare Thäler und selbst zwischen den Bergen ist der Boden dem Ackerbau günstig. Die herrliche landwirthschaftliche Ertragsfähigkeit dieses Staates zieht eine zunehmende Aufmerksamkeit auf sich. Die Berichte des Jahres 1860 zeigen eine Zunahme von fünfzig bis fünfhundert Procente über die Gesammtzahl der Erträgnisse des Jahres 1850 an Viehstand, Getreide, Tabak, Reis, Heu, Erbsen, Bohnen, Kartoffeln,

Früchte, Wein, Butter, Käse, Melasse von allen Gattungen, Honig, Wachs, Wolle, Schlachtvieh und den Produkten der Gemüsegärten. Der Hauptartikel ist jedoch der Mais, dessen Pflanzung durch den reichhaltigen Boden der Ebenen und den heißen Sommern Missouri's besonders begünstigt wird. Mit Ausnahme von Kentucky wird in diesem Staate mehr Hanf gewonnen, als in irgend einem andern. Die Zunahme an kultivirtem Lande war in 10 Jahren eine dreifache. Die nachfolgenden Kriegsjahre während der innern Wirren ließen die Landwirthschaft des Staates erschlaffen. Doch der wiedergekehrte Friede stellt den Wohlstand und die Industrie rasch wieder her.*) — Die Waldungen Missouri's sind, wie wir bereits wissen, ausgezeichnet und bieten eine große Mannichfaltigkeit dar. Selbst die geringeren Gegenden sind reichlich mit Weiß-Fichten und anderem Nadelholz und Weiß-Eichen bedeckt. — Der Reichthum an Mineralien ist sehr bedeutend. — Die Eisen-Region rings um den Iron Mountain (Eisenberg) und Pilot Knob kann in Bezug auf die Menge und Reinheit seiner Erze nirgends in der Welt übertroffen werden. Kupfer, Blei, Kobalt, Nickel, Kalksteine und Marmor sind ebenfalls, theils in großer, theils in geringerer Menge, vorhanden. Auch hat man bedeutende Steinkohlenlager gefunden. — Das Klima von Missouri ist häufigen, oft plötzlichen Wechseln unterworfen. Die Winter können sehr kalt werden und bei St. Louis ist der breite Mississippi-Strom oft Wochen lang, ja Monate lang, so fest zugefroren, daß hunderte von schwerbeladenen Wagen zu gleicher Zeit über denselben hinfahren. Die Sommer dagegen sind sehr heiß. Diesem entnervenden Klimawechsel gegenüber ist es eine große Wohlthat, daß die Luft vorherrschend trocken und rein und der Gesundheit zuträglich ist. — Die Industrie des Staates wird bereits schwunghaft betrieben. In Folge seiner Lage beherrscht Missouri einen großen Theil des Handels auf dem Mississippi. Auch Eisenbahnen laufen in größerer Anzahl in St. Louis zusammen. Der ganze große südwestliche Theil des Staates ist jedoch ohne Eisenbahnen.

In diesem Staate sind noch 1½ Millionen Acker öffentliche Ländereien. Landämter sind in Boonville, Springfield und Ironton. Das deutsche Element ist in diesem Staate stark und würdig vertreten. Die Deutschen in diesem Staate haben es zuerst dahin gebracht, daß sie einen deutschen Senator in den Congreß der

*) Bericht des General-Landamtes; 1867 S. 28.

Ver. Staaten gewählt haben. Die religiösen und wissenschaftlichen Anstalten sind in entsprechendem Zustande; für Schulen wird auch von den Deutschen viel gethan. — Missouri gehört nicht allein zu den größern, sondern auch zu den bedeutenderen Staaten der Union.

Jefferson City, die Hauptstadt des Staates, am rechten Ufer des Missouri, hat eine hohe Lage, ist weitläufig angelegt und zählt etwa 4000 Einw. — **St. Louis,** am rechten Ufer des Mississippi, liegt schön auf zwei Hochebenen und ist eine in jeder Beziehung bedeutende Stadt, die jetzt weit über 200,000 Einw. zählt. Die Straßen in der Nähe des Flusses folgen dessen Krümmungen und sind unregelmäßig; der neuere Theil ist rechtwinkelig gebaut und gewährt einen freundlichen Anblick. Die Stadt treibt bedeutenden Handel und hat gewiß eine große Zukunft. Es erscheinen hier 25 Zeitungen und an allerlei wissenschaftlichen und wohlthätigen Anstalten, die meistens gut verwaltet sind, ist kein Mangel. Für Einwanderer ist die „Deutsche Gesellschaft" thätig; ihr Bureau ist Nr. 315 Elm. Street. Eine Emigranten-Herberge findet sich Ecke der 14. und Mullanphy-Sr., welche nach ihrem Gründer Mullanphy home genannt ist. Die Deutschen in dieser Stadt sind sehr wacker und thätig. Die lutherische Missouri-Synode hat hier ihr theologisches Seminar mit sechs Professoren; eine vorzügliche Schule. Die deutschen Gemeinden stehen denjenigen irgend einer andern Stadt nicht nach. Das ganze deutsche Element der Stadt übt nicht geringen Einfluß aus. Die Stadt hat schlechtes Trinkwasser und manche Theile sind nicht sehr gesund. — **St. Charles,** eine freundlich gelegene Stadt am Missouri-Fluß, mit vielen Deutschen. — Hannibal, St. Joseph im nördlichen Theile des Staates. Kansas City an der westlichen Grenze; und der deutsche Weinort Hermann, wo's die Deutschen treiben, so gut sie's können. Die Knaben und Mädchen eilen auf die ankommenden Eisenbahnzüge und bieten ihren Wein den Reisenden an. Sie haben eine Flasche und ein Glas in der Hand, laufen durch die Wagen und rufen: „Wein, Wein!" Solches geschieht in der Weise in ganz Amerika nicht. Dadurch liefert Hermann auch den Reisenden sogleich den Beweis, daß der Wein in Amerika gedeiht. — Ueberall im Staate finden sich strebsame Orte, welche zum Theil oben angeführt wurden.

34. Kansas.

Kansas ist einer der jüngsten und größten Staaten der Union. Das Territorium wurde am 30. Mai 1854 organisirt und am 29. Januar 1861 als Staat in die Union zugelassen. Seine Länge von Osten nach Westen beträgt 344—408 Meilen, seine Breite 208 Meilen, sein Flächeninhalt 81,318 Quadrat-Meilen. Seine Bevölkerung beträgt etwa 400,000 Einwohner. — Die Aufnahme dieses Staates in die Union geschah nicht ohne Kampf. Denn die Sclavenhalter wollten gerne einen Sclavenstaat aus ihm machen. Ihre Genossen in Missouri kamen ihnen deshalb wie bewaffnete Räuber zu Hilfe. Doch ohne Erfolg; denn das Volk von Kansas schlug sie aus dem Felde und erklärte sich mit großer

Mehrheit gegen die Sclaverei. Das war vor dem Kriege, welcher der Sclaverei in Nord-Amerika überhaupt ein Ende machte.

Der östliche Theil des Staates besteht aus wellenförmigen Prairien, mit geringen Hügeln und Höhenzügen. Der mittlere Theil ist mehr flach, wölbt sich sanfter und hat weniger Holz als der östliche Theil. Der westliche Theil, welcher sich bekanntlich an die große Sandebene vor dem Felsengebirge anschließt, ist flach und unfruchtbar. Man findet hier keine Berge, auch keine Moräste und Sümpfe. — Der Boden in den östlichen Gegenden ist sehr fruchtbar, besonders an den Flüssen und Wäldern. Auch die Mitte des Staates hat guten Boden; derselbe wird aber gegen Westen immer leichter, sandiger und unfruchtbarer. — Demgemäß sind auch die Waldungen, die im Osten alle Gattungen von Bäumen haben, sich in einzelnen Streifen den Flüssen lange nachziehen, aber im Westen sich ganz verlieren. — Dagegen ist das Klima von Kansas sehr gesund. Es hat jene Reinheit, die vor dem Felsengebirge herrschend ist und der Gesundheit von Menschen und Thieren so sehr zuträglich ist. Doch ist in Beziehung auf die Pflanzen zu bemerken, daß es leicht zu trocken wird, wie ja überhaupt vor dem Felsengebirge der Regen-Niederschlag nicht sehr bedeutend und jedenfalls viel geringer als im Osten ist. Man will jedoch beobachtet haben, daß der Niederschlag in Kansas etwas stärker sei, als in den andern Staaten vor dem Felsengebirge. Ferner soll der Boden in Kansas eine Unterlage haben, welche die Feuchtigkeit sehr lange bewahre und so den Mangel an Regen ersetze. Der Boden ist hier nicht vorherrschend der schwarze Prairie-Boden, sondern grau, zum Theil roth und klebrig und sehr zäh, wenn er naß ist. — Alle schweren Saaten finden im Osten Nahrung genug. Der Maisbau wird durch das Klima begünstigt. Weizen und alle Getreidearten gedeihen im größern Theile des Staates. Der Mangel an Bauholz wird theilweise durch die vorhandenen Mauersteine ersetzt, welche zu Wohnhäusern und Einzäunungen benutzt werden können. — Die Viehzucht hat in den letzten Jahren rasch zugenommen. — Die Mineralien sind noch sehr wenig gekannt. Man hat jedoch Ursache zu glauben, daß ein großer Vorrath von Steinkohlen, Salz, Gyps, Sand- und Kalksteinen vorhanden ist. Magnesia von schöner Farbe wird am Kansas-Flusse gefunden. Große Salinenwerke sind im äußersten Südwesten. — Die Industrie ist natürlich noch in ihren Anfängen, hat aber rasche Fortschritte gemacht. Der östliche und mittlere Theil von Kansas wird überhaupt eine gute Bevölkerung an sich ziehen. — In diesem Staate sind noch 43 Millionen Acker öffentliche Ländereien. Landämter sind in Topeka, Humboldt, Junction City. — Die Union-Pacific-Eisenbahn, Oestliche Division, geht durch diesen Staat und ist bereits bis an seine westliche Grenze dem Betriebe eröffnet. Sie soll bis nach San Francisco gebaut werden und hiedurch würde Kansas bedeutend gewinnen. Von dieser Eisenbahn-Gesellschaft, welche bedeutende Ländereien von der Regierung erhalten hat, kann man Land zu sehr billigen Preisen kaufen. Sie ist zuverlässig und hat ein Bureau in St. Louis und eines in Lawrence.

Topeka, schön am rechten Ufer des Kansas-Flusses gelegen, ist die Hauptstadt des Staates. **Leavenworth** ist die größte Stadt des Staates und liegt am Missouri-Fluß, eine Meile unterhalb Fort Leavenworth. Die Stadt liegt in einer guten landwirthschaftlichen Gegend, ist bereits mit allerlei Anstalten versehen und zählt etwa 40,000 Einw. — Lawrence, eine hübsche aufblühende Stadt am Kansas-Flusse. — Atchison, Wyandotte gehören zu den größern Orten.

35. Nebraska.

Nebraska ist der jüngste Staat der Union. Das Territorium wurde am 30. Mai 1854 organisirt und am 1. März 1867 in die Union zugelassen. Wie schnell die Einwohnerzahl dieses Gebietes gewachsen ist, kann man daraus ersehen, daß sie im Jahre 1860 erst 28,841 Seelen betrug und das Gebiet 1867 als Staat aufgenommen wurde, wozu eine Bevölkerung von 60,000 nöthig ist. — Der Staat hat eine Länge von 412 Meilen, eine Breite von 208 Meilen und einen Flächeninhalt von 75,995 Quadrat-Meilen. — Dieser Staat hat sehr viel Aehnlichkeit mit Kansas. Das Klima ist dasselbe: sehr gesund, heiter und trocken. Die Oberfläche ist im Osten, am Missouri-Flusse, mit schwachen Hügeln durchbrochen, wird gegen die Mitte sanft wellenförmig und im Westen eine sandige, unfruchtbare Ebene. Der ganze Staat senkt sich gegen den Missouri-Fluß und erhebt sich gegen das Felsengebirge, in dessen Nähe er sich erstreckt. — Der Boden ist im Osten verschieden von dem in Kansas, nämlich ein schwarzer, sehr ergiebiger Prairieboden, der dem Weizenbau und Maisbau sehr zuträglich ist. Der östliche Theil des Staates ist überhaupt zum Ackerbau sehr geeignet und Auswanderern zu empfehlen. Der westliche Theil des Staates ist nicht zu empfehlen. Die Thäler an den Flüssen im Osten, Nebraska River und Elkhorn, sind außerordentlich fruchtbar und ziehen in kurzer Zeit eine starke Bevölkerung an sich. Seitdem der Staat in die Union aufgenommen worden ist, hat die Bevölkerung rasch zugenommen und sind im ganzen östlichen Theile viele Ansiedlungen gegründet worden. Die Flußthäler sind auch im Südwesten noch fruchtbar. Das Klima ist milder als in den östlichen Staaten in derselben Breite. Die Luft ist reiner und der Regenfall geringer, als an der östlichen Küste. — Die Lage dieses Staates ist der Art, daß die besondere Aufmerksamkeit der Einwanderer sich auf denselben lenken muß. Die einzige Eisenbahn, die bis jetzt die Westküste mit der Ostküste in Verbindung setzt, und von welcher in den letzten Jahren so viel geredet wurde, die Union-Pacific-Eisenbahn zieht sich durch die ganze Länge des Staates und verleiht demselben besondere Vortheile. Alles, was der Landmann zu verkaufen hat, kann er zu einem guten Preise absetzen. Die Minen-Gebiete werden nicht genug pflanzen können, um ihre Bevölkerung zu ernähren. Darum wird der Bedarf von andern Staaten bezogen werden müssen; und Nebraska, welches jetzt als die Thüre zu den westlichen Gebieten zu betrachten ist, kann sich einen starken Handel versprechen. Auch andere Eisenbahnen sind theils schon vollendet, theils im Bau begriffen; sie durchziehen den Staat von verschiedenen Seiten und vereinigen sich dann mit der Hauptbahn. — Boden und Klima deuten darauf hin, daß die Viehzucht bedeutend werden wird.

In diesem Staate sind noch etwa 42 Millionen Acker öffentliche Ländereien, welche aber rasch abnehmen. Landämter sind in Omaha, Brownsville, Nebraska City und Dakota City.

Die Union-Pacific-Eisenbahn-Gesellschaft verkauft ihre enormen Ländermassen, die ihr von der Regierung geschenkt wurden, zu billigen Preisen. Sie hat ein Bureau in Omaha.

Im westlichen Theile des Staates ist eine neunzig Meilen lange und dreißig Meilen breite Landstrecke, welche schon Manchen getäuscht hat; sie heißt „Mauvaises Terres.“ Aus der Entfernung betrachtet, meint man Ruinen vor sich zu haben. Prismatische und säulenartige Massen haben den Anschein von Wohnsitzen moderner Bauart, mit Thürmen und Säulengängen. Sobald man sich nähert, verschwindet die Illusion und die imposanten Formen lösen sich in Felsenmassen und labyrinthartige Schluchten auf. — Die Indianer kann man in Nebraska überall sehen; sie belästigen aber Niemand und gehören zu den friedlichen Stämmen der Nebraskas, Pawnees und Omahas. Am liebsten ziehen sie sich der Eisenbahn nach, setzen sich schaarenweise auf die Frachtwagen und denken natürlich an keine Bezahlung, werden auch von den Beamten nicht belästigt, da man sie nicht reizen will.

Seit 1868 ist **Lincoln** die Hauptstadt des Staates. Die frühere Hauptstadt, Omaha, liegt an der Grenze des Staates und dem allgemeinen Plane der Staaten folgend, wollte man den Regierungssitz mehr im Innern, möglichst in der Mitte des Staates haben. Man legte auf einer weiten Prairie eine Stadt aus und nannte sie nach dem gemordeten Präsidenten Lincoln. Die Regierung des Staates siedelte dahin über und heute ist bereits ein blühendes Städtchen dort. Es liegt in einer reichen Salzgegend. — **Omaha** liegt am Missouri-Fluß auf einem hügeligen Grunde. Diese Stadt ist der Anfang der Pacific-Eisenbahn, wodurch sie als Handelsplatz große Bedeutung erlangt hat. Sie zählt bereits etwa 20,000 Einw. In der Umgebung sind große Lager von Kalk. — **Nebraska City**, südlich von Omaha am Missouri, ist eine freundliche Stadt mit etwa 10,000 Einw.

36. California.

California ist nach Texas der größte Staat der Union. Er hat eine Länge von 750 Meilen und eine durchschnittliche Breite von 230 Meilen. Sein Flächeninhalt beträgt 188,981 Quadrat-Meilen. Im Jahre 1860 betrug die Bevölkerung 305,439 Seelen, sie hat aber seitdem rasch zugenommen. California wurde am 9. September 1850 als Staat in die Union zugelassen.

Dieser Staat ist als Goldland längst bekannt. Die ersten Entdeckungen von Gold wurden im Jahre 1848 gemacht, in welchem Jahre 10 Millionen Dollars aus den Gruben gewonnen wurden. Seitdem sind etwa 1,000,000,000 Dollars Gold in diesem Staate gewonnen worden. Silber ist verhältnißmäßig wenig vorhanden. Die Quecksilber-Minen sind sehr werthvoll. Eisen, Blei, Kupfer, Zinn kommen auch vor; Steinkohlen wurden in verschiedenen Gegenden entdeckt; Marmor, Gyps und Bausteine gibt es in Fülle; doch sind alle diese Vorräthe nicht bedeutend gegenüber den reichen Gold-Minen, die sich hier finden.

Durch California zieht sich ein langes Thal, welches von den Flüssen San Joaquin und Sacramento durchströmt wird. Die zum Ackerbau geeignete Oberfläche ist größer als die der ganzen italienischen Halbinsel. Vierzig Millionen Acker sind Mineral-Land, welches an Ergiebigkeit unübertroffen ist. — Boden und Klima von California eignen sich vorzugsweise für den Anbau von Weizen, Gerste, Hafer, Kartoffeln, Hopfen, Tabak und Heu; und nur in gewissen Gegenden für Mais und Baumwolle; und im südlichen Theile für Zuckerrohr. Ferner gerathen hier alle Gemüsearten, welche östlich des Felsengebirges gepflanzt werden. — Die Obstgärten stehen sehr gut und liefern alle Obstarten der gemäßigten und wärmern Zone. Die Birne, die in den andern Staaten weniger reichlich vorhanden ist, findet hier ihre Heimath; sie gedeiht in allen Gegenden des Staates und ist von besonderem Wohlgeschmack. Aepfel, Pfirsiche, Kirschen, Aprikosen, Nektarinen, Quitten und Feigen sind in Fülle vorhanden; Pommeranzen, Citronen, Oliven, Mandeln, Bananas und allerlei Beeren gedeihen vortrefflich. Die Obstbäume wachsen außerordentlich rasch und sind in zwei Jahren so stark, als sonst in 3—4 Jahren. Sie tragen frühzeitig, regelmäßig und reichlich Früchte. — Der Wein findet hier seinen Boden und sein Klima. Das Erträgniß an Trauben ist bedeutend. Die Weingärten tragen selten weniger als tausend Pfund Trauben per Acker, und selbst zwanzig tausend Pfund wurden auf einem einzelnen Acker gewonnen. Krankheiten der Trauben kommen weit seltener vor, als in Europa. Dreihundert verschiedene Sorten wurden bereits mit Erfolg gepflanzt. Der Rebenbau kostet in California viel weniger Arbeit, als in Europa. Die Rebe braucht keinen Pfahl, sondern steht allein und hat starkes, gesundes Holz. Gute Winzer sind überzeugt, daß der Wein von California keinem andern nachstehen werde, wenn er sein hinreichendes Alter erlangt haben wird. Auch der Maulbeerbaum wird mit gutem Erfolg gepflanzt. Und da das Klima dem Seidenwurm sehr günstig ist, weil es nämlich von April bis November nie regnet und keine explodirende Elektricität vorhanden ist, so hat die Seidenzucht in den letzten Jahren zugenommen und wird ein bedeutender Industriezweig werden. — Das Klima ist der Viehzucht sehr günstig; die Weide ist besonders nahrhaft. Die Schafzucht nimmt rasch zu und die Pferde, Ochsen, Rinder und Maulthiere von hier sind beliebt.

Die reichen Waldungen von California sind berühmt durch die Verschiedenheit der Baumgattungen und ihre mächtigen Stämme. Das Rothholz wird nur in California und dem südlichen Oregon gefunden. Es gehört zum werthvollsten Bauholz. Die Bäume erreichen oft eine Höhe von 275 Fuß mit einem Durchmesser von 18—19 Fuß. Die Stämme sind sehr gerade; das Holz ist leicht zu spalten, dauerhaft, weich und von dunkelrother Farbe. Die Zuckerfichte kommt an Werth des Holzes und Ueppigkeit des Wachsthums dem Rothholz am nächsten. Seinen Namen erhielt der Baum wegen der Ausschwitzung eines süßen Harzes. Unter den Tannen-Gattungen ist die rothe Tanne am meisten bekannt; sie wird oft 300 Fuß hoch, mit einem Stamme von zehn Fuß Durchmesser. Der merkwürdigste Baum Californias jedoch und der größte der Welt ist der Mammuth-Baum (Sequoia gigantea). Der Stamm ist schnurgerade und wird oft 400 Fuß hoch und erreicht oft einen Durchmesser von 30—40 Fuß. Er wird nur an dem westlichen Abhang der Sierra Nevada im südlichen California gefunden, und wächst in einzelnen Hainen, von denen man bis jetzt 15—20 gefunden hat. Die Bäume wachsen in einem tiefen fruchtbaren Boden und stehen so nahe bei einander, daß ihre Zweige sich unter einander vermischen und verbinden. Die Stämme sehen wie Säulen aus; sie sind nämlich so grade und so gleichmäßig dick, daß sie bei einer Höhe von 100 Fuß nur um ein Geringes dünner sind, als über der Erde und bis zu einer Höhe von 100 Fuß sind die Stämme ganz astlos. Das Holz von den Bäumen hat viel Aehnlichkeit mit der rothen Ceder. Es ist weich, elastisch, gleichmäßig geadert, leicht zu spalten und im getrockneten Zustande sehr leicht, gehört zu dem Geschlecht der Zapfentragenden und zur selben Gattung wie das Rothholz. — Die Industrie steht bereits auf einer hohen Stufe und der Staat zeigt in jeder Beziehung eine staunenswerthe Zunahme. Der Handel ist sehr bedeutend; er wird aber noch immer zunehmen durch den directen Verkehr mit Asien und die Eisenbahnverbindung, welche der Staat nun mit den östlichen Staaten hat.

California ist mit seltenen Naturschönheiten und Sehenswürdigkeiten ausgestattet. Das Yosemite-Thal ist als eine Weltmerkwürdigkeit berühmt; es umfaßt 36,111 Acker. Dieses Thal hat in vertikaler Richtung eine Tiefe von 4000 Fuß und wird von senkrechten Felsenwänden umschlossen, deren Höhe zwischen drei und fünf Tausend Fuß wechselt. Durch die Mitte dieses Thales windet sich der sechzig bis siebzig Fuß breite Merced-Fluß. In dem Thale und oberhalb desselben stehen ungeheure Blöcke von massivem, rothen Granit, welche sich schnurgerade mehrere Tausend Fuß hoch erheben und aussehen wie großartige Säulen und Ruinen. Von Ferne sieht das Thal aus wie ein großer Schlund.

Das Klima ist in California ganz anders, als östlich vom Felsengebirge. Und in Folge dessen herrscht eine ganz andere Lebensweise, muß die Arbeit anders gethan und zu einer andern Zeit begonnen werden. Von April bis November fällt kein Regen, dann kommt die sogenannte Regenzeit, welche mehrere Monate anhält. Das Klima soll den Menschen sehr zuträglich sein. Doch ist gewiß, daß es für den Ackerbau von großem Vortheil wäre und zum Reichthum des ganzen Landes beitragen würde, wenn auch der Sommer seinen Regen hätte.

San Francisco ist eine merkwürdige Stadt; sie ist schon dreimal niedergebrannt (1849, 1850 und 1851) und zählt jetzt doch schon wieder über 100,000 Einwohner. Sie ist aus einer Mission entstanden. Sie hat eine schöne Lage, einen guten Hafen und sehr bedeutenden Handel. — **Sacramento City**, **Montero** an der gleichnamigen Bay, **San Diego**, Hafen mit starkem Verkehr, San Jose, Stockton, Suttersville am Sacramento, Sonoma, Benicia, Los Angelos, Mariposa, Sonora, Marysville, Nevada, Columbia, Groß-Valley und andere kleine Städte.

37. Oregon.

Oregon wurde am 14. August 1848 organisirt, und am 14. Februar 1859 als Staat in die Union zugelassen. Dieser Staat liegt nördlich von California am Pacific-Ocean. Seine Länge von Osten nach Westen beträgt 350 Meilen, seine Breite von Norden nach Süden 275 Meilen und sein Flächeninhalt 95,274 Quadrat-Meilen. Im Jahre 1867 betrug die Einwohnerzahl über 100,000 Seelen. — Das Küsten-Gebirge und die Sierra Nevada, welche California durchziehen, setzen ihren nördlichen Lauf durch Oregon fort. Die Sierra Nevada werden sobald sie California verlassen „Cascaden" genannt. Von diesen trennt sich gleich im südlichen Theile des Staates eine Gebirgskette, welche sich nach Nordosten zieht und unter dem Namen Blue Mountains (Blaue Gebirge) die nordöstliche Ecke des Staates erreicht, sich nach Washington und Idaho hinüber erstreckt und dann die Bitter Root (bittere Wurzel) Mountains berührt. Die Küstenkette zieht sich in Oregon nicht so regelmäßig der Küste nach, wie in California, ist oft von Thälern durchbrochen, welche sich von der Küste aus landeinwärts erstrecken. Die festeren, geschlossenen Cascaden laufen fast parallel mit der Küste und sind durchschnittlich 110 Meilen von derselben entfernt. Dieses Gebirge ist für Oregon von großer Bedeutung. Es schneidet den Staat von Süden nach Norden in zwei Theile, welche sehr verschieden von einander sind. Der westlich von den Cascaden gelegene Theil ist in jeder Beziehung besser, als der östliche und für den Ackerbau besonders vorzuziehen. — Wir sehen uns zunächst den westlichen Theil etwas näher an. Es ist dieß also ein 110 Meilen breiter Strich, der sich dem Ocean nach durch die ganze Breite des Staates zieht und demnach 275 Meilen lang ist, und beinahe den dritten Theil des Staates umschließt. Dieses Land ist mit Ausnahme einzelner der höchsten Gebirgskämme für Ackerbau und Weiden geeignet. Das bedeutendste Thal in diesem Theile ist das des Willamete-Flusses, welcher von Süden nach

Norden fließt und sich in den Columbia ergießt. Der Rogue River und nördlich von diesem der Umpqua River ergießen sich in den Ocean. Der Boden dieser Thäler ist sehr fett und tief und hat eine Lehmgrundlage, welche alle Elemente der Fruchtbarkeit in sich schließt. Große Strecken dieser Thäler sind offene Ebenen mit einer mäßigen Wölbung, welche gerade hinreicht, um dem Ackerbau förderlich zu sein. Alle Erzeugnisse des Feldes und der Obst- und Gemüsegärten können hier mit bestem Erfolg gepflanzt werden. Die vorzüglichsten Produkte des Feldes sind: Weizen, Hafer, Gerste, Roggen, Mais, Flachs, Hanf, Kürbisse, Kartoffeln u. s. w.; die der Gärten: Rüben, Kraut, Liebesäpfel, Zwiebeln, Gurken, Melonen u. s. w.; und die der Obstgärten sind: Aepfel, Birnen, Quitten, Pfirsiche, Trauben u. s. w. Die Weizenernte liefert häufig 40—50 Bushel auf einem Acker, und wo das Land gehörig bebaut wird, liefert es fast immer reiche Ernten. Aepfel, Birnen, Pflaumen oder Kirschen werden nirgends schöner, als hier. Wie in California so fangen auch hier die Bäume früher an zu tragen, als es sonst der Fall ist. — Das Willamete-Thal ist mehr den Seewinden ausgesetzt, als die mehr beschützten Thäler des Umpqua- und des Rogue-Flusses; die Nächte sind zu kalt für das Gedeihen von Mais und Pfirsichen. Das Thal des Rogue-Flusses, besser beschirmt als die nördlichen Thäler, scheint vorzüglich für die Trauben geeignet und der Weinbau gewinnt jährlich an Bedeutung, während auch Pfirsiche und Mais hier besser gedeihen, als sonst wo im westlichen Oregon.*)

Das Klima in diesem Theile des Staates ist mild und gleichmäßig und sehr gesund. Oregon steht in den Gesundheitslisten obenan. Die Winter sind nicht lang und von geringem Schneefall begleitet. Die Weiden bleiben gewöhnlich das ganze Jahr hindurch grün, und ein Winter, so kalt, daß er Stallfütterung nothwendig machen würde, gehört zu einer großen Seltenheit. Die Nächte sind selbst mitten im Sommer kühl. Zwischen April und November regnet es gerade hinlänglich, um Dürre zu verhüten. Von November bis April herrscht das Regenwetter vor. Heiteres Wetter trifft immer im Februar oder März ein, welches mehrere Wochen anhält und welchem wieder ein Regen-Monat folgt. Die Sommer sind trocken, doch selten so sehr, daß die Pflanzungen darunter leiden müßten. Die Landwirthe in Oregon fühlen das Bedürfniß, die

*) Wilson, 1867, Seite 65 ff.

Felder künstlich zu bewässern, in viel geringerem Grade, als die im südlichen California.

Die Wälder des westlichen Oregon sind sehr gut und gleichen denen in California. Es finden sich allerlei Bäume; vorherrschend jedoch ist das Nadelholz. Die Oregon-Eichen und die Oregon-Tannen sind berühmt. Die Wälder haben wegen ihrer Mischung eine unglaubliche Schönheit. Das Rothholz (siehe bei California) kommt nördlich und östlich von Oregon nicht mehr vor.

Das östliche Oregon, welches zwischen den Cascaden und dem Snake-Fluß liegt, steht dem westlichen in jeder Beziehung nach. Es hat eine hohe Lage und besteht aus Hügel- und Gebirgsland, Hochebenen, tiefen Schlünden und fast unergründlichen Schluchten. Der größere Theil des Landes ist zum Ackerbau nicht geeignet. Doch finden sich auch hier fruchtbare Thäler und gute Weiden. Die Thäler der Flüsse Grande Ronde, Snake, Powder, Burnt, Malheur, Owyhee u. s. w. sind sehr ergiebig und in ihnen finden sich zahlreiche gedeihende Ansiedlungen. — Das Klima ist trockener, als im westlichen Oregon, ist größeren Unterschieden zwischen Hitze und Kälte und einem jähen Temperaturwechsel unterworfen. Im Sommer regnet es fast gar nicht. Die Regenzeit ist von November bis April. — Die Wälder sind nicht bedeutend. Die Eichen und die andern mächtigen Stämme, welche das westliche Oregon zieren, kommen hier gar nicht vor.

Im Nordosten des Staates hat man viel Gold gefunden, die andern Mineralien sind wenig gekannt.

Der Columbia ist der größte Fluß an der Westküste und hat eine bedeutende Wassermasse. Sein Lauf ist rasch und der Schifffahrt nicht günstig. An verschiedenen Stellen sind Stromschnellen, welche die Schifffahrt unterbrechen. Von seiner Mündung an ist er 140 Meilen stromaufwärts schiffbar. Hier hat er die Cascaden erreicht und wird durch Stromschnellen auf 5 Meilen unschiffbar, über welche Strecke eine Eisenbahn zur Fortsetzung des Verkehrs gebaut wurde. Oestlich von den Cascaden wird er durch 45 Meilen wieder schiffbar, bis er die Dallesberge erreicht, wo die Schifffahrt durch Stromschnellen wieder verhindert wird, weßhalb eine andere 15 Meilen lange Eisenbahn von den Dalles bis nach Cebillo gebaut wurde. An diesem letztgenannten Orte beginnt die Schifffahrt wieder und die Dampfschiffe laufen nach Umatilla, 85 Meilen, nach Wallula, 110 Meilen, und nach White Bluffs 160 Meilen stromaufwärts.

Die Lachsfischerei in Oregon ist sehr bedeutend und einer so unbegrenzten Ausdehnung fähig, um jede beliebige Nachfrage befriedigen zu können. Diese Fische machen eine Herbst- und Frühjahrsreise vom Ocean, selbst in die kleinsten Nebenflüsse und schwimmen durch mehr als tausend Meilen gegen die starke Strömung des Columbia-Flusses.

In diesem Staate sind noch 52 Millionen Acker öffentliche Ländereien, über welche noch nicht verfügt wurde. Landämter sind in Oregon City, Roseburg und Le Grande.

Salem am Willamette-Fluß, schön gelegen, ist die Hauptstadt des Staates. In diesem Thale finden sich mehrere blühende Städte.

38. Nevada.

Nevada liegt nordöstlich von California und lehnt sich seiner ganzen Länge nach an diesen Staat an. Das Territorium wurde am 2. März 1861 organisirt und am 21. März 1864 als Staat in die Union aufgenommen. Sein Flächeninhalt beträgt 112,090 Quadrat-Meilen. Die Wasserfläche der zahlreichen Seen bedeckt einen Flächenraum von 1690 Quadrat-Meilen; es verbleibt also innerhalb des Staates eine Landfläche von 110,400 Quadrat-Meilen, eine Fläche, welche etwas mehr als zweimal so groß, als Jowa und beinahe zweimal so groß, als Illinois ist und beiläufig den vierten Theil des persischen Reiches beträgt, mit welchem dieser Staat in Bezug auf seine geologische Formation schon verglichen wurde.

Nevada liegt zwischen den Sierra Nevada und Wasatch-Gebirge, 4000—6000 Fuß über der Meeresfläche und ist allenthalben von Gebirgsketten durchkreuzt, welche die umliegende Gegend um 2000—5000 Fuß überragen. Zwischen denselben liegen Thäler, deren Wasser sich theils in die Seen verlaufen, theils von der Erde verschlungen werden. Mit Ausnahme des Colorado-Flusses im Südosten, haben seine Flüsse keinen Ausgang zum Meere. Der Humboldt-Fluß entspringt aus dem Humboldt-Gebirge und ergießt sich in den Humboldt-See. Unter den andern Seen sind der Carson-, Walker-, Pyramid-, Mud-, Franklin- und Goshoot-See. Der Pyramid-See ist bemerkenswerth durch sein zahlreiches Wassergeflügel.

Der größte Theil dieses hochgelegenen Berglandes ist zum Ackerbau nicht geeignet. Die Thäler der Flüsse sind jedoch fruchtbar. Das wichtigste und ausgedehnteste Thal ist das des Humboldt-Flusses; nach ihm kommen die Thäler des Carson- und des Walker-

Flusses. Beinahe die Hälfte der ganzen Oberfläche des Staates bildet Weiden. Würde es nicht an dem nöthigen Regen fehlen, so würde sich ein viel größerer Theil des Staates zum Ackerbau eignen, als dieß jetzt der Fall ist. Die Thäler an den Flüssen liefern eine gute Ernte an Weizen, Gerste, Hafer, Heu und Kartoffeln. Wo man die Thäler künstlich bewässern kann, oder wenn Regen genug fällt, ist die Ernte sogar sehr gut. Das Welschkorn findet findet hier jedoch nicht, was es zu einem guten Wachsthum bedarf.

Das Klima ist in Anbetracht der Höhenlage milde und gesund und nicht den großen Extremen, weder der Hitze noch der Kälte, unterworfen. Der Sommer ist nicht wärmer, als östlich von dem Felsengebirge; die Nächte sind gleichmäßig kühl und erfrischend. Die Winter sind nicht so rauh, wie in Neu-England. Schnee fällt selten in den Thälern; auf den Gipfeln der Berge bleibt er den größten Theil des Jahres liegen. Das Klima ist, wie in allen hochgelegenen Gebirgsländern, raschem Wechsel unterworfen, je nach dem die Windströmungen sind. Die Atmosphäre ist hier so ausnehmend rein und durchsichtig, daß sie entfernten Gegenständen eine Deutlichkeit gibt, welche man in minder hochgelegenen Ländern nie wahrnehmen kann. Im nördlichen und westlichen Theile des Staates regnet es zwischen April und November sehr selten; im südlichen und östlichen Theile regnet es öfter. Der größte Regenfall findet jedoch zwischen November und April statt.

Die Waldungen sind nicht sehr bedeutend. Viele Berge sind mit Fichten bedeckt. — Von den Mineralien ist Silber am meisten vorhanden; manche Minen liefern einen bedeutenden Ertrag. Gold wird weniger gefunden. Nach dem Silber ist das Salz in größter Masse vorhanden. Ungefähr 50 Meilen südlich von Mineville ist ein sechszehn Tausend Acker umfassendes Salzlager von großer Reinheit. Ausgrabungen von 3 Fuß Tiefe sind bald wieder mit einer neuen Salzlage von derselben Reinheit gefüllt. Man hat die Beobachtung gemacht, daß das Salz in dieser Gegend die Kraft, organische Stoffe zu erhalten in höherem Grade besitzt, als irgend ein Salzlager der Welt. — Mineral-Quellen kommen hier häufig vor und sind von außerordentlicher Heilkraft für chronische und andere Krankheiten. — In verschiedenen Gegenden des Staates wurden Steinkohlen, Kupfer und Blei in großer Menge gefunden.

Die Thäler im östlichen und mittleren Theile des Staates haben blühende Ansiedlungen; der westliche Theil ist nur sehr schwach bewohnt.

In diesem Staate sind noch 67 Millionen Acker öffentliche Ländereien. Landämter sind in Carson-City, Belmont und Austin.

Carson City, die Hauptstadt des Staates, ist eine blühende Stadt mitten in einem fruchtbaren Thale, hat in seiner Umgegend mehrere schöne Flüsse und etwa 4000 Einwohner. — **Aurora** zählt etwa 2000 Einwohner. **Geneva** ist die älteste Ansiedlung im Staate. **Virginia City** ist der Hauptplatz des ausgedehnten Bergwesens; es ist eine freundliche Stadt mit etwa 20,000 Einw. — **Austin** ist die dritte Stadt des Staates und zählt 12,000 Einw. Alle diese Städte sind durch ihren Bergbau bedeutend.

Die Territorien.

Wir haben nun noch elf Territorien, welche noch nicht als Staaten in die Union aufgenommen worden sind, aber doch zu den Vereinigten Staaten gehören. Ein Territorium hat im Congreß zu Washington keine Stimme. Seine Regierung wird ihm von der General-Regierung gegeben und eingesetzt. Um in den Bund aufgenommen zu werden, muß ein Territorium sechszig Tausend Einwohner haben und die Constitution der Vereinigten Staaten annehmen. Die Territorien New-Mexiko, Utah, Washington, Dakota, Arizona, Idaho, Montana, Wyoming und Indianer-Territorium wurden am 1. Januar 1865 auf 360,000 Einwohner geschätzt.

39. Das Territorium Washington

liegt nördlich von Oregon und hat beinahe dieselbe Gestalt und dieselben Verhältnisse in Bezug auf Klima und Boden, wie wir sie in Oregon kennen gelernt haben; nur ist hiebei die nördlichere Lage in Rechnung zu bringen. Es hat beinahe dieselbe Länge von Osten nach Westen, 345 Meilen, von Norden nach Süden eine Breite von 230 Meilen und einen Flächeninhalt von 69,994 Quadrat-Meilen. — Das Cascaden-Gebirge durchschneidet auch diesen Staat von Süden nach Norden in zwei ganz ungleiche Theile, von denen der westliche in Bezug auf Fruchtbarkeit des Bodens, Holzwuchs, fruchtbare Thäler u. s. w. dem westlichen Organ sehr ähnlich ist. Es wachsen hier ziemlich dieselben Getreidearten, wie im Willamette-Thal in Oregon (siehe dieses). Mit Ausnahme des Mais gedeihen alle Getreidearten.

Der östliche Theil ist dem östlichen Oregon ziemlich ähnlich, hat jedoch einen bessern Holzwuchs. Die ausgezeichneten Waldungen werden gegen Norden noch stärker. — Der Holzhandel am Putget-

Sund ist sehr bedeutend. Bauholz ist in größter Menge vorhanden und wird nach San Francisco verschifft. Auch mit Süd-Amerika, den Sandwich-Inseln, China und Japan wird Holzhandel getrieben. Dieser Handel nimmt jährlich zu und der Pudget-Sund, der einen guten Hafen hat, wird einen bedeutenden Holzmarkt bekommen. In diesen Wäldern ist das Wild noch in ursprünglicher Fülle vorhanden. — Für den Fischfang ist hier ein großes Feld. Hechte, Stockfische, Hellbuten und andere Fische sind in großer Anzahl und von vorzüglicher Güte vorhanden.

Der westliche Theil hat mehrere Ansiedlungen, der östliche ist im allgemeinen noch unbewohnt, nur in einzelnen vorzüglichen Thälern findet man auch hier schwache Ansiedlungen.

Das Territorium wurde am 2. März 1853 organisirt, und grenzt im Norden an die brittischen Besitzungen. Die öffentlichen Ländereien in diesem Gebiet betragen 41 Millionen Acker. Land-Landämter sind in **Olympia**, der Hauptstadt des Territoriums, und in Vancouver. Im ganzen Gebiete wird viel Gold gefunden; Silber ist in geringerer Menge vorhanden.

40. Idaho.

Dieses Territorium gleicht einem Dreieck und grenzt im Osten seiner ganzen Länge nach an die Bitter Root (bittere Wurzel) Mountains. Es hat einen Flächeninhalt von 90,932 Quadrat-Meilen, welche noch beinahe alle als öffentliche Ländereien zur Verfügung stehen. Die Einwohnerzahl mag etwas mehr als 20,000 betragen.

Der Boden dieses Alpenlandes besteht größtentheils aus aufgelöstem Granit. In den Thälern, welche von Gebirgen geschützt sind und wo Bewässerungsmittel angewendet wurden, hat man mit gutem Erfolg Getreide und Gemüse gepflanzt. Das Klima ist zwar gesund, aber nicht so, wie es ein guter Ackerbau erfordert. — Idaho hat einen großen Mineral-Reichthum; alles andere steht diesem nach. Gold wird an allen Flüssen gefunden. Bei den Flüssen Salmon, Clearwater und Boise sind bedeutende Goldlager. — Die Waldungen sind unbedeutend. Die Gebirge sind mit Fichten und Tannen bedeckt. Die Thäler sind mit Ausnahme einer besondern Gattung von Cottonwood,*) welches an den Flußufern wächst, gänzlich von Holz entblößt und müssen sich alles

*) Cottonwood, eine Art canadischer Pappel.

Bau- und Brennholz mit schweren Unkosten verschaffen. — Die hohe Lage von Idaho verursacht, daß die Winter kälter sind, als am Pacific-Ocean. — Lewiston und Boise City sind die bedeutenden Orte; in beiden sind Landämter.

41. Montana.

Dieses Territorium wurde am 26. Mai 1864 organisirt und hat einen Flächeninhalt von 143,776 Quadrat-Meilen,*) welche noch fast alle als öffentliche Ländereien zur Verfügung stehen. Es grenzt im Norden an das brittische Amerika und liegt theils in dem Felsengebirge, theils östlich von demselben. Hier entspringt der Missouri und wird bereits zu einem starken Flusse. Unter den vielen Nebenflüssen, die er hier schon hat, ist der Yellow Stone der bedeutendste. Die projectirte nördliche Pacific-Eisenbahn, vom Superior-See nach dem Pacific-Ocean, zieht von Osten nach Westen durch das ganze Gebiet. Die Bevölkerung mag 50,000 Einwohner betragen. Die Feindseligkeiten der Indianer haben eine raschere Ansiedlung verhindert.

Etwa der dritte Theil des Gebietes kann zu Ackerbauzwecken benutzt werden. Auch hier gibt es fruchtbare Thäler, welche die gewöhnlichen Getreidearten liefern. Die Weiden sind sehr umfangreich und von besonderer Güte. Nahrhafte Gräser bedecken die Thäler, die Hügel und die unteren Seiten der Berge. Die Viehzucht ist hier empfohlen. Die Rinder liefern ein zartes und wohlschmeckendes Fleisch; die nahrhaften Gräser machen dasselbe zarter und besser, als das Fleisch der Rinder, welche wie sonst geschieht, mit Getreide gefüttert werden.

Verschiedene Gebirgspässe durchschneiden das Gebirge und öffnen den Weg nach Westen. Unter den jetzt bekannten sind der Deer-Lodge- und der Mullons-Paß die niedersten; der erstere ist 5000. der letztere 6000 Fuß über der Meeresfläche.

Heiße Quellen sind in diesem Gebiete sehr zahlreich und werden fast in jedem Thale angetroffen. Die größte Anzahl befindet sich an den Quellen des Madison-Flusses, weßhalb der Fluß auch Fire Hole (Feuer-Loch) River hieß. An einem Zweige desselben befinden sich mehrere Hunderte von Quellen, die eine sehr hohe Temperatur haben. In der Nähe von Helena ist eine Quelle, die stark besucht wird. Auch eine reichhaltige Schwefel-Quelle hat

*) Einen Theil seines Gebietes trat es seitdem an Wyoming ab.

man entdeckt. — Die Waldungen sind unbedeutend und bestehen fast nur aus geringem Nadelholz. Wir haben oben bereits gesehen, daß der Holzwuchs des Felsengebirges sehr mangelhaft ist. — Der Vorrath an Mineralien ist bedeutend. Gold ist vorherrschend. Silber kommt in geringerer Masse vor und wurde zuerst von Professor Eaton aus New-York entdeckt. Kupfer, Eisen und Steinkohlen werden in verschiedenen Gegenden gefunden.

Das Klima ist durch die Lage im Felsengebirge angezeigt: es ist gesund und trocken. — Helena, Bannock und Virginia City gehören zu den größeren Orten.

42. Dakota.

Das Territorium Dakota wurde am 2. März 1861 organisirt. Durch die Organisation des Gebietes Wyoming hat es an seinem Flächeninhalt abgenommen. Es grenzt im Osten an die Staaten Jowa und Minnesota, im Norden an das brittische Amerika und im Westen an die Gebiete Montana und Wyoming.

Dieses Gebiet ist, wie schon seine Lage andeutet, zum Ackerbau und zur Viehzucht geeignet. Es hat allein beinahe so viel pflügbares Land, wie die andern Gebiete zusammen. Der Boden liefert eine reiche Ernte an Getreide, Obst und Gemüse. Das Red River Thal, das wir schon bei Minnesota als fruchtbar kennen gelernt haben, bildet einen Theil der östlichen Grenze dieses Gebietes. — Das Klima ist gesund und steht einer starken Bevölkerung dieses Gebietes nicht im Wege. — Der Bergbau wird bis jetzt noch nicht betrieben. Doch ist es eine erwiesene Thatsache, daß bei und in den Black Hills (schwarzen Hügeln) ein großer Mineral-Reichthum an Gold, Silber, Kupfer und Steinkohlen vorhanden ist. — In manchen Gegenden ist Mangel an Holz, an den Flüssen und Seen jedoch ist der Holzwuchs gut; an den Black Hills ist ein großer Vorrath von Fichtenholz. — Der Missouri hat in diesem Gebiete einen langen Lauf. Die blühenden Ansiedlungen an seinen Ufern nehmen zu.

Yankton, am Missouri ist die Hauptstadt des Gebietes und hat eine hübsche Anzahl von Deutschen, welche sich auch hie und da in dem Territorium zerstreut finden. — Ein Landamt ist in Vermillion; unterhalb Yankton am Missouri-Fluß gelegen.

43, Wyoming

ist das jüngste Territorium der Vereinigten Staaten und wurde aus Theilen von Dakota, Montana und Utah im Jahre 1868 organisirt. Eine gerade Linie als Fortsetzung der östlichen Grenze von Montana gibt die östliche Grenze dieses Gebietes. Es grenzt im Osten an Nebraska und Dakota, im Norden an Montana, im Westen an Idaho und Utah, im Süden an Colorado. Es ist ein Bergland, das fast ganz in dem Felsengebirge liegt, und damit in Bezug auf Boden und Klima hinreichend geschildert ist. Kohlen hat man in verschiedenen Gegenden gefunden. Im Allgemeinen sind die Mineralien noch wenig gekannt.

Die Pacific-Eisenbahn lauft durch dieses Gebiet, wodurch dasselbe nun leicht in allen Theilen erreichbar ist.

Cheyenne, im Südosten, liegt an der Eisenbahn und ist die Hauptstadt des Gebietes. Diese Stadt ist eine Vorrathskammer für den weitern Nordwesten und kann daher immerhin ein bedeutender Ort werden, obwohl sie in keiner fruchtbaren oder sonst reichen Gegend liegt. Im Juli 1867 wurde das erste Haus gebaut; jetzt ist es eine Stadt geworden, die etwa 5000 Einwohner zählt. Fort Russel ist drei Meilen oberhalb der Stadt. Die General-Regierung will auch ein Arsenal hier bauen. **Laramie** und **Bryan** liegen ebenfalls an der Eisenbahn.

44. Colorado.

Dieses Territorium wurde am 28. Februar 1861 organisirt. Der Befähigungsakt wurde am 21. März 1864 genehmigt. Der **Flächeninhalt** beträgt 104,500 Quadrat-Meilen. Die **Bevölkerung** mag gegenwärtig 100,000 Einwohner betragen.

Colorado ist ein goldreiches Land. Es wird von den Rocky Mountains durchkreuzt, welche sich ausbreiten und freundliche Hochebenen bilden, die hier „Parke" genannt werden. Der **San Louis Park** im Süden ist ein länglichtrundes Becken, welches früher ein See gewesen sein soll und 9400 Quadrat-Meilen umfaßt. Er ist von 35 Flüssen bewässert, welche aus dem ringsumfassenden Rahmen der mit Schnee bedeckten Gipfel und Bergesspitzen herabfließen und ein herrliches Ebenmaß in der Zusammenstellung des ganzen Bildes darstellen. Die Naturscenen sind insgesammt großartig und abwechselnd. An den rauhen Kanten läßt sich die Grenze des Holzwuchses genau unterscheiden und oberhalb derselben kennzeichnet der nackte Granit und der Schnee die Herrschaft des ewigen Winters. Eine vollkommen reine Atmosphäre überbringt die wundervolle Schönheit und Mannichfaltigkeit der Landschaft und die lebhafte und prachtvolle Färbung des regenbogenartigen Firmaments mit den wechselnden Licht- und Schattenbildungen, welche so mannichfaltig sind, wie die Winkel der Sonnenstrahlen. Hier gibt es kaum ein Frühjahr, noch einen Herbst; das Jahr wechselt zwischen Winter und Sommer, welche sich beide durch die Milde der Temperatur kennzeichnen. Die Wolken, welche beständig den Kamm der Sierra umlagern, unterbrechen selten den heitern Sonnenschein, sondern bewirken eine Strahlenbrechung, welche das Himmelsgewölbe mit einem hellen und bezaubernden Silberglanz umgibt. Dieselben dienen zur Befeuchtung der Gebirgsflanken, und bringen jene unermeßlichen Waldungen von Fichten, Tannen, Espen, Eichen und Cedern hervor, welche sich an den Quellen und Flüssen finden. Die niedere Lage der innern Oberfläche des Parkes läßt eine Verdichtung dieser Wolken zu, welche zwar hinreicht für den Graswuchs, der das ganze Jahr hindurch eine gute Weide liefert, jedoch für das Wachsthum der Bäume nicht genügend ist. Diese hochliegende Gegend mit dem reinen Luftkreis ist der Gesundheit in hohem Maße zuträglich. — Nördlich sind noch drei andere Parke, welche in ihrer Reihefolge der südliche, der mittlere und der nördliche Park genannt werden. Dieselben sind kleiner und bieten eine geringere Abwechselung an schönen und erhabenen Ansichten, obwohl auch sie durchaus nicht ohne Schönheit sind.

Der übrige Theil von Colorado kann kurzweg als gebirgig beschrieben werden.*) Die Thäler und Ebenen sind sehr fruchtbar und zum Ackerbau und zur Viehzucht sehr geeignet. Getreide, Flachs, Gemüse und Obst liefern, trotz einer mangelhaften Bebauung, eine vorzügliche Ernte, während die Schafe und Rinder an dem üppigen Graswuchs der Hügel vortrefflich gedeihen. — Der Mineralreichthum dieses Landes ist groß. Gold und Silber werden in großer Menge gefunden. Auch bedeutende Steinkohlenlager sind vorhanden.

Oeffentliche Ländereien sind in Colorado noch 62 Millionen Acker, über welche noch nicht verfügt worden ist. Landämter sind in Denver City, Golden City und Central City.

Denver City ist die Hauptstadt; sie hat bedeutende Geschäfte in Gold- und Silber-Minen und ist überhaupt eine thätige Stadt in blühendem Zustande. Es haben sich hier bereits Reichthümer gesammelt und geordnete Verhältnisse eingebürgert, wie es sonst in den Territorien weniger der Fall ist. Die Stadt hat viel Anziehendes, auch Kirchen und Schulen sind bereits vorhanden. — **Central City, Colorado City, Nevada City** sind die bedeutendsten Städte.

---

*) Bericht des Landamtes 1867.

45. Utah.

Das Territorium Utah wurde am 9. September 1850 organisirt und hat einen Flächeninhalt von 88,056 Quadrat-Meilen. Derselbe war früher größer, wurde aber durch eine Congreßakte vom Jahre 1866 und durch eine von 1867 bis auf seinen jetzigen Umfang verkleinert.

In seiner äußeren Erscheinung bietet dieses Territorium nichts, wodurch es sich von den andern Gebieten in diesen Bergen unterscheiden würde. Im Allgemeinen findet sich hier dieselbe Bodenbeschaffenheit, derselbe Holzwuchs, wie in den andern Gebieten. Das Mormonenthal hat fruchtbaren Boden. Es umfaßt etwa 600 Quadrat-Meilen und liegt südöstlich von dem Großen Salz-See. Wird der Boden bewässert, so liefert er eine reiche Ernte an Getreide, Gemüse und Obst. Rinder und Schafe gedeihen vortrefflich. Das Wild ist noch in großer Anzahl vorhanden. In diesem schönen Thal haben sich die Mormonen niedergelassen, seit sie aus Illinois und Missouri vertrieben worden sind. Great Salt Lake City (Große Salz-See-Stadt) ist ihre Hauptstadt. Hier haben sie als „die Heiligen der letzten Tage“ schon Jahre lang ihr Wesen getrieben. Gegen ihre Vielweiberei wird die General-Regierung einschreiten. Darum hat man auch im Mormonenlager schon von einer Auswanderung nach den Sandwich-Inseln gesprochen. Der Friede ist außerdem in neuerer Zeit auch unter den „Heiligen“ selbst wiederholt gestört worden.

Das Wasser des Salz-Sees ist so salzig, daß keine Fische darin leben können. Heiße und kalte Salz-Quellen, süße Quellen und Schwefel-Quellen finden sich an vielen Orten. Da und dort sieht man ein kleines Dampfwölkchen aufsteigen, welches einen eigenthümlich widerlichen Geruch verbreitet. Kommt man in die Nähe, so findet man, daß es eine heiße Quelle ist, die aus der Erde sprudelt.

Der übrige Theil des Gebietes zeichnet sich nicht aus. Südlich von dem Salz-See ist der Utah-See. In dieser ganzen Gegend finden sich überall Ansiedlungen. Der Colorado-Fluß durchströmt das Gebiet. Die andern Flüsse sind alle klein und ergießen sich in diese beiden Seen. — Vermessungen und Untersuchungen haben in Utah noch wenig stattgefunden; man weiß darum von den Mineralien noch nichts.

Die Union-Pacific-Eisenbahn zieht sich nördlich am Salz-See

vorbei und hat auch dieses Gebiet in den Bereich der Civilisation gezogen.

46. Arizona.

Arizona wurde am 24. Februar 1863 als Territorium der Vereinigten Staaten organisirt und hat nun noch, nachdem es im Jahre 1866 einen Theil an Nevada abgetreten hat, einen Flächeninhalt von 113,916 Quadrat-Meilen. — Die Oberfläche besteht aus Hochebenen, welche von Gebirgsketten durchbrochen sind. Die sandigen Wüsten sind mit fruchtbaren Thälern untermengt. Die nördlichen und nordöstlichen Gegenden sind noch wenig erforscht, und befinden sich größtentheils im Besitz der Indianer. Der südliche Theil ist vorherrschend sandig und nicht durchweg pflügbar. „In andern Gegenden gibt es viele schöne Thäler, welche viele Acker von vorzüglicher Fruchtbarkeit enthalten, die Weizen, Gerste, Hafer, Tabak, Obst und Gemüse liefern. Im Süden sind die Baumwollen- und Zuckerpflanzungen sehr ergiebig, und an den Abhängen der Hügel und Berge wird reichhaltige Weide in Fülle angetroffen. Hier sind wirklich die besten Rasenplätze der Union. Drei Viertel des ganzen Flächeninhalts sind Weideplätze.“ *)

Das Flußsystem von Arizona bietet Punkte von großem Interesse. Der Colorado mit seinen Nebenflüssen Gila, Bill Williams Fork und Flat oder Colorado Chiquito bilden die Wasserleitungen einer ausgebreiteten Gegend. Die Gebirge sind mit werthvollem Holz bewachsen. An der Quelle des Bill William Fork ist der „Black Forest“ (Schwarzwald), der dem Schwarzwald in Baden sehr wenig, wenn überhaupt, nachsteht. **) Fichten und Cedern-Wälder von unermeßlichem Umfange sind in dieser Gegend. Und an den Quellen des Rio-Verde, Salado und Gila findet man werthvolle Holzgattungen. In den Thälern findet man Eschen, Elmen, Wallnußbäume und Berg-Ahorn in großer Menge, welche für die landwirthschaftlichen Zwecke sehr verwendbar sind.

Das Colorado-Thal wurde schon frühe von den Spaniern und den Missionaren der Jesuiten aufgesucht. Die Gegend von Santa Cruz war schon im Jahre 1600 von diesen Missionaren bewohnt. Die Ruinen ihrer Institute sind noch jetzt zu sehen; überall zeigen sich Ueberreste von Wasserleitungen und einem wohlgeord-

---

*) Wilson S. 51.
**) Ebendas.

neten Ackerbau, der einst in diesen Thälern blühte, welcher aber später durch die Einfälle der Wilden, oder durch die Verheerungen der Revolution zu Grunde ging. Die Umgebungen des Santa Cruz und seiner Nebenflüsse waren auch schon im Anfange des achtzehnten Jahrhunderts von einer Ackerbau treibenden Bevölkerung bewohnt und die Thäler des Gila und Rio Verde hatten blühende Ansiedlungen. Die Ueberbleibsel dieser emsigen Industrie ersieht man noch in den Ruinen der Städte, Cathedralen und Wohnhäuser, die längs des Colorado und seiner Nebenflüsse zerstreut umherliegen. Ueberall sieht man die Spuren eines blühenden Ackerbaues. Doch Priester und Laien fielen unter dem Tomahawk (Streitaxt der Indianer) der Apaches, oder wurden durch die Eifersucht der revolutionären Regierung Mexiko's vertrieben. — Die spanischen Niederlassungen sind entweder verlassen, oder sowohl an Zahl, als Reichthum herunter gekommen. Die Ansiedlungen der Amerikaner nehmen jetzt immer zu. Es ist nöthig, sich immer in größern Colonien niederzulassen, um sich gegen die Ueberfälle der Indianer zu schützen.

Das Klima in diesem Territorium, mit Ausnahme an dem untern Gila und Colorado, ist ein sehr angenehmes, der übermäßigen Hitze nicht unterworfen und die Nächte sind erfrischend kühl. — Schnee fällt äußerst selten. Die Obstbäume blühen im Februar und März. Baumwolle, Mais, Tabak, Melonen und eine große Mannichfaltigkeit von Früchten der gemäßigten und halbtropischen Zone gedeihen in Fülle.

Der Mineral-Reichthum ist sehr bedeutend. Gold und Silber u. s. w. wird in Menge gefunden. In diesem Gebiete sind noch 72 Millionen Acker öffentliche Ländereien. Ein Landamt ist in Prescott. Der Sitz der Regierung ist in **Tucson.**

Die projectirte Pacific-Eisenbahn östliche Division, welche bis an die Westgrenze von Kansas fertig ist, soll durch dieses Gebiet gebaut werden, wodurch auch hier die Kultur in höherem Grade eingeführt würde.

47. New-Mexiko

wurde von der Republik Mexiko erworben und besaß bereits durch mehrere Zeitalter die Einrichtungen der spanischen Civilisation. Das Territorium wurde am 9. September 1850 organisirt und hat einen Flächeninhalt von 121,201 Quadrat-Meilen. Die Oberfläche des Landes ist im Allgemeinen gebirgig, mit Ausnahme des

Thales des Rio Grande, welches etwa 20 Meilen breit ist. Die Gebirgsketten sind von 6000 bis 12,000 Fuß hoch und bestehen aus Basaltfelsen. Im Innern ist das Land sehr verschiedenartig, stark bewaldet und im Allgemeinen für die Landwirthschaft gut geeignet. Zwei Ernten in einem Jahre sind hier nicht ungewöhnlich*). Die Hochebenen sind vorzügliche Weideplätze mit einem Graswuchse, welcher seine Ueppigkeit nur den Einwirkungen des Klimas verdankt. Dasselbe ist im allgemeinen gleichmäßig und der Gesundheit sehr zuträglich. Die Schafe, die in New-Mexiko gezogen werden, sind allgemein beliebt. Das Erträgniß an Getreide, Kartoffeln und andern Nahrungsmitteln für Menschen und Thiere ist verhältnißmäßig ein sehr gutes. Harte Holzgattungen sind sehr selten.

Die Landschaften von New-Mexiko stellen erhabene und malerische Ansichten dar. Die Gebirge sind voll von Abgründen und Wasserfällen. — Im westlichen Theile des Gebietes ist ein großer Reichthum von Mineralien vorhanden. Man hat zahlreiche Gold- und Silber-Gruben entdeckt; Blei, Eisen, Steinkohlen, Zinn, Antimonium und Porcelan-Erde werden ebenfalls gefunden. Der südöstliche und östliche Theil des Gebietes, welcher an Texas grenzt, ist mehr für den Ackerbau geeignet. Wird die südliche Pacific-Eisenbahn, die sich durch dieses Gebiet ziehen soll, vollendet, so werden auch die Schätze dieses Gebietes besser erschlossen werden.

In diesem Territorium sind noch beiläufig 73 Millionen Acker öffentliche Ländereien. Ein Landamt ist in **Santa Fe**, welches die Hauptstadt des Gebietes ist.

48. Das Indianer-Gebiet.

In diesem Gebiete herrschen noch die Söhne der Wildniß, die Indianer; mehrere Stämme haben hier ihre Heimath. Nur sehr wenige Weiße haben sich hier niedergelassen. Das Gebiet ist umgeben von den Staaten Texas, Arkansas und Kansas und hat einen Flächeninhalt von 68,991 Quadrat-Meilen.

49. Alaska.

Im fernen Nordwesten von Amerika, da, wo die westliche Halbkugel nur durch die Behringsstraße von der östlichen getrennt ist, und wo die Aleuten fast eine Brücke von einem Continent zum andern bilden, hatte Rußland ein Gebiet, welches einen Flächen-

---

*) Bericht des Land-Amtes für 1867 S. 50.

inhalt von 577,390 Quadrat=Meilen umschließt. Dieses Gebiet, Alaska, wurde am 28. Mai 1867 durch einen Vertrag von der russischen Regierung erworben und ist nun ein Territorium der Vereinigten Staaten. — Mag's auch eine unwirthbare Gegend sein, seiner Lage wegen ist es dennoch werthvoll und die Amerikaner werden die vortheilhafte Lage zum Besten ihres großen Landes wohl zu benutzen wissen.

Uebersicht.

Werfen wir nun einen übersichtlichen Blick auf diese Staaten zurück, um dadurch einen Beitrag zur Charakteristik derselben zu liefern, um aber auch Denen einige Winke zu geben, bei denen es sich um die Wahl einer neuen Heimath handelt. Vielleicht berücksichtigen sie diese Winke, die ihnen nur andeuten sollen, was sie da oder dort zu erwarten haben, und was man wiederum von ihnen erwartet. — Wir haben es hier nicht mit dem Volk im Ganzen zu thun; von diesem wird im nächsten Abschnitt, unter B, geredet werden; sondern wir haben es hier zu thun mit den Eigenheiten der einzelnen Staaten. Es kann nämlich dem aufmerksamen Beobachter nicht entgehen, daß bei dem Charakter des amerikanischen Volkes im Allgemeinen, doch die einzelnen Staaten auch ihre ihnen eigenthümlichen Züge haben. Der Einfluß Derer, die beisammen wohnen und mit einander umgehen, ist ein gegenseitiger: sie haben vielfach dieselben Bedürfnisse, streben demselben Ziele entgegen und alle ihre Verhältnisse prägen ihnen einen gemeinsamen Charakterzug ein, den man bei Andern in verschiedenen Verhältnissen nicht findet. Und wie man diese Eigenheiten bei den einzelnen Staaten findet, so findet man sie aber besonders in den einzelnen Staaten=Gruppen. Und da finden wir vor Allem drei Gruppen, beziehungsweise vier, die sich von einander unterscheiden. Es sind dieß erstens die nordöstlichen, zweitens die südlichen, drittens die westlichen Staaten (beziehungsweise viertens die Staaten an der Westküste).

Die **nordöstlichen** oder die Neu=England=Staaten, die in Bezug auf die landwirthschaftliche Ertragsfähigkeit und Fruchtbarkeit des Bodens den westlichen Staaten nachstehen, stehen ihnen aber sonst in keiner Weise nach. Die Einwohner dieser Staaten sind allermeist Anglo=Amerikaner; Ausländer wohnen hier verhältnißmäßig sehr wenige. Diese Amerikaner sind die Nachkommen der

Pilger, die schon vor 250 Jahren hier eine Heimath suchten, in der sie nach ihrer Ueberzeugung leben und handeln könnten. Man nennt sie — oft nicht ohne Seitenhiebe — Puritaner. Es sind brave, durchaus solide Leute, energisch, fleißig und gewandt in Allem. Sie sind sehr kirchlich, aufopfernd und freigebig; sie helfen gerne und lassen Keinen in der Noth stecken. Für Kirchen und Schulen ist gut gesorgt; nirgends findet man mehr Opferwilligkeit als hier. Große Summen werden jährlich für allerlei Unterrichtszwecke ausgegeben. Die Anstalten der Wohlthätigkeit, der Wissenschaft, der Kunst u. s. w. sind zahlreich und werden auf's Beste unterstützt. Dabei sind sie gute Bürger und haben es bewiesen, daß sie in der That bereit sind, nicht allein ihr Hab und Gut, sondern auch allezeit das Leben für das Vaterland zu lassen. Es ist kein schwächliches Volk, das über zweifelhaftem Zagen seine Pflicht versäumt und seinen Lebenszweck verfehlt, sondern es greift mit kühner Hand in das Rad der Zeit, und hält es an oder treibt es vorwärts, je nachdem es solches für nothwendig erachtet. Sie sind keine Umsturzmänner, sie sind aber auch nicht so unverbesserlich zäh, daß sie für nichts empfänglich wären. Sie halten am Guten so lange unerschütterlich fest, bis sie etwas Besseres dafür bekommen. Sie sind im Allgemeinen ernst und nüchtern, weniger Gefühls-, mehr Verstandesmenschen — weniger Poeten, mehr praktische Geschäftsleute. Mit Phantasien und idealistischen Träumereien wollen sie nichts zu schaffen haben; sie bleiben mit dem Fuß in der rauhen Wirklichkeit stehen und fahren dabei gewöhnlich am sichersten. Man kann nicht sagen, daß sie zu hell oder zu trübe sehen, sie haben gewöhnlich einen richtigen klaren Blick. Von den nordöstlichen Staaten aus haben sie sich mit ihrem Einfluß über das ganze Land verbreitet. Die Menschen ersetzen hier reichlich, was der Natur versagt sein mag. Man fühlt sich wohl bei ihnen und vergißt bei dem Licht gern die starken Schatten, die sich auch hier finden. Wessen Weg nach hier irgendwie gebahnt ist, der gehe nur getrost hin; er wird hilfreiche Menschen und treue Nachbarn finden.

Ganz anders ist's allerdings in den südlichen Staaten. Kommt man vom Norden in den Süden, so meint man, man komme in ein anderes Land. Das ganze Leben, alle Sitten, Verhältnisse und Zustände sind anders, als im Norden. Die Mutter von all diesem ist die Sclaverei gewesen. Durch den letzten Krieg hat sie sich todt geblutet; ihr ist nichts mehr geblieben, als die verderblichen Nachwirkungen ihrer einstigen Herrschaft. Und nun ist für den Süden eine ganz neue Zeit gekommen; die ganzen Verhältnisse werden sich ändern. Aber so schnell wird das freilich nicht gehen; es mag immerhin ein Menschenalter drüber hingehen. Die Südlichen waren bisher nicht gewohnt, alle Menschen gleich zu achten. Das bezieht sich nicht nur auf die Nation oder Farbe, sondern auch auf den Stand der einzelnen Menschen. Sie sind stolz, aristokratisch, und haben hauptsächlich Achtung vor Denen, die ihnen vornehm erscheinen. Der arme, geringe Arbeiter und Taglöhner, der sich um sein täglich Brod quälen muß, ist bei ihnen nicht so geachtet, wie im Norden. Dem Großen hängt man sich an, den Geringen mag man nicht. Hieran leidet man auch sonst wo freilich mehr, als man glauben will, aber nirgends mehr als in den südlichen Staaten. Sie sind bequem, nehmen alles ruhig und leicht, und führten bis jetzt ein viel behaglicheres Leben, als dieß im Norden der Fall ist. Sie waren gewohnt, nur zu herrschen, nicht zu dienen, und wer diente, war in ihren Augen nicht hoch geachtet. Im Norden heißt es überall: Keine Arbeit schändet, wenn sie nur ehrlich ist; im Süden sagt man nicht so. Hochstehende Leute im Norden ergreifen Vieles und arbeiten; im Süden würde man sich dessen schämen. Die Folgen dieser Bequemlichkeit, oft Trägheit, zeigen sich denn aber auch im ganzen Süden überall. Man sucht umsonst nach den rasch aufblühenden freundlichen Städten und Städtchen, welche den Norden zieren. Man sucht umsonst nach den vielen Eisenbahnen, Kanälen, Fabriken, Manufakturen u. s. w., überhaupt umsonst nach dem ganzen eifrigen Geschäftsleben, das im Norden herrscht. Der Norden eilte voran; der Süden blieb in jeder Beziehung zurück. Die Industriezweige wurden sehr mangelhaft betrieben; auch der Ackerbau lag im Argen. Sie pflegten ein Stück Land so lange zu benutzen, als etwas drauf wuchs, ließen es dann liegen und nahmen ein anderes Stück Land und pflanzten auf demselben ebenfalls wieder so lange, als es nur irgend möglich war und wechselten dann wieder. An einen sorgfältig gepflegten Ackerbau war nicht zu denken. Darum ist denn auch das Land so vielfach heruntergekommen und ausgesogen. Für Erziehungsanstalten wurde wenig gethan; die Volksschule kannte man gar nicht. Wer es konnte, nahm sich für die Erziehung seiner Kinder einen Hauslehrer; wer es nicht konnte, mußte seine Kinder sich selbst überlassen oder selbst unterrichten, so gut er konnte. Wenn man meint, der Süden sei so sehr reich gewesen, so ist das ein Irrthum. Einzelne hatten allerdings bedeutendes Vermögen, aber die Mehrzahl sagt doch: „Wir hatten ein ruhiges, bequemes Leben, konnten alle Bedürfnisse befriedigen, aber Geld hatten wir eigentlich nie". — Die Sclaverei ist aufgehoben und mit einem Mal ist Alles anders geworden. Man würde Unrecht thun, wenn man sagen wollte, die Südlichen alle wollten sich nicht in diese Verhältnisse schicken, oder wenn man im Süden nur Schatten sehen wollte. Sie sind in ganz andern Verhältnissen aufgewachsen, als die Nördlichen; es wäre zu viel verlangt, wenn man verlangen würde, sie sollten alle Verhältnisse mir nichts, dir nichts auf einmal abschütteln. Die Meinungen des Südens beruhen durchaus nicht auf bloßen Vorurtheilen, sondern es war ihnen Vieles Gewissenssache, während dem Norden oft das Gegentheil zur Gewissenssache wurde. Man würde aber auch Unrecht thun, wenn man glauben wollte, es hätten im Süden Alle ein Wohlgefallen an den dortigen Zuständen gehabt. Sehr Viele waren schon lange nicht mehr zufrieden mit der Sclaverei, und haben sie längst hinweggewünscht. Die Meisten vielleicht würden sie nicht wieder zurückwünschen, auch wenn sie es könnten. Aber es steht gewiß noch einige Zeit an, bis der Süden sich vollständig mit dem Norden versöhnt. Der Zug des Volkes ist ein ganz anderer. Der Norden stirbt für seine Republik. Im Süden sagen Viele, sie möchten lieber ein Königreich haben, und sieben Zeitungen sind geradezu für eine Monarchie aufgetreten. Nach dem Kriege hielt ich mich längere Zeit im Süden auf; überall sagte man mir: Wir möchten lieber unter England stehen, als unter dem Norden. Wenn der Zug im Norden überall nach Gleichheit strebt, so zeigen sich im Süden überall die Spuren von Ueber- und Unterordnung; das erste ist der Republik günstig, das zweite ist es nicht.

Man hat seit dem Kriege allerlei Versuche gemacht, die Einwanderung möglichst stark nach dem Süden zu lenken. Es sind von dort zum Theil gute, zum Theil schlechte Berichte gekommen. Die Einen meinen es gut mit den Einwanderern und behandeln sie, wie es billig ist, die Andern meinen es nicht gut mit ihnen und behandeln sie fast so, wie sie früher ihre Sclaven behandelt haben; wenn diese sich freundlich erzeigen, so geschieht es nur um der Noth willen, in der sie sich befinden. Es ist Allen, die dahin gehen wollen, zu rathen, daß sie sich auf keinerlei Verträge einlassen. Wer hingehen will, kaufe sich eine Farm und arbeite für sich selbst; oder, wenn er sonst kein Geschäft ergreift, so arbeite er gegen einen festen Lohn. Niemals aber lasse er sich darauf ein, für die Hälfte des Gewinnes zu arbeiten; denn da bleibt gewöhnlich nicht viel übrig für ihn. Schon Manche ſind hingekommen, geriethen in die größte Noth und mußten endlich weichen. Wenn ſich aber die politiſchen Verhältniſſe wieder beſſer geſtalten, ſo iſt ohne Zweifel im Süden ein weites Feld offen. Es ſind jetzt alle Staaten, die ſich durch die Rebellion ausgeſchloſſen hatten, in die Union wieder aufgenommen und es iſt zu hoffen und zu wünſchen, daß ſie auf ſichern Bahnen weiter gehen und mit Wohlſtand und Segen gekrönet werden.

Wieder anders iſt es in den weſtlichen Staaten. Der Strom der Einwanderung ſtrömt ſeit Jahren ſo ſtark dorthin, daß man nicht ſagen kann, es ſei dort der Einfluß der Amerikaner allein herrſchend. Das Amerikanerthum im Nordoſten hat alles Ausländiſche in ſich gleichſam verzehrt, ſo daß von demſelben wenig übrig blieb. Das Amerikanerthum im Weſten war gegenüber der ſtarken Einwanderung nicht mächtig genug, um das Ausländiſche in gleicher Weiſe verzehren zu können. Die Deutſchen im Weſten haben z. B. einen ganz bedeutenden Einfluß und in Allem eine Stimme. Es ſtehen ſich alſo die verſchiedenen Nationalitäten, beſonders Deutſche und Amerikaner, einander gegenüber, doch nicht in feindlicher Weiſe, aber auch nicht ſo, daß die Einen vor den Andern weichen würden. Dadurch ſpornen ſie einander zu einer Thatkraft und Energie an, die oft überraſchend iſt. Der Weſten iſt ſtrebſam und unternehmend. Er erinnert an einen kühnen Jüngling, der ſich ſeiner Stärke bewußt iſt und vor Nichts zurückſcheut, der aber auch manchen Fehlſprung thut und doch gleichwohl in ſeinem ganzen Weſen die Bürgſchaft liefert, daß ſein Alter ruhig, ſicher und geſegnet ſein werde. — Unſere Deutſchen finden hier die meiſten ihrer Landsleute, und nirgends können ſie ſich leichter eine Heimath gründen, als hier.

Dieſe drei Richtungen ſind ſo ſcharf ausgeprägt, daß man glauben könnte, das Land könnte einmal in drei Stücke brechen und der Nordoſten, der Süden und der Weſten je für ſich ein Reich gründen. Allein dieſe Gefahr iſt noch nicht da. Und die Befürchtungen, die man hie und da ſchon ausgeſprochen, ſind unbegründet. Die Amerikaner werden feſt auf ihrer Hut ſtehen und jederzeit bereit und auch ſtark genug ſein, es mit allen innern und äußern Feinden aufzunehmen. Sie ſind noch nicht lange durch einen heftigen Kampf gegangen, und wenn man meinte, das ganze Land ſei erſchüttert worden, ſo ſtanden ſie doch eigentlich felſenfeſt und waren keinen Augenblick im Zweifel darüber, was ſie thun ſollten. Jetzt ſtehen ſie wieder da, ſo feſt und ſicher wie jemals, und wenn es sein muß, so sind sie bereit, durch noch größere Stürme hindurch zu gehen.

Wenn wir nun noch ein Wort über die westlichen Gebiete sagen wollen, d. h. über die Gebiete westlich vom Mississippi-Thal in dem westlichen Gebirgslande, so müssen wir vor Allem bemerken, daß wir hier über die Grenzen der Civilisation hinauskommen. Man braucht nicht nach den wilden Indianern zu suchen, die Weißen selbst sind meistens schlimm genug. Man hat keinen Begriff davon, wenn man nicht selbst hier gesehen hat, wie tief der Mensch sinken kann. Freilich sind diese Menschen der weißen Race, die in ihrem ganzen Wesen, mit ihrem rohen Leben Entsetzen einflößen, immer die Vorläufer der Civilisation. Aber es ist doch weder angenehm, nach rathsam, diesen Kampf der Civilisation mit der Barbarei selbst mitzumachen. Zugleich aber werden die Indianer in den nächsten Jahren immer noch Unruhen bereiten. Sie haben eine schwere Klage gegen die weiße Race zu erheben; denn es ist kaum denkbar, noch viel weniger glaublich, wie abscheulich und schamlos die Weißen unter den Indianern sich betragen haben. Das ist zwar im Allgemeinen weniger bekannt, aber den Indianern mußte es alle Achtung und alles Vertrauen gegen die Weißen rauben. Nun sehen sie in diesen nichts, als ihre Feinde, die nichts wollen, als sie vertilgen. Die früheren Missionen, die zwar nie sehr blühend, aber doch zahlreich waren, sind alle zerstört. Die Missionare wurden zum Theil vertrieben, zum Theil ermordet. — Sollte man für die Indianer nichts übrig haben, als Pulver und Blei?!

Wir können Niemand rathen, in diese Gebiete zu gehen. Es ist auch gar keine Nothwendigkeit dazu vorhanden. In den Staaten ist noch Raum genug. Man kann da um einen geringen Preis eine gute und sichere Heimath haben. Wenn man in diesen Gebieten war, so fühlt man sich unbeschreiblich glücklich, wenn man wieder herauskommt und in den Staaten sich über die geordneten Verhältnisse erfreuen kann. — Wie wir oben gesehen haben, so gibt es auch hier viele fruchtbare Thäler, namentlich an der Westküste; auch ist das Klima gesund; aber im Ganzen sind diese Gebiete zum Ackerbau doch weniger geeignet, in Bezug auf den Boden sowohl, als auch auf das Klima. Die Bedeutung dieser Gebiete besteht darin, daß sie einen unerschöpflichen Reichthum an Mineralien, namentlich an Gold und Silber haben. Aber der Mensch lebt vom Golde nicht; er lebt auch nicht vom Brod allein; er hat höhere Bedürfnisse, und die finden hier zu wenig Befriedigung.

Bergleute finden hier ein Feld, wenn sie dasselbe bearbeiten wollen; Landleute und Taglöhner kommen weniger an. Weil aber diese Gebiete keinen Vortheil bieten, den man in den Staaten nicht haben könnte, so sollte wenig Versuchung dazu vorhanden sein, in diesen Bergen sein Glück zu versuchen. Wer aber dennoch gerne nach dem weiten Westen gehen möchte, der gehe nach California oder Oregon, wo er doch bessere Verhältnisse findet und eine geordnete Regierung zum Schutz hat. Doch haben auch diese Staaten an der Westküste Vieles von den Gebieten an sich. Die Goldgräber und Grubenarbeiter sind Leute, die immer von einem Ort zum andern ziehen, Leute, die fast alles Edle verloren haben, mit denen man nicht gerne zu thun haben mag. Es ist ein beständiges Kommen und Gehen; wo aber die Bevölkerung immer wechselt, da ist eine Heimath schwer zu finden. Mit der Zeit werden freilich alle diese Gebiete feste und geordnete Verhältnisse bekommen, aber einstweilen sind sie noch weit davon entfernt. Doch auch im besten Falle werden sie nicht das Herz der Vereinigten Staaten werden. Für Deutsche ist es überdieß besser, wenn sie sich nicht allzusehr zerstreuen. Da, wohin der Strom schon seit Jahren geht, ist noch lange Raum genug.

Die englischen Colonien.

Nördlich von den Vereinigten Staaten hat England sehr große Besitzungen. Wir haben es hier nur mit vier Provinzen dieses Gebietes zu thun, nämlich mit Ober-Canada, Unter-Canada, Neu-Braunschweig und Neu-Schottland. Und weil immerhin eine hübsche Anzahl dahin auswandert, so wollen wir auch über diese Colonien einige Worte sagen.

Unter diesen vier Provinzen hat Ober-Canada in Bezug auf Klima, Boden und alle Verhältnisse des Lebens den Vorzug, weßhalb hier auch viele Deutsche wohnen. — Die beiden Italiener Johann und Sebastian Cabot entdeckten 1497 Canada und nannten es Cabo di Nada, woraus später der Name Canada entstand. Wer nach Ober-Canada will, reist am besten über New-York, Albany und Rochester, und findet dann in Toronto, in Kingston, in London und andern Orten über Alles zuverlässigen Rath; er muß sich nur immer an die rechten Leute wenden. Diese Provinz hat eine gute Lage in der Nähe von bedeutenden Städten der Vereinigten Staaten. Wer gerne unter der englischen Regierung leben will, dem ist in diesen Provinzen Gelegenheit dazu geboten.

Wer nach Unter-Canada will, reist über Quebec am St. Lorenz-Strom; Handwerker und Taglöhner finden meist schon gleich hier gut bezahlte Beschäftigung. Quebec hat einen guten Hafen und eine „deutsche Gesellschaft", die den Auswanderern mit Rath an die Hand geht. Schon Viele, die nach den nordwestlichen Staaten wollten, reisten über diesen Hafen und fuhren dann mit der Eisenbahn weiter. Montreal ist ebenfalls eine bedeutende Stadt.

Wer nach Neu-Schottland (Nova Scotia) will, landet in der Hauptstadt der Provinz, Halifax, wo er wenige, aber wackere Deutsche findet. Lünenburg ist eine deutsche Niederlassung. Der Weg über Boston wäre ein zu großer Umweg.

Auch nach Neu-Braunschweig (New-Brunswick) führt der Weg über Halifax oder Boston. Wie in aller Welt, so sind auch hier Deutsche zu finden.

B. Das Volk der Vereinigten Staaten.

1. Bevölkerung.

Im Jahre 1790, als der erste Census ausgegeben wurde, zählten die Vereinigten Staaten 3,929,328 Einwohner; gegenwärtig beträgt die Bevölkerung etwa 40 Millionen. Die Seelenzahl hat sich also in 80 Jahren verzehnfacht. Diese Bevölkerung kommt der des chinesischen Reiches mit seinen 40½ Millionen am nächsten. In Europa kommen Frankreich mit über 38 und der deutsche Zollverein mit über 37 Millionen Einwohnern den Vereinigten Staaten nahe. Sieht man aber die Größe der Länder an, so kommen in den Vereinigten Staaten etwa 11 Personen auf eine englische Quadrat-Meile, in Deutschland aber auf denselben Raum etwa 880, in Frankreich 840 Personen. Die Bevölkerung in Deutschland ist also 80mal so stark, als in den Vereinigten Staaten. Erst wenn man eine solche Vergleichung anstellt, sieht man, wie schwach die Vereinigten Staaten immer noch bevölkert sind trotz der Hunderttausende, die jährlich dorthin ziehen. Uebrigens sind manche Theile der Union bedeutend stärker bevölkert, als andere. Massachusetts z. B. hat auf eine Quadrat-Meile 158 Personen, während andere Staaten nicht einmal eine Person auf eine Quadrat-Meile haben.

Die Einwanderung in die Vereinigten Staaten beträgt in den letzten Jahren über 300,000 jährlich, darunter sind durchschnittlich über 100,000 Deutsche. Doch ist für alle diese noch lange Raum genug vorhanden.

Diese Bevölkerung ist zusammengesetzt aus allen Nationen der Erde. Alle Völker mit ihren Sitten und Gebräuchen sind hier vertreten. Darum ist auch in dieser Beziehung das Leben nirgends lehrreicher, als in den Vereinigten Staaten; und in keiner Stadt ist die ganze Welt so vertreten, wie in New-York. Darum kann man auch hier die Völker der Erde und ihr Wesen, Leben und ihre Sitten kennen lernen. Daß sich da oft schlimme Massen sammeln mögen, versteht sich von selbst. Es gibt ja nirgends auf Erden lauter Licht; hinter diesem ist überall Schatten.

2. Charakter.

In dieser Mischung aller Nationen verschwinden zwar die einzelnen Nationalitäten im Ganzen, sie sind aber keineswegs ohne Einfluß, sondern jede einzelne hat ihre Wirkung gehabt und hat ihren Theil mit dazu beigetragen, das zu Stande zu bringen, was wir heute vor uns sehen. Der amerikanische Charakter ist darum nicht der rein englische Charakter, wie wir ihn in England finden, sondern dieser hat in Berührung mit andern Nationalitäten und in den ganz andern Verhältnissen manche Aenderung erfahren, manches ihm Fremde angenommen, hat sich aber selbst nie verleugnet. Und so haben wir einen amerikanischen Nationalcharakter, der zwar dem englischen sehr ähnlich ist, aber doch nicht ganz englisch, sondern eben amerikanisch ist. Man kann darum nicht sagen, es gäbe keinen amerikanischen Nationalcharakter; Amerika hat sogar einen sehr ausgeprägten, selbständigen Charakter. Wenn man in Amerika reist und wohnt, so findet man Deutsche, Franzosen, Italiener und Andere; aber man findet kein Deutschland, kein Frankreich, kein Italien, selbst kein England, sondern Alle haben etwas, das sie in ihrer Heimath nicht hatten; durch Alles zieht sich der amerikanische Charakter, wozu die ganzen Verhältnisse, Beschäftigung und Klima ihren Theil auch beitragen.

Schauen wir die einzelnen Gegenden des Landes an, so finden wir, wie wir bereits oben gesehen, in denselben einzelne Züge, die sie von einander unterscheiden. Neu-England unterscheidet sich vom Süden und vom Westen. Noch heute kann man etwas von dem Charakter der ersten Ansiedler in den verschiedenen Gegenden finden.

Boston ist noch heute sehr verschieden von New-Orleans, Philadelphia von New-York. Die ersten Ansiedler in den dreizehn ursprünglichen Staaten waren meistens Leute, die in der Schule vieler Trübsale geprüft worden waren. Sie kamen mit den besten Vorsätzen, mit klaren Ueberzeugungen und mit dem festen Willen, Alles zu thun und zu leiden, um für sich und ihre Nachkommen eine Heimath zu gründen, in der sie nach ihrer Glaubensüberzeugung frei leben könnten. Und noch ist dieser Geist nicht ganz verschwunden, und den amerikanischen Charakter finden wir am reinsten in den nordöstlichen Staaten. — Wer will es leugnen, daß die Franzosen im Südwesten einen andern Geist eingeführt haben! Wer will leugnen, daß dieser Geist noch jetzt deutlich zu merken ist! Man gehe nach New-Orleans mit seiner französischen Liederlichkeit und dann gehe man nach Boston mit seiner „puritanischen“ Strenge.

Wenn wir nun einzelne Züge der Amerikaner anführen wollen, so geschieht es durchaus nicht in der Meinung, als wäre damit Alles gesagt, was gesagt werden könnte, oder als wäre dieser Charakter vollständig geschildert. Es sollen nur einzelne Züge sein, nichts weiter. Aber diese Züge gehören doch zu den Hauptzügen des ganzen Bildes. — Der Amerikaner ist im Allgemeinen religiös. Er hat eine tiefe Achtung vor Gott, Seinem Wort und allem Heiligen. Amerikaner, die nicht an Gott glauben würden, gibt es wenige. Die Bibel ist nirgends höher geachtet, als bei den Amerikanern. Darum findet man sie auch überall und wird von den Bibelgesellschaften mit großer Aufopferung verbreitet. In den Gerichtshöfen ist sie zu finden. Wer einen Eid schwört, muß dabei die Bibel küssen; in manchen Gerichten muß man während des Schwurs die Hand auf die Bibel legen. In vielen Gasthäusern findet man in jedem Zimmer eine Bibel auf dem Tische. In den Schulen wird sie vielfach vor Beginn des Unterrichts gelesen. Der Sonntag wird heilig gehalten; sie nennen ihn am liebsten „Sabbath“. Die Kirchen werden überall gut erhalten und sind in blühendem Zustand. Die Gottesdienste werden sehr gut besucht; ob Morgens, Mittags oder Abends — immer findet man eine zahlreich versammelte Gemeinde. Sogar die Gottesdienste in der Woche, die Bibelstunden und Betstunden sind immer gut besucht. Die Deutschen machen es dort ebenso, wie in Deutschland: wenn sie auch des Morgens in die Kirche gehen, des Nachmittags wollen sie nicht hinein; viele kommen nie. Die Prediger sind hochgeachtet und haben großen Einfluß. Etwas davon ist auch auf unsere dortigen Deutschen übergegangen. Auf Eisenbahnen und Dampfschiffen reisen Prediger um den halben Preis; in den Kaufläden bekommen sie ihre Sachen billiger, als der gewöhnliche Preis ist. Man braucht da nichts zu sagen; es ist nirgends geboten, aber allgemeiner Brauch, daß die Amerikaner den Predigern allerlei Vergünstigungen zukommen lassen und ihnen überall ihre Achtung durch die That beweisen. Findet ein Concert, eine Vorlesung oder sonst eine Versammlung statt, so schickt man den Geistlichen Freibillete und nennt diese „Complimentaries“. Das Zeugniß eines Geistlichen gilt viel. In den Gemeinden herrscht allgemein eine wohlthuende Ordnung. Der englische Prediger hat eine sehr angenehme Stellung. Schon die allgemeine Achtung vor dem Heiligen bringt es mit sich, daß die Geistlichen anständig behandelt werden. Auch die, welche nicht aus Gottesfurcht handeln, haben gewiß immer Anstand genug, nichts Unschickliches gegen einen Prediger zu sagen oder zu thun. Die Gemeinden halten es für ihre Pflicht, auch im Aeußern reichlich zu sorgen, und die Jahresgehalte der englischen Geistlichen sind sehr groß. Von den Streitigkeiten, welche in den deutschen Gemeinden oft Verderben anrichten, weiß man in den englischen wenig. Gute Anstalten werden auf die freigebigste Weise unterstützt; nur will man wissen, ob sie auch wirklich gut und nicht auf Sand gebaut sind. Selbst den reichsten Geschäftsmann kann man am Sonntag in der Sonntagsschule unter den Kindern eifrig beschäftigt finden. Die Amerikaner nehmen großen Anstoß an dem Unglauben vieler Deutschen. Sie können es nicht begreifen, warum so Viele gar nicht zur Kirche gehen. Bei öffentlichen Versammlungen der Amerikaner, welcher Art diese Versammlungen auch gewesen sein mögen, habe ich nie ein Wort des Spottes über Religion gehört. Daß bei politischen Versammlungen über das Heilige gespottet würde, ist bei den Amerikanern geradezu unerhört und kommt nie vor. Man schämt sich im Gegentheil nicht, auch in politischen und andern Versammlungen auf Gott, als den einigen Geber aller guten Gaben, hinzuweisen. John B. Gough ist einer der größten und beliebtesten Redner Amerikas. Im ganzen Land hält er Vorträge über politische oder sonstige Fragen; er ist kein Prediger. Bald entzückt er seine Zuhörer durch seine neuen großen Gedanken, bald überrascht er sie durch seine Wendungen, bald auch durch seine Geberden. Aber mitten im Sturme des Beifalls weist er in tiefstem Ernste hin auf den einzigen Helfer, der allein aus allen Stürmen retten könne. Ich habe oft gesehen, wie seine große Zuhörerschaar zu Thränen gerührt war, wenn dieser politische Redner die Sünden des Volkes aufdeckte, und mit seiner ganzen Redekunst die Gefahren vorstellte und zur Umkehr ermahnte. Jeder gebildete und christliche Mann kann irgend eine Versammlung der Amerikaner besuchen; er wird sich weder in seinem Anstandsgefühl, noch auch in seinem Gewissen verletzt fühlen. Das ist nicht überall so.

Die Amerikaner sind ferner ein anständiges Volk und lieben die Ordnung; schon durch diesen Anstand werden sie vor Vielem bewahrt. In allen Versammlungen, selbst wenn junge Leute dieselben halten, sieht man diese Ordnung und Wohlanständigkeit. Bei den Thüren sind immer Männer angestellt, welche die Einkehrenden empfangen und ihnen ihre Sitze anweisen. Besonders werden die Fremden aufmerksam behandelt und an einen Platz geführt. Dieß ist sogar in den Kirchen der Fall. In Folge dieser Ordnungsliebe versteht kein Volk es besser, Versammlungen zu halten, als die Amerikaner. Junge Leute kommen zusammen, um irgend einen Verein zu gründen; sie schlagen einen aus ihrer Mitte zum Vorsitzenden vor und wählen ihn; dann aber folgen Alle den Anordnungen des Neuerwählten so pünktlich, als wäre er ihnen von der mächtigsten Behörde vorgesetzt worden. — Wenn der Amerikaner auch seine Füße gerne auf Stühle und Tische legt, so thut er es doch zunächst nur in seinem Arbeitszimmer oder wo Männer allein unter sich beisammen sind, niemals wo Frauen zugegen sind, und nicht, weil er unanständig, sondern weil er bequem ist. Die Achtung und anständige Behandlung, mit der man überall dem weiblichen Geschlecht entgegen kommt, ist allbekannt. Eine Frau kann durch ganz Amerika reisen, und der Anstand wird nie verletzt gegen sie. Wilde Burschen, böse Gesellen sind allein irgendwo beisammen und führen unter sich allerlei Redensarten, wie sie ihnen natürlich sind; es tritt eine Frau oder ein Mädchen ein und alle sind gewiß plötzlich still und anständig. Die schmutzigen Reden, welche in Deutschland oft in Gegenwart des weiblichen Geschlechts umher geworfen werden, kommen bei den Amerikanern nicht vor; die Neckereien, wie man sie unter dem Landvolk und in den Städten findet, kennt man dort auch nicht. Die beiden Geschlechter stehen sich einander mit mehr Achtung gegenüber und das vertrauliche Verhältniß herrscht nicht vor. Zinzendorfs Wort: „Kinder sind Majestäten", findet bei den Amerikanern, besonders zwischen den beiden Geschlechtern, seine volle Wahrheit. All die vielen Freiheiten, welche man sich sonstwo erlaubt, sind hier nicht gebräuchlich. Mit einem gewissen ernsten Respect steht man sich einander gegenüber, was sehr heilsam ist und gute Folgen hat. Tritt eine Frau in einen Eisenbahnwagen ein und es ist kein leerer Platz mehr vorhanden, so verlassen die Männer ihre Sitze, um ihr Platz zu machen. Wenn Bursche beisammen stehen und es gehen Mädchen vorbei, so werfen sie nicht allerlei Brocken hinüber, sondern sind still. Jene unsittlichen Zoten, mit welchen man sich sogar groß machen will und welche ein schlimmes Gefolge haben, sind bei den Amerikanern nicht volksthümlich. Die vielen Kirchweihfeste, Jahrmärkte und Volksfeste mit all ihren Anhängseln kennt man in Amerika nicht. Das Tanzen kommt bei Bällen wohl vor; man hat aber nicht die öffentlichen Tänzereien, welche in Deutschland oft die ganze Nacht hindurch anhalten. Wo der deutsche Einfluß stark ist, nimmt deutsches Wesen immer mehr zu. Das Umherziehen der jungen Leute auf der Straße, wie es am Abend und am Sonntag Nachmittag in den deutschen Dörfern vorkommt, ist durchaus nicht amerikanisch. Wenn Deutschland an allerlei Lustbarkeiten zu viel hat, so möchte man fast sagen, die Amerikaner haben zu wenig. Das Alles aber hat die allernächsten Folgen, daß unter den Amerikanern die Sittlichkeit höher steht und weniger Unzuchtssünden vorkommen, als bei vielen andern Völkern. Es ist dieß zunächst nicht allein auf religiöse Gründe zurückzuführen, sondern es ist in hohem Grade die Folge des Anstandes und der Schicklichkeit. Die Ehre der Jungfrauen wird vom Gesetze eifrig beschützt. Glaubt ein Mädchen sich in seiner Ehre durch Worte oder Geberde verletzt, so wird der Betreffende empfindlich dafür gestraft. Es sind hierin schon sehr rühmenswerthe Exempel statuirt worden. Ist man in Deutschland etwa am Sonntag Nachmittag genöthigt, auf der Eisenbahn zu fahren, so kann es da ein anständiger Mensch fast nicht aushalten; auch zu andern Zeiten ist es schlimm genug; in Amerika ist ein solcher Eisenbahn-Spectakel ganz unerhört. Man kann überall mit Anstand und Ruhe reisen. Wo sich so durch das ganze Leben, durch alle Verhältnisse ein solcher Anstand hindurchzieht, da wird unglaublich Vieles ferne gehalten, was sonst Verderben anrichtet.

Der Amerikaner liebt die Bequemlichkeit; seinen Comfort weiß er sich überall zu verschaffen. Und wenn er in seinem Geschäft auch nicht an Bequemlichkeit denken kann und hart arbeiten muß, so will er doch in seinem Hause Alles bequem haben. Darum zeugt die ganze Hauseinrichtung von großem Comfort. Die Kochöfen sind ausgezeichnet und eine wahre Wohlthat für die Frauen; sie sind zugleich zum Backen sehr geeignet. In den großen Städten ist das

Wasser in jedem Haus und wird durch Wasserleitung in jedes Stockwerk geführt, so daß man nur einen Krahnen aufzudrehen braucht. Eben so ist eine Röhre da, in welcher alles gebrauchte Wasser ablaufen kann. Man kann also im obersten Stockwerk das Wasser haben, und braucht zum Wasserholen und zum Fortbringen desselben keine Treppen zu steigen. In den Straßen liegen zwei große Röhren: die eine bringt das reine Wasser vom Reservoir, die andere leitet das schmutzige Wasser ab. Von jeder dieser Röhren gehen Zweige in jedes Haus, und diese werden in jedes Stockwerk geleitet. Sieht man sich sonst in der ganzen Hauseinrichtung um, so sieht man überall, wie sie auf die Bequemlichkeit der Bewohner zielt. Wie der Anstand, so zieht sich auch die Bequemlichkeit durch das ganze öffentliche und private Leben. Alle Geräthschaften, das ganze Handwerkszeug ist viel bequemer und praktischer, als in Deutschland. Vergleicht man die häuslichen Einrichtungen und die Einrichtungen im Allgemeinen in Deutschland mit den amerikanischen, so findet man die erstern außerordentlich primitiv. — Die amerikanische Einrichtung ist aber nicht allein bequem, sondern auch praktisch, erspart Arbeit und Zeit, und darauf sieht man in Amerika, denn „Zeit ist Geld", sagt ihr Sprüchwort. Darum geht dieser praktische Zug überall mit der Bequemlichkeit und bringt stets Erleichterung. Ein Arbeiter bringt mit den amerikanischen Werkzeugen bei weniger Mühe mehr zu Stande, als mit den deutschen bei größerer Mühe. Man hat sogar Pflüge erfunden, die wegen ihrer besondern Bauart mit geringerer Kraft gezogen werden können, als andere. Es ist bekannt, wie überall die Maschinen arbeiten und die Menschenhände ersetzen sollen. Der Arbeitslohn ist hoch, und je weniger Arbeitskräfte man nöthig hat, desto besser ist es. Aber es geht auch zugleich schneller und regelmäßiger mit der Maschine. Der Amerikaner hält den Deutschen für unpraktisch und schwerfällig. Das Streben ist in Amerika sehr stark, Alles immer bequemer und praktischer zu machen.

Die Amerikaner sind ausgezeichnete Geschäftsleute. Man redet von der Gewandtheit der Juden hierin; sie haben aber in den Yankees ihre Meister gefunden. Gib einem Amerikaner hundert Dollars und er hat in wenigen Jahren mehr damit gewonnen, als der Deutsche im Allgemeinen mit fünf Hundert. Man will es oft nicht mit der Frömmigkeit vieler Amerikaner vereinigen können, daß sie so gewandte Geschäftsleute sind, und sagt dann: Da kann man sehen, was es für Christen sind. Damit aber sagt man eigentlich zwei Dinge aus, die doch nicht ganz richtig sein möchten: erstlich, als ob ein Christ nicht ein guter Geschäftsmann sein könnte, eben weil er Christ ist; zweitens, daß ein jeder Geschäftsmann eigentlich ein Betrüger sei, oder doch wenigstens kein guter Christ sein könne. Ist denn ein Geschäftsleben, obwohl mit vielen Versuchungen verbunden, schon an und für sich auf Unrecht gegründet? Kann ein Christ kein guter Geschäftsmann sein, so kann auch ein Geschäftsmann kein guter Christ sein. Der Amerikaner glaubt aber, daß es gerade des Christen Pflicht sei, in Allem fleißig, umsichtig und treu zu sein und Alles auf die vortheilhafteste Weise anzulegen. So lange das Alles ehrlich und recht zugeht und keines Menschen Rechte beschränkt oder verletzt werden, meint er in seinem Rechte zu sein. Gewiß ist auch sogar ein zu großer Eifer der Trägheit noch vorzuziehen, und nicht der Fleiß, aber der Müßiggang ist aller Laster Anfang. Darum laß du den Amerikaner nur „rennen"; er ist deßwegen noch nicht schlimmer, als die Langsamen. Geht man durch die Geschäftsstraßen New-Yorks, so sieht man allerdings den Amerikaner immer in größter Eile einherlaufen. So freundlich er sonst ist — wenn er auf einem Geschäftsgang ist, läßt er sich nicht aufhalten. — Man redet viel von dem „allmächtigen Dollar", der in Amerika herrsche; und das redet nun immer Einer dem Andern nach, ohne die Sache genauer zu überlegen. Ja, das Geld herrscht in Amerika. Aber herrscht es in Deutschland und andern Ländern nicht? Man mag sagen, was man will, das Geld ist eben dennoch überall eine der größten Mächte; man mag sich das freilich nicht immer gestehen. Sagst du aber: „In Amerika herrscht das Geld eben doch mehr, als sonst wo", so ist das eine Aussage, die man wohl etwas genauer ansehen darf, und die jedenfalls nur in gewisser Beziehung wahr ist. Es ist wahr, der Amerikaner rennt und arbeitet und ist unermüdlich in seinem Bestreben, seine äußere Lage zu verbessern und voran zu kommen. Aber er gibt das Geld eben so gern und schnell wieder aus, als er's mit großem Fleiß erworben hat. Der Amerikaner ist durchaus nicht geizig. Er ringt nicht nach Geld, um sich daran zu hängen, sondern um damit zu herrschen, groß zu thun, oder mächtig zu sein — oder auch, um damit viel Gutes zu thun. Denn es gibt ja unzählige Fälle außerordentlicher Freigebigkeit; es gibt viele Fälle, auf die man hinweisen könnte, wo amerikanische Christen nur einen bescheidenen Theil ihres reichen Einkommens für sich behielten und den größten Theil zu wohlthätigen Zwecken verwendeten. Werden wohlthätige Anstalten, die Missionen und allerlei Werke der Nächstenliebe, aber auch Anstalten für Wissenschaft und Kunst u. s. w. denn irgendwo freigebiger unterstützt, als in Amerika? So rennt der Amerikaner nach Schätzen, gibt sie wieder weg und eilt rastlos weiter, um auf's neue zu sammeln. — Die Deutschen hängen zäher am Geld, als die Amerikaner. Man gehe nur auf die deutschen Jahrmärkte und Messen oder auch in die Kaufläden: was ist das für ein Handeln, Zerren und Schreien um einiger Kreuzer willen. Das ist in Amerika nicht gebräuchlich; Alles hat seine festen Preise, wem die nicht gefallen, der kann sonstwo kaufen; viele Worte werden gewöhnlich darüber nicht gemacht. Das viele Schmeicheln, um nur Kunden zu bekommen, ist auch nicht landesüblich. Die Geschäfte sind gewöhnlich so, daß sie ihren Mann gut nähren. Ist das bei Jemand nicht der Fall, so fängt er etwas Anderes an; das Land steht ihm offen. — Es ist nun die Frage, was von der größten Geldliebe zeugt, ob das eifrige Ringen und freigebige Ausgeben desselben, oder ob das lederzähe Hängen an demselben. Deutscher Fleiß ist überall bekannt und beliebt; aber schon Luther hat über den deutschen Geiz geklagt. Es ist nicht selten, daß man bei Andern gerade über die Fehler am meisten klagt und am meisten dagegen eifert, an welchen man selbst am meisten leidet. Wollte man sagen: Die Amerikaner sind eben reich und können darum freigebiger sein, so antworten wir: Ein Jeder thue nach dem Vermögen, das Gott darreicht. Die Freigebigkeit findet sich aber nicht blos bei den reichen Amerikanern, sondern sie ist allgemein. Kommt ein armer Landbauer in eine Gegend, so lassen ihn die umher wohnenden Farmer nicht Mangel leiden. In den Städten werden jeden Winter große Summen zur Unterstützung der Armen gegeben, und in sehr anerkennenswerther Weise sucht man überall der Noth abzuhelfen. Auch dort hat der „gute Geschäftsmann" Gelegenheit genug, sein Geld zur Linderung des menschlichen Elends anzuwenden.

Ein weiterer Zug des Amerikaners ist seine Reinlichkeit. Sein Haus muß innen und außen immer in gutem Zustand sein; er läßt es alle paar Jahre außen und innen anstreichen, so daß es immer einem neuen Hause gleich sieht. Die Städte haben darum gewöhnlich ein sehr freundliches Aussehen. Besonders hält der Amerikaner auf Ordnung an seinem Körper, und sieht sehr darauf, daß Jemand reine Wäsche trage. Wer schmutzige Wäsche auf dem Leibe hat, wird von Allen mit Verdacht angesehen; und wenn der Amerikaner nicht genöthigt ist, so nimmt er einen solchen nicht in sein Geschäft auf. Reinlich, meint man, könne Jeder, auch der Arme sein. Daß man in Deutschland so selten Wäsche hat, kann man in Amerika nicht begreifen. Jeden Montag wird dort Alles gewaschen. Beim Waschen bedient man sich entweder der Waschmaschine, oder des Waschbrettes, weßhalb man mit der Wäsche außerordentlich schnell fertig ist. Es ist durchaus nicht selten, daß man im Sommer bei schönem Wetter am Montag Morgen anfängt zu waschen, und am Abend ist die Wäsche schon gebügelt; gewöhnlich aber ist bis Dienstag Nachmittag Alles fertig und aufgeräumt. Die Amerikaner verstehen es, eine Haushaltung mit Pünktlichkeit und Ordnung zu führen. Jeder Tag der Woche hat seine bestimmte Arbeit, und innerhalb jedes einzelnen Tages herrscht wieder eine genaue Zeiteintheilung, nach welcher Alles geht. Daher kommt es, daß man in einem amerikanischen Hause oft lange kein Wort reden hört und oft meint man, man habe keine Nachbarn, weil das Haus so still ist, als wäre kein Mensch in demselben. Die Reinlichkeit, Pünktlichkeit und Ordnung eines solchen Haushaltes trägt sehr viel zum häuslichen Glücke bei. Auch Arbeiter und Landleute sind in der Kleidung gewöhnlich reinlich.

Schließlich sei noch die Vaterlandsliebe der Amerikaner erwähnt. Man hört wohl hie und da sagen: „Der Amerikaner hat kein Vaterland, kennt keines, zieht immer von einem Ort zum andern, wie sollte er denn große Vaterlandsliebe haben.“ Aber der Amerikaner kennt und hat eben doch gerade ein Vaterland; er ist nicht particularistisch, sagt nicht: Ich bin ein New-Yorker, Pennsylvanier, Marylander u. s. w., er mag wohnen, in welchem Staat er will, so sagt er: Ich bin Amerikaner. Sein Vaterland ist nicht der einzelne Staat, in dem er wohnt, nein, es ist größer, es ist das ganze Land. Er kann von einem Staat zum andern ziehen und nimmt das gar nicht schwer, er ist ja überall in seiner Heimath; aber in Amerika, in seinem Vaterland will er bleiben. Es ist bei ihm nicht wie bei den Deutschen, die viele Vaterländer haben und auch im Ausland als Württemberger, Bayern, Badenser u. s. w. dastehen. Die Amerikaner wollen ein gemeinsames, starkes Vaterland haben. Das haben sie auch im letzten Krieg bewiesen, welcher durch ein fremdartiges Element veranlaßt wurde. Eine Trennung sollte nicht stattfinden. Was man durch den Kampf suchte und wollte, war eben nichts anderes, als die Integrität des Vaterlandes. Als der tapfere General Grant die Festungen und Städte des Feindes eroberte und seine siegreichen

Soldaten den Feind noch weiter verfolgen wollten, da sprach er: „Nicht, es sind Amerikaner"; gedemüthigt sollten die irrenden Mitbürger nicht werden, sie sollten nur abstehen von ihrer Feindschaft. Es war in der That ergreifend, die Vaterlandsliebe während des letzten Kriegs mitanzusehen. Männer verließen freiwillig ihre Frauen, Väter ihre Familien, Brüder ihre Schwestern, Söhne ihre Eltern; Alle waren bereit, sich dem Vaterland zu opfern. Frauen sogar haben ihre Männer ermahnt, die Waffen zu ergreifen. Viele der bedeutendsten und reichsten Frauen unterwarfen sich allen Strapazen, gingen freiwillig mit auf's Schlachtfeld, pflegten die Verwundeten, wuschen und verbanden sie, reichten ihnen Erfrischung, linderten durch ein liebes, sanftes Wort ihre Schmerzen; sie lasen ihnen wohl auch vor und beteten mit ihnen, und haben sich so ein Denkmal gesetzt und gezeigt, was zarte, aufopfernde Liebe vermag. Das waren auch Diakonissen, erzogen in einer ganz eigenthümlichen Schule; die Pflege lag meistens in ihren Händen und sie haben ein köstliches Werk gethan.

Wer will die Schattenseiten leugnen, die sich auch dort finden! Ein Geist der Zuchtlosigkeit zieht durch die Welt. Man will nicht mehr dienen, sondern Alle wollen herrschen. Der Geist der Zuchtlosigkeit ist einer der größten Schäden Amerikas. Dieser macht sich besonders in der Jugend des Landes geltend und wird von dem ausländischen Element in Amerika sehr gefördert. Aber wo ein Volk noch solche Sitten hat, sich an Gott hält und sich vor Ihm noch fürchtet und vor Seinem Worte beugt, da ist noch ein Segen. — — Mögen diese wenigen Züge wenigstens denen zu Gute kommen, die in Amerika eine Heimath suchen.

3. Die Kirche.

In Amerika ist die Kirche vom Staat getrennt. Die Kirche steht selbständig da und verwaltet alle ihre Angelegenheit selbst. Sie baut ihre Gotteshäuser und Schulen, besoldet ihre Prediger,*) unterhält alle ihre Anstalten und verlangt nirgends die Hilfe des Staates. Von der Regsamkeit der Kirche zeugen die innern und äußern Missionen und die vielerlei Anstalten, die sie unterhält. — Zu einer Gemeinde gehören nicht Alle, die an einem Orte wohnen und derselben Confession sind, sondern nur die, welche in Folge ihres Bekenntnisses in eine Gemeinde aufgenommen werden. Bedenkt

*) Die Zahl der Geistlichen in den Ver. Staaten beträgt etwa 30,000.

man, daß der Anschluß an eine Gemeinde zu Ausgaben verpflichtet, da jedes Gemeindeglied die Lasten der Gemeinde tragen helfen muß, und daß vielfach mit dem Anschluß an eine Gemeinde keine Ehre verbunden ist, so wird man einsehen, daß wenigstens ganz fremdartige, widerstrebende Elemente in diesen Gemeinden nicht vorhanden sind. Wer sich einer Gemeinde anschließt, bekennt sich damit zu den Lehren, die in derselben gelten. Trotz aller Mangelhaftigkeit tragen solche Gemeinden doch mit Recht den Namen christliche Gemeinden.

In der **englischen Kirche** sind am stärksten vertreten: die Presbyterianer, Methodisten, Baptisten, Congregationalisten und Episcopalen. Von den Presbyterianern, Methodisten und Baptisten gibt es verschiedene Zweige, die nur wenig von einander abweichen und jetzt wieder zum Theil nach Vereinigung streben. Dem Bekenntnisse nach stehen Presbyterianer, Congregationalisten und Methodisten auf reformirter Seite; die Baptisten auch, mit Ausnahme der Lehre von der Taufe. In den Episcopalen ist die High church und Low church Englands vertreten. Die englischen Lutheraner sind meistens Nachkommen von Deutschen; sie finden sich am stärksten in Pennsylvanien, Ohio und Maryland; auch in den südlichen Staaten sind sie schwach vertreten. Die niederländisch Reformirten finden sich am stärksten in der Stadt New-York, wo sich die Holländer zuerst niederließen. Außerdem sind sie im Nordwesten verbreitet. Die Deutsch-Reformirten, auf dem Bekenntnisse der deutschen oder schweizerischen Reformirten stehend, sind am stärksten in Pennsylvanien, im Westen nicht sehr stark, im Süden fast gar nicht vorhanden. Die andern Benennungen sind nur schwach; die Herrnhuter haben in Bethlehem ihr Centrum, auch in Nazareth eine Colonie und hie und da kleine Gemeinden. Quäker, Mennoniten, Swedenborgianer, Unitarier und Universalisten und andere kleinere Secten zeigen sich hie und da.

Unter den **deutschen Kirchen** ist die lutherische am weitesten verbreitet. Die Lutheraner (deutsche, englische, schwedische und norwegische) haben 48 Synoden, 2016 Prediger, 3330 Gemeinden, 396,567 Communicanten. Es erscheinen 32 lutherische Zeitschriften: 16 deutsche, 9 englische, 3 schwedische und 4 norwegische. Gegen 70 höhere Lehranstalten stehen unter Aufsicht und Leitung der lutherischen Kirche. Lutherische Prediger-Seminarien sind in Philadelphia und Gettysburg, Pennsylvania; Columbus und

Springfield, Ohio; Hartwick und Buffalo, New-York; St. Louis; St. Sebald und Decorah, Iowa; Paxton, Illinois; Marshall, Wisconsin. Schullehrer-Seminarien sind in Addison, Illinois; Toledo, Ohio; Decorah, Iowa; Carver, Minnesotta. Colleges sind in Fort Wayne, Indiana; Allentown, Gettysburg, Pennsylvania; New-York und Buffalo; Watertown und Marshall, Wisconsin; Galena, Paxton und Mendota, Illinois; Salem, Virginia; Walhalla, Süd-Carolina. In der lutherischen Kirche Amerikas sind drei Richtungen vorhanden. Eine streng confessionelle, welche die Bekenntnißschriften in ihrem ganzen Umfange auf's entschiedenste festhält, weder zur Rechten noch zur Linken weicht, auf keine Verfolgungen oder Lockungen achtet und keine offenen Fragen kennt. Diese Richtung ist vertreten durch die „Synode von Missouri, Ohio und andern Staaten", mit welcher sich voriges Jahr die „Synode von Wisconsin" vereinigte. Die Missouri-Synode ist die stärkste aller lutherischen Synoden. Sie zählt 367 Prediger und 346 Gemeinden. Sie ist bis jetzt ganz deutsch, ist sehr einig unter sich und sehr eifrig in ihrem ganzen Werk; sie hat tüchtige Prediger und zwei ausgezeichnete Schulen: ein Prediger-Seminar in St. Louis, welches aus einem wissenschaftlichen und praktischen Seminar besteht, und ein Gymnasium in Fort Wayne, welches auf dem Fuße der preußischen Gymnasien steht und mit diesen correspondirt. Auch ein Schullehrer-Seminar hat die Synode in Addison, Illinois. Die Synode von Wisconsin zählt 59 Prediger und 112 Gemeinden. Sie hat ein College in Watertown, wo sie auch bis jetzt ihr Prediger-Seminar hatte. Seitdem sie sich aber mit der Missouri-Synode vereinigt hat, sind auch die beiden Prediger-Seminarien vereinigt worden und Watertown ist nach St. Louis gezogen. Der theologische Professor der Wisconsin-Synode wurde der St. Louiser Facultät einverleibt, dagegen hat die Missouri-Synode auch einen Lehrer im College zu Watertown. Diese exclusiv lutherische Richtung, welche in Amerika schon unaussprechlich viel Gutes gethan hat, zählt also gegenwärtig 426 Prediger und 458 Gemeinden, welche sämmtlich deutsch sind. — Die zweite Richtung hält auch entschieden am Bekenntniß fest, gibt aber offene Fragen zu; d. h. in den Grundlehren ist sie fest und läßt hierin keine abweichenden Ansichten als lutherisch gelten, sie glaubt aber, daß es Lehren gibt, über welche die Ansichten auch bei guten Lutheranern verschieden sein können, z. B. die Lehre vom Sonntag u. s. w. Diese Richtung ist vertreten durch das General-Concil der lutherischen Kirche, welches vor einigen Jahren organisirt wurde, und zu welchem bis jetzt etwa elf Synoden gehören. Diese stimmen im Allgemeinen mit den bayerischen, sächsischen und norddeutschen Lutheranern überein. — Bis zur Organisation des General=Concils war diese Richtung zunächst durch die Jowa=Synode vertreten, welche bis dahin mehr oder weniger eine Einzelstellung einnahm. In gewissem Sinne ist Pfarrer Wilh. Löhe der Vater dieser Synode. Sie zählt 72 Prediger und 110 Gemeinden; sie arbeitet mit großer Treue, viel Selbstverleugnung und übt gute Kirchenzucht. Ihr „Wartburg=Seminar" zur Heranbildung von Predigern ist einsam in Clayton County, Jowa, gelegen. Mit einem College hat sie in Galena, Illinois, einen guten Anfang gemacht. — Die „Synode von Pennsylvanien", 122 Jahre alt, wo M. Mühlenberg so segensreich wirkte, zählt 148 Prediger und 305 Gemeinden; die „allgemeine Synode von Ohio" zählt 133 Prediger und 228 Gemeinden. — Die dritte Richtung will keine confessionellen Schranken und Grenzen; sie ist lax im lutherischen Bekenntniß und kann im Ganzen zu den Unirten gezählt werden. Diese Richtung ist vertreten durch die General=Synode, zu welcher früher fast alle lutherischen Synoden gehörten. Eben weil die General=Synode Vielen zu lax war, hat sich aus ihr heraus das strengere General=Concil gebildet. — Eine vierte, romanisirende Richtung ist unbedeutend und scheint immer mehr abzunehmen.

Die lutherische Kirche mit viel Kampf nach innen und außen hat dennoch eine schöne Gestalt.

Die Reformirten (deutsch Reformirten, im Unterschied von den niederländisch Reformirten, welche jedoch auch unter den Deutschen Gemeinden haben) zählen etwa 118,000 Glieder, welche theils deutsch, theils englisch sind. Sie haben eine Generalsynode, drei Distriktsynoden und 31 Klassen. Anstalten haben sie in Mercersburg, Lancaster, Tiffin, Ohio u. s. w. und sind eifrig in ihren Unternehmungen.

Die Unirten haben drei Synoden, welche zusammen etwa 250 Prediger zählen. Die stärkste dieser Synoden ist die „evangelische Synode des Westens", welche etwa 150 Prediger und ein Seminar bei Femme Osage, St. Charles County, Missouri hat. — Die unirte „Synode des Nordwestens" zählt etwa 60 Prediger; auch sie hat bereits den Anfang mit einer Lehranstalt gemacht. Die „Vereinigt evangelisch protestantische Synode von Amerika" birgt gläubige und rationalistische Elemente in sich und zählt etwa 40 Prediger, welche hauptsächlich in den Mittel-Staaten zerstreut sind.

Auch unter allen andern Benennungen finden sich deutsche Gemeinden und Prediger. Presbyterianer, Baptisten, Methodisten, Congregationalisten u. s. w. missioniren unter den Deutschen und gründen deutsche Gemeinden. Alle sind eifrig bemüht, ihre eigene Confession so viel als nur immer möglich zu verbreiten. Diese Bemühungen haben alle viel Erfolg gehabt.

Die Synoden sind zusammengesetzt aus Predigern und Delegaten der Gemeinden. Jede Gemeinde wählt einen Delegat, welcher, wie der Prediger, stimmfähig ist. Diese aus Geistlichen und Laien zusammengesetzten Synoden sind die höchste Behörde in Kirchensachen und was sie beschließen, ist Gesetz innerhalb der betreffenden Körper. Sie wachen über Lehre und Leben der Prediger und Gemeinden. — Prediger, die hinübergehen, sollten sich schon vorher, je nach ihrem Standpunkt, an die Beamten einer Synode wenden und sich auf irgend eine Weise den Weg schon in der Heimath bahnen; Gelegenheit dazu ist genug vorhanden. Solche Prediger, welche zu einer Synode gehören, arbeiten gewöhnlich nur an solchen Gemeinden, die auch zu derselben Synode gehören oder sich doch derselben anschließen wollen. Werden Prediger in eine Gegend gesandt, um neue Gemeinden zu sammeln, so wird stets erwartet, daß die Gemeinde sich später der betreffenden Synode anschließe. Das Synodalleben ist sehr reich, lebendig und erfrischend.

Es gibt auch Prediger und Gemeinden, welche zu keiner Synode gehören und die sich darum „frei" nennen. Jede Gemeinde und jeder Prediger ist sich da selbst überlassen und es geht wie es eben kann; bald gut, bald schlecht. Man ist da auf beiden Seiten leicht der Willkür ausgesetzt. Doch ist ihre Zahl nur klein. Unsre Deutschen haben oft großen Widerwillen vor dem Anschluß an eine Synode, weil sie sich da in eine bestimmte Ordnung fügen müssen und wollen lieber „frei" sein, d. h. sie wollen glauben und leben, was und wie sie wollen, und sich nicht drein reden lassen. Sie werden aber oft durch Schaden klug. Der Anschluß an eine Synode steht frei; hat man sich aber angeschlossen, so hat man sich der Synode zu fügen.

Die römisch katholische Kirche steht auch in den Ver. Staaten ungebeugt da. Mit unbegreiflichen Mitteln weiß sie überall in neuen Gegenden die schönsten Kirchen zu bauen. In einigen Gegenden und Städten sind sie sehr stark, z. B. in New-York,

Baltimore, New-Orleans, St. Louis u. s. w. Auf ihre feste Organisation hinweisend, betragen sie sich überall herausfordernd. Trotz des freien Landes herrschen unter ihnen doch die Priester, wie in andern Ländern. Sie fragen nichts nach den staatlichen Verhältnissen. Sie hoffen einmal die numerische Mehrheit in den Ver. Staaten zu erhalten und dann „sei es mit der Religionsfreiheit in diesem Lande aus." *) Wir sind keinen Augenblick im Zweifel darüber, daß dieser ihr Wunsch nicht erfüllt werden wird.

4. Die Schule; Bildungsstand im Allgemeinen.

Wir müssen unterscheiden zwischen den Staats-Schulen und den Schulen, die vom Staat unabhängig sind.

a. Die Staatsschulen werden vom Staat unterhalten und verwaltet. Sie zerfallen in Volksschulen und höhere Schulen. — In den Common Schools (Volksschule) brauchen die Schüler nichts zu bezahlen, da die Ausgaben für Lehrergehalte und den sonstigen Unterhalt der Schule vom Staat bestritten werden, welcher zu dem Zwecke eine allgemeine Schultaxe erhebt. Auf dem Lande ist in vielen Gegenden blos 6—8 Monate lang Schule, in den Städten das ganze Jahr hindurch. Das Schulsystem ist nicht in allen Staaten gleich; in den östlichen Staaten ist es recht gut und in den westlichen Städten wenigstens überall auch. Im Süden war bis jetzt die Volksschule gar nicht vorhanden. Sie ist da für Alle, die sie besuchen wollen. Schulzwang existirt nicht und um seines Bekenntnisses willen wird kein Mensch ausgeschlossen und keiner bevorzugt. Jeder hat sich in die Schulordnung zu fügen; wer das thut, ist willkommen, wer es nicht thut, wird auf wiederholte unfruchtbare Ermahnung oder Strafe endlich ausgewiesen. Diese Staatsschule hat mit der Kirche keine Gemeinschaft und steht mit keiner Confession in Verbindung. Darum kommt auch kein Katechismus in die Schule. Die Bibel aber, als das Buch für alle Menschen — als solches gilt sie sogar in dem guten amerikanischen Gesetz — wird zum Beginn und Schluß jedes Schultages gelesen.**) Es soll das kein Religionsunterricht sein, sondern ein

*) So der Erzbischof von St. Louis.

**) Die Bibel ist nicht in allen Staaten in der Schule zu finden. — Schon Jahre lang agitiren die Katholiken gegen die Bibel und an manchen Orten haben sie den Erfolg gehabt, daß sie aus der Schule verwiesen wurde. — Mehrere Staaten haben schon bedeutende jährliche Summen zur Unterstützung der Confessionsschulen verwilligt.

Gottesdienst vor und nach dem Unterricht. Wenn die großen Schulen in New-York und den östlichen Staaten sich zu gemeinsamer Andacht sammeln, ihren schönen Gesang erschallen lassen, dann ein Capitel lesen (oft lesen auch die Lehrer abwechselnd) und endlich das Vater Unser mit einander beten, so ist das ein äußerst erhebender, fast rührender Anblick. Zur Andacht sammeln sie sich in größter Ordnung und gehen ebenso wieder an ihre Plätze. Die großen prächtigen Schulhäuser sind sehr praktisch eingerichtet. Auf jedem Stockwerk sind die einzelnen Schulzimmer durch sehr geschickte Flügel- und Schiebthüren von einander getrennt; die alle kann man zurückschieben und dadurch wird das ganze Stockwerk zu einem großen Saal. Die Klassen sind in ihren Zimmern versammelt und bleiben in denselben; dadurch, daß die Thüren zurückgeschoben werden, sind sie schon in dem gemeinsamen Saal. Nur die Klassen, die ihre Zimmer in den Seitenflügeln haben, kommen in militärischer Ordnung in den Hauptsaal angerückt. Alles geschieht in einem genauen gleichmäßigen Tempo. Auf ein gegebenes Zeichen stehen alle dazu bestimmten Knaben an den Thüren; auf ein zweites Zeichen fliegen in demselben Augenblick alle Thüren zurück. Wer es nicht gewöhnt ist, wird dadurch sehr überrascht. Sie kommen in Reih und Glied; auf dem Klavier wird ein Lied im Tempo eines Marsches gespielt und jede Bewegung und Schwenkung, die sie zu machen haben, wird auf dem Klavier angedeutet. Militärische Schwenkungen und Uebungen werden mit großer Präcision ausgeführt. In derselben Weise gehen sie wieder, werden die Thüren wieder vorgeschoben und Alles ist an seiner Arbeit. Während der ganzen Zeit hört man keinen Laut. Wer nach New-York kommt, sehe sich diese Schulen an und er wird finden, daß sie nicht zu den geringsten Sehenswürdigkeiten gehören. Die Schüler können von einer Klasse zur andern voranschreiten und unentgeldlich eine gute Gymnasialbildung erhalten. An manchen Orten können sogar Theologen und Aerzte ihre ganzen Studien ebenfalls unentgeldlich machen. — Was nun die Leistungen dieser Common Schools betrifft, so sind dieselben natürlich verschieden; sie entsprechen überall zunächst dem vorhandenen Bedürfniß. In vorangeschrittenen Gegenden und in Städten stehen die Schulen natürlicher Weise auf einer höhern Stufe, als in neuen Gegenden. Der Amerikaner verwendet viel Fleiß auf seine Sprache; die will er gut schreiben, lesen und reden lernen. Sodann will er es verstehen, mit Zahlen gut umzugehen: er will ein guter Rechner sein. Kann er weiter gehen, so thut er's gewiß; aber diese gute

Grundlage will er zuerst haben, weil sie die Bedingung einer jeden gediegenen Weiterbildung ist. — Der Anfang im Lesen wird mit dem Buchstabiren gemacht, welches ein Jahr oder mehr fast ausschließlich getrieben wird. Aber auch wenn die Kinder schon lesen, müssen sie immer noch tüchtig buchstabiren. Anfangs buchstabiren sie die Wörter aus dem Buch, dann aber müssen sie sie auswendig lernen. Diese Uebungen mit den schweren Wörtern werden so lange fortgesetzt, bis sich kein Schwanken mehr zeigt. Sie stehen dabei gewöhnlich in Reihen und wetteifern mit einander und bringen es oft zu einer bewundernswerthen Geläufigkeit. Eine besondere Uebung ist es, die Wörter auch rückwärts zu buchstabiren. Durch diese Uebungen kommt jede Silbe zu ihrem Recht. Bei jeder Silbe muß das Wort von vorne an wiederholt werden. Hierdurch lernen sie ihre Sprache fehlerlos schreiben; und wenn sie je in Verlegenheit sind und im Augenblick nicht wissen, wie ein Wort geschrieben wird, so fangen sie gleich an zu buchstabiren und ihr Gehör hilft ihnen zurecht, denn sie wissen die Wörter auswendig wie ein Sprüchlein. — Die Handschrift der Amerikaner ist gewöhnlich schöner, gefälliger und gleichmäßiger, als die der Deutschen. Es ist auffallend, wie schön Manche schreiben können; es ist aber noch auffallender, daß fast alle Handschriften der Amerikaner etwas Aehnlichkeit mit einander haben. Vorherrschend ist bei ihnen nicht die kleine Schrift, sondern die große runde Schrift. — Durch die Buchstabirübungen lernen sie pünktlich lesen. Die Amerikaner lesen darum im Durchschnitt sehr geläufig und präcis; auch das Volk im Allgemeinen hat hierin eine große Gewandtheit. — Auch zum Redner wird der Amerikaner schon in früher Jugend gebildet. Allerlei Redeübungen werden angefangen und durchgeführt in einer Zeit, da man sonstwo noch nicht daran denkt. Daher kommt es denn auch, daß eigentlich fast alle Amerikaner Redner sind. Es ist in der That äußerst angenehm zu hören, ja fast zu bewundern, wie auch das Volk sich in einem gewissen schönen Bau der Sprache auszudrücken versteht, recht zu gliedern und zu ordnen weiß. — Mit Zahlen kann der Amerikaner gewöhnlich gut umgehen. Er ist ein so gewandter, meisterhafter Rechner, daß man ihm nur mit Mühe folgen kann. Die deutschen Geschäftsleute stehen da oft weit nach. In den Zins- und allerlei Geldrechnungen ist das Münzsystem der Ver. Staaten vortheilhaft. — Nach diesen Fächern wird die vaterländische Geographie mit großem Fleiß und mit Vorliebe getrieben. So gleichgültig der Amerikaner auch gegen die Geographie anderer Länder sein mag — sein eignes Land will er genau kennen; das gehört schon zum Amerikaner. Er will wissen, wie es in jedem Staat geht und steht, wie Ackerbau, Viehzucht, Bergbau, Industrie u. s. w. in jedem einzelnen gedeiht. Und allerdings: die Amerikaner kennen ihr Land.

Die höheren Staatsschulen haben dieselbe Ordnung und Verwaltung, wie die Common Schools. Auch hier haben die Schüler allen Unterricht unentgeldlich. Diese Einrichtung ist von großem Nutzen und hat schon manchem armen Jüngling vorangeholfen und ihn befähigt, sich im Leben eine Stellung zu erringen, was ihm ohne diese Anstalten seiner Mittellosigkeit wegen nicht möglich gewesen wäre. Diese höheren Anstalten umfassen alle Zweige der Wissenschaft und auch der Kunst. Städtische Corporationen stehen hie und da auch zusammen und errichten allerlei Anstalten in ihrer Mitte.

In manchen Staaten ist neben der englischen bereits auch die deutsche Sprache gesetzlich in den Schulen eingeführt, was uns zeigt, wie die Amerikaner in löblicher Unparteilichkeit alles Gute der Deutschen anerkennen und es sogar zum allgemeinen Besten suchen und einführen, und wie der deutsche Einfluß immer mehr zunimmt. Hoffentlich nimmt die Bewegung der letzten Zeit zu Gunsten der deutschen Sprache immer mehr zu und wird überall mit gutem Erfolg gekrönt. Damit ist aber nicht gesagt, daß Alle deutsch lernen müßten, sondern daß Alle, die deutsch lernen wollen, die Gelegenheit dazu haben. Für die Deutschen ist das ein großer Vortheil, sie freuen sich auch überall darüber; aber auch die Zahl der Amerikaner, die deutsch lernen, ist groß und wird immer größer.

Eine allgemeine Wahrnehmung ist die, daß die Kinder in Amerika schneller lernen und aufgeweckter sind, als in Deutschland. Wäre das nicht der Fall, so könnte man nicht begreifen, wie manche Kinder, die nur einige Jahre Schule hatten, es doch so weit gebracht haben. Die ganzen Verhältnisse tragen wohl mit dazu bei; vielleicht aber macht bei Kindern das viel aus, daß sie in Amerika nicht so früh in die Arbeit gespannt werden, wie es in Deutschland namentlich auf dem Lande der Fall ist.

Die Sonntagsschule.

Weil in den Common Schools kein Religionsunterricht ertheilt wird, weil ferner die englischen Gemeinden fast nie Gemeindeschulen gründen und weil endlich bei den meisten amerikanischen (englischen) Denominationen der Confirmandenunterricht wegfällt, so sind die Sonntagsschulen eine Nothwendigkeit. Das sonst so gewandte amerikanische Kind ist in der Religionslehre nicht gewandt. In der Schule wird ihm nichts weiter hierin geboten, als vielleicht das Lesen der Bibel, Gesang und Gebet, was gewiß von großem Segen ist, aber doch keinen Religionsunterricht ersetzen kann. Das Kind ist also hierin auf das angewiesen, was es zu Hause von Vater und Mutter lernt. Denn um von den lehrhaften Predigten der Geistlichen einen wirklichen Nutzen zu haben, dazu fehlen die nöthigen Vorkenntnisse. Aber wer die heutige anspruchsvolle Welt kennt, der weiß auch, daß Vater und Mutter ihrem Kinde sogar den nöthigen Religionsunterricht nicht mehr geben können, wie es vor Zeiten möglich war. Darum war die Sonntagsschule höchst nothwendig. In ihr bekommt das Kind seinen einzigen eigentlichen Religionsunterricht, den es überhaupt empfängt. In der amerikanischen Sonntagsschule wird darum auch nichts als Religionsunterricht getrieben. Die Bibel wird gelesen und erklärt; Stellen aus ihr, oft größere Abschnitte werden auswendig gelernt; auch Katechismus und Lieder werden „von Herzen gelernt".*) Die Sonntagsschule nimmt in Amerika eine große (vielleicht zu große) Stellung ein; bei Manchen steht sie höher, als selbst der Gottesdienst und Alles bewegt sich um die Sonntagsschule.

Dieses Institut ist also nicht allein nützlich, sondern unter den dortigen Verhältnissen auch nothwendig und soll wenigstens einem dringenden Bedürfniß abhelfen. Aber es hilft diesem Bedürfnisse auch im allerbesten Falle nur theilweise ab. Es wird Niemand einfallen zu behaupten, die amerikanische Sonntagsschule ersetze den Religionsunterricht, den die deutschen Kinder drüben und in Deutschland in ihrer Schule und in der Kinderlehre und besonders im Confirmandenunterricht erhalten. Die Sonntagsschule ist eben doch ein thatsächlich ausgestelltes Zeugniß gegen die Wochenschule, daß diese nämlich ihre Pflicht nicht erfüllt oder nicht erfüllen darf. Wenn man darum in unsern deutschen Gemeinden mit derselben Entschiedenheit auf die Sonntagsschule dringen will, wie in den amerikanischen, so verkennt oder übersieht man den ganzen religiösen Unterricht, den unsre Kinder in der vorhin erwähnten dreifachen Weise erhalten. Dieselben Gründe, die für eine englische Gemeinde vorliegen, können für eine deutsche Gemeinde nicht angeführt werden. — Hiemit will gegen das Gute der Sonntagsschule nichts gesagt sein.

---

*) Der Amerikaner sagt nicht „auswendig lernen", sondern „learn by heart", d. h. lernen von Herzen oder durch's Herz.

Die Gemeindeschulen.

Diese bestehen zunächst nicht in den englischen, sondern in den deutschen Gemeinden und kommen am meisten vor bei den Lutherischen, Reformirten und Unirten. Die deutschen Gemeinden haben damit eine doppelte Absicht: erstens wollen sie ihren Kindern einen deutschen Unterricht geben und bei der deutschen Sprache erhalten, und zweitens wollen sie ihnen einen guten Religionsunterricht geben. Jede Confession will darum ihre eigenen Schulen haben, um die Kinder nicht in die Schulen einer andern Confession schicken zu müssen. Und wiederum will jede Gemeinde ihre eigene Schule haben, um ihre Kinder nicht in die Schule einer andern Gemeinde schicken zu müssen. Sind mehrere Gemeinden von derselben Confession an einem Orte, so stehen sie nicht zusammen, um mit weniger Mitteln vielleicht mehr zu leisten, sondern jede Gemeinde will ihre eigene Schule haben, weil daraus die Kirchenglieder erzogen werden sollen. Die Schule macht oft mehr Arbeit, namentlich mehr Sorgen, als die Gemeinde. Doch sind sie ein gutes Zeichen. Eltern, welche ihre Kinder dahin schicken, beweisen damit, daß sie ihnen einen deutschen, christlichen Unterricht geben wollen. Das Kind hat ein bis zwei Dollar, oft noch mehr monatliches Schulgeld zu zahlen; in den Common schools könnten sie den Unterricht frei haben; namentlich da, wo auch in diesen deutscher Unterricht ertheilt wird, ist eine deutsche Gemeindeschule doch gar nicht gering anzuschlagen. Um aber die Kinder nicht in die Common schools zu nöthigen, um die englische Sprache zu erlernen, so lassen die Gemeinden vielfach in ihren Schulen auch englischen Unterricht ertheilen. Jede Schule soll sich gewöhnlich selbst erhalten; die Lehrergehalte und alle andern Ausgaben sollen durch das Schulgeld gedeckt werden. Diese Schulen stehen unter Aufsicht der Gemeinde, d. h. der Beamten, welche die Gemeinde erwählt und von denen der Geistliche in der Regel der Vorsitzende ist.

Die Vereinsschulen.

Das sind solche Schulen, welche von irgendwelchen Vereinen gegründet, erhalten und verwaltet werden. Die deutschen Turnervereine, Schützenvereine u. s. w.*) wollen auch deutsche Schulen haben; aber der christliche Unterricht in den Gemeindeschulen ist ihnen zuwider und darum bauen sie ihre eigenen Schulen und haben das Vergnügen, die unumschränkten Herren derselben zu sein.

---

*) Denn was für Vereine werden da nicht von den Deutschen gegründet!

Da gibt es denn „Turnerschulen", „Schützenschulen" u. s. w. — Aber es gibt nicht allein Elementarschulen von solchen Vereinen, sondern auch höhere Anstalten, die zum Theil Tüchtiges leisten. Es gibt Gymnasien, Conservatorien, Seminarien, Akademien und Töchterinstitute, welche unter solchen Vereinen stehen. Bald treten die Deutschen unter sich zusammen, bald sind es die, welche den gleichen Beruf haben, ob sie deutsch oder englisch oder eine andere Sprache reden.

Die Privatschulen

werden von einzelnen Personen gegründet und stehen unter deren Leitung. Ein Lehrer kann in den anderen Schulen vielleicht nicht ankommen oder es gefällt ihm die genaue Aufsicht darin nicht, so fängt er auf eigne Faust an und ist dann allerdings sein eigner Herr.

Lehrer, die hinübergehen wollen, können hieraus ersehen, was sie etwa zu erwarten haben. Sie dürfen sich für die erste Zeit keine zu großen Hoffnungen machen und die Anforderungen, die an sie gestellt werden, sind nicht unbedeutend. In die Staatsschulen können sie nicht kommen, weil sie die englische Sprache nicht gründlich genug oder gar nicht verstehen. Wollen sie aber etwa eine deutsche Lehrstelle an einer englischen Schule haben, so müssen sie gewandt sein und sehr gute Zeugnisse haben, sonst kommt die Reihe nicht an sie. — Tüchtige christliche Lehrer sind in den Gemeinden immer nöthig. Sie werden sehr verschieden besoldet, je nachdem die Lehrstelle ist, die sie bekleiden; 600—700 Dollars ist ein mittelmäßiger Gehalt. Die ersten Stellen sind natürlich besser besoldet. Hat ein Lehrer etwas Tüchtiges gelernt und besitzt er dabei gute Gewandtheit im Orgelspiel und im Leiten eines Singchors, so kann er auf eine gute Stelle rechnen, nur muß er oft lange warten. Kann er die englische Sprache, so ist's um so viel besser für ihn. In jedem Falle ist's gut, wenn ihm gute Empfehlungen zur Seite stehen. Er wende sich an einen Geistlichen, der ihm immer Auskunft ertheilen kann. — Lehrer, welche sich in Deutschland schon die Aufsicht der Geistlichen nicht gefallen lassen wollen, bleiben am besten aus den Gemeindeschulen und Confessionsschulen weg. Sie würden dort dasselbe, vielleicht noch sorgfältiger geübt, wieder finden. Für sie wäre aber gar nichts gewonnen, wenn dort an einer Gemeindeschule der Geistliche nicht der erste Vorstand wäre. Solche Lehrer haben dann die Gelegenheit, sich an eine Vereinsschule zu wenden. Kommen sie an, dann mag es ja gut gehen. Aber auch im besten Falle kommen sie aus dem Regen in die Traufe. Will einem Lehrer aber nirgends die Aufsicht gefallen, oder kann er nirgends ankommen, so muß er entweder eine Privatschule anfangen, oder ein anderes Geschäft ergreifen. Will Jemand eine Privatschule anfangen, so sind dazu zwei Dinge unumgänglich nothwendig: erstlich muß er wirklich Tüchtiges leisten, mehr als die bereits vorhandenen Schulen; zweitens muß er bekannt genug sein, so daß er auf Schüler rechnen und ein solcher Schritt gerechtfertigt werden kann. Sind diese beiden Bedingungen gründlich erfüllt, so stellt sich ein solcher Privatlehrer in pecuniärer Beziehung oft besser, als ein Lehrer an einer andern Schule. Allein es hängt Alles von Verhältnissen und Umständen ab und er übernimmt alles Risiko. Die sicherste, obwohl nicht immer die fetteste Stelle hat ein Lehrer immer an einer Gemeindeschule. Die Verhältnisse der dortigen Gemeinden verlangen es aber, daß ein Lehrer ein christlicher Mann sei und auch das Bekenntniß der Gemeinde ihm Herzenssache sei. Die Stellung der Gemeinden ist der Welt gegenüber eine ausgeprägtere, den verschiedenen Bekenntnissen gegenüber eine klarere, als in Deutschland. Wenn der Lehrer nicht als Freund in der Gemeinde sein kann, wird er sich nicht lange halten können. Sollte aber ein Lehrer genöthigt sein, etwas Anderes zu ergreifen und zu treiben, so kann er sich darüber wenigstens insofern beruhigen, als man in Amerika allgemein verständig genug ist, keinerlei ehrliche Beschäftigung für eine Schande zu halten. So lange man eine ehrliche Arbeit thut, es mag sein, welche es wolle, wird man von Jedermann geachtet.

Der Amerikaner hat die Nothwendigkeit guter Schulen längst eingesehen; darum wird auch für Schulen und allerlei Anstalten außerordentlich viel gethan. Ein freies Land muß gute Schulen haben, sonst kann es nicht bestehen. Der Amerikaner handelt aber nach dem Grundsatz: Zuerst die Hauptsache gründlich; ist dann noch Zeit und Kraft vorhanden, so gehen wir weiter.

Der Bildungsstand der Amerikaner im Allgemeinen.

Ueber dieses Capitel wäre viel zu sagen, wir müssen uns aber auf einige Angaben beschränken. — Die Amerikaner sind im Ganzen ein sehr gebildetes Volk und stehen keinem Volke der Erde nach. Unter den Gelehrten gibt es in Deutschland gelehrtere Leute, als in Amerika; aber es gibt in Deutschland noch viel mehr ungelehrtere, ungebildetere Leute, als in Amerika. Die Durchschnittsbildung des Volkes ist dort besser als in Deutschland, und der Unterschied zwischen den Gelehrten und dem Volk ist dort nicht so groß wie hier;

beide verstehen sich dort einander besser, als hier. So unbeholfen, ungeschickt und weit zurück, wie wir das Landvolk in vielen Gegenden Deutschlands finden, findet man die Leute in Amerika nirgends. Die ganzen Verhältnisse bringen das mit sich. Man wird auch immer finden, daß ganz einfache Leute, die aus Amerika kommen, immer gewandter sind, als sie hier waren. In Amerika dreht sich Alles um das Volk und sucht sich mit demselben in Beziehung und Verbindung zu setzen und demselben in praktischer Weise zu nützen. Eigentliche Stubengelehrsamkeit, mit der man nicht wüßte, was anfangen, kommt dort weniger vor, als in Deutschland. Hier ist fast Alles gethan; das Volk braucht nichts zu thun; es thut Tag für Tag seine Arbeit und braucht sich sonst um nichts zu kümmern. Darum hat das Volk auch immer sehr wenig gelesen; jetzt wird es in vielen Gegenden besser. In Amerika aber muß sich das Volk um's ganze Land bekümmern und sich dessen überall annehmen. Das Volk muß die Regierung wählen, seine eigenen Angelegenheiten verwalten, und das Alles erfordert eine gewisse Gewandtheit und Kenntniß aller Verhältnisse. Das Volk ist also eigentlich genöthigt, sich umzusehen. — Aber noch wichtiger ist ein andrer Umstand. Das Volk hat dort nämlich mehr Zeit und ist nicht so geplagt und gedrängt, wie in Deutschland. Es hat Zeit zum Lesen; und darum wird denn auch ungeheuer viel gelesen. Jedes Haus, jeder Bauer liest seine Zeitung, oft mehrere. Vorträge und Versammlungen aller Art werden überall gehalten und so wird eine allgemeine Bildung bis in die entlegensten Gegenden verbreitet. Das Volk versteht seine Sprache, kann geläufig lesen und schreiben und versteht seine Redner, und hat darum von allen Reden und Versammlungen einen wirklichen Gewinn. Der Verfasser muß gestehen, daß er sich überall wundern mußte über das gesunde, umsichtige und klare Urtheil der amerikanischen Farmer. In den Städten namentlich gibt es allerlei Bildungsmittel, die auf's fleißigste benutzt werden. Nirgends werden so viele Versammlungen, öffentliche Vorlesungen und Besprechungen gehalten, wie in Amerika; und nirgends wird für allerlei Versammlungen so viel Geld ausgegeben, wie dort. Die Vereine, Lesegesellschaften, Bibliotheken nehmen kein Ende. Unter den jungen Leuten bestehen Vereine zur Fortbildung, welche sich regelmäßig versammeln. Ein Thema über irgend eine Frage wird aufgegeben, über welches Einer eine Rede halten muß, wenn sie das nächste Mal zusammen kommen. Nach dieser Rede folgt eine allgemeine Debatte über denselben Gegenstand, und oft werden da sehr gute Sachen zu Tage gefördert. Oft müssen sie auch über diesen oder jenen Gegenstand ihre Ansichten gegenseitig austauschen ohne weitere Vorbereitung.

Auch darin ist das amerikanische Volk im Vortheil vor unserm Volk, daß es mehr Mittel hat. Es hat nicht allein die Zeit zum Lesen, sondern auch die Mittel, um gute Zeitungen zu halten und Bücher zu kaufen. Und alle diese Bildungsmittel kann es wohl benutzen. Es versteht, was es liest. Es ist besser in seine Sprache eingeführt, als die meisten Völker, und die Gelehrten reden ein gutes Englisch. Der Amerikaner will das beste Englisch reden und schreiben. Er setzt keinen Ruhm darein, in verwickelten Sätzen einher zu gehen und so reden zu können, daß man ihn nicht versteht; er will sich klar und präcis ausdrücken, trennen am rechten Ort und alle verwickelten Umschweife vermeiden. Sich klar ausdrücken und auch tiefe Gedanken in klaren einfachen Worten sagen, erfordert allerdings einen klarern Geist, als sich in unverständlichen Reden ergehen, da man nur mit Mühe verstehen kann, was gesagt sein soll. Der Unterschied zwischen der Büchersprache und der Volkssprache ist nicht groß. Das rührige, umsichtige und verständige Wesen der Amerikaner auch in den untern Volksklassen ist wohlthuend. Man findet oft unter dem Volk Männer von ganz bedeutenden Kenntnissen. Vor Allem aber sind sie für's praktische Leben sehr brauchbar.

5. Der Staat.

Die Ver. Staaten sind eine Republik, ein freies Land im vollen Sinne des Wortes; die Amerikaner sind freie Leute. Aber unter Freiheit versteht der Amerikaner nicht Gesetzlosigkeit, da Jeder machen kann, was er will, sondern unter Freiheit versteht er zunächst das, daß er selbst sich seine Gesetze geben und auch seine Regierung wählen darf. Die Gesetze, die sich das Volk gegeben hat, will es genau beobachtet haben. Hat sich ein Gesetz als entschieden untauglich und dem allgemeinen Wohle nicht förderlich erwiesen, so wird es verändert oder aufgehoben, wenn die nöthige Stimmenmehrheit für das eine oder das andere ist. So lange diese Stimmenmehrheit nicht da ist, bleibt es Gesetz. Viele tüchtige deutsche Rechtsgelehrten, die das amerikanische Recht eifrig studirten, sagen, es sei ausgezeichnet und die Väter des Landes verdienten die tiefste Achtung. Das ist auch die allgemeine Ansicht.

So lange sich Jemand innerhalb des Gesetzes bewegt und keines Menschen Rechte verletzt, kann er anfangen und machen, was er will; sobald Jemand gegen das Gesetz handelt, sieht er sich in den Händen der Pfleger desselben. Es herrscht vollständige Geschäftsfreiheit und vollständige Wohnungsfreiheit; d. h. man kann ein Geschäft nach dem andern anfangen, oder alle zugleich treiben; man kann im ganzen Lande wohnen, wo man will; darnach fragt Niemand und man wird nirgends gestört. Diese ausgedehnte Geschäftsfreiheit und Wohnungsfreiheit sind für die ganze arbeitende Klasse, sowie für alle Geschäftsleute die Hauptzüge der amerikanischen Freiheit. Abgaben muß man auch dort bezahlen; früher waren sie sehr mäßig, seit dem Kriege aber sind sie schwerer geworden.

Wer **Bürger** der Ver. Staaten werden will, der hat für die Ausfertigung der Papiere 5 Dollars zu zahlen; das ist Alles. Den ersten Schein bekommt man gleich, den zweiten später. Der Aufenthalt, der zum völligen Bürgerrecht nöthig ist, ist in den verschiedenen Staaten verschieden lang, doch nirgends über fünf Jahre. Mit diesem Schein ist man im ganzen Land, in jedem Staat und in jeder Stadt selbstverständlich Bürger und braucht nicht wiederan jedem Orte besondere Schritte zu thun. Will man aber nicht Bürger werden, so kann man lebenslang dort wohnen und wird von keinem Menschen darüber befragt, oder gestört. Man hat im Privatleben denselben Rechtsschutz und hat Theil an denselben Vortheilen, die ein Bürger hat. Nur am öffentlichen Leben, am Staatsleben, darf man sich in keinerlei Weise betheiligen: man hat nirgends eine Stimme, darf nirgends wählen und kann nicht gewählt werden. — Wer hinüber geht und drüben zu bleiben gedenkt, thut am besten, wenn er sich gleich das Bürgerrecht erwirbt.

Die Regierung.

Das Volk regiert sich insoferne selbst, als es seine Regierung selbst wählt. — Wir müssen unterscheiden zwischen der Regierung **des ganzen Landes** und der Regierung **jedes einzelnen Staates.**

Die Regierung **der Union** besteht aus dem **Präsidenten** mit seinen **Ministern** und dem **Congreß** der Ver. Staaten.

Der **Präsident** wird auf folgende Weise **gewählt.** — Er wird auf vier Jahre gewählt und kann immer wieder gewählt werden. Er soll ein Eingeborner, oder doch seit vierzehn Jahren Bürger und Einwohner der Ver. Staaten und wenigstens 35 Jahre alt sein. Er wird nicht unmittelbar von dem Volke, sondern von Wahlmännern gewählt. Jeder Staat wählt so viele Wahlmänner, als er Senatoren und Repräsentanten zum Congreß zu schicken berechtigt ist. Wer irgend ein bezahltes oder Ehrenamt der Ver. Staaten hat, kann nicht als Wahlmann gewählt werden. Die Wahlmänner versammeln sich in ihren verschiedenen Staaten an demselben Tage und wählen einen Präsidenten und einen Vice-Präsidenten, von denen wenigstens einer nicht Einwohner des wählenden Staates ist, unterzeichnen und beglaubigen die Wahl und schicken die versiegelte Liste an den Präsidenten des Senats in Washington. Sind die Listen von allen Staaten eingelaufen, dann versammeln sich die Senatoren und Repräsentanten alle in der Senatskammer und der Präsident des Senats öffnet vor ihnen diese versiegelten Listen und die Stimmen werden gezählt. Wer die absolute Mehrheit hat, ist Präsident und wird nun hier als solcher erklärt und proclamirt. Die absolute Mehrheit verlangt wenigstens eine Stimme mehr, als die Hälfte aller Wahlmänner. Es ist schon vorgekommen, daß mehr als zwei Parteien im Lande waren und mehr als zwei Candidaten — drei, vier, oder einmal sogar fünf — gewählt worden waren. In einem solchen Falle ist nicht derjenige zum Präsidenten gewählt, welcher die meisten Stimmen unter diesen Candidaten hat, wenn er nicht zugleich die absolute Mehrheit hat. Der Congreß der Ver. Staaten besteht gegenwärtig aus 324 Gliedern; nämlich 83 Senatoren und 241 Repräsentanten. Es werden also auch 324 Wahlmänner gewählt und zu einer Präsidentenwahl sind darum wenigstens 163 Stimmen nöthig. Sind mehr als zwei Candidaten aufgestellt und die Stimmen zu sehr vertheilt, daß keiner mehr als die Hälfte hat, so wählen die Repräsentanten aus den Dreien, welche die meisten Stimmen haben, den Präsidenten. Hierbei haben aber die Abgeordneten jedes Staates nur eine Stimme; es ist also die Mehrzahl aller Staaten erforderlich, um über die Wahl zu entscheiden. Da aber die verschiedenen Parteien gewöhnlich ihre Vertreter im Congreß haben und diese zu ihren Parteien stehen, so kann es vorkommen, daß nur mit Mühe einer die nöthige Mehrzahl erhält.

Die Wahl des Vice-Präsidenten geschieht in ähnlicher Weise; im letzten Falle entscheidet der Senat nach Köpfen zwischen Zweien, welche die meisten Stimmen haben. Der Vice-Präsident ist immer Präsident des Senats. Kommt der Präsident auf irgend einer Weise aus dem Amte, so tritt der Vice-Präsident an dessen Stelle; fehlt auch dieser, so wählt der Congreß einen Präsidenten bis zur nächsten regelmäßigen Wahl.

Der Präsident ist die vollziehende Gewalt. Er wählt sich seine Minister selbst. Er ist Oberbefehlshaber der Land- und Seemacht, selbst der Landwehr, wenn diese für das Land in Thätigkeit gesetzt wird; er beruft den Congreß in außerordentlichen Fällen, fordert und erhält Bericht von allen Behörden, darf begnadigen, sorgt überhaupt für die rechte Handhabung der Gesetze und ist die ausübende Gewalt des Landes. Er verliert, wie jeder andere Beamte des Bundes, sein Amt, wenn er sich Verrath, Bestechung oder schwere Verbrechen zu Schulden kommen läßt. — Der Präsident des großen Landes hat ein jährliches Gehalt von nur 25,000 Dollars.

Der Congreß der Ver. Staaten besteht aus den Senatoren und Repräsentanten, entsprechend dem Oberhaus und dem Unterhaus, oder der Kammer und dem Abgeordnetenhaus. Er ist die Vertretung des Volkes und die gesetzgebende Macht des Landes. — Jeder Staat, ohne Rücksicht auf Größe und Bevölkerung, hat zwei Senatoren. Der Staat New-York mit seinen 4 Millionen hat nicht mehr Senatoren, als Delaware mit seinen 112 Tausend Einwohnern. Dadurch würden aber die Rechte der größern Einwohnerzahl eines Staates gegenüber der geringern Bevölkerung eines andern Staates nicht genügend geschützt. Darum wird auf je 93,423 Einwohner eines Staates ein Repräsentant gewählt. Jeder Staat wählt wenigstens einen Repräsentanten, auch wenn er diese Einwohnerzahl noch nicht hat. — Die Repräsentanten werden vom Volke jedes Staates auf zwei Jahre gewählt. Jeder Repräsentant soll wenigstens 25 Jahre alt, 7 Jahre Bürger der Ver. Staaten und Einwohner des Staates sein, für welchen er gewählt wird. Das Haus der Repräsentanten erwählt seine Sprecher und sonstigen Beamten; es hat allein das Recht, öffentliche Anklagen (Impeachments) zu erheben.

Die Senatoren werden nicht unmittelbar von dem Volk der einzelnen Staaten gewählt, sondern die Regierung oder Legislatur jedes einzelnen Staates wählt für ihren Staat zwei Senatoren auf 6 Jahre. Jeder Senator soll wenigstens 30 Jahre alt, 9 Jahre Bürger der Ver. Staaten und Einwohner des Staates sein, der ihn wählt. Die Zahl der Senatoren ist jetzt 83, nämlich zwei von jedem der 37 Staaten und je einer von den neun*) Territorien. Der Vice-Präsident der Ver. Staaten ist immer ex officio Präsident des Senats; er entscheidet bei Stimmengleichheit. Der Senat hat die Befugniß eines Gerichtshofes bei Staatsanklagen. Eine Klage gegen den Präsidenten oder einen andern Beamten der

*) Das Indianer-Territorium und Alaska sind hier nicht eingeschlossen.

Ver. Staaten muß vom Repräsentantenhaus erhoben werden; weiter geht die Befugniß des Repräsentantenhauses nicht. Der Senat verwandelt sich dann in einen Gerichtshof und wird von seinem Vorsitzer als solcher erklärt, und untersucht und richtet dann die betreffende Anklage. Zu einer Verurtheilung sind zwei Drittel der Stimmen erforderlich. Die Strafe des Senats kann nur die sein, daß er den Betreffenden schuldig erklärt und unfähig, ein Amt zu bekleiden und ihn seines Amtes entsetzt. Die weitere Verfolgung bleibt den gewöhnlichen Gerichten überlassen. Gegen Johnson, welcher durch die Ermordung Lincolns vom Vice-Präsidenten zum Präsidenten erhoben wurde, wurde vom Repräsentantenhause eine Anklage erhoben, welche aber im Senat nicht die nöthige Stimmenzahl erhielt und fallen gelassen werden mußte.

Der Congreß der Ver. Staaten versammelt sich regelmäßig jedes Jahr am ersten Montag des December und bleibt bis zur Erledigung seiner Geschäfte beisammen. Er versammelt sich aber auch auf Befehl des Präsidenten zu jeder andern Zeit. Die Mehrzahl jedes Hauses genügt, um Beschlüsse zu fassen. Keiner, der ein öffentliches Amt bekleidet, kann Senator oder Repräsentant werden. Keiner von diesen ist wegen der in den Kammern gehaltenen Reden außerhalb derselben verantwortlich; keiner darf verhaftet werden, es sei denn wegen Verrath, Felonie und Friedensbruch. Der Congreß hat sehr erhebliche Rechte. Er nimmt neue Staaten in die Union auf, wenn sie die hinlängliche Volkszahl (60,000) haben und ihre Constitution den Gesetzen gemäß ist. Die Aufnahme kann jedoch nur vom Präsidenten proclamirt werden. — Ein Gesetz entsteht auf folgende Weise: Jedes Gesetz, welches Geldbewilligungen betrifft, nimmt seinen Anfang im Hause der Repräsentanten und geht dann zum Senat. Dieser kann Aenderungen vorschlagen und es wieder an das Haus zurückschicken. Jedes Gesetz wird in jedem der beiden Häuser drei Mal vorgelesen, und wenn die Mehrheit dafür ist, wird es zum Präsidenten gesandt, daß er es durch seine Unterschrift bestätige. Thut er dieses, so wird es dadurch ein giltiges Gesetz; thut er es nicht, so geht es mit seinem Veto wieder an das Haus zurück, in welchem es seinen Ursprung nahm. Nun wird der Gesetzesvorschlag wiederum in Berathung gezogen. Wenn aber wenigstens zwei Drittel beider Häuser sich für die Vorlage erklären, dann ist sie Gesetz und hat Gesetzeskraft, auch trotz des Veto's von Seiten des Präsidenten. Ein Gesetz wird also angenommen, entweder von einer einfachen Mehrheit des Congresses mit der Bestätigung des Präsidenten, oder mit wenigstens zwei Drittel des Congresses ohne Bestätigung des Präsidenten. Alle Nomixationen zu Beamten gehen vom Präsidenten aus und werden vom Senat bestätigt.

Die oberrichterliche Gewalt ist in den Händen des höchsten Gerichtshofes, welcher seinen Sitz in der Hauptstadt hat, und der niedern Tribunale, welche in allen Staaten zu finden sind und vom Congreß bestellt werden. Alle Angelegenheiten, welche die Ver. Staaten als solche betreffen, werden vor diesen Gerichten verhandelt uud von den Unter-Gerichten kann man sich auf das Ober-Gericht berufen. Privatklagen einzelner Parteien unter sich kommen nicht vor diese Gerichte. Dagegen — Streitfragen zwischen einzelnen Staaten mit einander, — zwischen Bürgern verschiedener Staaten, — zwischen einem Staat mit seinen Bürgern, — auch zwischen Bürgern ein und desselben Staates, wenn sie öffentliche Ländereien betreffen, werden vor diesen Gerichten verhandelt. — Es bestehen also in jedem Staat zweierlei Gerichte: Gerichte der Vereinigten Staaten, und Gerichte des betreffenden Staates selbst. Sämmtliche Ober- und Unter-Richter an den Ver. Staaten-Gerichtshöfen werden von der Bundes-Regierung auf unbestimmte Zeit (gewöhnlich lebenslänglich) gewählt, — die einzigen Beamten, bei welchen dieß der Fall ist. Sie bleiben im Amt, so lange sie es pflichtmäßig vertreten und bekommen ein festes Gehalt, welches während ihrer Amtsführung nicht vermindert werden darf. Die Untersuchung aller Verbrechen geschieht in den Städten, in denen oder in deren Bereich das Verbrechen begangen wurde. Für Verbrechen, welche außerhalb der Ver. Staaten begangen worden sind, bestimmt der Congreß den Ort der Untersuchung. Als Hochverrath gilt allein die Erregung eines Krieges gegen die Ver. Staaten oder Hilfeleistung und Unterstützung ihrer Feinde.

Alle gesetzgebenden, vollziehenden und richterlichen Staats-Beamten der Union und der einzelnen Staaten haben die Aufrechthaltung der Constitution zu beschwören; ein religiöses Bekenntniß wird nicht gefordert.

Die Regierung der einzelnen Staaten hat dieselbe Form, wie die Regierung der Union. Ein Gouverneur ist der oberste Beamte und die vollziehende Gewalt eines Staates; er hat in diesem dieselben Rechte, wie der Präsident im ganzen Land. Er wird gewöhnlich auf vier Jahre gewählt; doch können es hierin die verschiedenen Staaten verschieden halten. — Die gesetzgebende Gewalt besteht in einem Ober- und Unterhaus (Senatoren und

Repräsentanten). Jeder Staat ist unabhängig von dem andern und verwaltet seine eigenen Angelegenheiten. — Die Richter der einzelnen Staaten und Städte werden nur auf eine bestimmte Zeit gewählt.

6. Die Presse.

Die Presse hat in Amerika einen großen Einfluß. Alle Parteien haben ihre gewissen Zeitungen als Organe, in welchen ihre Interessen vertreten und gefördert werden. Nirgends werden so viele Zeitungen gelesen, wie in den Ver. Staaten; nirgends wird so viel Geld dafür ausgegeben, wie ebendaselbst. Alles will lesen; in jedem Hause sind Zeitungen zu finden. Die Zahl der erscheinenden Blätter geht in's Unglaubliche; und die allermeisten haben einen großen Leserkreis. Es erscheinen Monatshefte, Wochenblätter, halbwöchentliche und tägliche Zeitungen, welche sich über alle Fragen der Wissenschaft und des Lebens verbreiten. — Die Theologie ist durch Monatshefte und wöchentliche Blätter stark vertreten; sie sind zum Theil wissenschaftlich, zum Theil erbaulich. Jede Synode, auch wenn sie nur klein ist, will ihr Organ haben, welches sie eifrig in ihren Gemeinden verbreitet. Kirchliche Blätter weit zu verbreiten, versteht man in Amerika besser, als in Deutschland; das Synodalleben bringt das vielfach mit sich. Von jedem Gemeindeglied wird erwartet, daß es die Blätter der Synode lese. — Die andern Facultäten sind natürlich auch nicht müßig; es erscheinen in den verschiedenen Theilen des Landes medicinische, philosophische und juridische Zeitschriften. Stärker aber als diese ist die Unterhaltungs- und Jugendliteratur vertreten. Am meisten von allen sind jedoch die politischen Tagesblätter verbreitet und sie erscheinen in größter Anzahl. In einem Land wie Amerika bildet die politische Presse eine bedeutende Macht. Die englische Presse ist im Allgemeinen streng sittlich gehalten, wenigstens anständig. Ausfälle gegen die religiösen Ansichten Anderer sind nicht gebräuchlich; Spott über das Heilige kommt nicht vor. Auch die deutsche politische Presse in den Ver. Staaten ist einflußreich und zum Theil gediegen. Es erscheinen etwa 300 deutsche Zeitungen, von denen viele einen weiten Leserkreis haben. Die meisten sind voll Ruhm über amerikanische und voll Klage über deutsche Verhältnisse. Für ein ernstes Christenthum erheben nur wenige ihre Stimme.

Zweiter Theil.

Der Auswanderer auf dem Weg zum Ziele,

oder:

Ein Rathgeber für Auswanderer.

I. Ueber Auswanderung im Allgemeinen.

Liebe Auswanderer!

Forthin habe ich es nur mit Euch zu thun, die Ihr im Sinne habt, Eure Heimath zu verlassen, oder schon zur Auswanderung entschlossen seid. Ich habe Euch allerlei über Land und Leute in Amerika gesagt, auf daß Euch die dortigen Verhältnisse nicht ganz fremd sein sollten. Zugleich sollt Ihr dadurch in Stand gesetzt werden, die verschiedenen Verhältnisse und Gelegenheiten zu prüfen und das Beste zu wählen. Leset darum das Vorangehende sorgfältig durch und prüfet Alles. Es gibt immer Leute, die Euch eine besondere Gegend anpreisen wollen, und da muß dann eines Jeden Land immer das beste von Allem sein. Es kann Euch überall gut gehen; es kann Euch überall schlecht gehen; ein Paradies findet Ihr nirgends. Es wird überall viel auf Euch selbst ankommen; und an Gottes Segen ist Alles gelegen. Doch ist's in einem Lande leichter, als im andern, und wiederum in einer Gegend eines Landes ist es leichter, als in einer andern. Möge die vorangehende Schilderung im Stande sein, Euch zu einer guten Wahl zu helfen.

Aber es handelt sich nicht allein darum, in welcher Gegend Amerikas es am Besten für Euch ist, es handelt sich auch darum, ob Euch Amerika überhaupt mehr bieten kann, als Eure Heimath. Auch hier gilt's, Alles zu prüfen. Vor Allem muß ich Euch gleich hier bitten: Nehmt es mit Eurer Auswanderung nicht zu leicht und seid namentlich mit Eurem Entschluß nicht zu eilig, sondern überleget Alles mit Nüchternheit und Ruhe. Nur nicht in einem gewissen Rausch zum Land hinaus eilen, sondern sich erst recht bewußt werden, was man eigentlich will. Du bist unzufrieden mit Deinen Verhältnissen, möchtest gerne aus denselben heraus; hast von Amerika gehört, wie gut es da gehe; hast vielleicht auch schon Solche gesehen, die in Amerika waren und in der Heimath einen Besuch machten. Du sahest wohl, daß es ihnen „besser" gehe, als Dir; und nun möchtest Du eiligst fort auch dahin, um auch Schätze zu sammeln, daß es Dir auch „besser" gehe. Irgend ein „guter Freund" kommt noch dazu, ermahnt Dich und wendet allerlei Mittel an — und Du bekommst ein Fieber, das Auswandererfieber. Wenn aber die Leute einmal das Auswandererfieber haben, dann kann man wenig mehr mit ihnen machen. Dieses ist nicht die rechte Weise; so soll man seine Heimath nicht verlassen. Es handelt sich nicht blos um Auswanderung, es handelt sich um noch so Vieles, was damit verbunden ist und an was der Auswanderer gar nicht denkt. Erst hintendrein erfährt er's. Wenn Viele vorher gewußt hätten, was sie nachher erfuhren, so wären sie hübsch daheim geblieben. Und darum überleget Alles recht und lasset Euch auch von Denen rathen, die hierin Bescheid wissen. In Auswanderungssachen kann nicht Jeder rathen; darum fraget die, welche davon etwas verstehen und dabei gewissenhaft sind. Sehet zu, ob sie Vortheile dabei haben oder nicht; ist es der Fall, so ist damit noch nicht gesagt, daß ihr Rath falsch, eigensüchtig oder gewissenlos sei, doch thut Ihr wohl, wenn Ihr vorsichtig seid; ist es nicht der Fall, dann könnt Ihr ihren Rath um so zuversichtlicher annehmen und Ihr solltet ihn befolgen.

L a s s e t E u c h r a t h e n v o n d e n e n, d i e e s g u t m i t E u c h m e i n e n. Es wird jetzt wirklich Vieles zum Schutz der Auswanderer gethan, namentlich in Amerika. Allein es scheint manchmal, als wolle Alles nichts helfen. Redliche und eifrige Männer, und Gesellschaften in verschiedenen Hafenplätzen Amerikas und an vielen anderen Orten, die es sich zur Pflicht gemacht haben, die Auswanderer in jedmöglicher Weise zu schützen und ihnen zu helfen, haben mir vielfach geklagt: Es hilft ja doch nichts; man braucht sich nicht weiter zu bemühen; wer es gut mit dem Volke meint, der redet in den Wind; kommt dann Einer und nimmt sie in eine Kneipe und gibt ihnen ein Glas Bier, dann ist aller gute Rath vergessen. Das Volk ist mißtrauisch und nimmt einen nüchternen, guten Rath selten an. In den Kneipen aber wird es hingerissen und den Schwindlern und Schurken, die recht tüchtig schwatzen und lügen können, glaubt es eher, als redlichen Menschen. Das Volk ist allerdings mißtrauisch und hat viel Grund dazu; es läßt sich in solchen Sachen nicht leicht sagen. Den Auswanderern ist auf der Reise schon allerlei begegnet, durch Schaden aber wird man nicht immer klug, jedenfalls aber immer mißtrauisch. Darum überleget Euch Alles daheim und werdet Eures Schrittes gewiß, dann braucht Ihr auf der Reise nicht jeden Herbeigelaufenen zu fragen. Ich bin überzeugt, daß sich Viele auch noch rathen lassen und in dieser Zuversicht ertheile ich auch meinen Rath und glaube dabei sagen zu können: Wenn Ihr meinen Rath annehmt, dann werdet Ihr es nie bereuen; Viele unter Euch werden mir im Gegentheil einmal dankbar sein. — Leset nun auch dieses Capitel „über Auswanderung im Allgemeinen" noch sorgfältig durch und dann erst fasset Euren Entschluß. Ihr werdet es dann mit mehr Umsicht und wirklichem Verständniß thun können, als es ohne das der Fall ist.

1. Auswanderung ist nichts Neues.

Sie hat immer stattgefunden. „Füllet die Erde" ist eine Mahnung an die Menschheit, welche von Anfang der Welt befolgt wurde und nach welcher es geschehen wird, daß alle Lande voll sein werden. Durch die Völker der Erde zieht sich von Anbeginn ein starker Wandertrieb. Ueberall regt und bewegt's sich; überall wandert man aus und ein. Man kann auch nicht sagen, daß die Völker am besten daran waren, welche sich am meisten abgeschlossen und am wenigsten auswanderten. Die Auswanderung geschah nie ohne weiteres willkürlich, sondern entsprach einem vorhandenen Bedürfnisse. Bald war der Strom der Auswanderung gewaltig stark, bald einem stillen Bächlein gleich, das sich geräuschlos durch ein schönes Thal windet. Der gewaltige Strom reißt dann immer mehr mit sich fort, während das einsame Bächlein im Thale verhallt.

Und was sind die Gründe der Auswanderung? Im Allgemeinen kann man alle Gründe zusammenfassen in das Wort: Unzufriedenheit mit der bisherigen Lage und die

Absicht, seine Lage zu verbessern. Solcher mehr oder weniger Unzufriedenen, welche die Absicht haben, ihre Lage zu verbessern, erkennen wir hauptsächlich vier Klassen. Bald sind es Abenteurer, Weltverbesserer, Glücksritter, allerlei unzufriedene, eingebildete, überspannte Menschen, denen kein Land Thränen nachweint, wenn es sie ziehen sieht und über welche sich kein Land freut, wenn es sie kommen sieht. Diese nicht wünschenswerthen Auswanderer sind zum Glück immer nur die kleinere Zahl gewesen. Bald sind es solche, die aus politischen Gründen ihr Vaterland verlassen und die da meinen, die Rechte ihrer Person wären in den staatlichen Verhältnissen entweder nicht genügend geschützt oder kämen nicht zu ihrem Recht. Ferner haben Viele aus religiösen Gründen ihre Heimath verlassen. Die obwaltenden Verhältnisse waren ihrer Ueberzeugung entgegen und sie sahen sich innerlich gezwungen, sich um ihres Glaubens willen von allem Schönen der Heimath zu trennen. Bei weitem die Allermeisten aber wandern aus um der Armuth willen. Sie finden es in der Heimath schwer, das tägliche Brod zu erringen. Ein anderes Land, glauben sie, bietet ihnen größere Vortheile, macht es ihnen leichter, sich eine Existenz zu gründen; und darum: Fahre wohl, du traute Heimath, väterliches Land; du bist zwar schön und angenehm, aber wir ziehen in ein besseres Land.

Es ist also nicht die Frage, ob Auswanderung überhaupt recht sei; sondern es handelt sich darum, daß der Strom der Auswanderung in die rechte Bahn geleitet werde und immer die gehörige Richtung behalte. So lange es noch ein Land auf Erden gibt, welches mehr Vortheile bietet, als andere Länder, so lange wird man diesem Lande zueilen und seine Schätze suchen.

2. Welchen Zug sie genommen.

Der Zug der Völker geht mit der Sonne von Osten nach Westen*) und dabei mehr mit einer südlichen Neigung, als mit einer nördlichen. Die Auswanderung in der Richtung von Westen nach Osten ist nie bedeutend gewesen. — Seit hundert Jahren wandern die Menschen mehr nach den Ver. Staaten von Nord-Amerika, als nach irgend einem andern Land; und seit Jahrzehnten strömen die Menschen so massenweise dorthin, wie das sonst nie und nirgends der Fall war. Jetzt wandern jährlich etwa 300,000 Menschen von den europäischen Völkern nach den Ver. Staaten,

*) Die Kreuzfahrer rechnen wir nicht zu den Auswanderern.

darunter sind etwa 125—130,000 Deutsche. Wir geben hier eine vergleichende Tabelle der Einwanderung im Hafen von New-York in den letzten zehn Jahren; daraus ist zu ersehen, daß seit 1866 die Auswanderung aus Deutschland bedeutend stärker ist, als sie früher war. Schon 1865 fing, der Unsicherheit der Verhältnisse wegen, diese massenhafte Auswanderung an. Diese Liste ist nach den officiellen Angaben der betreffenden Behörden in New-York. In den letzten zwei Jahren ist die Einwanderung von Deutschen im Hafen von New-York wieder schwächer, als in den vorhergehenden Jahren, nicht weil die Auswanderung aus Deutschland überhaupt schwächer geworden wäre, sondern weil die Einwanderung in andern amerikanischen Häfen, besonders Baltimore, stärker geworden ist.

Tabelle der Einwanderung im Hafen von New-York:

1860	landeten	in	New-York	107,802	Personen,	darunter	Deutsche	37,946
1861	"	"	"	67,248	"	"	"	27,218
1862	"	"	"	76,700	"	"	"	24,172
1863	"	"	"	155,223	"	"	"	38,263
1864	"	"	"	185,208	"	"	"	53,929
1865	"	"	"	200,009	"	"	"	82,894
1866	"	"	"	233,717	"	"	"	108,840
1867	"	"	"	241,854	"	"	"	115,829
1868	"	"	"	211,359	"	"	"	104.515
1869	"	"	"	257,523	"	"	"	101,571

Die Einwanderung für 1869 vertheilt sich auf folgende Nationalitäten:

Deutsche	101,571
Irländer	60,840
Engländer	37,699
Schweden	25,055
Schweizer	4,668
Dänen	3,593
Norweger	5,903
Franzosen	2,870
Wallliser und Schotten	9,824
Verschiedene Nationalitäten	5,500

Von dieser Zahl der Einwanderer kamen mit Dampfschiffen 229,190, mit Segelschiffen 28,333 Personen.

Es ist nicht ohne Bedeutung, zu sehen, wie sich diese Tausenden auf die Ver. Staaten vertheilen, weil man daraus ersehen kann, welche Staaten am meisten gesucht sind. Die Einwanderer in New-York für 1869 gaben als Reiseziel die folgenden Staaten an:

Alabama	105	Personen	Nebraska	1653	Personen
Arkansas	18	„	Nevada	41	„
California	3806	„	New-Brunswick	59	„
Canada	2695	„	New-Foundland	1	„
Colorado	92	„	New-Hampshire	172	„
Connecticut	4032	„	New-Jersey	8101	„
Dakota	9	„	New-Mexiko	6	„
Delaware	152	„	New-York	85,810	„ *)
Distrikt Columbia	401	„	North-Carolina	118	„
Florida	22	„	Nova Scotia	49	„
Georgia	127	„	Ohio	12,180	„
Idaho	9	„	Oregon	24	„
Illinois	38,213	„	Pennsylvania	32,135	„
Indiana	3184	„	Rhode Island	2285	„
Iowa	8216	„	South-Carolina	149	„
Kansas	1669	„	Tennessee	510	„
Kentucky	881	„	Texas	292	„
Louisiana	249	„	Utah	2327	„
Maine	230	„	Vermont	510	„
Maryland	1585	„	Virginia	785	„
Massachusetts	8384	„	Washington Ter.	3	„
Michigan	7218	„	West-Virginia	150	„
Minnesota	6826	„	Wisconsin	17,003	„
Mississippi	118	„	Wyoming	5	„
Missouri	4414	„	Verschiedene Länder	146	„
Montana	19	„	Unbekannt	336	„

Alle diese Einwanderer sind mit verschiedenen Hoffnungen und Wünschen erfüllt und mit verschiedener Befähigung, ihre Ansprüche zu rechtfertigen, begabt.

3. Wie es den Auswanderern geht.

Wie geht es nun diesen Tausenden? Jedenfalls sehr verschieden. Es geht nicht Allen gut. Ist doch nirgends alles Gold, was glänzt. Viele sind hinüber gekommen und haben nicht gefunden, was sie suchten; viele Andere wurden ganz befriedigt und haben über Erwarten gefunden. — Viele, die nicht von der Armuth, sondern von andern Gründen hinüber getrieben wurden, die daheim Brods die Fülle hatten, sind dort in der größten Noth und möchten schier vergehen in ihrem Kummer. Ihren größten Schmerz können oder wollen sie Niemand klagen. Die sind verschollen; daheim hört man gewöhnlich nichts mehr von ihnen. Ein trauriges, enttäuschtes Leben ist ihr Loos, das ihnen immer schwerer zu tragen wird. Viele, die in der Heimath „reich" waren, Herren waren, Knechte,

*) Das macht die Stadt New-York und ihre Umgebung.

Mägde und Taglöhner hatten, sind drüben arm, müssen nun selber dienen und sich ihr liebes Brod als Taglöhner erwerben. Gar Mancher war in Deutschland gewohnt zu befehlen, drüben muß er sich befehlen lassen. Das sind stille Schmerzen, die sich oft unbegreiflich durch's Menschenleben ziehen. — Andere kamen hinüber und dachten wie „Herr Urian": „Da liegt das Gold wie Stroh, du sollst 'nen Sack voll nehmen." Auch das sind nicht die Leute, denen es drüben gut geht. Die wollen bequem leben, gut essen und trinken und möglichst wenig arbeiten; sie ziehen immer hin und her, versuchen bald dies, bald das und kommen nirgends zur Ruhe, finden nirgends das gesuchte Eldorado und überall fliegen die Tauben für sie zu hoch. Enttäuscht und entmuthigt sehnen sie sich nun nach der alten Heimath zurück oder wünschen sich des Lebens Ende. — Doch auch Vielen, ja den Meisten geht es gut oder doch besser, als in Deutschland. Es sind die, welche sparsam, fleißig und brav hinüberkamen. Im Allgemeinen macht man die Beobachtung, daß es den Leuten aus geringen Verhältnissen, armen Leuten, drüben am besten geht, wenn sie dabei fleißig und sparsam sind. Diese kommen nicht mit überspannten Ideen, machen keine großen Ansprüche, wollen tüchtig arbeiten und halten ihre Sachen zusammen. Sie haben keine Mittel, auf die sie sich verlassen könnten und greifen gleich Alles an. Diese, die sich Alles gefallen lassen, keine Mühe scheuen, kommen vorwärts, werden reich und ihnen geht es gut. Sehr viele solcher Leute finden sich drüben im besten Wohlstand und wenn sie einmal einen guten Anfang haben, dann geht es viel leichter und schneller. Sehr Viele, die arm hinüber kamen, zählen jetzt zu den reichsten Bürgern und haben sich eine äußerst glückliche Heimath gegründet. Es wäre wohl der Mühe werth, einzelne solcher Beispiele anzuführen. — Dagegen, wer mit hohen Ansprüchen kommt, sich auf seine Mittel verläßt, die er noch hat, übertriebene Erwartungen und Ideen im Kopf herumschwirren läßt und wählerisch ist, nicht Alles angreifen will und von sich selbst wer weiß was Alles hält und erwartet — der ist für Amerika nicht geschaffen, dem geht es nicht gut. Dort muß man — mit einem Wort — namentlich in der ersten Zeit sich Alles gefallen lassen; man muß bereit sein, Alles zu thun und Alles zu tragen, was vorkommt. Das ist der Weg zum Glück, sofern es sich hier um Glück handelt.

4. Was **gegen** die Auswanderung ist.

Jeder Mensch hat seine Heimath lieb; und wenn er das nie

gewußt hat, dann fühlt er's in dem Augenblick, da er sie verlassen soll. Die Heimath muß nicht schön und reich sein, um sie lieben zu können: auch der Aermste hat sie gern, und der Eskimo sehnt sich zurück nach seinen Eisbergen, wenn man ihn in's üppige Thal des Südens setzt. Die Stätte, wo wir das Licht der Welt erblickten, wo wir die glücklichen Tage der Kindheit erlebten, wo wir von der Mutter geführt und beglückt wurden, wo wir an des Vaters Hand durch Wald und Flur wandelten und er uns Alles erklärte und auf alle unsre Fragen antwortete, wo wir mit den „Kindern" spielten und so froh waren — diese Stätte hat sich tief in unser Herz eingegraben und wir können sie nicht vergessen; mit dieser Stätte sind wir durch so innige, zarte Bande verbunden, daß „weder Zeit noch Ort" sie lösen können. Der ist auch nicht zu beneiden, der mit seiner Heimath so wenig verbunden ist, daß er sie jederzeit mir nichts dir nichts verlassen kann; er wird auch in der neuen „Heimath" nicht der besten Bürger einer werden. Viele können ihre Heimath im fremden Lande — auch wenn es ihnen ganz gut geht — nie vergessen und sehnen sich immer nach ihr zurück; ihnen klingt durch Alles hindurch nur ein Reim: 's ist zwar schön im fremden Lande, doch zur Heimath wird es nie. Sie hören nichts lieber, als Klänge aus der Heimath, reden von den trauten Bergen und lieblichen Thälern, von den Straßen und Gassen, von den Bäumen und Gärten, Wiesen und Feldern, von den Kameraden und all den Leuten, und der Kirche und dem Friedhofe, wo so Manche ruhen, die man gekannt und geliebt; — man glaubt es nicht, aber in der Fremde ist einem Alles wichtig. Daheim ging man vielleicht gleichgültig an einander vorüber, in der Ferne ist man auch am Geringsten froh. Und wenn ein junger Mensch in der Ferne das Heimweh hat, glaube mir, er würde Freudenthränen weinen, wenn er nur seines Vaters Hund sehen könnte. — Es ist nicht leicht, das Vaterland zu verlassen. Viele, ja die Meisten, würden wieder umkehren, noch ehe sie nach Amerika kommen, wenn sie nur könnten. Wenn die Wohnung — wär's auch nur eine Hütte — verkauft ist und Du nichts mehr Dein eigen nennen kannst, wenn die Scheidestunde schlägt, die Kinder weinen und nicht fort wollen, wenn sich die Freunde und Nachbarn um Dich herumsammeln und es nun zum letzten Male heißt: Behüt' Euch Gott; lebet Alle wohl!. noch einen letzten Händedruck und nun fort. — Schon da würde Mancher gerne wieder daheim bleiben, wenn er noch könnte.

Und nun kommt die Reise. Du wendest Dich hundert Mal

um und schaust zurück nach dem stillen Dorfe, wo sie draußen noch stehen und Dir nachsehen. Endlich siehst Du Niemand mehr: auch das Dorf verschwindet; der alte Kirchthurm war nie so schön, wie jetzt, — mit ihm ist das Letzte der Heimath deinen Blicken entschwunden. Du hast's nie geglaubt, daß Dir so zu Muthe werden könnte, wie Dir's nun wird. Aber Du mußt weiter, aus dem Dorfe und zum Lande hinaus. Und nun kommt das große Meer, und der Sturm, und die Seekrankheit, und Alles zusammen — die Meisten sagen dann: Ach, wenn ich nur wieder daheim wäre, ich wollte gewiß nicht wieder fort. — Eine Reise nach Amerika ist und bleibt beschwerlich, namentlich für das arme Volk, das im Reisen unerfahren ist und auch die Mittel nicht hat, um von den Bequemlichkeiten Gebrauch machen zu können, mit welchen jetzt die Reise erleichtert wird. Wer Geld hat und des Weges kundig ist, der hat damit Erleichterungen und Vortheile, welche für die allermeisten unsrer Auswanderer eben nicht da sind. Rettende Menschen können wohl viel helfen in Noth und schützen vor Betrug, aber immerhin bleibt Tag und Nacht Mühe und Unruhe genug. Schwer ist die Reise vor Allen für den armen Mann mit großer Familie, besonders wenn noch kleine Kinder da sind. Den Kleinen gefällt's nirgends: schon am ersten Abend wollen sie „heim, heim"; bald wollen sie Brod, bald Wasser haben, haben allerlei Bedürfnisse und wünschen allerlei Dinge, die man nun auf der Reise doch nicht haben kann, auch für's Geld nicht. Da soll der Vater sorgen und helfen an allen Ecken und Enden und weiß selbst nicht, wo ihm der Kopf steht. Wenn sie dann krank werden, oder es stirbt gar eins — was doch eben auch vorkommt — dann kann man Herzen brechen sehen. Und auch die Gefahr der Reise ist trotz allen Einrichtungen nicht unbedeutend und kann ein für allemal nicht umgangen werden. Der Seemann sagt uns zwar: Die Gefahr ist auf dem Lande eben so groß, wie auf dem Wasser, auf Eisenbahnen kommen mehr Unglücksfälle vor, als auf dem Ocean — und das ist wohl auch richtig, Gott kann einen überall behüten; aber so sagt der Landmann noch lange nicht. Daß er jederzeit sterben kann, weiß er wohl, aber es ist ihm nicht gleichgiltig, wo er stirbt. Er stirbt lieber auf seinem Lande, in seiner Heimath, als auf dem großen Weltmeer; er fühlt mit dem Dichter: „Hilf, daß ich ein ehrlich Grab neben frommen Christen hab'". Und die Mutter geht lieber an das Grab ihres Kindes und wenn sie daselbst auch nur weinen kann, als daß sie dessen Leichnam in die wilden Wellen des Meeres senken soll. Wir denken an die unglückliche „Germania", welche voriges Jahr zu Grunde ging; daß dabei alle Menschenleben gerettet wurden, war fast ein Wunder. Aber zwölf Jahre vorher verbrannte die unglückliche „Austria", auch ein Hamburger Dampfer, und da war keine Hilfe. Das Meer verlangt für seinen Dienst, den es der Menschheit leistet, jährlich eine nicht geringe Belohnung an Menschenleben. Welcher Auswanderer ist sicher, daß er nicht die Beute des Meeres werde?

Zudem ist's auch im besten Falle ein ungewisses Glück, dem der Auswanderer entgegen geht. Er kommt aus geordneten Verhältnissen heraus, that seine Arbeit täglich und konnte ruhen in der Nacht. Uud wenn's auch oft knapp hergeht, so gilt doch immer noch: „Was unser Gott erschaffen hat, Das will er auch erhalten"; Bet' und arbeit', so hilft Gott allzeit. Wer in Deutschland arbeitet, wie er's in Amerika muß, der wird auch in Deutschland nicht verhungern müssen. Wandert er aus, so hat er lange Zeit Tag und Nacht keine Ruhe, ist in beständiger Angst und Gefahr. Er muß sich überall in Acht nehmen, um nicht betrogen zu werden, und kann nicht vorsichtig genug sein. Wo er hinkommt, kann er nicht bleiben, immer heißt es: nur weiter, nur weiter. Endlich kommt er „drüben" an — in einem fremden Lande, dessen Sprache, Sitten und Gebräuche er nicht versteht. Auch die „Landsleute" können nicht mehr deutsch reden; sie sind jetzt große Amerikaner geworden und reden englisch, deutsch nur dann, wenn sie etwas im Sinne haben und wenn man am besten thut, sich vor ihnen zu hüten. Aber noch hast Du keine bleibende Stätte gefunden; fort mußt Du wieder. Nun kommt die Ansiedelung, die Gründung einer neuen Heimath, neue Einrichtung —. Dieß Alles ist schwer und doppelt schwer, wenn man mit Mangel zu kämpfen hat und die Mittel nirgends reichen wollen.

Es ist gar nicht zu sagen, was sich sonst noch für Sorgen und Mühen in die Zeit drängen, die zwischen dem Abschied aus der Heimath und einer nur einigermaßen wohnlichen Einrichtung in der neuen Welt liegt. Das Alles ist wohl zu überlegen. Familienväter namentlich sollen Alles wohl überlegen, ehe sie auswandern. Man stellt sich so gerne nur das Beste vor, und Auswanderer träumen oft nur von glücklichen Zeiten, ehe sie ihre Heimath verlassen. Es muß ihnen aber gerathen werden, die Kosten wohl zu überschlagen. Auswandern ist in allen Fällen schwer; man braucht nicht an den Untergang des Schiffes u. s. w. zu denken;

es ist sonst noch genug des Leidens da und wer in der Heimath sein Brod hat, soll sich genügen lassen; er erspart sich dann viel Trübsal und den Wunsch, seine Heimath nie verlassen zu haben; er erspart sich aber auch die Vorwürfe, die Manchen plagen, der sich's in der Heimath nicht mehr gefallen lassen wollte und nun froh wäre, wenn er wieder hätte, was er verlassen hat.

5. Was für die Auswanderung ist.

Bedenkt man aber, daß viele arme Leute, die in der Heimath vielleicht nicht einmal ein Häuschen hatten und bei dem besten Fleiß nicht vorankamen, daß diese Leute nun drüben sich ein Haus und einen hübschen Besitz erworben haben, ganz vergnügt und friedlich leben und ihren Fleiß reichlich belohnt sehen, so muß man doch sagen: Es war gut für sie, daß sie auswanderten. Wenn der arme geplagte Mann nun drüben sitzt und für sich und seine Kinder ruhig in die Zukunft schauen kann, so muß man doch sagen: Die Auswanderung war sein Glück, in Deutschland hätte er's nie so weit gebracht. Wenn man so das kümmerliche Leben unsrer armen Leute ansieht, wenn man sieht, wie sie sich Jahr aus, Jahr ein plagen und doch nur spärlich ihr Leben fristen, aber nicht daran denken können, etwas weiter voran zu kommen, und wenn man dabei weiß: in Amerika könnten solche Leute mit solchem Fleiß weiter kommen, als hier, so muß man doch entschieden sagen: In Amerika ist es besser für Euch, als hier. Es ist eine Gewissenssache, einem Menschen zur Auswanderung zu rathen, und je genauer Jemand weiß, was Alles damit zusammenhängt, desto weniger wird er's thun. Ich werde Keinem unbedingt den Rath geben, sein Glück in Amerika zu suchen. Und wer sein Brod hat, soll zufrieden sein und in der Heimath bleiben. Aber wer nun eben sein täglich Brod nicht hat? Wenn seine Kinder um Brod bitten und er kann's ihnen nicht geben, weil er's nicht hat? Wenn er sie kleiden sollte und er hat das Geld nicht dazu? Was dann? Nun, es geht ja wohl immer noch, aber wie? Armuth ist doch recht schwer und sehr drückend. Was kann denn einem Hausvater schwerer sein, als das, daß er den Seinen nicht geben kann, was er ihnen geben sollte und so gerne geben möchte! Und nicht allein die drückende Armuth selbst, sondern mit großer Armuth ist auch viel Sünde, viel Verderben, viel Verkommenheit verbunden. Dieser Wirkung ist nur abzuhelfen, wenn man die Ursachen hinwegnimmt. Weiß man aber, daß diesen Leuten nicht hier, wohl aber in Amerika geholfen werden kann, so kann man nichts gegen die Auswanderung haben, man muß im Gegentheil sagen: Man thut ihnen eine Wohlthat, wenn man sie ermuntert, nach Amerika zu gehen. — Darum Ihr Armen, die Ihr Euch redlich bemüht habt, fleißig und sparsam waret und dennoch es nicht weiter gebracht habt, als daß Ihr nur mit Sorge in die Zukunft schauen könnt, wenn Ihr Euch nun entschlossen habt, nach Amerika zu wandern und für Euch und Eure Kinder eine bessere Heimath zu suchen, ziehet in Gottes Namen hin! Dort wird Euer Fleiß und Eure Sparsamkeit besser belohnt, dort wird es Euch leichter werden, eine Heimath zu gründen, als hier in Deutschland. Aber ziehet mit Gott; nehmet mit Euch die gute alte Redlichkeit, Treue, Fleiß und Sparsamkeit. Wer Euch vorschwatzt, das Sparen sei unvernünftig, ist selbst ein höchst unvernünftiger Schwätzer und führt Euch nicht zum Wohl. Laßt Euch dann nicht irre machen und werfet Euer Vertrauen nicht weg. Kommen Widerwärtigkeiten, mißlingen Eure Unternehmungen, so verzaget nicht; immer wieder mit frischem Muth und von Neuem angefangen, so werdet Ihr Euch endlich auch noch freuen können über den Tag, an welchem Ihr das Vaterland verlassen habt. Wenn ein armes Paar nicht getraut wurde, weil beide zu arm waren, nun hinüber ging, dort getraut wurde und in Frieden lebt; wenn beide fleißig und treu waren und es nun zu einem ganz behaglichen Wohlstand gebracht haben, und glücklich und sorgenfrei mit ihren Kindern in die Zukunft schauen können, so ist das doch in Deutschland nicht möglich. Und dergleichen Fälle könnte man unzählige anführen; von den Armen, die wirklich reich geworden sind, braucht man gar nicht erst zu reden. Um einen solchen Preis aber darf man wohl etwas wagen, darf man auch die Beschwerden der Reise nicht scheuen, die von viel Tausenden jährlich überstanden werden.

6. Wer soll auswandern und wer nicht?

Diese Frage bedeutet hier zunächst nur: Für wen ist es rathsam, daß er auswandere, und für wen nicht? Wer kann durch seine Person seine Erwartungen rechtfertigen, daß er seine Lage durch die Auswanderung verbessern könne? Die Frage hat zwei Seiten; erstlich kommt die Person und der Charakter des Menschen, und zweitens kommt seine Beschäftigung in Betracht.

Alle die, welche daheim nichts taugen, kann man auch in Amerika nicht brauchen. Wer nicht arbeiten will, sondern lieber umhergeht, sich in die Angelegenheiten andrer Leute mischt und das

Seine versäumt; wer mit großartigen Planen kommt und mit hohlen Phrasen um sich werfen will, und wohl gar von sich glaubt, er sei's, um ihn müsse man froh sein und ihm könne es gewiß nicht fehlen, der bleibe ja um jeden Preis daheim, denn ihm wird's gewißlich in Allem fehlen. Oder will er kommen und Erfolge haben, so muß er sich gründlich ändern. Viele Tagediebe, Schwindler, aufgeblasene Menschen sind hinüber gekommen und einem schnellen Verderben in die Arme gestürzt. In Amerika kann man rasch voran kommen, aber noch viel schneller zu Grunde gehen. Vor Arbeit ist dort Niemand geschützt und wer sich vor der Arbeit scheut, der betrete nur ja den amerikanischen Boden nicht. So freigebig der Amerikaner ist, — für Faulenzer hat er nichts übrig und Bettler werden gar nicht geduldet, für diese gibt's gleich Armenhäuser und Arbeitshäuser. — Auch körperlich oder geistig Gebrechliche oder Kranke sollen nicht auswandern. Solche, die unfähig sind, sich selbst zu ernähren, werden im Hafen von New-York gar nicht zugelassen, wenn sie allein sind, sondern werden sogleich mit demselben Schiffe zurückgeschickt, mit welchem sie ankamen. — — Wer aber mit treuer, redlicher Gesinnung kommt, einen gesunden Körper und Geist hat, dabei fleißig arbeiten und sparsam leben will, wer sich keiner ehrlichen Arbeit schämt, sondern bereit ist, Alles anzugreifen, den Muth auch nicht verliert, wenn's in der ersten Zeit nicht so geht, wie er hoffte, sondern sich selbst verleugnen und warten kann — der gehe hin; er ist in Amerika überall willkommen.

Und nun in Bezug auf die Beschäftigung? Welche Berufsarten gehen in Amerika am besten? und wer kann bei seinem Geschäft oder Handwerk am ehesten auf Arbeit und Erfolg rechnen? Die Antwort auf diese Frage ist schwierig; doch darf ich sie nicht unterlassen, daß ein Jeder sehe, was er zu leisten hat, und was er dafür etwa erwarten kann.

Manche Geschäfte gehen besser, als andere, manche Handwerker finden eher Arbeit und höhern Lohn, als andere. Im Allgemeinen kann man sagen: Die Bauern und Handwerker finden am sichersten und schnellsten ein Fortkommen in Amerika; für die ist immer Arbeit und entsprechender Lohn zu finden. Alle, welche körperliche Arbeit thun, können eher auf eine Stelle rechnen, als Solche, welche geistig beschäftigt sind.

Fangen wir nun mit denen an, die körperliche Arbeit thun, das sind: die Bauern, Knechte und Mägde, Taglöhner und Handwerker. Doch ehe wir die einzelnen Berufsarten anführen, wollen wir noch sehen:

Wie man in Amerika arbeitet.

Diese Frage ist wichtig für Alle, besonders aber für Handwerker. Alle, die hinüber kommen, müssen sich bemühen, recht bald so zu arbeiten, wie man dort arbeitet. Vor Allem täusche man sich nicht und stelle sich doch ja nicht vor, als müsse man in Amerika nicht hart arbeiten, oder doch wenigstens nicht so hart, wie in Deutschland. Im Allgemeinen muß man dort härter und schneller arbeiten, als hier, nur ist die Arbeitszeit gewöhnlich dann nicht so lang und die Arbeit besser belohnt.

Die Bauern.

Unsre armen deutschen Bauern müssen tüchtig dran; denn sie müssen gewöhnlich neues Land urbar machen und das ist eine schwere Arbeit, verbunden mit viel Entbehrung. Haben sie dann aber ihre Farm im Gang, einen größern Theil derselben urbar gemacht und Alles umzäunt, auch die nöthigen Wohnungen gebaut, dann ist die schwerste Zeit vorüber und es wird besser. — Die „alten Farmer“, d. h. die, welche eine geordnete, gut bestellte Farm besitzen, haben ein leichteres Leben, als die Anfänger und auch leichter, als die Bauern in Deutschland. Es wird dort Vieles mit der Maschine gethan, was viele Arbeit erspart und schneller geht, als es mit den Händen möglich ist. Dazu sind alle Ackergeräthe besser, bequemer und praktischer, als in Deutschland. Mit Maschinen wird gesäet, geerntet, gedroschen. Die Sämaschine legt den Samen in die Erde und deckt ihn zugleich zu; das Eggen ist erspart. Die Erntemaschine schneidet das Getreide hoch oder niedrig ab — man kann sie richten, wie man will, was in steinigten oder unebenen Feldern wünschenswerth ist. Während sie das Getreide schneidet, faßt sie zugleich alles wie mit einem Arm zusammen und legt es in kleinen Häufchen hin, so daß man's nur zu binden braucht. Die Dreschmaschine macht gründliche Arbeit und putzt die Frucht auch zugleich. Will man das Stroh, das hiebei ganz verworren wird, nicht als Streu für's Vieh benutzen, so wird vielfach die Frucht gleich auf dem Felde gedroschen, auf welchem sie gewachsen ist, und man bringt dann blos die Frucht heim und läßt das Stroh draußen liegen. Immer wird gleich in der Ernte gedroschen. Die Maschine wird von einer Farm zur andern von Pferden gezogen. In ein paar Tagen ist der Ertrag einer großen Farm gedroschen und Alles an seinen Ort gebracht. Theils haben mehrere Farmer in der Nachbarschaft diese Maschine zusammen, theils gibt's Leute, die eine Maschine haben und dann umher bei Andern mit derselben arbeiten.

— Mit Maschinen wird das Gras gemäht und zugleich gestreut; wenn es dürre geworden ist, wird es mit Maschinen zusammengerecht und in der Scheune wird mit Maschinen das Heu vom Wagen abgeladen. Mit Maschinen werden fast alle Arbeiten gethan und sie werden meistens von Pferden in Thätigkeit gesetzt. Bei kleinen Maschinen sind auch große Hunde thätig, z. B. beim Buttermachen u. s. w.

Das Vieh füttert sich meistens selbst, indem es in dem Wald oder auf den Prairien weidet. Aber auch da, wo Stallfütterung nöthig ist, wie in stark bebauten und bewohnten Gegenden, ist diese höchst einfach. In Deutschland gehen die Frauen und Mädchen mit den Knaben „grasen" und tragen dann die Errungenschaft eines halben Tages auf dem Kopf oder Rücken heim. Oder man geht in's eigene Feld und befördert in derselben Weise Futter in die Scheune. Diese Arbeit fällt in Amerika ganz weg. Das Vieh macht wenig Mühe und auch wo es im Winter gefüttert werden muß, ist es im Sommer doch nicht nöthig. — Der Farmer hat seine Güter um das Haus umherliegen; er braucht mit Gehen und Fahren seine Zeit nicht zu verlieren, sondern kann alle Zeit auf die Bearbeitung seines Feldes anwenden. Er braucht nicht einen halben Tag dran zu wenden, um nur einen Wagen Dünger auf ein Feld zu bringen, seine Kinder brauchen nicht einen halben Tag umher zu laufen, um nur einen Korb voll Gras zu finden und ihn dann mühsam heimzuschleppen.

Im Frühjahr ist die erste Arbeit die, daß er nach seinen Fenzen (die Umzäunungen um die Farm) schaut. Diese werden durch die Stürme und Froste des Winters oft beschädigt und müssen im Frühjahr in Ordnung gebracht werden. Den Sommer und Herbst hindurch geht es rührig und munter zu. Aber auch dann fängt man des Morgens nicht so früh an und arbeitet des Abends nicht so spät, wie in Deutschland; es fällt eben dort viel Arbeit weg, welche in Deutschland den Landleuten viel Zeit wegnimmt. Wenn dann der Winter kömmt, ist die Arbeit zu Ende. Die Winterarbeiten der deutschen Ackerleute, als Dreschen u. s. w., wozu sie auch im Winter schon um zwei, drei Uhr aufstehen, sind dort vorüber. Die reichen amerikanischen (englischen) Farmer haben namentlich im Winter ein beneidenswerthes Leben. Sie haben die Fülle von Allem, was die Erde liefert; keinerlei Sorge dieser Art braucht ihr Herz zu beunruhigen. Die Arbeit ist unbedeutend und wird von den Dienstboten besorgt. Sie selber haben Zeit genug, ihrem

Geist die nöthige Nahrung zu geben, was denn auch geschieht. Sie lesen viel, unterhalten sich, machen Besuche und haben allerlei Mittel, welche den Geist bilden und das Leben angenehm machen. Die weniger reichen, besonders unsre deutschen Farmer machen sich immer zu thun; doch haben auch sie es viel angenehmer, als in Deutschland. In neuen Ansiedlungen werden im Winter die Bäume gefällt, Riegel für die Fenzen gespalten und Ländereien urbar gemacht, die dann im nächsten Sommer bepflanzt werden sollen.

Gewiß, wenn ich Bauer wäre, wollte ich nur in Amerika ein Bauer sein.

Die Handwerker.

Was bei den Bauern gilt, das gilt noch viel mehr bei den Handwerkern, nämlich daß man viel schneller arbeitet, als in Deutschland und daß man Vieles mit Maschinen arbeitet, und daß die Arbeit auch anders gethan wird, als bei uns. — Es ist ja bekannt, wie in Amerika fast Alles mit Maschinen gearbeitet wird. Die theuren Arbeitskräfte will man so viel als möglich sparen. Die vollständigste Gewerbsfreiheit und alle andern Bedingungen sind da, um den großen Erfindungsgeist zu nähren und in Thätigkeit zu setzen. Das Handwerkszeug ist anders als bei uns, und viel praktischer. Wenn man in Deutschland manche Handwerker arbeiten sieht, dann kann man freilich begreifen, warum sie nicht vorankommen. In Amerika müssen sie anders dran. Man arbeitet dort durchschnittlich viel schneller, gewandter, muß ein für allemal mehr zu Stande bringen, als bei uns. Alle Handwerker ohne Ausnahme müssen noch lernen, wenn sie hinüber kommen. Jeder thut wohl daran, wenn er sich das ohne weiteres gefallen läßt und eifrig bemüht ist, sich die dortige Weise anzueignen. Wer es nicht thut, wird es büßen müssen; er findet heftigen Widerstand und endlich keine Arbeit mehr. Man stelle sich doch überhaupt ja nicht vor, man sei gescheidter, wisse mehr, als dort nöthig sei; wenn man hinüber kommt, findet man es anders und es werden Ansprüche an einen gemacht, die man nicht erwartet hätte und denen man nicht gewachsen ist. Dieser Eigendünkel hat noch nirgends etwas genützt, aber überall geschadet. Amerika ist ein strebsames, industrielles Land, und man sollte sich darum doch vorstellen, daß man dort in keinerlei Weise zurückbleiben will, sondern in jeder Beziehung vorwärts strebt und es auch mit Erfolg thut. — Früher war es freilich anders, als jetzt; da war in jeglicher Weise Mangel an den nöthigen Kräften. Jetzt sind von allen Seiten so viele Kräfte herbeigeströmt, daß nur die besten leicht ein Unterkommen finden. Wer kein guter, flinker Arbeiter ist, wird nicht leicht Beschäftigung finden. — Der Amerikaner sieht es außerdem gerne, wenn ein Arbeiter, Taglöhner oder Handwerker, der bei ihm arbeitet, rechtlich und religiös ist und sein Wort stets hält. Handwerker in Deutschland pflegen bekanntich gerne viel zu versprechen, was sie nicht halten. Schnell und geschickt arbeiten, rechtlich, religiös, christlich sein, das sind die Bedingungen, welche dort ihr Fortkommen und Glück begründen.

Handwerker müssen nicht denken, daß sie nur in den großen Städten Arbeit finden können; sie haben in den kleinen Städten im Innern des Landes oft ein viel angenehmeres, ruhigeres Leben und ein besseres Fortkommen. Ist der Verdienst auch nicht so groß, so ist das Leben doch auch lange nicht so theuer; und wer in großen Städten nicht sehr gut ankommt, der stellt sich in kleinen Orten viel besser. Um jeden Preis aber bleibe man nicht so in den Hafenstädten liegen, sondern gehe in's Innere des Landes.

Die einzelnen Berufsarten.

1. Bauern, Knechte, Mägde und Taglöhner.

Bauern (Landwirthe und Oekonomen, oder wie sie sich sonst nennen wollen) finden immer Raum genug. Wer gleich eine Farm kaufen und bebauen will, der lerne von einem guten benachbarten Farmer, wie man das Land und die Gewächse dort behandelt. Man mache es, wie sie es auch machen und denke nicht, man wolle es besser machen; die Behandlung ist zwar verschieden von der deutschen, sie ist aber den dortigen Verhältnissen und dem Klima angepaßt, erprobt und darum für dort besser.

Knechte aller Art finden immer Beschäftigung und 10—18 Dollars Lohn den Monat,*) oft noch mehr, und Alles frei. Wenn sie sparsam sind, haben sie sich in einigen Jahren so viel verdient, daß sie sich im Westen eine Farm kaufen können und haben dann alle Gelegenheit, wohlhabend zu werden. Schon viele, sehr viele kamen als Knechte hinüber und sind nun tüchtige Farmer.

Mägde sind immer im ganzen Lande sehr gesucht und seit dem Krieg haben sie einen hohen Lohn, 8—14 Dollars monatlich, und Alles frei. Ein geringerer Monatslohn als 8 Dollars kommt fast gar nicht vor; um 14 Dollars verlangt man aber eine tüchtige und

*) Der Lohn ist durchgängig nach dem Osten berechnet: im Westen, wo das Leben billiger ist, ist er etwas niedriger, als in diesem Verzeichniß angegeben ist.

gewandte Magd, die kochen, waschen, bügeln und alle Hausarbeiten thun kann. Während des Krieges wurde vielfach weibliche Hilfe benutzt, wo früher nur männliche gebräuchlich war; und das ist auch bis jetzt noch so geblieben. Sodann arbeiten viele Mädchen in Fabriken, fangen des Morgens um 7 Uhr an, hören Abends um 6 Uhr wieder auf und machen dann Putz; sie sind dann ihre eigenen Herren, können thun, was sie wollen und brauchen sich von keiner Frau etwas gefallen zu lassen. Dabei verdienen sie zwar viel Geld, werden aber gewöhnlich sittlich und geistig verdorben und auch für ein späteres eigenes Hauswesen nicht erzogen. — Fleißige, gesunde und hübsche deutsche Dienstmädchen können sich oft sehr gut verheirathen, besonders wenn sie lang in einer Stelle bleiben und sich dadurch einen guten Namen erwerben. Man sieht in Amerika gewöhnlich weniger, als sonst, auf das Vermögen der Frauen, da es leichter ist, ein Auskommen zu finden. Eine fleißige, sparsame Frau und gute Haushälterin ist einer reichen weit vorzuziehen, weil in Amerika ein Vermögen noch nicht vor Noth schützt und von einer schlechten Haushälterin bald verschwendet sein kann. Wie viele sind als arme Dienstmädchen hinüber gegangen; sie waren aber fleißig und brav und sind nun reiche Hausfrauen geworden! — Aber die Mägde sind ein Gegenstand vieler Sorgen geworden und bereiten viel mehr Noth, als die Knechte. Früher nahm eine Herrschaft ein Mädchen, um sich das Leben dadurch zu erleichtern; jetzt geht ein Mädchen zu einer Herrschaft, um sich versorgen zu lassen. Man will ja überhaupt nicht mehr dienen, sich nichts gefallen lassen; sagt die Frau etwas, dann pocht das Mädchen mit Fortgehen. Eine Magd ist in Amerika theuer und bereitet oft viel Aerger. Weil nun die Hauseinrichtung so bequem ist, so nehmen viele Frauen lieber gar kein Mädchen und ersparen sich dadurch viel Aerger und viel Geld. Wer ohne Dienstboten fertig werden kann, ist am besten dran. Die Mädchen wollen viel freie Zeit für sich haben und alle paar Monate wechseln, um es an einem andern Ort zu versuchen. Dabei sind sie putzsüchtig und eitel und kleiden sich mit den Frauen um die Wette. Allein das taugt doch nichts und hält nicht lange an. Endlich sind doch immer die am besten dran, welche fleißig, brav und fromm sind. Und hiezu möchte ich die Mädchen ermahnen, welche hinüber gehen.

Taglöhner finden immer Beschäftigung auf dem Land, oder in den Städten in den Fabriken, Werkstätten u. s. w. und je nach der Beschäftigung einen Lohn von 1½—2½ Dollars den Tag.

2. Handwerker.

Wir wollen drei Klassen unterscheiden: erstens solche, welche **immer auf Beschäftigung und guten Lohn** rechnen können; und die bezeichnen wir im folgenden Verzeichniß mit a.; zweitens solche, die schon nicht so leicht Arbeit finden und nicht immer einen guten Lohn haben, die aber dennoch nach einigem Warten und Suchen noch ankommen und darum es versuchen können; und diese bezeichnen wir mit b.; und drittens solche, die gar keine oder sehr wenig Beschäftigung finden und die am besten daheim bleiben oder drüben etwas anderes anfangen; und diese bezeichnen wir mit c. Es gibt nämlich in Deutschland Handwerke, welche drüben gar nicht gebräuchlich oder mit andern verschmolzen sind.

b. **Anstreicher** müssen die Farbenmischung vollständig verstehen, mit Oelfarben und dem Lackiren umgehen können und bekommen dann 2—3 Dollars den Tag. Verstehen sie dieß nicht, dann müssen sie's noch lernen, oder bekommen wenig Arbeit.

b. **Apotheker** müssen die englische Sprache verstehen und schnell die dort gebräuchlichen Patentmedizinen kennen lernen und kommen dann ziemlich gut an. Gehilfen bekommen monatlich 40—60 Dollars (ohne Kost meistens). Es hängt viel von ihren Fähigkeiten und Leistungen ab. Sind sie nicht tüchtig, dann wird ihnen die Concurrenz zu stark und sie finden keine Beschäftigung. Solche fangen dann gewöhnlich, wenn sie die nöthigen Mittel haben, ein kleines Geschäft an oder treiben sonst etwas. Sind sie gute Chemiker, so kommen sie besser an. Wer selbst eine Apotheke anfangen will, muß nicht allein die englische Sprache und sein Geschäft wohl verstehen, sondern sollte auch die amerikanischen Verhältnisse kennen. Die Apotheken sind schöner und größer, als in Deutschland und glänzend eingerichtet. Neben den Medicamenten wird auch mit allerlei anderm Kram Handel getrieben; da findet man allerlei Toilettengegenstände, Parfümerien, Kämme, Bürsten, Seife, Farben, Oel, Sodawasser (namentlich im Sommer in starkem Gebrauch) u. s. w. und wird hiedurch oft mehr verdient, als durch die Receptur. Der Apotheker darf sich überhaupt nicht über den Kleinkrämer erhaben wähnen. Weil die großen Droguen-Handlungen alle chemische Präparate, alles, was zur Bereitung einer Arznei gehört, liefern, so ist dadurch dem Apotheker das Laboratorium und die mit demselben verbundenen Ausgaben erspart. — Die Chancen zum reich werden sind nicht eben günstig; vor Concurrenz ist keiner geschützt; doch ernährt das Geschäft immer seinen Mann. Herr N., ein Schwabe, ist ein kluger Kopf und doktorirt nebenbei mit gutem Erfolg, womit er viel verdient.

a. **Bäcker** haben es nicht so bequem wie in Deutschland, verdienen aber ein hübsches Geld. — Gesellen verdienen 6—12 Dollars die Woche, nebst Kost und Logis, je nachdem sie die Stelle als erste, zweite oder dritte Hand versehen können. Wer es gut versteht, Zwieback zu backen, bekommt noch mehr. — Es erfordert kein großes Kapital, um selbst eine Bäckerei anzufangen, nur muß man sich dann selbst bemühen, daß man Kunden bekommt. Die Bäcker müssen ihren Kunden das Brod in's Haus bringen, oder in die Läden liefern, wo Brod verkauft wird. Seine Sachen backen und warten, bis es die Leute holen, geht ihn an. Ein Bäckergeschäft, das einigermaßen gut geht, verbackt 25—30 Fässer Mehl (das Faß = zwei Centner) die Woche. Wenn nun die Berechnung richtig ist, welche die New-Yorker Zeitungen vor kurzem bekannt gemacht haben, so haben die Bäcker nach Abzug aller Ausgaben einen reinen Gewinn von drei Dollars von jedem Faß; das wäre für ein solches Geschäft 75—90 Dollars freies Geld die Woche.

b. **Barbiere** sind immer zugleich Friseure. Was die Barbiere in Deutschland thun, will in Amerika nicht viel heißen. Sie verdienen dort ein schönes Geld, müssen aber ganz anders arbeiten lernen. Sie gehen nie in die Häuser, um zu barbiren, sondern bleiben in ihrer Barbirstube und wer sich barbiren lassen will, muß dorthin gehen. Diese Stuben sind schön eingerichtet. Man hat überall gepolsterte Sessel, wo Kopf und Füße bequem aufliegen; der Hals thut einem nicht weh, wie in Deutschland noch immer an den meisten Orten, sondern man ruht dabei bequem aus. Das Rasiren geschieht äußerst pünktlich und ohne Schmerz, kaum darf man's wie einen leisen Kitzel spüren. Der Bart wird zweimal eingeseift und zweimal rasirt, um ihn ja recht gründlich zu reinigen. Dann wird das Gesicht und der Kopf gewaschen, die Haare werden schön zurecht gemacht und mit allerlei Wasser und Wohlgerüchen getränkt und obendrein bekommt man Hut und Kleider gereinigt, so daß man ganz neu und erfrischt aus der Barbirstube hinaus kommt. Das Alles gehört zum Rasiren, welches dort eine wahre Erholung ist und wofür man 10—15 Cents bezahlt. In den Hotels, die unten oft auch eine Rasirstube haben, kostet es gewöhnlich 25 Cents. Haarschneiden kostet 15—25 Cents. — Mit Barbirstuben sind oft kalte und warme Bäder verbunden; ein Bad kostet 25—50 Cents im Abonnement.

b. **Baumeister**, Architekten, sind zwar bei den großen

Bauten und bei der starken Ausdehnung der Städte im ganzen Lande nöthig und werden auch gut bezahlt, aber neu ankommende Deutsche finden nur sehr schwer oder gar keine Arbeit, wenn sie keine guten Zeugnisse und Empfehlungen an einflußreiche Männer drüben haben. Diese Männer müssen sie dann aber nicht mit feinen Worten abfertigen, sondern sich ihrer angelegentlichst annehmen, sie empfehlen und ihnen Arbeit verschaffen helfen. Haben sie aber einmal einen Anfang und einige Beweise ihrer Tüchtigkeit geliefert, dann fehlt es ihnen nicht mehr. Am besten ist es, wenn die Empfehlungen an Männer gerichtet sind, welche dasselbe Geschäft haben. Sind das dann wirkliche Freunde und fern von Geschäftsneid, so können sie einem am allerehesten zu einer Stelle helfen. Jedenfalls aber muß sich Jeder alsbald mit der amerikanischen Bauart gründlich bekannt machen. Es wird in Amerika so viel gebaut, und der Amerikaner ist so praktisch und geschickt, daß ganz einfache Leute, ohne weitere Fachschulen durchgemacht zu haben, den Bau der größten Häuser leiten. Bei gewöhnlichen Häusern ist der Zimmermeister gewöhnlich auch der Baumeister.

Was aber bei den Baumeistern gilt, das gilt auch bei den folgenden Berufsarten: Geometer, Maschinisten, Ingenieure, Bildhauer, Chemiker, Musiker (Clavierlehrer u. s. w.), Destillateure, Formstecher, Glasmaler, Graveure, Instrumentenmacher, Lithographen, Kupferstecher, Maler, Maschinenbauer, Modelleure, Orgelbauer, Pianofortemacher und Vergolder. Alle diese haben sehr guten Lohn, wenn sie überhaupt Arbeit haben, finden anfangs aber schwer Beschäftigung. Was bei ihnen nöthig ist, das sind gute Empfehlungen, wie oben beschrieben, und gründliche Kenntniß ihres Geschäfts. Haben sie dann einmal einen Anfang, dann geht es gewöhnlich gut. Viel leichter geht es für alle diese, wenn sie die englische Sprache verstehen. Darum sollten sie alle, ehe sie abreisen, schon in Deutschland englisch lernen, wozu ja jetzt viel Gelegenheit geboten ist.

b. **Bergleute** finden in den vielen Bergwerken leicht Beschäftigung und guten Lohn, oder Arbeit auf's Stück. Für sie sind die Staaten Pennsylvanien, die Berge von Virginia u. s. w., Illinois, in der Kohlen- und Blei-Region (Jowa, Wisconsin), Missouri u. s. w., wie oben gezeigt wurde, zu empfehlen. Auch die westlichen Gebiete und California sind für Bergleute bekanntlich ein großes Feld. Wenn Deutsche dorthin wollen, thun sie am besten, wenn sie gegen einen festen Lohn arbeiten; wollen sie aber Gold und Silber suchen, so müssen sie's auf ihr eigenes Risiko thun.

a. **Bierbrauer** finden Arbeit; denn die vielen Deutschen können ja ohne Bier nicht sein: sie sind ja sprüchwörtlich dafür geworden; es wird viel getrunken. Früher war es bei den Amerikanern gar nicht gebräuchlich und sie pflegten die Deutschen deßwegen zu schelten; jetzt gibt's auch Amerikaner, die es trinken, doch verhältnißmäßig nur wenige, und das Bier ist kein amerikanisches Getränk. Den Temperenzlern ist jedes Getränke, auch das Bier, verhaßt; selbst den Wein nennen sie „Gift". — Ein Geselle bekommt wöchentlich 10—12 Dollars. Die Meister werden gewöhnlich reich. Wenn sie neben der Bierbrauerei auch die Küferei verstehen, ist's um so besser für sie.

b. **Bildhauer** (siehe unter „Baumeister") können einen Lohn von 2½—5 Dollars täglich erhalten, wenn sie an die rechte Stelle kommen.

a. **Blechschmiede** finden Arbeit und guten Monatslohn. Man gebraucht in Amerika sehr wenig irdenes Geschirr, sondern statt dessen Blechgeschirre in allerlei schönen und geschickten Formen. Wer sich mit dem Geschäft ein wenig vertraut gemacht hat, kann in irgend einem kleinen Städtchen, das noch nicht versehen ist, selbst anfangen und darf auf Kundschaft rechnen.

b. **Branntweinbrenner** finden Beschäftigung und guten Lohn; am besten in einer englischen Brennerei.

b. **Buchbinder** haben mancherlei Schwierigkeiten, da die Maschinen auch ihnen zu sehr in's Handwerk greifen; sie können aber in großen Städten dennoch ankommen, wenn sie die Zeit abwarten können. Steht es aber zu lange an, dann thun sie am besten, wenn sie etwas anderes ergreifen. Sind sie jedoch gute Cartonage- und Portefeuille-Arbeiter, so wird es ihnen leicht sein, Beschäftigung zu erhalten. Gute Vergolder bekommen 12—18 Dollars wöchentlich.

Buchdrucker, siehe Schriftsetzer.

b. **Büchsenmacher;** wenn sie ihr Geschäft gut verstehen und auch mit der englischen Sprache bekannt sind, können sie guten Verdienst erhalten; im andern Fall ist's schwierig. Wer das Schaften gut versteht, kann jedoch immer ankommen.

c. **Bürstenbinder** können auf Verdienst nicht rechnen, da die Bürsten durch Maschinen und in den Strafanstalten verfertigt werden. Gehen sie nach Amerika, dann thun sie am besten, wenn sie sich gleich nach einer andern Arbeit umsehen.

Ebenso ist es mit den folgenden Handwerkern: Feuerwerker,

Fischer, Förster, Glaser, Glasschleifer, Goldschläger, Handschuhmacher, Jäger, Korbmacher, Nadler, Nagelschmiede, Schornsteinfeger, Strumpfwirker, Tapezierer, Töpfer, Tuchmacher, Weber u. dgl.

b. **Chemiker**, siehe unter Baumeister.

b. **Cigarrenmacher** gibt's überall viele; sind sie aber gute Arbeiter, so finden sie immer Arbeit auf's Stück und können, wenn sie feine Sorten bekommen, 12—18 Dollars wöchentlich verdienen. Ein mittelmäßiger Arbeiter macht 200 Stück täglich und bekommt für's Tausend der besseren Sorten 10—12 Doll. — Was laufen in Amerika nicht für Cigarrenmacher umher! Viele „Studirte", Kaufleute und allerlei Leute, die in ihrem Fach nicht durchkommen konnten, haben schon zum Cigarrenmachen ihre Zuflucht genommen, da es in kurzer Zeit gelernt ist. Man ist nicht gehindert, dabei selbst den Cigarrenhandel zu treiben und thut vielleicht am besten dran. In Amerika wird mehr Cigarre, weniger Pfeife geraucht.

b. **Clavierlehrer**, siehe unter Baumeister. — Es gibt viele hier und mancher, der sich in Deutschland als Virtuos hören ließ, ist zufrieden, wenn er nur in einer der vielen Restaurationen ankommt, um durch sein Spiel die Gäste zu erheitern. Kommt einer einmal durch Empfehlungen in eine gute amerikanische Familie und ist dabei gewandt und hält sich gut wie ein „Gentleman", so daß er ihr Vertrauen gewinnt, so kommt er dadurch leicht in so viele Familien, daß er genug zu thun hat und es ihm nicht mehr fehlen kann. Er braucht dann nicht weniger zu nehmen, als 1 Dollar für jede Stunde und kann ganz angenehm bestehen. Ist einer aber ein Künstler auf seinem Instrument und bekannt, so daß er einen „Ruf" als guter Musiker hat, dann mag er fast verlangen, was er will — er bekommt's. Dabei muß er allerdings englisch reden können, von feinen Sitten und gutem Anstand sein. Er wird von den Amerikanern mit Zuvorkommenheit und Freundlichkeit behandelt. Steht er aber einmal in ihren Augen da als ein solcher, den sie nicht achten können, dann behalten sie ihn nicht; auch seine Kunst schützt ihn nicht mehr. Er sei zuvorkommend, freundlich, gehe aber ja nicht über seine Grenzen hinaus, und nur nicht leicht vertraulich thun, sonst ist's um seine Stellung und vielleicht eine gute Existenz geschehen, wie das schon bei Manchem der Fall war. Man sehe sich vor, daß man nicht nach Tabak „riecht"; denn die Amerikaner können das nicht alle vertragen. — Es wird in Amerika viel Geld für Musik ausgegeben. Ist es nur irgend möglich, so ist in jedem Hause ein Pianoforte. Es ist also ein weites Feld für Clavierlehrer da, wenn sie nur einmal auf dasselbe zugelassen werden. — Ganz ähnlich ist es mit den Sprachlehrern. Man will jetzt überall deutsch lernen; französisch hat man schon immer gelernt; wer in beiden Sprachen gewandt ist, kann auf eine Stelle rechnen. In neuerer Zeit kommt das Deutsche immer mehr auf.

b. **Conditoren** finden Beschäftigung und guten Lohn.

b. **Destillateure,** siehe unter Baumeister.

b. **Drahtzieher;** für sie gilt dasselbe, was bei „Baumeister" gesagt ist.

b. **Drechsler,** Holzdrechsler, Horndrechsler, Metalldrechsler, Kunstdrechsler finden gewöhnlich alle Arbeit und ziemlich guten Lohn.

b. **Färber;** Wollen- und Baumwollenfärber sind, wenn sie auch im Drucken erfahren sind, besser dran, als Seidenfärber und haben 1½—2 Dollars täglich. Sie thun am besten in den östlichen Staaten, weil hier die meiste Fabrikation von dergleichen Waaren ist. Wir haben oben besonders Massachusetts und Connecticut als hervorragend hierin kennen gelernt.

b. **Formstecher,** siehe unter Baumeister; sie können 100 Dollars monatlich verdienen, wenn sie eine Stelle erhalten.

c. **Förster** haben, wie Fischer und Jäger, nichts zu erwarten.

b. **Gärtner,** Blumengärtner, Gemüsegärtner, Kunstgärtner. Wer in allen diesen Zweigen bewandert ist, bekommt 15—30 Dollars monatlich und Alles frei. Er darf sich aber vor andern Arbeiten nicht fürchten und muß Willens und fähig sein, einen Bauern zu ersetzen. Die Gärtner in der Nähe von großen Städten machen gewöhnlich gute Geschäfte.

b. **Geometer,** siehe unter Baumeister.

b. **Gerber** finden Beschäftigung und etwa 1½ Dollar täglichen Lohn.

b. **Gießer** aller Art könnten immer auf Arbeit rechnen; können sie englisch reden, so ist's um so besser.

c. **Glaser,** siehe unter Bürstenbinder. Die Glaserei ist kein Handwerk für sich. Die Fensterrahmen werden in den Fabriken alle nach Nummern gemacht und die Fensterscheiben werden ebenfalls in den Fabriken alle nach Nummern geschnitten, welche den Nummern der Rahmen entsprechen. Zerbricht eine Scheibe, so gibt man die Nummer des Fensters an und erhält in den Läden die passende Scheibe. Der Schreiner ist zugleich auch der Glaser. Die Scheiben werden nicht in Blei eingesetzt, sondern auf der einen Seite ist Holz, auf der andern werden sie festgekittet. Dieß ist so einfach, daß es Jeder selbst thun kann. Die Farmer auf dem Lande thun es fast alle selbst. Doch kann hier ein Glaser noch am ehesten etwas verdienen, wenn er von Farm zu Farm geht. Hie und da findet sich auch in einer Fabrik etwas.

b. **Glashütten-Leute** kommen gut an, finden Arbeit und 30—50 Dollars Monatslohn, wenn sie das Pressen des Glases und Heizen der Oefen verstehen.

b. **Glasmaler,** siehe unter Baumeister.

b. **Goldschmiede, Juweliere, Uhrmacher** sind hier meistens vereinigt. Der Juwelier muß aber deßhalb nicht das Uhrmachergeschäft erlernen, sondern er hält sich einen oder mehrere Uhrmacher, je nach Bedarf. Jeder, der eine Uhr zu repariren hat, geht damit ebensowohl, wie mit einem goldenen Ring, zum nächsten Juwelenladen und will seine Uhr dort in Ordnung gebracht haben. — Deßgleichen umgekehrt: der Uhrmacher hat gewöhnlich einen Juwelenladen; aber er braucht deßwegen kein Goldschmied zu sein, sondern er hält sich einen solchen oder mehrere in seinem Laden. — Die deutschen Arbeiter haben nicht die besten Aussichten und bekommen fast nur Reparaturen. Außer den Amerikanern zieht man die englischen und französischen Uhrmacher vor. Es werden sehr viele Uhren fabrizirt, zum Theil zu sehr billigen Preisen; besonders billige Wanduhren gibt es. Vom Ausland werden die Uhren aus England und der Schweiz vorgezogen. Deutsche haben auch einen Anfang mit Schwarzwälder Uhren gemacht.

b. **Graveure,** siehe unter Baumeister.

b. **Gürtler** und Spohrer finden Arbeit und mäßigen Lohn.

c. **Handschuhmacher,** siehe unter Bürstenbinder.

b. **Hutmacher** finden nicht sehr leicht Beschäftigung, haben sie aber Arbeit gefunden, dann können sie 12—20 Dollars wöchentlich verdienen. Sie müssen ihr Geschäft verstehen, oft warten können und sollten mit der englischen Sprache nicht unbekannt sein.

b. **Instrumentenmacher,** chirurgische sowohl als musikalische Instrumente; es gibt gute Stellen, doch sind sie für die neuankommenden Deutschen das, was ein Gerstenkorn für eine blinde Henne ist.

b. **Kalkbrenner,** Kohlenbrenner können in den entsprechenden Gegenden Arbeit finden; im Allgemeinen ist's jedoch besser, wenn sie eine andere Arbeit ergreifen.

b. **Kammmacher** finden Arbeit und anständigen Lohn.

Klempner, Flaschner, siehe Blechschmiede.

c. **Korbmacher,** siehe unter Bürstenbinder.

b. **Kupferschmiede** müssen gewöhnlich die Arbeit an den Dampfmaschinen erlernen und werden dann gut bezahlt; sie dürfen aber im Anfang nicht viel erwarten.

b. **Küfer,** Böttcher finden überall Arbeit; viele thun am besten in den kleinen Städten auf dem Land und erhalten 1½ Dollar täglich. In den großen Städten wird fast Alles in Fabriken gemacht.

b. **Kürschner** finden im Herbst am ehesten Arbeit und guten Lohn.

b. **Lithographen** und Kupferstecher können sogar 30—50 Dollars wöchentlich verdienen; doch siehe unter Baumeister.

b. **Maler;** die Künstler müssen sich das Feld erst erobern; Haus- und Schildermaler können sehr gute Geschäfte machen; siehe unter Baumeister.

b. **Maschinenbauer** und Maschinenschlosser; die Engländer sind hierin gewandt und werden gewöhnlich vorgezogen, wozu auch die Sprache beiträgt; sie haben 25—40 Dollars die Woche; siehe jedoch unter Baumeister.

a. **Maurer** sind immer gesucht und haben 2½—4 Dollars den Tag; nur müssen sie bedeutend flinker sein, als in Deutschland. Im Winter müssen sie, wie überall, viel aussetzen. — In Amerika wird wenig mit Mauersteinen gebaut. Die Häuser sind gewöhnlich von Ziegelsteinen oder Holz (Framehäuser) gebaut. Bei den Framehäusern, die sehr lieblich aussehen, haben die Maurer nichts zu thun, als die Fundamente zu legen, welche gewöhnlich aus rohen Steinen bis über die Erde aufgeführt werden; außerdem haben sie die Kamine zu bauen. Beim Legen der Ziegelsteine geht es flink zu und die Deutschen können in der ersten Zeit einfach nicht mitkommen. Die deutschen Maurer haben in den Irländern ihre starken Gegner, die ihnen fast überall im Wege stehen und in diesen Arbeiten geübt sind.

b. **Messerschmiede** müssen in Fabriken Arbeit suchen; wenn sie das Handwerk nicht weiter verstehen, als in Deutschland verlangt wird, dann finden sie selten gute Stellen.

a. **Metzger** (Fleischer, Wurstmacher) finden immer Arbeit als Gesellen; als Meister machen sie meistens gute Geschäfte. In großen Städten darf nicht jeder Metzger selbst schlachten; es sind Schlachthäuser vorhanden, in welchen Alles geschlachtet werden muß; daselbst holt jeder Metzger sein Fleisch und was er sonst braucht. Würste waren früher bei den Amerikanern fast gar nicht gebräuchlich; auch jetzt noch kommen sie bei ihnen selten vor; am beliebtesten ist die Fleischwurst. Weil die Amerikaner von dem Eingeweide der Thiere fast gar keinen Gebrauch machten, so haben deutsche Metzger das vielfach benutzt und dabei gute Geschäfte gemacht.

b. **Müller**; man nimmt fast eben so gerne einen, der nicht Müller ist, wie einen deutschen Müller; er kann sich auf sein Handwerk nicht verlassen; wer englisch reden kann, bekommt als Knecht 15—25 Dollars monatlich und Kost. Man hat meistens Dampfmühlen, sehr wenige Wassermühlen und gar keine Windmühlen.

b. **Musiker** müssen nicht denken, daß man auf sie gewartet habe; es sammeln sich dort von den besten Kräften aus allen Ländern genug. Wer einen guten Ruf als Künstler mitbringt, verdient viel; die andern müssen sich durchschlagen. Siehe unter Clavierlehrer und Baumeister.

c. **Nadler**, siehe unter Bürstenbinder.

c. **Nagelschmiede**, siehe ebenfalls unter Bürstenbinder.

b. **Orgelbauer** verdienen viel Geld, wenn sie eine Stelle finden können; siehe unter Baumeister.

b. **Papiermüller** müssen sehr gute Empfehlungen an ein bestimmtes Haus haben, sonst hält es schwer.

b. **Pianofortemacher** finden leichter Beschäftigung als andere Instrumentenmacher und guten Lohn. Die Fabrikation dieser Instrumente wird sehr stark betrieben und dieselben sind mit Auszeichnung bekannt. Der Preis ist 300—2000 Dollars für ein Clavier; manche kosten 4—5000 Dollars.

b. **Polsterer** finden nicht leicht Arbeit, weil gute Schreiner dort das Polstern auch verstehen und es gewöhnlich mit ihrem Geschäft verbinden.

c. **Porzellanmacher** können nicht leicht Beschäftigung erhalten; auch Porzellanmaler dürfen nicht viel erwarten; beide ergreifen am besten etwas anderes.

b. **Portraitmaler**, siehe unter Baumeister.

b. **Posamentirer** finden jetzt eher Arbeit als früher, weil man nicht mehr Alles importirt; sie haben 10—18 Dollars die Woche.

a. **Sattler** gehen nicht fehl und können sich irgendwo niederlassen.

b. **Sägemüller** müssen auf's Land und finden da immer Beschäftigung.

b. **Schleifer,** wenn sie geschickt sind und einmal einen Platz in einer entsprechenden Fabrik haben, dann verdienen sie hübsches Geld; im Allgemeinen haben sie nicht viel zu erwarten und müssen mit ihrem Apparat auf dem Rücken durch die Straßen wandeln und schellen. An ihrem Schellen erkennt man sie und wer etwas zu schleifen hat, bringt es vor die Thüre, wo es gleich geschliffen wird. Dann marschirt er weiter und klingelt wieder.

b. **Schlosser** müssen an Maschinen arbeiten lernen und finden, wenn sie geschickt sind, immer Arbeit.

a. **Schmiede** finden überall leicht Arbeit und werden gut bezahlt. Ein Hufschmied muß beim Beschlagen der Pferde ganz allein fertig werden können; es „hebt" ihm Niemand. In neuen Gegenden hat einer Gelegenheit, selbständig anzufangen.

a. **Schneider** hat man überall nöthig und finden immer Arbeit; doch ist das ganze Land voll davon und ihr Verdienst ist nicht immer groß. Sie müssen gewöhnlich auf's Stück arbeiten. An feiner Waare wird am meisten verdient. Geringe Kleider sind billig und müssen darum auch sehr billig gemacht werden. Die wenigsten haben eigne Kunden, sondern die meisten arbeiten in die Kleiderläden, wo dann Jeder seine Kleider kauft, wie er sie wünscht. Am besten stellt sich der Kunden-Schneider. — Die Zuschneider in den großen Kleiderhandlungen verdienen viel Geld; sie thun nichts als zuschneiden. Die andern Schneider kommen dann und holen ihre Arbeit und bringen die fertigen Kleider wieder. Alles ist zugerichtet; Faden, Knöpfe, Futter u. s. w. dabei, und sie brauchen es nur zusammen zu nähen, wobei die Maschine benutzt wird, und zu bügeln. Bei der Ablieferung werden sie gewöhnlich gleich bezahlt. — Tuchkleider sind theuer; Baumwollenwaaren sind billig.

c. **Schornsteinfeger** haben als solche nichts zu erwarten; siehe unter Bürstenbinder.

a. **Schreiner,** Tischler, bekommen immer Arbeit, müssen aber noch lernen. Gute Arbeiter erhalten 15—21 Dollars die Woche ohne Beköstigung; das Werkzeug müssen sie sich selbst stellen.

b. **Schriftgießer** finden, so lange sie die englische Sprache nicht verstehen, selten Beschäftigung; auch die Deutschen wünschen, daß sich ihre Arbeiter in beiden Sprachen bewegen können. Auch

b. **Schriftsetzer,** Buchdrucker, werden sogar in den deutschen Druckereien vorgezogen, wenn sie die englische Sprache verstehen, weil auch diese englische Drucksachen bekommen. Sie bekommen für's Tausend m 40—60 Cents.

a. **Schuhmacher** finden immer Arbeit auf's Stück, oder gegen festen Lohn und können 10—18 Dollars wöchentlich ohne Beköstigung verdienen, müssen aber gute und schöne Arbeit liefern. Auch hier arbeitet die Maschine fleißig; es werden jetzt sogar die Sohlen mit Maschinen aufgenäht.

b. **Seifensieder** finden nicht leicht Arbeit; auf dem Lande machen die meisten ihre Seife und Lichter selbst; nur die feinere Seife wird gekauft. In den Fabriken finden sie am ehesten Arbeit und bekommen dann 1½—2 Dollars den Tag ohne Beköstigung.

b. **Seiler** finden nicht leicht Arbeit; es wird fast Alles mit Maschinen gearbeitet, gegen welche der Handarbeiter nicht aufkommen kann. Sie thun in den kleinen Städten oft besser, als in den großen. Lohn 2 Dollars den Tag ohne Kost.

b. **Steinbrecher,** Steinhauer; Arbeit ist genug vorhanden, auch kann einer 20—30 Dollars die Woche verdienen (ohne Kost natürlich); aber in allen Stein- und Erdarbeiten sind die Irländer sehr geübt und verdrängen oft die Deutschen. In diesen schweren Arbeiten — graben, hacken, schaufeln, Steine brechen und sprengen — thun die Irländer es den Deutschen zuvor. An Eisenbahnen, Kanälen u. s. w. sind überall Irländer zu finden.

b. **Strumpfwirker** müssen oft lang auf Arbeit warten; haben sie in den Fabriken Beschäftigung gefunden, gewöhnlich auf's Stück, so können sie 8—12 Dollars die Woche verdienen; ohne Beköstigung.

b. **Tapetendrucker** finden Arbeit und können 12—18 Dollars die Woche verdienen; ohne Beköstigung.

c. **Tapezierer** ergreifen am besten etwas Anderes. Das Tapetenhängen wird gewöhnlich von den Anstreichern, hie und da auch von den Sattlern besorgt; viele Hausfrauen thun es selbst. Diese Arbeit wird ohnedieß gewöhnlich blos im Frühjahr gethan und könnten sie höchstens 2—3 Monate regelmäßig Beschäftigung finden, werden dann aber sehr gut bezahlt; 2—3 Dollars den Tag ohne Beköstigung.

a. **Tischler,** siehe Schreiner.

b. **Töpfer** (Hafner) finden nicht leicht Arbeit auf ihrem Handwerk, weil das irdene Geschirr nicht gebräuchlich ist, sondern dem Blechgeschirr weichen muß; Steingut wird mehr gebraucht. In einigen deutschen Gegenden haben sich Töpfer niedergelassen und kommen gut durch; im Allgemeinen aber ergreifen sie am besten etwas Anderes.

c. **Tuchmacher,** Tuchbereiter u. s. w. ergreifen am besten etwas Anderes; das Tuch wird fast alles importirt.

b. **Vergolder,** siehe unter Baumeister; verdienen 10—18 Dollars die Woche ohne Beköstigung.

a. **Wachstuchbereiter** finden immer Arbeit und guten Lohn.

b. **Waffenschmiede** sollten englisch verstehen und haben dann Beschäftigung und guten Lohn zu erwarten; siehe unter Baumeister.

a. **Wagner** sind überall gesucht; in Dörfern, wo noch kein Wagner ist, haben sie einen leichten Anfang. Sie verdienen 3 Dollars den Tag ohne Beköstigung.

b. **Wäscherinnen** finden in allen Städten Beschäftigung; sie nehmen Wäsche in's Haus und bekommen dann für's Dutzend 50—75 Cents; wenn sie bei Leuten im Haus waschen, bekommen sie einen Dollar den Tag und Kost.

c. **Weber,** Seidenweber, müssen sich im Osten, besonders Massachusetts und Connecticut umsehen; finden sie da nichts, so mögen sie sich nach etwas Anderem umsehen. Im Innern des Landes haben sie nichts zu erwarten. Siehe unter Bürstenbinder.

b. **Weißer,** Weißbinder, Gypser, fallen gewöhnlich zusammen mit den Anstreichern.

b. **Winzer,** wenn sie die Baum- und Rebenzucht gut verstehen, finden wohl Arbeit und den Lohn eines Gärtners; im Allgemeinen aber gehen sie als Bauernknechte sicherer und sie thun wohl, wenn sie sich vor keiner Arbeit scheuen.

b. **Ziegler** machen hier nur Backsteine; Ziegeln werden zum Decken der Häuser nicht gebraucht. In den Backsteinfabriken finden sie schwere Arbeit und 15—20 Dollars den Monat nebst Kost. Wer in einer guten Gegend eine Ziegelei anfängt, geht nicht fehl.

a. **Zimmerleute** finden immer Beschäftigung und guten Lohn, 18—24 Dollars die Woche. Sie müssen sich aber Mühe geben und noch recht fleißig lernen. Ein Zimmermann muß in Amerika vieles thun, was in Deutschland nur der Schreiner thut. Er muß alle Holzarbeit machen, die zu einem Hause an und für sich gehört, also alles Getäfel, Gesimse, Thüren, Treppen, Boden legen u. s. w. Die Fensterrahmen werden in den Fabriken gekauft, die Thüren in neuer Zeit zum Theil auch. Der Zimmermann ist oft auch der Baumeister, nach dessen Plan Alles gemacht werden muß. Er kann gewöhnlich auch die einfachen Möbel machen. Der Schreiner hat am Hause nichts zu thun; er macht nur Möbel: Commode, Sopha,

Sessel u. s. w. — Schiffszimmerleute haben ebenfalls sehr guten Lohn; doch stockt die Arbeit oft.

c. **Zinngießer** haben nicht viel zu erwarten.*)

Allen diesen Handwerkern ist dringend zu rathen, in der ersten Zeit ja nicht wählerisch zu sein und irgend etwas zu ergreifen, auch ja nicht gleich auf hohen Lohn warten zu wollen, auf daß sie nur einmal einen Anfang haben. Viele haben sich durch ihren Eigendünkel, als seien sie zu gut für diese oder jene Arbeit, geradezu ruinirt. Man ergreife, was sich findet und thue es, damit man versorgt ist; gelegentlich kann man sich dann nach etwas Besserem umsehen. Der Meister hier darf sich's auch nicht verdrießen lassen, drüben noch einmal Geselle zu werden; nur fleißig und treu gearbeitet, dann kommt man weiter, durch Raisonniren nicht. Denen, die geschickt sind und sich in Alles schicken, geht es gewöhnlich am besten. Die erste Zeit ist für neue Einwanderer immer die schwerste, aber zugleich auch die gefährlichste, namentlich in den Hafenstädten. Die Leute gehen dann umher, thun nichts und finden nichts zu thun, und wenn sie etwas finden, ist es ihnen oft nicht recht und nicht gut genug; dabei gehen die Mittel aus und dann geht es, wie es in New-York jährlich Tausenden geht. Dieses Elend muß, wenn irgend möglich, um jeden Preis umgangen werden; und Alle sind wiederholt ernstlich zu ermahnen: Nur gleich in's Innere des Landes, wenn man im Hafen nicht mit Gewißheit auf eine Stelle rechnen kann — und nur gleich thun, was vorkommt.

3. **Kaufleute, Fabrikanten u. s. w.**

Diese sollten unter keinen Umständen auf's Unbestimmte nach Amerika gehen. Empfehlungen allein helfen auch nicht; man wird sie da in bekannter Weise freundlich behandeln, allerlei schöne Worte machen, aber „sehr" bedauern, daß man „gerade jetzt" nichts für sie thun kann; damit ist die Sache am Ende und man bekümmert sich nicht weiter um sie; vielleicht wundert man sich noch darüber, daß sie überhaupt nach Amerika gekommen sind. Wenn Kaufleute hinüber kommen, werden sie von ihren deutschen Standesgenossen oft sehr geringschätzig behandelt; die Leute drüben sind so viel gescheidter geworden, als ihre Landsleute, daß man mit diesen gar nichts anzufangen weiß und man thut sehr wichtig mit dem Risiko,

*) **Lehrlinge** bezahlen in Amerika kein Lehrgeld, sondern bekommen von der ersten Zeit an gleich Lohn, 4—5 Dollars die Woche ohne Beköstigung. Ihre Lage ist in Amerika weit besser, als in Deutschland.

das man übernehme, wenn man einen placire. Deutsche Kaufleute müssen drüben allerdings noch lernen, denn die Amerikaner sind gewandte Kaufleute; aber die hinübergehen, werden es daran auch nicht fehlen lassen wollen. Denken, man wisse Alles und brauche nichts mehr zu lernen, wäre jedenfalls sehr gefehlt und würde schließlich mit Ruin enden. Dahin haben es übrigens schon viele deutsche Kaufleute u. s. w. in Amerika gebracht. — Commis, die hinübergehen, müssen an ein bestimmtes Haus adressirt und demselben empfohlen sein, — ein Haus, mit dem sie bekannt sind oder doch wenigstens Connectionen haben. Sie müssen sich darauf verlassen können, daß dieses Haus ihnen so viel als möglich zu einer Stelle behilflich sein und sich ihrer angelegentlich annehmen werde; sonst geht es ihnen leicht, wie es schon Manchen ihresgleichen ging: sie müssen entweder irgend eine Arbeit ergreifen (woran sie sehr wohl thun) oder sie fallen dem Bettel und Verderben anheim. — In New-York und allen großen Städten des Landes hat es bedeutende deutsche Geschäftshäuser, die zum Theil mit den amerikanischen auf gleicher Stufe stehen. Wer bei seinem Geschäft auf amerikanische Kunden rechnet, der überfordere unter allen Umständen nicht, sondern habe ein für alle Mal feste Preise und stelle diese so niedrig, wie möglich. Er wird dann gewiß am sichersten fahren und es wird ihm an guten Kunden nicht fehlen. Die Amerikaner haben es durchgängig gerne, wenn sie sich auf ein Haus verlassen können und wenn sie ihre Aufträge durch die Dienstboten und kleinen Kinder besorgen lassen können und ihre Sachen doch so gut bekommen, wie wenn sie selbst dabei wären. Es ist außerordentlich wohlthuend, die Ordnung und Stille in einem solchen Kaufladen zu sehen; eine große Anzahl von Menschen ist zum Ankauf da, aber man hört nichts von dem widerlichen Geschrei und Gehandel, das man sonstwo nicht selten findet. Der Käufer kommt und sagt, was er wünscht; der Kaufmann zeigt ihm die Waare und gibt den Preis an; der Käufer sagt, wie viel er wünscht, empfängt seine Waare, überreicht seine Bezahlung und beide empfehlen sich einander. Der Kaufmann sucht auch nicht durch allerlei Vorlagen Jemand zum Kauf zu nöthigen, wenn er etwa nicht gerade hat, was der Käufer wünscht. Die Quäker und viele fromme Häuser gehen von dieser Regel gar nicht ab und sie machen ungeheuer große Geschäfte. Es ist durchaus nicht selten, daß Leute ihre Bestellungen durch kleine Kinder einsenden; ein Diener des Handlungshauses überbringt dann die Waare. Bei solchen Geschäftsleuten hat man den Eindruck: die können gottesfürchtig sein, ihr Geschäft hindert sie wenigstens nicht daran. — Die Deutschen haben vorherrschend die Gewohnheit, herunterzuhandeln, bei den Irländern ist das noch mehr der Fall. Wenn solche Leute dann auch gar nichts vom Preise verstehen und nicht wissen, ob es zu viel ist oder nicht — gehandelt müssen sie haben.*) Dadurch wird der Kaufmann allerdings versucht, etwas mehr zu fordern, um noch etwas nachlassen zu können. Ein gutes Haus jedoch geht nicht von seiner Regel ab.

Wenn ein deutscher Kaufmann nur über geringere Mittel verfügen kann und er im Osten nicht die nöthigen Verbindungen hat, dann fängt er am besten im Westen einen sogenannten Country store (Landladen) an. Ein solcher Kramladen in Landstädten muß gewöhnlich mit Allem dienen können. Da sind allerlei Ellenwaaren, Victualien, Materialwaaren, sogar Patentmedizinen, Schulbücher und Schreibmaterialien, Schuhe, Stiefel, Eisen, Blechgeschirr — kurz, Alles, was der Farmer braucht, will er in einem Laden haben. Hiemit ist sehr vielfach der Tauschhandel verbunden. Der Farmer bringt seine Produkte dem Kaufmann und nimmt dagegen Waaren aus dessen Laden. Dieß verursacht allerdings dem Kaufmann viel Arbeit, er stellt sich aber gewöhnlich gut dabei. In abgelegenen Gegenden hat der Farmer diese Magazine lieber, als die cheap cash stores (billige Laden mit baarer Bezahlung); in Gegenden, welche gute Verkehrsmittel haben, nimmt die Baarzahlung immer mehr zu.

4. Gelehrte, Beamte u. s. w.

Bildung wird hochgeachtet; die Wissenschaft nimmt immer mehr zu und für sie wird, wie wir oben bereits gesehen, sehr viel gethan. Allein Gelehrte, Professoren folgen nur einem bestimmten Rufe und gehen nur auf gebahntem Wege; es ist nicht anzunehmen, daß sie auf's Unbestimmte in die Welt hinaus gehen. — Künstler haben Tüchtiges zu leisten, sonst kommen sie nicht gut an. Es haben sich gute Kräfte aus allen Ländern dort gesammelt und wer unter den Sternen nicht besonders leuchtet, verschwindet im Sternen-

*) Ein wahres Beispiel (unter vielen) kennzeichnet diesen Geist: Eine Irländerin kam in den Laden eines Quäkers und wünschte etwas zu kaufen. Der Kaufmann legte ihr die Waare vor und sagte: Das kostet sieben Dollars. Die Frau verstand siebzehn und sagte: Ach was, das ist zu viel; ich gebe Ihnen dreizehn. Der Kaufmann: Bitte, ich habe gesagt sieben. Die Frau besann sich kurz und sagte dann: Nun, dann geb' ich Ihnen fünf.

meer. — Tüchtige Aerzte gehen nicht fehl und finden immer einen Wirkungskreis. — An Advokaten ist kein Mangel im ganzen Land; New-York allein hat etwa 4000. Deutsche Juristen können gar nichts erwarten, ehe sie die englische Sprache und das amerikanische Recht gut verstehen. Ihnen ist nicht zu rathen, nach Amerika zu gehen, wenn sie diese beiden nicht gut bemeistern können. Jedenfalls aber müßten sie drüben vieles vom Advokatenstolz ablegen. — Die Postbeamten und Polizeibeamten alle mit einander kann man dort auch nicht brauchen, wenn sie die englische Sprache nicht gut verstehen. — Für Förster, Jäger, Militärs (hohe und niedere) ist in Amerika gar nichts zu erwarten; gehen sie dennoch hin, dann müssen sie einfach etwas Anderes ergreifen; sind sie dazu aber nicht fähig, dann sollen sie unter allen Umständen in Deutschland bleiben.

Das ganze Heer der deutschen Beamten hat in Amerika nichts zu erwarten; man kann sie dort nicht brauchen. Alle, die ein Amt und eine Anstellung in Deutschland haben, sollen damit zufrieden sein und nicht in Amerika etwas Besseres suchen wollen. Sie würden sich bitter täuschen. Denn einestheils würden sie mit ihrem üblichen Beamtenton dort nicht durchkommen; anderntheils fehlt ihnen eben doch die nöthige Geschäftsgewandtheit und Umsicht,*) welche drüben nöthig ist, wenn sie sich empor arbeiten wollen; und endlich ist es nicht wohl anzunehmen, daß die Amerikaner den Fremden die besten Stellen überlassen. Wer in einem Lande ein Amt bekleiden will, muß die Verhältnisse desselben kennen.

Prediger und Schullehrer siehe bei „Kirche" und „Schule".

Die Arbeit-Nachweisungsbureaus und die „Deutschen Gesellschaften" in Amerika.

An dieser Stelle müssen wir auf diese nützlichen Anstalten aufmerksam machen. — In fast allen Häfen sind Arbeit-Nachweisungsbureaus, welche vom Staate errichtet sind, um den Einwanderern

*) Deutsche Beamte, die jetzt in Amerika placirt sind, sagen insgemein, daß ihre deutschen Collegen in Amerika wenigstens für die erste Zeit gar nichts zu erwarten haben; sie sagen uns auch, es fehle gewöhnlich an der nöthigen Gewandtheit und sie sollten es doch wohl am besten wissen. — Die Stimmung ist drüben allgemein, daß diese Beamten nicht hinüber kommen sollten und daß alle hier unter 2. und 3. Aufgeführten sich vorher den Weg sicher bahnen sollten, ehe sie die Reise antreten.

Arbeit nachzuweisen, aber auch denen zu dienen, welche Arbeiter und Hilfe verlangen. Diese Anstalten sind zuverlässig und zu empfehlen. Alle, die drüben ankommen und nicht bestimmt wissen, wohin sie gehen wollen, sollten sich in diesen Anstalten melden und Arbeit suchen. Von allen Theilen des Landes laufen Gesuche ein nicht blos um gewöhnliche Arbeiter, Knechte und Mägde, sondern auch um allerlei Handwerker und Geschäftsleute. Da diese Anstalten unter Aufsicht des Staates stehen, so kann man sich ihnen mit Vertrauen hingeben. Für geleistete Dienste darf in denselben Niemand etwas verlangen. — Es gibt aber auch allerlei Privatanstalten ähnlicher Art, sogenannte Intelligence-Offices. Vor denen hütet Euch. Sie suchen nicht Euer Wohl, sondern Euer Geld. Sie locken und versprechen viel und verlangen für jede nachgewiesene Stelle 2 Dollars und schließlich ist's doch nichts. Es kommt nicht selten vor, daß sie Adressen geben, die man dann auf dem Mond suchen kann, weil man sie auf Erden nicht findet. In diese verderblichen Anstalten gehen trotz der Staatsanstalten immer noch Leute und lassen sich von deren Agenten allerlei vorschwatzen und sogar mit Vorurtheil gegen die Staatsanstalten erfüllen. Nun — wem nicht zu rathen ist, dem ist auch nicht zu helfen. — Das Arbeits-Bureau in New-York ist in Castle Garden. Diese Anstalt verschaffte im letzten Jahre 34,955 Emigranten Beschäftigung; darunter waren 22,844 Männer und 12,111 Frauen.

In allen Hafenstädten und auch in andern großen Städten des Landes sind außerdem „Deutsche Gesellschaften", welche im Allgemeinen eine wohlthätige Absicht haben.*) Auch diese könnt Ihr um Rath fragen und ihnen Euer Vertrauen schenken. Auch sie weisen Arbeit und Stellen nach, unterstützen in allerlei Weise und suchen den Einwanderer zu schützen und ihm zu seinem Rechte zu helfen. Auch ihre Agenten dürfen für ihre Dienste keinerlei Bezahlung annehmen; sie sind dazu von der Gesellschaft angestellt und werden dafür von dieser bezahlt. Wer etwas von Euch verlangt, den zeiget an, auf daß er um des allgemeinen Wohles willen zurecht gebracht werde. Die Gesellschaft will keinerlei Betrug dulden; wenn Unterbeamte betrügen, dann wissen die Oberbeamten gewöhnlich nichts davon und darum sollte Anzeige davon gemacht werden. An den armen Einwanderern will freilich Jeder rupfen, weil sie

*) Mitglied einer deutschen Gesellschaft kann Jeder werden, der einen jährlichen Beitrag von 5 Dollars zahlt.

unerfahren sind und gewöhnlich nichts sagen. Aber sie sollten ohne Bedenken Alle anzeigen, die ihnen Unrecht thun und ihre Namen nennen — wer sie auch sein mögen; dann wird schon geholfen. Sie können sich wenden an die deutschen Gesellschaften und ihren Vorständen Anzeige machen; auch ihre Agenten sind dazu da. Auch die Spalten der deutschen Zeitungen stehen ihnen gewöhnlich offen, wenn sie durch ihre Namensunterschrift für die Wahrheit ihrer Aussage stehen. Wenn aber Alle schweigen oder nur am unrechten Orte murren, dann ist keine Hilfe möglich.

Deutsche Gesellschaften sind: in New-York Broadway Nr. 13, in Philadelphia Nr. 24 Süd Siebente Str., in Baltimore Nr. 272 Süd Broadway, in New-Orleans Nr. 10 St. Peters Str., in St. Louis Nr. 315 Elm Str. u. s. w.

7. Wohin soll man auswandern?

Wir haben es hier ja nur mit den Ver. Staaten zu thun; aber diese sind groß, der Staaten sind viele. Welcher Staat ist der beste? oder welche Gegend überhaupt ist die beste? — Wir haben es hier aber nur mit den Bauersleuten zu thun, die gerne Land kaufen und selbst eine Farm haben möchten; mit allen Andern haben wir es hier nicht zu thun. Wohin soll nun ein Bauer gehen, der gerne Land kaufen möchte? Welche Gegend vereinigt in sich am meisten Vortheile für einen Landbauer? — Wenn wir auf diese schwierige Frage eine Antwort zu geben versuchen, dann setzen wir uns freilich der Gefahr aus, für parteiisch oder deß etwas gehalten zu werden, oder als hätten wir persönlich irgend welche Interessen, die Einwanderung in einen Staat oder eine Gegend zu empfehlen. Beides ist nicht der Fall und wir können deßwegen getrost unsre Meinung abgeben. Manche wollen es sogar für eine gewisse Gerechtigkeitsliebe halten, wenn man alle Staaten gleich gut sein läßt und keinem Staat den Vorzug gibt. Allerdings, wer die Staaten nicht aus eigner Anschauung kennt und von einander genau unterscheiden kann, wer also nicht aus gewissenhafter Ueberzeugung handeln kann, der lasse die Sache dahingestellt sein. Wer aber durch eigne Anschauung und viele Thatsachen zu der Ueberzeugung gekommen ist, daß die Landsleute in mancher Gegend übel berathen sind und daß es ihnen in andern Gegenden besser geht, der darf seine Erfahrungen zum allgemeinen Besten mittheilen, er muß es sogar thun. Wer die Staaten mehr im Auge hat und auf diese Rücksicht nimmt, der wird nichts sagen; wer aber das Wohl der

Auswanderer allein sucht, der wird reden müssen, wie es ist. Wenn man in den Staaten reist und hört die Bevölkerung eines jeden einzelnen derselben, dann ist freilich jeder der beste. Ich habe keinen Staat gefunden, da man nicht gemeint hätte, gerade ihr Staat habe Vorzüge, die man in andern nicht so finde und um welcher willen Auswanderer ihren Staat wählen sollten. Wir wollen durchaus nicht sagen, daß das nur Unwahrheit sei; es hat jeder Staat wieder sein Gutes. Aber im Ganzen sind sie doch eben noch lange nicht alle gleich. Darüber stille schweigen, ist das leichteste; wer nichts sagt, hat keinen Widerspruch zu erwarten. Wer aber die Wahrheit sagt, findet schon darin Befriedigung und wird keinen Widerspruch scheuen. Ich gebe hier meinen Rath so, wie ich ihn meinem besten Freunde geben würde und wie ich unter Umständen selbst handeln würde. Jeder kann dabei doch thun, wie er will.

Als Antwort auf diese Frage ist eigentlich der ganze erste Theil dieses Buches geschrieben worden. — Wer Land kaufen will, soll auf folgende Punkte achten: 1. Klima, 2. Beschaffenheit des Bodens, 3. Preis des Landes, 4. der Markt und 5. dürfte doch auch die Nachbarschaft und Gesellschaft in Anschlag zu bringen sein. Diese Punkte muß man einander gegenüber halten und immer alle mit einander im Auge behalten; man muß nicht einen ungebührlich hervorheben und die andern dabei vergessen. Es gibt für die einzelnen Gegenden interessirte Menschen, welche unvollständige und schon deßhalb falsche Berichte geben. Da kommen die Einen und rühmen die Gesundheit des Klimas ihres Staates (und schweigen von allem Andern); und es ist vielleicht wahr; aber was hilft den Bauer das gesunde Klima allein? Der will außerdem auch einen guten Boden und Markt haben. — Die Andern rühmen die Fruchtbarkeit des Bodens; das mag richtig sein. Aber das Klima? ist's auch gesund? Was hilft mich die schöne fruchtbare Farm, wenn's Niemand darauf aushalten kann! — Und der Markt? — In manchen Gegenden werden ausgezeichnete Sachen gezogen, aber sie haben wenig Werth. Es ist kein Markt in der Nähe und wenn man sie auf den nächsten Markt bringen will, kostet das schon einen großen Theil des Preises, den man dafür bekommt. Der Tauschhandel aber (siehe bei „Kaufleute") ist für die Farmer nicht eben vortheilhaft. — Und endlich wird doch wohl ein Jeder in einer Gegend, wo er gute Nachbarschaft, Kirche, Schule, christliche Freunde u. s. w. hat, lieber sein, als in einer andern, wo er zwar etwas mehr ernten könnte, aber alles Angenehme nicht findet. Der Mensch muß Menschen haben.

Da kommen die Agenten der östlichen Staaten, die von New-York, Pennsylvanien u. s. w. und rühmen uns die vortheilhafte Lage, guten Markt, guten Boden, gute Gesellschaft; und es ist das Alles wahr, was sie sagen; man kann da manches Angenehme haben, das man in den fernen westlichen Staaten vergeblich sucht; das Leben ist da nicht blos Essen und Arbeiten. Aber der Preis ist eben zu hoch für Leute mit wenig Mitteln. Um einen Acker gutes Land im Osten kann man im Westen 20—30 Acker gutes Land kaufen. Leute, die im Osten gar nicht anfangen könnten oder sich immer mit Schulden plagen müßten, haben im Westen leicht einen guten Anfang und Fortgang. Es gibt kein schöneres, fruchtbareres und gesunderes Land, als das Thal von Virginia; aber nur vermögende Leute können sich da ankaufen. Wer Vermögen mit hinüber bringt, mag sich im Osten ankaufen (aber es ist dann doch noch die Frage, ob er sein Vermögen in manchen Gegenden des Westens nicht besser anlegen könnte); für den Armen ist der Westen besser. — Nun kommen die Agenten vom Südwesten, vom untern Mississippi, und rühmen uns die Fruchtbarkeit des Bodens, den billigen Preis des Landes, warmes Klima, wo man köstliche Früchte pflanzen könne. Allerdings billiges und zum Theil fruchtbares Land, allerdings ein warmes Klima, oft nur eben zu warm; da kann man allerlei hübsche Südfrüchte pflanzen; aber außer mancherlei noch immer nicht beseitigten Uebelständen ist doch die Gesundheit wohl zu berücksichtigen. Wie wir gesehen haben, sind manche Gegenden nicht gesund und das Klima ist überhaupt in Anschlag zu bringen. Dazu sind wenige Deutsche dort; nur in den Städten finden sie sich in größerer Anzahl. In Texas findet der Deutsche am meisten Landsleute unter allen südwestlichen Staaten und unter allen diesen Staaten dürfte der Deutsche vielleicht am meisten auf diesen gewiesen sein. — Aber mag man sich in andern Theilen des Landes noch so sehr anstrengen: die Heimath unsrer Landsleute ist doch im Westen und Nordwesten und das wird auch so bleiben. Wir meinen hier die Staaten des Mississippi-Thales, wie wir solches oben begrenzt haben. Da finden sie fruchtbaren Boden, billige Preise des Landes, gutes Klima und überall viele Landsleute, die in allerlei Weise thätig sind. Nirgends ist das deutsche Element in blühenderem Zustand, als hier. Im Osten läßt die Fruchtbarkeit des Bodens in vielen Gegenden schon nach; im Westen hält die Urkraft des Bodens noch lange an. Und wieder unter diesen Staaten des Mississippi-Thales übertrifft keiner den Staat Illinois in Bezug auf Fruchtbarkeit des Bodens, den Markt und die deutsche Bevölkerung. Die Fruchtbarkeit des Bodens haben wir oben kennen gelernt. Von der guten Lage und dem damit verbundenen ausgezeichneten Markt kann sich Jeder durch einen Blick auf die Karte überzeugen. Der Staat hat überall ein offenes, weites Feld. Damit wollen wir den andern Staaten dieses Thales nicht zu nahe treten; wir haben sie alle kennen gelernt und sagen einfach und offen unsre Ueberzeugung. Nicht in allen Staaten und einzelnen Theilen derselben ist der Markt gut. Es gibt abgelegene Gegenden, in welchen die Leute vielleicht keinen Mangel leiden; aber sie kennen auch fast nichts, als Essen und Arbeiten. Ich habe viele Leute in einem Zustand gefunden, in welchen sie in einer andern Gegend kaum gerathen wären. Da leben dann die Leute so dahin und sind zufrieden, was noch das Beste dabei ist; denn sie wissen es nicht anders. Wüßten sie, wie viele ihrer Landsleute es leichter und besser haben, sie könnten nicht zufrieden sein und würden nicht bleiben. — Wer nun freilich gar keine Mittel mit hinüber bringt, dem bleibt keine andere Wahl, er muß sich auf den Außenstationen auf Congreßland niederlassen und hat dazu in Nebraska, Minnesota, Kansas, Michigan u. s. w. Gelegenheit. Auf diese Weise haben sich schon Viele eine gute Heimath gegründet.

Jedenfalls muß sich jeder Auswanderer selbst die Frage vorlegen: Wohin soll oder will ich auswandern? Ehe Einer seine Heimath verläßt, muß er wissen, wohin er gehen will. Es ist schon vielfach vorgekommen und kommt leider noch immer vor, daß Leute nach Amerika gehen und wissen noch gar nicht, wohin sie eigentlich wollen. Fragt man sie: Wohin? so antworten sie: Nach Amerika; weiter wissen sie nichts. Daraus entsteht gewöhnlich viel Jammer und vor einer solchen Gleichgültigkeit muß man recht ernstlich warnen.

8. Ueberschlag der Kosten.

Es ist bei Allem gut, wenn man die Kosten vorher überschlägt und nicht erst hintendrein nachdenkt über das, was man gethan hat. Gewiß ist es nöthig bei einem so wichtigen Schritt, wie die Auswanderung ist, daß man alle Kosten sorgfältig überschlage und sich prüfe, ob man auch habe, es hinauszuführen. —

Aber hier meine ich zunächst wirkliche Geld-Kosten.*) Man muß sich prüfen, ob man sich durch die Auswanderung nicht sofort in Noth bringt. Manche gehen dahin und bedenken gar nicht, was eine solche Reise kostet und Tausende sahen erst hintendrein ein, daß sie sich verrechnet hatten; hätten sie vorher Alles überlegt, so wären sie vielleicht gar nicht fortgegangen. Sie meinten, noch ein hübsches Stück Geld hinüber zu bringen und als sie an Ort und Stelle kamen, war nichts mehr da und sie waren im Elend. Es gibt hier Ausgaben, an die der Unerfahrene gar nicht denkt. Wir wollen einige erwähnen.

1. Kosten zu Hause, wenn man das Eigenthum verkauft hat und bis man die Reise antritt. — Man steckt eine Feder an den Hut, geht in Sonntagskleidern einher, arbeitet nichts mehr, denn — es geht ja nach Amerika. Aber solches Leben kostet Geld, das man noch nöthig brauchen könnte. Man bleibe in seinem gewöhnlichen Geschäft so lange, wie möglich und suche bis auf die letzte Zeit noch etwas zu verdienen, auf daß man nicht so lange aus der Tasche leben muß.

2. Kosten für die nöthigen Kleider, Schuhe, Kisten, Koffer, Lebensmittel auf der Reise, Geschirr u. s. w.

3. Reisekosten, Billete, Fracht, Lebensunterhalt bis zum Hafen.

4. Kosten im Hafen (Wirthshaus, mancherlei Ausgaben für die Seereise; Geschirr, Betten und was man sonst nöthig hat, kauft man am besten in Bremen oder Hamburg).

5. Kosten für die Seereise, Ueberfracht u. s. w.

6. Kosten im amerikanischen Hafen, wo es in den Wirthshäusern täglich 1½ Dollar die Person kostet.

7. Reisekosten, Fracht und Lebensunterhalt vom Hafen an den Bestimmungsort (siehe die Fahrpreise von den verschiedenen Häfen in's Innere des Landes weiter unten).

8. Ankauf von Land, Haus, Ackergeräthe, Vieh u. s. w.

9. Wenn man hinkommt, kann man noch nicht gleich ernten; man muß also aus der Tasche leben (oder etwas verdienen), bis man etwas ernten kann. (Im schlimmsten Falle würden die Nachbarn aushelfen können, wenn man das Land einmal gekauft hat.)

Schlägt man alle hierher gehörigen Capitel nach, dann kann

---

*) Vom Ueberschlag der andern „Kosten“ redet dieser ganze I. Abschnitt dieses zweiten Theiles, überhaupt der größere Theil dieses Buches, besonders die Artikel über Reise und Ansiedlung, welche vorher gelesen werden sollten.

man sich einen Kostenüberschlag machen, der genau genug ist, um sich darnach richten zu können. Es gibt noch Manches, was ich hier nicht erwähnt habe und eine Reise kostet immer mehr, als man vorher glaubt. Es ist traurig und schwer, wenn einer armen Auswanderer-Familie unterwegs das Geld ausgeht und sie nicht mehr weiter kann. Es ist schon vorgekommen, daß Mann und Weib deßhalb getrennt wurden und erst nach längerer Zeit zusammenkommen konnten, wenn sie etwas verdient hatten. Wie aber, wenn kleine Kinder da sind? Die Noth mancher armen Familie mag groß sein; aber sie ist nicht so schwer, wie die einer Emigranten-Familie, der auf der Reise das Geld ausgeht. Darum überlege man recht.

9. Der Entschluß wird gefaßt.

Ich habe Dir nun allerlei gesagt, um Dich in den Stand zu setzen, ruhig und besonnen zu prüfen und das Beste zu wählen. Gehe nicht unvorsichtig und übereilt zu Werke und fasse nicht leichtfertig den Vorsatz, auszuwandern. Ich habe das meine gethan und bin fertig; thue Du nun auch das Deine. An Gottes Segen ist Alles gelegen. Fasse ohne ihn den Entschluß nicht und ohne ihn ziehe nicht aus. Findest Du, daß es besser für Dich ist, wenn Du bleibest, so bleibe und laß alle Gedanken an's Auswandern fahren, laß Dich auch von keinem Menschen überreden oder verblenden. Findest Du aber, daß es besser für Dich ist, wenn Du für Dich und die Deinen in der neuen Welt eine neue Heimath suchest, so gehe nur in Gottes Namen hin und habe guten Muth; Er wird Dir helfen und Dich führen, besser, als es Menschen thun können.

II. Die Vorbereitung zur Auswanderung.

1. „Wir wandern aus".

Wenn Leute sich entschlossen haben, nach Amerika zu gehen, dann wird es gewöhnlich auf einmal ganz anders, als es vorher mit ihnen war. Die Bursche ziehen schöne Kleider an, setzen den geschmückten Hut auf, gehen umher und besuchen die „Kameraden", sind lustig und arbeiten nichts mehr. Die Mädchen putzen sich, laufen im ganzen Dorf umher, sind heiter mit ihren Freundinnen und freuen sich, denn „jetzt haben wir's gut; wir gehen nach Amerika und dort brauchen wir nicht viel zu arbeiten." Bei den Meisten merkt man in dieser Zeit ein zerstreutes, flatterhaftes Wesen. Es ist besser, wenn Ihr stille seid und Eure Sachen in aller Ruhe besorgt, auf daß Ihr dann, wie sich's gebührt, in Sammlung und Ordnung Eure Heimath verlassen und den weiten Weg antreten könnt. Diese Zeit ist schon an sich unruhig und darum geeignet, Euch auch unruhig zu machen. Um so nöthiger ist es, daß Ihr in Eurer gewöhnlichen Weise bis auf die letzte Zeit verbleibet und alle Eure Angelegenheiten bei Zeiten besorgt. Man soll nichts vergessen und nichts zu spät thun, sondern Alles zu seiner Zeit besorgen. Darum muß man nicht Alles verschieben bis auf die letzten paar Tage, sondern man soll sich so einrichten, daß man fertig wird, noch ehe die Zeit zur Abreise da ist, auf daß man noch eine kurze Zeit ganz frei habe, die man zur Sammlung und Erhebung benutzen möge.

Wenn Ihr auswandern wollt, so ziehet, wenn irgend möglich, Alle miteinander; lasset keines Eurer Lieben zurück; der Abschied würde um so schwerer werden, die Sorgen würden größer sein und gewöhnlich merkt man üble Folgen, wenn der Mann etwa vorausreist und seine Familie nach längerer Zeit nachkommen läßt. Wenn

Ihr einmal gehen wollt, dann gehet Alle mit einander und traget mit einander, was kommen mag. Auch die alten Eltern und die Kinder nehmt alle gleich mit. Die Zeiten und auch die Gemüther der Menschen ändern sich. Darum bleibe beisammen, was zusammen gehört.

2. Wann soll man auswandern?

Wenn man den Entschluß gefaßt hat, nach Amerika zu gehen, muß man deßwegen noch nicht gleich den Wanderstab ergreifen und aus dem Lande hinaus eilen, man braucht auch nicht gleich Alles zu verkaufen, sondern jetzt soll man erst Alles überlegen, wie man es am besten anfangen und einrichten könne. — Die erste Frage ist nun die: Wann sollen wir gehen? Im Frühjahr, im Sommer, im Herbst oder im Winter? Diese Frage wird am natürlichsten und besten so beantwortet: Man soll gehen in einer Zeit, in welcher die Geschäfte in Amerika am besten gehen und in welcher Alle am leichtesten ein Unterkommen finden. — Handwerker u. dgl. sollten darum im Frühjahr und früh im Herbst drüben ankommen; nicht im Sommer und nicht im Winter. Taglöhner können zu jeder Zeit kommen, nur nicht mitten im Winter. Bauern sollten nur im Frühjahr auswandern, aber so früh, daß sie noch säen und pflanzen können und dann auch noch in demselben Jahre eine Ernte haben. Im Herbst könnten sie zwar Roggen (Korn), Weizen u. s. w. säen, aber ernten könnten sie doch erst im nächsten Jahre. Wollen Bauern also im Sommer oder Herbst auswandern, dann müssen sie bedenken, daß sie fast ein ganzes Jahr aus der Tasche leben müssen. Können sie das und wollen sie es thun, so ist das ihre Sache; aber wer's nicht kann, wie will der diese ganze Zeit seine Familie ernähren? In den Taglohn gehen, will auch nicht helfen, denn dadurch wird das eigene Land nicht zubereitet. — Noch ein anderer Grund ist der: Es ist gut, wenn einem drüben nicht gleich der Winter über den Kopf kommt. Man ist dann noch nicht gleich so eingerichtet, daß man der Kälte ruhig entgegensehen könnte; wenn man unbebautes Land kauft, hat man noch gar kein Haus und müßte suchen, bei einem Nachbar unterzukommen. Kommt man jedoch im Frühjahr an, so kann man, wenn sich das Land dazu eignet, gleich Sommerweizen, Buchweizen, Gerste u. s. w. säen und besonders Mais (Welschkorn) und allerlei Gemüse pflanzen; auch kann man sich den Sommer hindurch mit der Wohnung einrichten und ist versorgt, wenn der Winter kommt. Ist das neue

Land dicht bewachsenes Waldland, so hat man freilich nicht viel Raum, aber man wird doch gewöhnlich leicht so viel freien Raum gewinnen, um das Nöthigste wenigstens zum Theil pflanzen zu können; ist es aber Prairie, dann ist schon geholfen; man braucht den fruchtbaren Boden nur zu pflügen und ihm den Samen anvertrauen (siehe „Urbarmachung des Bodens"). — Aber dazu muß man früh genug drüben ankommen, um das Alles zur rechten Zeit thun zu können. Und dieß führt uns auf die Frage:

3. Soll man mit Segelschiff oder mit Dampfschiff reisen?

Ich habe selbst sowohl mit Segelschiffen wie mit Dampfschiffen die Reise wiederholt gemacht, kann aber nicht zu den Segelschiffen rathen, sondern muß die Dampfschiffe vorziehen und empfehlen; aus verschiedenen Gründen: 1. die Zeit. Bei Handwerkern kommt es vielleicht nicht so genau darauf an, wann sie drüben ankommen; aber der Bauer soll im Frühjahr zur rechten Zeit dort sein; d. h. Mitte April sollte er auf seinem Lande sein, um die Arbeit anfangen zu können. Eine Reise mit Segelschiff währt durchschnittlich sechs Wochen, manchmal noch länger; eine Reise mit Dampfschiff ist in zwei Wochen vorüber, nur in ungünstigen Zeiten mag's etwas länger währen (von Bremen oder Hamburg). Wer mit Segelschiffen reisen und um die genannte Zeit an Ort und Stelle sein will, muß spätestens Mitte Februar, also im Winter abreisen und hat unfreundliches Wetter für die ganze Reise, was für Familien mit kleinen Kindern unangenehm und sehr beschwerlich ist und Krankheiten nach sich ziehen kann, besonders wenn sie sich überall einschränken müssen, weil das Geld nicht reicht. Wer aber mit Dampfschiff reist, kann ruhig daheim bleiben bis Mitte März und kommt dann doch noch besser an, als mit Segelschiff. Zudem ist bei der Abfahrt von Segelschiffen keine so große Regelmäßigkeit und Pünktlichkeit und die Ankunft drüben kann man vorher gar nicht berechnen, weil es hier allein auf den Wind ankommt. Die Dampfschiffe gehen regelmäßig ab und wenn Alles gut geht, kann man die Ankunft schon vorher berechnen. — 2. Aber nicht allein die Zeit kommt hier in Betracht, sondern auch alles das, was durch die längere Zeit hervorgebracht wird: Krankheiten und allerlei körperliche Leiden und Beschwerden. Die zwei ersten Wochen sind gewöhnlich erträglich und dann sind die Dampfschiffe drüben angekommen. Die Seekrankheit stellt sich zwar auf allen Schiffen gleich am Anfang ein, aber die ist nicht gefährlich und geht vorüber. Aber nach vierzehn Tagen entstehen auf Segelschiffen oft Krankheiten und Seuchen. Wenn so 600—800 Menschen in einem Zwischendeck beisammen sind, die nicht immer alle zu den reinlichsten gehören mögen, — wenn sie da Tag und Nacht Wochen lang bei einander logiren, Alt und Jung, Groß und Klein, — wenn „da unten" Kinder und Kranke (auch Andere, wie sich leicht denken läßt) mit allerlei Bedürfnissen kommen, wenn man dabei bedenkt, daß der Zwischendeck-Raum fast ganz im Wasser geht: — dann kann man gewiß begreifen, wie da unten eine ganz eigenthümlich unbeschreiblich schlechte Luft entsteht, die nirgends in der Welt, als in einem Schiffe zu finden ist. Dieser Geruch allein ist genug, um das Reiseziel mit tiefster Sehnsucht herbeizuwünschen. Es sind zwar kleine runde Fensterchen da, aber die reichen doch nicht aus und dürfen bei Sturm gar nicht geöffnet werden — dann, wenn es am nöthigsten wäre, weil dann das Erbrechen (u. s. w.) am eifrigsten geht. Die Seeluft wirkt dann freilich erfrischend, wenn man diese auf Verdeck genießen kann. Aber so ein Gefängniß sollte höchstens alle 14 Tage gründlich gereinigt und gelüftet werden, wenn Menschen darin leben sollen. Das geschieht bei den Dampfschiffen und sie sind darum vorzuziehen. Je länger die Reise ist, desto schlimmer wird's; je kürzer, desto besser. — 3. Das sittliche Verderben. Je länger die Reise ist, desto schlimmer steht's auch hierin. Man schämt sich, es zu sagen, wie es oft auf den Schiffen zugeht. Man spiele uns keine Gaukelei vor, als wäre das eine ganz angenehme Zeit. Es gibt Kanäle in der Welt, in denen das menschliche Verderben rascher und massenhafter fließt, als sonstwo; zu den schlimmsten dieser Kanäle gehören die Schiffe des Oceans. Man braucht dabei nicht zunächst an die Schiffsmannschaft (Matrosen) zu denken, wie Landleute aus Unkenntniß gerne thun; nein, die Passagiere sind schlimm genug, gestehen wir's uns nur. Die Schiffsmannschaft der deutschen Dampfer stehen unter strenger Controle und ihre Schiffszucht ist bekannt. Die Einen verführen, die Andern lassen sich verführen und es gefällt ihnen wohl. — Den Jammer werde ich nie vergessen, den ich auf Schiffen überhaupt schon gesehen habe. Wie das liebe Vieh lagerten sie da oft beisammen. Es ist schon viel besser geworden, aber noch ist des Elends zu viel da. Hier muß noch gründlicher geholfen werden. Die Beförderung der Passagiere mit Segelschiffen sollte ganz aufhören. Unter allen Umständen ist zu wünschen, daß die Seereise so kurz wie möglich sei. — Wenn das Volk vielfach meint, die Gefahr sei auf einem Dampfschiff größer, als auf einem

Segelschiff, so ist das eine unnöthige Furcht. Der Eindruck kommt daher, daß man meint, der Kessel könne zerspringen und dann sei das Schiff verloren. Aber die Vorsicht und die Einrichtungen sind auf Dampfern um so größer und durch Explosionen sind auf dem Ocean noch nicht viele Unglücksfälle vorgekommen. Schiffbrüche sind überhaupt weniger auf dem Ocean, als an den Küsten zu fürchten; und dieser Gefahr sind die Segelschiffe mehr ausgesetzt als die Dampfer.

Nun ist freilich der Kostenpunkt eine andere Frage. Die Person kostet im Zwischendeck der Dampfschiffe 55 Thlr., auf dem Segelschiff die Hälfte, oft noch weniger (siehe die Preise weiter unten); manche Familie kann mit einem Segelschiff reisen, deren Mittel für ein Dampfschiff nicht reichen würden oder die doch vielleicht Alles auf's Reisegeld verwenden müßte. Da kann man nicht anders, man muß mit Segelschiff reisen. Man soll, wo möglich, auch noch etwas Geld mit hinüber bringen und lieber sich einer beschwerlichen Reise unterwerfen. Aber wer drüben gleich auf guten Verdienst rechnen kann, der kann in der Zeit, die er bei einem Dampfer spart, so viel verdienen, als es mehr kostet. — Wer zur Stärkung seiner Gesundheit und zur Erholung eine Reise machen will, kann die Cajüte der Segelschiffe benutzen und hat dann eine längere Zeit die stärkende und wohlthuende Seeluft zu genießen. Wer nicht eilt, findet überhaupt in den Cajüten der Segelschiffe eine angenehme Fahrt.

4. Verkauf des Eigenthums.

Ehe man nun weitere Schritte thut, etwa einen Schiffscontract abschließt, muß man das Eigenthum verkauft haben, auf daß man nicht genöthigt sei, zu billig zu verkaufen, nur um das Reisegeld nicht zu verlieren. Mit dem Verkauf des Vermögens sei man nicht zu eilig. Wer seine Sachen nicht um den rechten Preis verkaufen kann, sondern unter dem Preis abgeben soll, der warte lieber noch ein Jahr. Dieses ist besonders Bauern anzurathen, die ihre Liegenschaft nicht gut anbringen können.

Von den Sachen, die Ihr habt, wählt die aus, die Ihr mitnehmen wollt auf die Reise und nach Amerika; alles Andere, sowie das liegende Eigenthum verkauft. Lasset nichts zurück, um es für spätere Zeiten aufzubewahren. Es ist immer am besten, wenn man ganz da ist, wo man ist; getheiltes Wesen ist nicht gut und zersplittert die Kraft. Ebenso, wie es am besten ist, wenn Ihr Alle gleich mit einander geht, so ist es auch am besten, wenn Ihr gleich all das Eure mitnehmt.

5. Was soll man mitnehmen? — Zoll. — Geldwechsel. — Papiere. — Briefe; Adressen. — Packete.

Die Leute sagen gewöhnlich: „Wir wollen so viel als möglich mitnehmen, jetzt haben wir's und kostet uns nichts." Dagegen ist es besser, wenn Ihr so wenig als möglich mitnehmt. Was Ihr habt, kostet Euch zwar jetzt nichts, aber wenn Ihr Ueberfracht habt, dann kostet das Euch leicht mehr, als die Sachen werth sind. Das Geld habt Ihr am nöthigsten und das tragt Ihr am leichtesten und kostet unterwegs am wenigsten. Außerdem verseht Euch gut mit Kleidern, Schuhen und Betten. Aber nehmt ja kein altes Zeug mit, kein Geschirr, nichts, was schwer wiegt oder zerbrechlich ist, wenn man es irgendwie entbehren kann. Es ist erstaunlich, was die Leute oft alles mitnehmen: eiserne Kochtöpfe, irdene Kacheln u. s. w.; kommen sie dann hinüber, dann ist's entweder in Stücken, weil sie's nicht zu packen verstanden, oder sie können's nicht gebrauchen, weil man dort andere Oefen mit eigenem Geschirr hat. Alles das, meinen dann die Leute, koste nichts; wollten sie nachrechnen, dann würden sie finden, daß es sie nicht billig zu stehen komme. Alle solche Sachen sind in Amerika die Fracht nicht werth. — Von Handwerkszeug nehme man nur das feinere mit, welches nicht viel Raum wegnimmt. Schreiner, Uhrmacher u. s. w. können manches mitnehmen; im Ganzen aber bedenke man, daß diese Sachen drüben anders sind, als in Deutschland und man viele kaum gebrauchen kann.

Der **Zoll**. Alle neuen Sachen müssen verzollt werden. Früher waren alle Sachen zu eigenem Gebrauch frei, jetzt ist's anders; es hilft nichts, für alles Neue muß Zoll bezahlt werden. Man ist zwar gegen Einwanderer in Amerika nie sehr streng, aber es muß doch nach dem Gesetz gehen. Der Einkaufspreis in Deutschland, Fracht, Zoll und Alles zusammen macht viele Sachen theurer, als man sie drüben kaufen kann.

Vergesset Bibel, Gesangbuch und Gebetbuch nicht; Ihr habt Trost und Stärkung nöthig. — Auf die Reise in den Hafen versehet Euch mit Lebensmitteln, daß Ihr unterwegs nicht viel zu verzehren braucht. Auf allen Dampfschiffen und auch auf den deutschen Segelschiffen bekommt Ihr die Kost. Aber auch für die Seereise nehmt Euch immer etwas Obst, grünes und gedörrtes, und einige andern leichten Erfrischungen mit; bei der Appetitlosigkeit in der ersten Zeit der Seereise ist so etwas sehr angenehm. Wenn Ihr mit Segelschiffen (nicht deutschen) reiset und Euch etwa selbst beköstigen müßt, dann nehmt Euch die vorgeschriebenen Lebensmittel von Haus aus mit. — Betten, Decken und Geschirr für die Reise nehmt nicht von Haus aus mit, Ihr könnt das alles in Bremen billig kaufen, um etwa 5 Thaler, und habt es dann, wie es am besten paßt. Eure eigenen Betten benutzt auf dem Schiffe nicht, sie werden sehr verdorben, sollten aber für Amerika verschont bleiben. Darum ist's am besten, wenn Ihr Euch im Hafen Matratzen und wollene Decken kauft; die Matratzen werft Ihr dann drüben weg, die Decken könnt Ihr mitnehmen. — Medicin braucht Ihr nicht mitzunehmen. Auf jedem Dampfer ist ein Arzt und eine Apotheke; auf dem Segelschiff ist kein Arzt, aber ein Arzneikasten, der vom Capitain verwaltet wird. Wer ein besonderes Leiden hat, nehme sich seine gewöhnliche Arznei mit. Für die erste Zeit können sich Alle etwas mitnehmen, was den Appetit reizt, ohne den Magen dabei zu verderben.

Geldwechsel.

Hat man die nöthigsten Sachen ausgewählt und alles Andere verkauft, so nimmt man sein ganzes Vermögen mit und läßt nicht etwa einen Theil desselben den Freunden zur Verwaltung zurück. Aber man lasse sich auch nicht vorreden, das Geld in einem Gurt mitzunehmen und diesen um den Leib zu binden, noch viel weniger lege man das Geld in eine Kiste.*) Man nimmt nur so viel baar Geld mit sich, als man unterwegs braucht und verwahrt das gut an seiner Person; alles andere nimmt man in Wechsel mit. Man wartet mit dem Wechsel auch nicht bis man in die Hafenstadt kommt, sondern man besorgt das Alles schon vor seiner Abreise und nimmt seinen Wechsel in der nächsten großen Stadt von einem guten, bekannten und zuverlässigen Hause, das für Alles einstehen kann und muß. Man läßt sich den Wechsel auf ein gutes Haus in der Hafenstadt ausstellen, wo man landet. Die Wechsel müssen „Nach Sicht" — „Without grace" zahlbar sein

*) Neulich platzte auf einer Ohio-Eisenbahn beim Abladen die Kiste eines Einwanderers, in welcher 6000 Dollars in Silbergeld enthalten waren. Die blanken Thaler liefen weit auf dem Boden umher und wenn der freundliche Conducteur nicht Wache gestanden hätte, wäre vielleicht ein Theil des Geldes nicht wieder zu seinem Eigenthümer gekommen.

und nicht erst nach drei Tagen; d. h. der Betrag soll sofort bei bei Vorzeigung des Wechsels ohne Abzug bezahlt werden. Sehet Euch vor, daß die Worte „without grace“ auf dem Wechsel eingeschaltet sind. Alle Wechsel haben nämlich in Amerika drei Frist-Tage; ehe diese verflossen sind, brauchen die Banken das Geld nicht auszuzahlen, wenn sie nicht wollen, oder dürfen einen bedeutenden Abzug machen. Der Einwanderer muß dann entweder drei Tage auf sein Geld warten, was ihn viel kostet, oder er muß sich einen hohen Abzug gefallen lassen, was ebenso unangenehm ist. Beides muß vermieden werden. Und wenn die Worte „without grace“ auf dem Wechsel stehen, muß derselbe ohne Abzug sogleich bezahlt werden. Will ein Handlungshaus darauf nicht eingehen, so nehmet Euren Wechsel nicht in demselben, sondern wendet Euch an ein anderes Haus. Lasset Euch nicht vorreden, das Haus in New-York etwa sei ein gutes Haus und werde Euch Euer Geld gleich auszahlen ohne Abzug; Ihr könnt Euch darauf nicht verlassen; Geschäfte sind Geschäfte und sollen präcis und gewissenhaft gethan werden. Kein Haus muß einen Wechsel gleich auszahlen, wenn die Worte „without grace“ nicht auf demselben stehen. Ich weiß, wie unangenehm es ist, wenn arme unerfahrene Leute in einer fremden großen Stadt sind und wissen nicht, was sie anfangen sollen, um ihr Geld zu bekommen. Wie stehen sie dann so rathlos da und haben gewöhnlich nur Verlust. Darum vermeidet das Alles. Der Vorsicht wegen thut man wohl, wenn man sich den Wechsel dreifach ausstellen läßt. Den Wechsel Nr. 1 nimmt der Mann zur Aufbewahrung, Nr. 2 etwa die Frau und Nr. 3 läßt er bei einem vertrauten Manne in der Heimath zurück, etwa bei dem Pfarrer oder Schultheiß (Bürgermeister), welche dafür gerne einen Schein ausstellen werden. Geht dann ein Wechsel verloren, so kann er durch einen andern ersetzt werden. Das Geld wird bei Vorzeigung irgend einer dieser Nummern ausgezahlt und wenn zwei Nummern verloren gehen sollten, dann wird auch die dritte als Originalwechsel betrachtet. — Jeder geht mit seinem Wechsel selbst zur Bank, um das Geld zu holen und schickt nicht einen Andern hin. — Die „deutsche Gesellschaft“ von New-York besorgt auch Geldgeschäfte, stellt Wechsel aus und bezahlt solche, die auf sie ausgestellt werden und ist, wie jede andere Gesellschaft der Art, in allen diesen Sachen behilflich. — Auf dem Schiff sind Wechsel, Geld und Pretiosen am besten beim Capitain aufgehoben; man läßt sich zur Vorsicht für das Uebergebene einen Schein von ihm ausstellen.

Papiere.

Es ist löblich, wenn man jedem rechtschaffenen Mann auf Verlangen zeigen kann, wer man ist und daß man seine Heimath in ehrlicher Weise verlassen hat. Auch der beste Mensch darf nicht erwarten, daß Fremde etwa seinem ehrlichen Gesicht oder seinen ehrlichen Redensarten ohne weiteres Vertrauen schenken sollten. Jeder rechtschaffene Mann will immer wissen, mit wem er's zu thun hat und ehe er Dich empfehlen oder Dir selbst Arbeit geben kann, mußt Du ihm zeigen, daß Du sein Vertrauen verdienst. — Zeugnisse können in Amerika viel nützen. Man nehme alle Scheine und Zeugnisse mit, als Geburtsschein, Taufschein, Confirmationsschein, Trauschein, Zeugnisse von Schulen, Zeugnisse über Amtsführung, wenn man schon ein Amt hatte, Zeugnisse von den Lehrmeistern und Meistern für Handwerksgesellen, Zeugnisse von Herrschaften für Dienstboten, Entlassungszeugnisse aus der Gemeinde, etwa vom Geistlichen amtlich ausgestellt u. s. w. Auch ein Reisepaß ist immer gut; unbedingt nöthig ist er nur für junge militärpflichtige Männer. Es ist nicht nöthig, daß ein Paß von einem amerikanischen Consul visirt werde. Das Visum eines Consuls nützt nichts und kostet 1—2 Dollar. — Empfehlungsbriefe können ebenfalls nützlich sein. — Es kommen immer Viele drüben an mit der naiven Meinung, in Amerika brauche man keine Zeugnisse. Die stehen dann als Betrogene da und werden in den meisten Fällen für Betrüger gehalten.

Briefe; Adressen.

Alle Briefe und Adressen, die Ihr mitnehmt, müssen deutlich und richtig geschrieben sein. Besonders kommt es sehr darauf an, daß Ihr die Adresse, wohin Ihr gehen wollt, genau habt. Es ist lustig anzusehen, wie das deutsche Volk drüben gewöhnlich die amerikanischen Adressen schreibt und an Verwandte herüber schickt. Die drüben ahmen den Laut der Aussprache so gut nach, wie sie können und bekümmern sich nicht darum, ob's richtig geschrieben ist; die hüben verstehen's noch weniger und machen's dann noch schlechter, als es schon ist und so kommt dann endlich eine Adresse heraus, aus der kein Mensch klug werden kann.*) Doch sind die Postbeamten

*) Ein Brief an eine Adresse im Staat Indiana war überschrieben: „in die Anna"; das sollte Indiana heißen. Es kommen schließlich Namen heraus, die in Amerika gar nicht vorkommen. Mancher Brief, der hinüber kommt, trägt eine Adresse, von der man nicht weiß, ob sie auf Erden oder unter den Sternen zu suchen ist.

in New-York schon so eingeübt, daß sie mit rühmlicher Fertigkeit die Namen entziffern können. Oft jedoch gelingt es nicht und die Briefe wandern mit vielen andern in die dead letter (todte Briefe) Office in Washington. Dort liegen sie eine bestimmte Zeit, ist dann noch keine Auskunft da, dann werden sie geöffnet, um die Adresse des Absenders zu sehen. Ist diese angegeben, dann wird der Brief an den Absender zurückgeschickt, ist sie nicht angegeben, dann wird er verbrannt. Auf diese Weise werden in Washington jährlich Tausende von Briefen verbrannt. Wenn Eure Verwandten drüben die Adresse nicht genau schreiben können, dann sollen sie dieselbe von Andern, die englisch verstehen, deutlich schreiben lassen. Dieser Punkt ist nicht unwichtig. Es ist nicht unwichtig, wenn Jemand zu seinen Verwandten in Springfield in Massachusetts will und er reist statt dessen nach Springfield in Illinois. Es gibt in den verschiedenen Staaten Orte, die denselben Namen tragen und hierin haben schon traurige Verwechselungen stattgefunden. Eine vollständige Adresse muß haben: 1. den Namen des Ortes (der Stadt), 2. das County, in welchem der Ort liegt, 3. den Staat, in welchem Ort und County liegen.

Packete.

Wenn Leute nach Amerika gehen, dann kommt da Jemand her mit einem Kistchen, dort Einer mit einem Packetchen, und endlich kommen so viele Ballen und Packete und Briefe zusammen, daß ein großer Theil des Raumes weggenommen wird. Dieses Alles soll dann der Auswanderer den Kindern oder den Freunden hinüber bringen. Es ist nicht recht, wenn man Auswanderer damit belästigt. Diese Packete alle kosten sie Geld, denn sie müssen Fracht dafür bezahlen*) und außerdem haben sie genug mit sich selbst zu thun. Wenn sie hinüber kommen, können sie ihre Kisten nicht öffnen, um die Sachen heraus zu thun, sie müssen sie also weiter mitnehmen und haben wieder Ausgaben. Von den „Freunden" drüben ist dann gewöhnlich Niemand so artig, ihnen die Kosten zu erstatten. Und schließlich erntet der Auswanderer nicht selten Undank für seine Dienste und sein verlorenes Geld. Dienstfertigkeit ist gewiß sehr schön und nöthig, aber den armen Auswanderer muß man mit all den Sachen verschonen, wenn man nicht ein Unrecht an ihm begehen

*) Jeder Kubikfuß — das ist ein kleines Packetchen — den sie zu viel haben, kostet sie allein auf dem Dampfschiff 20 Silbergr. oder 1 fl. 10 kr. Ueberfracht.

will. Wer's mit angesehen hat, wie's geht, der weiß es. Für Briefe, die man ohnedieß nicht versiegelt mitnehmen darf, ist die Post da, für Packete sind überall Spediteure zu finden, welche das Gewünschte gerne besorgen.

6. In welchem Hafen soll man einschiffen?

Alle Deutschen sollten über einen deutschen Hafen reisen, also entweder über Bremen oder über Hamburg. Sie sollten nicht über Havre,*) noch weniger über Antwerpen und Rotterdam, am allerwenigsten über Liverpool reisen. Die württembergische Regierung hat den Auswanderer-Agenten befohlen, Auswanderer nur über Bremen, Hamburg oder Havre zu befördern; alle andern Häfen sind ausgeschlossen. Warum hat sie Havre zugelassen? Ist es dort etwa besser, als in Rotterdam? Hier kommen keine andern Rücksichten, sondern allein das Wohl der Auswanderer in Betracht. Und in dieser Beziehung könnten alle deutschen Regierungen ein gutes Werk thun, wenn sie alle Agenturen der fremden Häfen aufheben würden und wenn sie allen Agenten verbieten würden, Billete über fremde Häfen zu verkaufen, auf daß alle Deutschen über die deutschen Häfen reisen könnten. Wenn jetzt noch Deutsche über fremde Häfen reisen, dann geschieht es meistens nicht aus freier Wahl, sondern in Folge von Vorspiegelungen, die man ihnen gemacht hat. Die beiden deutschen Häfen bieten in jeder Beziehung mehr Vortheile, als die fremden. Was es über Liverpool etwa billiger ist, muß man sonst verlieren und einbüßen. Wer eine Reise über Liverpool gemacht hat und eine über Bremen oder Hamburg, wird Liverpool nicht wieder wählen. Von der Cajüte ist hier zunächst nicht die Rede. Aber alle deutschen Zwischendecks-Passagiere über Liverpool klagen über schlechte Behandlung; „wie die Hunde wurden wir behandelt und betrogen auf Schritt und Tritt." Sie sind da unter der gemeinen Klasse der Irländer und das ist nicht die beste Reisegesellschaft. Zudem ist die Reise über Liverpool mühsam und umständlich. Man fährt mit Dampfschiff nach England und dann mit der Eisenbahn nach Liverpool und erst dann kommt man auf den Dampfer, der über den Ocean führt. Das ist gar nicht angenehm und ist mit allerlei Gefahren verbunden, denen der Auswanderer aus dem Wege gehen

*) Manche Bremer und Hamburger Dampfer, nicht alle, landen in Havre nnd nehmen Passagiere auf; somit ist auch in Havre Gelegenheit gegeben, mit einem deutschen Dampfer zu fahren.

muß. Viel angenehmer ist es, wenn er in Bremen oder Hamburg gleich auf das Schiff gehen kann, das ihn hinüber bringen soll. — Aber auch um der Sprache willen sind die deutschen Häfen vorzuziehen. Hier bleiben die Deutschen unter Landsleuten bis sie nach Amerika kommen; reisen sie über Liverpool, dann kommen sie gleich unter ein fremdes Volk mit fremder Sprache. — Dasselbe gilt aber auch von den andern ausländischen Häfen; mehr oder weniger dieselben Gefahren stehen ihnen bevor und auch dort haben sie's mit Leuten zu thun, deren Sprache sie nicht verstehen. Darum ist's in ökonomischer Beziehung unklug und in nationaler Beziehung unnatürlich, wenn Deutsche dennoch über fremde Häfen geführt werden Wenn die Auswanderer ohnehin des Schweren genug haben, so ist doch zu wünschen, daß ihnen alles Angenehme, das ihnen auf der Reise geboten werden kann, zu Theil werde, und daß ihnen ihre Lage so viel als möglich erleichtert werde.

Aus diesen Gründen befassen wir uns nicht weiter mit den ausländischen Häfen und bleiben allein bei den deutschen Häfen stehen: Bremen und Hamburg. In beiden Städten werden die Auswanderer von den Regierungen geschützt, welche zu diesem Zwecke Gesetze und Verordnungen erlassen haben und für deren Handhabung Sorge tragen; in beiden Städten sind Nachweisungsbureaus für Auswanderer, wohin diese sich in allen Angelegenheiten wenden können und wo sie nicht vergeblich Rath suchen werden. In beiden Städten gehen diese Anstalten von der Regierung aus und darf kein Angestellter derselben für seine Mühe eine Vergütung annehmen. Ueberhaupt sind die Einrichtungen an beiden Orten ziemlich gleich; auch die Dampfschiffe der beiden Linien sind einander ganz ähnlich und die Preise sind dieselben, so daß ein wesentlicher Unterschied zwischen Bremen und Hamburg nicht stattfindet. Bremen hat noch keine Unglücksfälle erlitten, Hamburg hat schon einige schwere Fälle gehabt. Bremen eilt Hamburg voraus;*) im Jahre 1869 wurden über Bremen 63,855, über Hamburg 41,217 Passagiere befördert.

---

*) Der Norddeutsche Lloyd in Bremen hat jetzt siebzehn Dampfer auf dem Ocean laufen: Bremen, New-York, Hansa, America, Hermann, Deutschland, Union, Weser, Rhein, Main, Donau, Frankfurt, Hannover, Berlin, Leipzig, Baltimore und Ohio. — Die Hamburg-Amerikanische Actien-Gesellschaft hat, nachdem sie zwei Dampfer verloren: Austria und Germania, noch elf Dampfer: Hammonia, Cimbria, Allemannia, Holsatia, Silesia, Saxonia, Bavaria, Teutonia, Borussia, Westphalia und Thuringia.

a. Bremen.

Die Regierung der freien Hansestadt Bremen nimmt sich der Auswanderer in einer sehr rühmenswerthen vorsorglichen Weise an. Man kann sich mit Ruhe der Ueberzeugung hingeben, daß hier die Auswanderer wie Menschen behandelt und sie in jeglicher Weise beschützt werden. Von den neuesten Gesetzen führen wir die hieher gehörigen §§. an, auf daß der Auswanderer sehe, was er erwarten darf und was die Obrigkeit selbst für ihn von den Schiffs-Expedienten und Schiffs-Beamten verlangt.

aa. Obrigkeitliche Verordnung,

die Beförderung von Schiffspassagieren nach außereuropäischen Ländern betr.

§ 1. Behörde. Für alle Angelegenheiten besteht „die Behörde für das Auswanderungswesen", welche aus einigen Mitgliedern des Senats, die zugleich die obrigkeitliche Inspektion für diesen Geschäftszweig wahrnehmen, und aus einigen Mitgliedern der Handelskammer gebildet ist.

§ 3. Befugniß zum Geschäftsbetrieb. Zur Annahme oder Beförderung von Schiffspassagieren ist nur befugt, wer das bremische Staatsbürgerrecht besitzt, im bremischen Staate wohnhaft ist und eine von der Behörde für das Auswanderungswesen genehmigte Caution geleistet hat.

§ 6. Schiffscapitaine sind zwar befugt, Passagiere für das von ihnen selbst zu führende Schiff im Auftrage und für Rechnung ihrer Rheder anzunehmen, sofern diese den Erfordernissen des § 3 genügt haben, indeß haften die Rheder selbstschuldnerisch sowohl für die Befolgung aller in Betreff der Annahme von Schiffspassagieren bestehenden gesetzlichen Vorschriften, als auch für die Erfüllung des Vertrags den Passagieren und dem bremischen Staate gegenüber.

§ 10. Verbotene Beförderung. Deserteure und Militärpflichtige deutscher Bundesstaaten, desgleichen Personen, welche sich wegen begangener Verbrechen oder Vergehen der Strafe zu entziehen suchen, oder mit ansteckenden Krankheiten behaftet sind, dürfen nicht befördert werden.

Das nämliche Verbot trifft die Beförderung solcher Personen, denen nach den Gesetzen des Bestimmungsortes die Einwanderung untersagt ist.

Im Betretungsfalle werden alle solche Personen im polizeilichen Wege in ihre Heimath gesandt.

Wer wissentlich diesem Verbote entgegen handelt, verfällt nicht nur in eine angemessene Strafe, sondern ist auch für alle dem bremischen Staate deshalb etwa entstehende Kosten verantwortlich.

Insbesondere sind die Schiffsmäkler bei Vermeidung gleicher Nachtheile angewiesen, sich jeder Abschließung von Ueberfahrtsverträgen für solche Personen zu enthalten, auch sobald sie in Erfahrung bringen, daß die durch sie angenommenen Passagiere Individuen der erwähnten Art seien, dieses der Polizeibehörde anzuzeigen und deren weitere Anordnungen zu befolgen.

§ 11. Obliegenheiten des Passagier-Expedienten. Der Passagier-Expedient hat:

1) den von ihm selbst oder durch Andere hier oder auswärts angenommenen Passagieren sofort einen zwiefach gleichlautend ausgefertigten Vertrag zuzustellen oder zustellen zu lassen, welcher enthalten muß:
   a. Vor- und Zuname des oder der Angenommenen;
   b. den bisherigen Wohnort derselben;
   c. den Betrag des Passagegeldes mit Einschluß des im Bestimmungshafen etwa zu entrichtenden Armengeldes und die Angabe, wie viel auf das Passagegeld bezahlt worden;
   d. die Bezeichnung, wie viel Cubikfuß Raum jedem Passagier für seine Reiseeffekten unentgeltlich bewilligt ist;
   e. den Tag, an welchem die Beförderung mit dem Seeschiffe erfolgen soll;
   f. den Tag, an welchem die Passagiere eintreffen müssen;
   g. den Bestimmungshafen.

   Spätere Abänderungen und Zusätze, sowie Quittungen über geleistete Zahlung sind ebenfalls in jeder Ausfertigung des Vertrages hinzuzufügen.

   Eine Ausfertigung desselben muß stets im Besitz des Passagiers bleiben, während die andere dem Passagier-Expedienten gegen einen dem Passagiere zu seiner Legitimation auf dem Schiffe dienenden, beim Antritt der Seereise dem Capitain einzuhändigenden Ueberfahrtsschein abzuliefern ist.

2) Er hat vom Tage seiner Verpflichtung zur Beförderung der angenommenen Passagiere mit dem Seeschiffe an, für deren Unterkommen und Unterhalt in angemessener Weise, sowie für deren Beförderung bis zum Bestimmungsort nach Maßgabe der gesetzlichen Vorschriften zu sorgen. Von dieser Verpflichtung können sich die Passagier-Expedienten durch Bedingungen, welche für den Fall eines Mangels an Platz oder überhaupt an Gelegenheit zur Beförderung die obige unter 1 e getroffene Bestimmung und daraus sich ergebende Verpflichtung aufheben oder beeinträchtigen, nicht befreien; vielmehr sind solche Bedingungen bei der in § 41 dieser Verordnung angedrohten Strafe verboten und dergestalt wirkungslos, daß nichtsdestoweniger die Passagier-Expedienten gehalten bleiben, den vorstehend unter 2 ihnen zugewiesenen Obliegenheiten zu genügen und insbesondere von dem im Vertrage bemerkten Beförderungstage an auf ihre eigenen Kosten für angemessenes Unterkommen und angemessene Verpflegung der Passagiere zu sorgen.

3) Er hat ferner dafür zu sorgen, daß die Beförderung der Passagiere von der Stadt Bremen nach dem Abgangshafen auf der Eisenbahn oder auf Dampfschiffen geschehe.

4) Er darf die Zwischendecks-Passagiere am Lande nur bei solchen Personen und in solchen Räumen, welche die Behörde als geeignete ausdrücklich anerkannt hat, beherbergen und beköstigen lassen.

§ 12. Obliegenheiten der Schiffs-Expedienten. Der Schiffs-Expedient hat dafür zu sorgen, daß das Schiff in einem für die beabsichtigte Reise und die Beförderung der Passagiere völlig tüchtigen Zustande sich befinde, daß dasselbe vorschriftsmäßig ausgerüstet, mit gesundem, haltbarem und hinreichendem Proviant versehen und von einem tüchtigen Capitain geführt werde.

In dieser Beziehung gelten die folgenden näheren Bestimmungen:

§ 13. Raum für die Passagiere im Seeschiffe. Der für die Passagiere bestimmte Raum im Seeschiffe muß für jeden derselben mindestens zwölf Quadratfuß der Oberfläche des Passagierdecks betragen, während der ganzen Reise für die Passagiere freigehalten werden, und darf namentlich durch Frachtgüter oder Proviantgegenstände nicht beschränkt werden.

Dabei sind zwei Kinder von 1—10 Jahren für Einen Passagier, Kinder unter Einem Jahre jedoch überall nicht zu rechnen.

Die genaue Aufgabe und Nachweisung, daß der nach der vorstehenden Bestimmung erforderliche Raum vorhanden sei, muß, bevor die Passagiere an Bord gehen, der Behörde eingereicht werden.

Uebrigens wird den Schiffs-Expedienten zur Vermeidung etwaiger Nachtheile empfohlen, falls die Gesetze des Bestimmungsortes einen größeren Raum vorschreiben, diese zu befolgen.

Ist das Schiff mit mehreren Decken versehen, so darf das unterste Deck zur Aufnahme von Passagieren nicht benutzt werden, es sei denn, daß wegen der besonderen Einrichtung desselben die Behörde nach genauer Untersuchung ausnahmsweise es für unbedenklich erachtet und eine schriftliche Erlaubniß dazu ertheilt.

§ 14. Einrichtung der Seeschiffe. Für die Einrichtung des Seeschiffs ist erforderlich:

Auf jedem Schiffe muß für hinreichende Ventilation unter Berücksichtigung des Klimas, nach welchem das Schiff abgehen soll, gesorgt und dieselbe während der Reise gehörig unterhalten werden; Abkleidungen im Zwischendecke, welche den freien Umlauf der Luft hindern, sind untersagt;

die Kojen und sonstigen Schlafstellen der Passagiere müssen bequem und angemessen eingerichtet, die hölzernen von trocknem Holze ohne scharfe Kanten hergestellt und dürfen nicht mehr als zwei Reihen über einander angebracht sein. Sie sollen für jede Person mindestens eine Länge von sechs Fuß im Lichten, eine Breite von achtzehn Zoll haben, die untersten auch wenigstens sechs Zoll vom Deck entfernt sein;

das Schiff muß mit dem nöthigen Kochgeschirr, ferner mit dem zum Austheilen der Speisen erforderlichen Geschirre, einer richtigen Waage und bremischen Gewichten versehen sein;

alle für die Passagiere bestimmte Räume sind von Sonnenuntergang bis Sonnenaufgang hinreichend zu erleuchten, und zwar das Zwischendeck durch wenigstens zwei Laternen;

jedes Schiff muß mit mindestens 3 Rettungsbojen (life-buoys) und wenn es über 150 Passagiere führen kann, außerdem mindestens mit einem Rettungsboote (life-boat) versehen sein. Auch muß jedes andere Boot mit Korkfenern versehen sein.

§ 15. Ausrüstung und Verproviantirung der Seeschiffe. Als wahrscheinlich längste Dauer der Reise, für welche die Ausrüstung und Verproviantirung geschehen muß, werden angenommen:

	für Dampfschiffe:	für Segelschiffe:
1) nach einer Gegend nördlich vom Aequator	40 Tage,	13 Wochen.
2) nach der Ostküste von Amerika, südlich vom Aequator bis zum La Platastrome, diesen eingeschlossen	60 „	16 „

	für Dampfschiffe:	für Segelschiffe:
3) nach südlich vom Aequator, jedoch nicht über Cap Horn oder Cap der guten Hoffnung hinaus belegenen Plätzen . . .	60 Tage,	18 Wochen.
4) nach über Cap Horn oder Cap der guten Hoffnung hinaus belegenen Plätzen, wenn der Aequator nicht zum zweiten Male passirt wird	80 „	24 „
5) und wenn der Aequator zwei Mal passirt wird	100 „	28 „

§ 16. 1) Die Verproviantirung der Passagiere darf nicht diesen überlassen sein und muß, was die Hauptartikel betrifft, für jeden Passagier, ohne Unterschied des Geschlechts und Alters, mit alleiniger Ausnahme der Kinder unter einem Jahre, wenigstens mitgenommen werden:

a. an Rindfleisch, 1½ Pfd. für die Woche;
b. an Speck, gesalzen: ½ Pfd. für die Woche;
do. geräuchert: ½ Pfd. für die Woche;
c. an Heeringen: für je hundert Passagiere 2 Tonnen, die Tonne zu ca. 800 Stück gerechnet;
d. an Brod: 2½ Pfd. Weißbrod und 2 Pfd. Schwarzbrod für die Woche;
e. an Butter: 5/12 Pfd. für die Woche;
f. an Wasser: in gut ausgebrannten süßen Fässern, im Ganzen 1½ Oxhoft für 13 Wochen;
(Ist das Schiff aber nach einer Gegend, wobei es den nördlichen Wendekreis passirt, oder nach New-Orleans und Texas bestimmt, im Ganzen 1½ Oxhoft für 13 Wochen);
g. an Weizenmehl: im Ganzen 5½ Pfd. für 13 Wochen;
h. an Reis: im Ganzen 4 Pfd. für 13 Wochen;
i. an Scheldegerste: im Ganzen 5 Pfd. für 13 Wochen;
k. an getrocknetem Obst (Kernobst, geschält): im Ganzen 4½ Pfd. für 13 Wochen:
l. an weißen Bohnen: im Ganzen 5 Pfd. für 13 Wochen;
m. an Erbsen: im Ganzen 8 Pfd. für 13 Wochen;
n. an Sauerkraut (in keinen größeren Gebinden als Barrel): im Ganzen 8 Pfd. für 13 Wochen;
Sollte es indeß wegen der Art der Verpackung nicht thunlich sein, genau das von jedem der unter g bis n erwähnten Gegenstände vorgeschriebene Quantum anzuschaffen, so darf von jedem einzelnen derselben höchstens 1/10 weniger oder mehr mitgenommen werden, jedoch muß unter allen Umständen von den sämmtlichen unter g bis n aufgeführten Artikeln zusammengenommen die gesetzliche Pfundzahl an Bord sein.
o. an Kartoffeln: im Ganzen 1½ Viertel für 13 Wochen;
(Ausnahmsweise darf eine geringere Quantität Kartoffeln mitgegeben werden, indeß sind dann für jedes fehlende Viertel 7 Pfd. mehr von den unter g bis m gedachten Vorräthen und zwar nach dem dort angegebenen Verhältnisse erforderlich.)
p. an Syrup, im Ganzen 2 Pfd. für 13 Wochen;

q. an Caffee, im Ganzen 1½ Pfd. für 13 Wochen;
r. an Cichorien, im Ganzen ¼ Pfd. für 13 Wochen;
s. an Thee, im Ganzen ⅛ Pfd. für 13 Wochen;
t. an Essig, im Ganzen ½ Gallon (= ¼ Bremer Viertel) für 13 Wochen;
u. an Salz für je hundert Passagiere 1 Sack auf 13 Wochen;
v. an Krankenspeise für je hundert Passagiere:
an Hafergrütze, im Ganzen 25 Pfd. auf 13 Wochen;
an Perlgraupen, im Ganzen 20 Pfd. auf 13 Wochen;
an Sago, im Ganzen 15 Pfd. auf 13 Wochen;
an Zucker, im Ganzen 15 Pfd. auf 13 Wochen;
an rothem Wein, im Ganzen 20 Flaschen auf 13 Wochen;
w. an Wachholderbeeren, im Ganzen 10 Pfd. auf 13 Wochen;
x. an Oel, Holz, Steinkohlen und Besen muß ein der muthmaßlichen Reisedauer entsprechendes, genügendes Quantum mitgenommen werden.

2) Außerdem ist nach Vorschrift der Behörde eine Medicinkiste mit der nöthigen Gebrauchsanweisung in deutscher und englischer Sprache mitzunehmen. Die Medicinkiste soll von einem obrigkeitlich zugelassenen Apotheker hergestellt sein.

Vor Abgang des Schiffes ist sodann der Behörde eine schriftliche Bescheinigung des zur Untersuchung bestellten Arztes einzuliefern, welche ergibt, daß derselbe die Medicinkiste in vorschriftsmäßiger Ausstattung, sowie die erforderliche Desinfectionsmittel, Geräthschaften und Instrumente an Bord vorgefunden habe.

Auswandererschiffe dürfen gefährliche oder der Gesundheit nachtheilige oder übelriechende Ladungen, namentlich Vitriolöl, Sprengöl, Schießpulver, ungereinigte Haare, frische und gesalzene Häute, ungewaschene rohe Wolle, Knochen, lose oder ungepreßte Lumpen — nicht mitnehmen.

Es soll eine ärztliche Untersuchung der mit Auswandererschiffen zu befördernden Passagiere zu dem Zwecke stattfinden, daß der Mitnahme von Personen, die mit ansteckenden Krankheiten behaftet sind, vorgebeugt werde, und ist vor dem Abgange des Schiffes das Ergebniß dieser Untersuchung durch die schriftliche Bescheinigung eines der hierzu von der Senatscommission für das Medicinalwesen ernannten und instruirten Aerzte der Behörde zu weiterer Verfügung vorzulegen.

§ 17. Auf jedem Schiffe muß wenigstens Ein hinreichend erfahrener Koch für die Passagiere sich befinden.

Alle Speisen sind den Passagieren gehörig zubereitet und in der aus dem Verhältnisse zu dem vorschriftsmäßig mitzunehmenden Proviant sich ergebenden Menge zu verabreichen.

Diejenigen, welche wöchentlich ausgetheilt werden, z. B. Brod und Butter, sind stets an dem nämlichen, vom Capitain beim Beginn der Reise festgesetzten Wochentage den Passagieren zu verabreichen.

§ 22. Sicherstellung der Ansprüche der Passagiere durch Assecuranz. Der Schiffs-Expedient ist verbunden, die Passagiere und deren Effecten selbst dann nach dem Bestimmungsorte zu befördern und bis dahin für deren Unterkommen und Unterhalt in angemessener Weise zu sorgen, wenn das Schiff vom Abgangsplatze bis zur Landung am Bestimmungsort aus irgend einem Grunde am Antritt oder an der Fortsetzung der Reise verhindert oder die Reise unterbrochen werden sollte. Er haftet persönlich für die Erfüllung dieser Verbindlichkeiten sowohl den Passagieren als dem bremischen Staate.

§ 29. Obliegenheiten des Schiffscapitains. Dem Capitain jedes Schiffes, mit welchem Passagiere befördert werden sollen, liegen folgende Pflichten ob:

1) Er hat die von ihm selbst angenommenen Passagiere in das ihm eingehändigte Verzeichniß einzutragen und dieselben unter der in § 39 formulirten eidlichen Erklärung einem der Aemter Vegesack oder Bremerhaven aufzugeben. — Andere, als die in jenem Verzeichnisse namhaft gemachten oder von ihm nachträglich dem Amte aufgegebenen Passagiere, darf er nicht befördern.

2) Er darf die Reise nicht antreten, bevor die in §§ 37, 39 dieser Verordnung verlangten Bescheinigungen von den Schiffs- und Proviantbesichtigern ausgestellt sind.

3) Er hat die Passagiere human zu behandeln und für ein gehöriges gesittetes Betragen der Mannschaft Sorge zu tragen.

4) Er hat dafür zu sorgen, daß die Schlafstellen der Zwischendecks-Passagiere

für Mannspersonen über 14 Jahre, welche ohne Familie reisen, vorn im Schiffsraume, —

für Familien in der Mitte des Schiffsraumes, —

für einzeln reisende Frauenzimmer hinten im Schiffsraume — angewiesen, und von den Inhabern in diesen verschiedenen Abtheilungen während der ganzen Reise beibehalten werden.

5) Er muß den mitgenommenen Proviant den Passagieren gehörig zubereitet und in den durch diese Verordnung vorgeschriebenen Rationen austheilen lassen, im Falle einer etwa nothwendig gewordenen Verringerung der letzteren aber die sofortige Aufnahme eines desfallsigen, die Ursache angebenden Vermerks in das Journal bewirken und solchen am Tage der Eintragung nebst dem Obersteuermann unterzeichnen.

6) Er hat die erforderliche Einrichtung, Reinigung, Lüftung, Räucherung und Erleuchtung der für die Passagiere bestimmten Räume zu veranlassen und zu überwachen.

7) Er ist verpflichtet, nach der Ankunft am Bestimmungsorte den Passagieren auf Verlangen noch zwei volle Tage Herberge und Beköstigung in Gemäßheit dieser Verordnung an Bord des Schiffes zu gewähren.*)

8) Er hat ein Verzeichniß der an Bord des Schiffes etwa sich ereignenden Geburts- und Sterbefälle nach Ankunft am Bestimmungsorte dem daselbst befindlichen bremischen Consulate einzuliefern. Außerdem hat er, bevor das Schiff den Bestimmungsort wieder verläßt, dem Wasserschout in Bremen durch Vermittelung seines Rheders über alle an Bord vorgekommenen Sterbefälle einen gehörigen Sterbeact einzusenden, welcher von ihm und dem Steuermann oder einem sonstigen Schiffsofficier unterschrieben ist, und Vor- und Zunamen des Verstorbenen, die Zeit des Todes und die muthmaßliche Todesursache enthalten muß. Auch ist er verpflichtet, für den Nachlaß Verstorbener thunlichst Sorge zu tragen.

9) Er hat dafür zu sorgen, daß sich an Bord des Schiffes mindestens

*) Dieses ist für Dampfschiffe nicht mehr in Kraft.

Ein beglaubigtes und den Passagieren zugängliches Exemplar dieser Verordnung in deutscher und englischer Sprache befindet.

§ 30. Controle. Der für die Passagiere bestimmte Raum, der gesammte, für die Passagiere und die Mannschaft angeschaffte Proviant, sowie die übrige Ausrüstung muß vor dem Abgange des Seeschiffes durch einen der damit obrigkeitlich beauftragten Besichtiger untersucht werden.

§ 36. Der Besichtiger hat eine von dem Capitain und von dem Obersteuermann an Eidesstatt ausgestellte Declaration des Inhalts sich ertheilen zu lassen:

daß die für die Passagiere bestimmten Ausrüstungsgegenstände, welche in dem den Besichtigern übergebenen Verzeichnisse specificirt worden, ihrer gewissenhaften Ueberzeugung nach wirklich an Bord sich befinden,

daß sie von dem Proviant weder etwas von Bord bringen lassen, noch vor dem Antritt der Reise etwas verbrauchen oder verbrauchen lassen wollen,

daß sie ein beglaubigtes Exemplar dieser Verordnung in deutscher und englischer Sprache an Bord haben und von deren Vorschriften Kenntniß genommen haben, diesen Bestimmungen gewissenhaft nachleben zu wollen geloben, und hinsichtlich aller aus den übernommenen Pflichten wider sie erwachsenden Ansprüche der Entscheidung der bremischen Behörden sich unterwerfen.

§ 39. Der Schiffs-Expedient hat vor Abgang des Schiffes eine Erklärung auf seinen Staatsbürgereid:

daß er gewissenhaft Sorge getragen habe, um das Schiff nach Maßgabe der gesetzlichen Vorschriften mit der vorgeschriebenen Quantität gesunder, guter Nahrungsmittel, Wasser und sonstiger Ausrüstung auf . . Wochen . . Tage zu versorgen,

daß endlich seines Wissens unter den Passagieren dieses Schiffes keine Personen sich befinden oder wissentlich befördert werden sollen, deren Beförderung nach § 10 dieser Verordnung verboten ist,

der Behörde einzureichen, auch das Verzeichniß der bis zur Expedition angenommenen Passagiere dem Capitain zu behändigen.

Ferner hat derselbe vor Ablauf von 8 Tagen nach Abgang des Schiffes ein vollständiges Verzeichniß sämmtlicher Passagiere mit Angabe des Geburtslandes und Bestimmungsortes, sowie ob sie in der Cajüte oder in welchem sonstigen Raume des Schiffes befördert werden, der Behörde einzureichen.

Anhang.

Allgemeine polizeiliche Vorschriften.

1) Es ist verboten, Reisende, sei es am Bahnhofe, am Landungsplatze der Dampfschiffe oder an sonstigen Orten, irgendwie mit Anfragen, Anpreisungen 2c. zu behelligen, oder zu versuchen, sie für ein Wirthshaus, eine Schiffsgelegenheit, ein Fuhrwerk oder einen sonstigen Geschäftsbetrieb zu gewinnen, unbeschadet der obrigkeitlich genehmigten Wirksamkeit des Nachweisungsbureaus für Auswanderer, sowie der von diesem verwendeten Personen.

2) Für das Zuweisen und Zuführen der Reisenden zu Handel- und Gewerbtreibenden, um deren Geschäfte Abnehmer oder Kunden zu verschaffen, insbesondere auch zu Expedienten, Schiffsmäklern oder Gastwirthen, darf Niemandem eine Vergütung in Geld- oder Geldeswerth, wenn auch nur mittelbarer Weise, geleistet oder versprochen werden.

3) Der Verkauf von Billets zur Weiterbeförderung von dem überseeischen Landungsplatze nach dem Bestimmungsorte im Innern ist Jedermann untersagt.

bb. Die Expedienten.

Die Schiffseigenthümer, Schiffsrheder besorgen das Passagiergeschäft im Einzelnen großentheils nicht. Sie haben ihre Expedienten, welche von der Obrigkeit concessionirt sind, und diese wiederum haben ihre Agenten durch's ganze Land. Die General-Agenten müssen ebenfalls in jedem Land concessionirt sein. Sie sind mit ihren überall zerstreuten Unter-Agenten bemüht, so viel Auswanderer als möglich zu bekommen, und führen diese je ihrem Expedienten zu, von welchem sie dem Schiffe, bez. dem Schiffseigenthümer übergeben werden. Der „Norddeutsche Lloyd" z. B. hat das Sammeln der Passagiere einer Anzahl Expedienten übergeben. Es gilt gleich, wo man accordirt, ob bei den Schiffseigenthümern, oder den Expedienten, oder deren Agenten: es ist überall ein fester Preis, und die Schiffseigenthümer geben schon aus Rücksicht auf ihre Expedienten keine Billete zu billigern Preisen. — Unter den Expedienten in Bremen kann ich den Herrn Schiffsrheder und Consul Ed. Ichon bestens empfehlen; er behandelt Auswanderer gewissenhaft und besorgt alle dahin gehörigen Geschäfte sehr pünktlich und befördert Auswanderer nach allen Häfen.

cc. Für Dampfschiffe

merke man sich folgende Bedingungen und nähere Bestimmungen:

Amerikanisches Kopfgeld (Commutation & Hospital Money) haben die Passagiere nicht zu entrichten, sondern wird solches, sofern die amerikanischen Behörden es verlangen, Seitens der Correspondenten der Dampfschiffe in Amerika berichtigt.

Domestiken im oberen Salon (erste Cajüte), welche bei ihren Herrschaften in den Schlafkammern logiren, haben ihre Mahlzeiten in denselben zu halten und dürfen den Salon nicht benutzen; sie zahlen zwei Drittel des Passagegeldes.

Cajüts-Passagiere erhalten vollständige Betten, Bettwäsche und Handtücher. Für gute männliche und weibliche Bedienung ist Sorge getragen.

Zwischendecks-Passagiere haben sich mit Betten, Bettzeug, Eß-, Trink- und Waschgeschirr zu versehen, welche Gegenstände im Ganzen zu etwa 5 Thaler Preuß. Courant in Bremen zu haben sind. — Die Passagiere erhalten vollständige Beköstigung und täglich frisches Weißbrod.

Zur Sicherung eines Platzes

auf den Dampfschiffen ist es erforderlich, als Handgeld einzuzahlen:

für die erste Cajüte . . . . 50 Thlr. Pr. C.,
für die zweite Cajüte, sowie für das Zwischendeck . 20 „ „ „

Nur nach Bezahlung dieses Handgeldes, welches demnächst bei Entrichtung des Passagegeldes in Abzug gebracht wird, sind Plätze als belegt zu betrachten, vorausgesetzt, daß solche beim Eintreffen der Anmeldung für die gewünschte

Fahrt noch disponibel sind. Auf schriftliche Bestellung bei den Expedienten oder deren Agenten ohne Beifügung des Handgeldes werden keine Plätze reservirt. — Bei Bestellung von Plätzen für erste und zweite Cajüte ist sofort aufzugeben, ob sie für Herren oder Damen gewünscht werden.

An Reisegepäck

hat jeder erwachsene Passagier 20 Bremer Cubikfuß frei; Dienstboten und Kinder von 1—10 Jahren die Hälfte.

Das Gepäck muß in Koffern, Kisten, Reisesäcken verpackt und jedes Stück mit dem vollen Namen des Eigenthümers und des Bestimmungsortes versehen sein.

Jeder Passagier hat ein Verzeichniß des Reisegepäcks auf den an den Comptoirs der Expedienten unentgeltlich zu erhaltenden Formularen einzuliefern, um, nachdem das Gepäck gemessen und etwaige Ueberfracht mit ⅔ Thlr. Preuß. Cour. per Cubikfuß bezahlt ist, den Uebernahmeschein in Empfang zu nehmen, indem ohne diesen Uebernahmeschein kein Stück Gepäck an Bord genommen wird.

Waaren oder Kaufmannsgüter dürfen unter keinerlei Vorwand sich unter dem Gepäck befinden. Diese müssen besonders verpackt und Connoissemente darüber gezeichnet werden. Stellt sich bei der Untersuchung durch die Zolloffizianten in Amerika dennoch heraus, daß dieser Bestimmung zuwider gehandelt ist, so haben die Eigenthümer nicht allein Confiscation der Waaren und Defraudationsstrafe zu gewärtigen, sondern sie sind außerdem für die dem Schiffe daraus entstehende Strafe zum Betrage von 400 Dollars verantwortlich. Zollfrei sind nur wirklich gebrauchte Passagier-Effecten; sämmtliche neuen Gegenstände unterliegen dem gewöhnlichen Eingangszoll, und müssen diese vor Ankunft im Landungshafen dem Capitain aufgegeben werden, damit er sie im Manifeste nachfügen läßt.

Ist der Raum für Ueberfracht nicht vorher fest engagirt, so kann die Mitnahme nicht immer garantirt werden.

Die Cajüts-Passagiere können nur Mäntel oder Reisesäcke bei sich behalten; alles größere Gepäck wird im Bagageraum verstaut.

Für Beschädigung, Verlust oder Folgen unvermeidlichen Aufenthalts des Gepäcks wird nicht gehaftet.

Abfahrt der Dampfschiffe.

Ereignisse höherer Gewalt vorbehalten, findet die Abfahrt der Dampfschiffe von der Rhede bei Bremerhaven prompt, sobald die rechtzeitig eingetroffenen Passagiere mit ihren Effecten sich an Bord befinden, statt. Die Passagiere werden an den festgestellten Expeditionstagen von Bremen an Bord des Dampfschiffes unentgeltlich befördert; die Beköstigung der Passagiere fängt jedoch erst am Bord des Seedampfschiffes an.

Die Passagiere haben sich zwei Tage vor der Abfahrt von Bremen hier einzufinden und sich sofort an dem betr. Comptoir zu melden, um den Rest des Passagegeldes zu entrichten. Wer dieß versäumt, verliert sein Anrecht auf die Ueberfahrt und das eingezahlte Geld.

Sollte irgend ein Unfall das Schiff unterwegs ereilen und dadurch an der Weiterreise verhindern, so werden die Passagiere nebst ihrem Gepäck dennoch um den bedungenen Preis an den Bestimmungsort gebracht, zu welchem Ende der Betrag der Passage- und Verwendungsgelder gesetzmäßig versichert wird.

Besondere Bemerkungen.

Die Geburtsscheine solcher Kinder, für welche die Preis-Ermäßigung beansprucht wird, namentlich auch für Säuglinge, müssen vorgelegt werden.

Packete, versiegelte Briefe oder Documente dürfen von keinem Passagier zur Beförderung angenommen werden, sondern sind gleich am Bord an den Zahlmeister abzugeben.

Keinem Passagier ist es gestattet, Wein, Bier oder sonstige Getränke mitzunehmen. Dieselben sind auf den Dampfschiffen zu den festgesetzten Tarifpreisen zu kaufen.

Es befindet sich ein promovirter Arzt auf jedem Schiffe, der verpflichtet ist, Jedermann, der am Bord erkrankt, unentgeltlich Beistand zu leisten, auch darf für gereichte Medicamente keine Bezahlung verlangt werden.

Es befindet sich ein Barbier am Bord, der für geleistete Dienste eine Vergütung zu beanspruchen berechtigt ist.

Die Mitnahme von Reibzündhölzern, Pulver oder sonstigen feuergefährlichen Gegenständen, sowie das Rauchen, sowohl in den Cajüten als auch im Zwischendeck, ist auf's Strengste verboten, und nur in den Rauchzimmern und auf dem Deck ist das Rauchen gestattet.

Jeder Passagier ist verpflichtet, den Weisungen des Capitains nachzukommen und sich nach den Bestimmungen des Schiffsreglements zu richten.

Für die Mitnahme eines Hundes sind 30 Thaler Preuß. Courant zu entrichten.

Die Passage-Preise der Dampfschiffe

des „Norddeutschen Lloyd" betragen, einschließlich vollständiger Beköstigung, ab Bremen:

Nach New-York:	Erste Cajüte	165	Thaler, oder	288¾	Gulden Rh.
	Zweite „	100	„ „	175	„ „
	Zwischendeck	55	„ „	96¼	„ „
Nach Baltimore:	Cajüte	135	„ „	236¼	„ „
	Zwischendeck	55	„ „	96¼	„ „
Nach New-Orleans und Havanna:	Cajüte	180	„ „	315	„ „
	Zwischendeck	55	„ „	96¼	„ „

Kinder unter 10 Jahren zahlen auf allen Plätzen die Hälfte; Säuglinge 3 Thlr. Preuß. Courant. — Die Dampfer nach Baltimore und New-Orleans haben keine zweite Cajüte. — Die zweite Cajüte wird auch „unterer Salon" genannt, die erste „oberer Salon".

Die Expeditionen der Dampfer finden regelmäßig statt: nach New-York jeden Samstag, und im Frühjahr und Herbst außerdem außerordentliche Fahrten; nach Baltimore jeden 1. und 15. des Monats; nach New-Orleans vom Herbst an durch den Winter wiederholte Fahrten.

dd. Für Segelschiffe

merke man sich folgende Bedingungen und Regeln:

Beschaffenheit der Schiffe.

Die Bremer Gesetze enthalten die zweckmäßigsten Bestimmungen über die Beschaffenheit der Schiffe, welche zur Beförderung von Passagieren verwandt werden dürfen. Die Tüchtigkeit derselben wird vor dem Antritt einer jeden Reise von Seiten der Behörde untersucht.

Abgangszeit der Schiffe.

Die Expeditionen nach den verschiedenen Häfen Nordamerikas finden, wie folgt, statt:

Nach New-York und Baltimore am 3. und 17. eines jeden Monats.
" New-Orleans und Galveston im Frühjahr am 3. und 17. Tage der Monate März und April; — im Herbst von Mitte August bis Ende Oktober jeden 3. und 17. dieser Monate.
" Quebec in Canada gehen im Frühjahr und nach Charleston in Süd-Carolina im Herbst Schiffe ab.
" Philadelphia indeß nur selten, doch kann man nach diesem Orte von New-York und Baltimore per Eisenbahn in wenigen Stunden für ca. 1½ Dollar gelangen.
" San Francisco in Californien werden gute Schiffe expedirt, sobald hinreichende Anmeldungen von Passagieren erfolgen.

Die Passagiere müssen spätestens zwei Tage vor der Expedition in Bremen eintreffen.

Passagepreis.

Das Passagegeld für die Ueberfahrt im Zwischendeck wird einschließlich guter und reichlicher Beköstigung und einschließlich des amerikanischen Armengeldes gestellt und zwar für jede Person über 8 Jahre alt; für jedes, bei der Einschiffung unter 8 Jahre alte Kind tritt eine Ermäßigung von 10 Thlr. Gold oder 20 Gulden Rh. ein. Für jeden, bei der Einschiffung unter 1 Jahr alten Säugling müssen 3 Thlr. Gold oder 6 Gulden Rh. bezahlt werden. — Diese Vergünstigungen bei der Ueberfahrt von Kindern sind jedoch davon abhängig, daß bei der Einschiffung die betreffenden Geburtsscheine beigebracht werden; wer dieß unterläßt, hat den vollen Ueberfahrtspreis zu entrichten. — Das Passagegeld wird entweder in Thalern Gold, wovon 5 auf eine Pistole oder Louisd'or gehen, in Preußisch Courant oder in Gulden Rheinisch festgesetzt. Im ersteren Falle werden 5 Thaler Gold gleich etwa 5⅔ Thaler Preuß. Cour. gerechnet; falls jedoch die Passage in Preuß. Courant oder Gulden Rheinisch accordirt ist, wird Gold nach dem laufenden Course, der preußische Thaler zu 1 Gulden 45 Kreuzer, der Fünffrankenthaler zu 2 Gulden 20 Kreuzer in Zahlung angenommen. An Kreuzergeld, sowie an Scheidemünze überhaupt und an unwichtigen Goldmünzen, namentlich Ducaten, erleidet man hier Verlust; für Auswanderer ist es daher jedenfalls am vortheilhaftesten, Preuß. Thaler oder Louisd'or mitzubringen.

Beköstigung.

Die Passagiere erhalten während der Ueberfahrt freie und reichliche Beköstigung, wie solche am Bord der Seeschiffe üblich ist, bestehend in gesalzenem Ochsen- und Schweinefleisch, Erbsen, Bohnen, Mehlspeise, Grütze, Reis, Kartoffeln, Sauerkraut, Pflaumen, Butter ꝛc., alles hinreichend und gut; ferner Morgens und Abends Caffee oder Thee, Schiffsbrod, Trinkwasser ꝛc. — Damit auch bei einer langen Reise kein Mangel auf dem Schiffe entstehe, werden die benannten Lebensmittel, sowie das zur Bereitung derselben erforderliche Brennmaterial in einer überflüssigen Quantität, nämlich für eine Reise von 13 Wochen berechnet, für jeden Passagier, gleichviel ob groß oder klein, angeschafft. Hierüber muß der obrigkeitlichen Behörde vor Expedition des Schiffes Nachweisung ertheilt werden. — Aus diesem Grunde und um Unordnungen vorzubeugen, findet eine Selbstbeköstigung der Passagiere nicht statt, obwohl es jedem erlaubt ist, einige Lebensmittel für sich besonders mitzunehmen. — Bei Bereitung der Speisen für die Passagiere haben von denselben immer einige Männer und Frauen dem Schiffskoch hilfreiche Hand zu leisten.

Krankheitsfälle.

In Krankheitsfällen werden dem Kranken unentgeltlich dienliche Speisen gereicht, sowie die erforderliche Medicin, wozu eine vollständig ausreichende Kiste mit Arzneien mitgenommen wird.

Reisegepäck.

Das gewöhnliche Reisegepäck der Passagiere geht frachtfrei mit über und zwar für jede zahlende Person 20 Cbf. Raum, also eine Kiste ungefähr 3 Fuß lang, 3 Fuß hoch und 2¼ Fuß breit. Es kommt hierbei nur auf die Größe, nicht aber auf die Schwere der Kiste an. Sollte das Gepäck ein Bedeutendes mehr austragen, so wird dafür in der Regel nach Baltimore und New-York ca. 8—10 Dollars Fracht per 100 Cubikfuß, nach Philadelphia, New-Orleans und Galveston 10—12 Dollars bezahlt. Jeder Passagier hat in allen Fällen auf sein Gepäck selbst zu achten, dasselbe auch mit seinem Namen und dem Bestimmungsorte zu bezeichnen. Die auf der Reise nöthigen Sachen haben die Passagiere in eine kleine Kiste besonders zu packen und solche neben ihrer Schlafstelle bei sich zu behalten, da die größeren Kisten in den Unterraum des Schiffes verladen werden.

Schiffsutensilien.

Das Bett, sowie Eß-, Trink- und Waschgeschirr hat sich ein jeder Passagier selbst anzuschaffen. Das Bett kann aus einer Matratze, Kopfkissen und wollener Decke bestehen.

Handgeld.

Zur Belegung von Schiffsplätzen ist die Einzahlung eines Handgeldes von 5 Thalern Gold oder 10 Gulden Rheinisch per Kopf erforderlich; dasselbe wird bei Bezahlung des Ueberfahrtsgeldes wieder in Abzug gebracht, ist aber verfallen, sobald die Passagiere nicht zu der im Schiffs-Contracte festgesetzten Zeit hier eintreffen. Bei Einsendung oder Einzahlung des Handgeldes haben die Passagiere ihren Namen und Wohnort, sowie den Landungshafen und den Tag, an dem sie sich einzuschiffen wünschen, genau aufzugeben, um darnach die Ueberfahrts-Contracte ausfertigen zu können. Die Erfahrung hat gelehrt, daß die Ueberfahrtspreise kurz vor der Expedition gewöhnlich bedeutend höher sind, als einige Wochen oder Monate vor derselben; es liegt also im Interesse der Passagiere, sich die Schiffsplätze so früh wie möglich zu sichern.

Ueberfahrts-Contract.

Nach Empfang des Handgeldes erhalten die Passagiere einen gehörig ausgestellten Schiffs- oder Ueberfahrts-Contract in zweifacher Ausfertigung; das eine Exemplar bleibt im Besitz der Passagiere, während sie das andere bei Bezahlung des Restpassagegeldes abzuliefern haben und dagegen einen Aufnahmeschein für das Seeschiff eingehändigt erhalten, welcher ihnen am Bord des Schiffes zur Legitimation dient und der beim Antritt der Reise an den

Capitain zu übergeben ist. Die Ueberfahrts-Verträge können nicht einseitig aufgehoben werden, demnach auch nicht durch Aufgeben des Handgeldes seitens der Passagiere, vielmehr sind diese, sobald sie in Bremen eingetroffen sind, verpflichtet, ihren contractlich eingegangenen Verbindlichkeiten vollkommen Genüge zu leisten und den Rest des vereinbarten Ueberfahrtsgeldes vor der Einschiffung baar zu zahlen. Wer im Hafen die Abfahrt des Schiffes versäumt, verliert das Passagegeld und jegliches Anrecht auf anderweitige Beförderung. — Nur Passagiere, welche vor der Einschiffung das volle Ueberfahrtsgeld bezahlen können, werden angenommen; man gehe darum nicht hin in der Meinung, man könne sein Reisegeld durch Arbeiten auf dem Schiffe verdienen, oder erst nach Ankunft in Amerika zahlen. — Hunde werden nur nach vorher eingeholter Genehmigung mitgenommen.

Verbotene Beförderung.

In Amerika werden nur gesunde, mit keinem körperlichen Gebrechen behaftete, überhaupt nur solche Personen angenommen, welche fähig sind, sich selbst zu ernähren, und haben demnach diejenigen, deren Aufnahme aus diesen Gründen bei den amerikanischen Behörden Schwierigkeiten findet, oder welche wegen Gebrechlichkeit, ansteckender Krankheit, Blödsinn oder sonstiger Hilflosigkeit schon hier von der Aufnahme in's Seeschiff ausgeschlossen werden müssen, die Folgen davon selbst zu tragen und sind zu keinerlei Ansprüchen berechtigt. Personen, welche mit genannten Gebrechen behaftet, dieselben bei der Einschiffung zu verheimlichen wußten, und später in Amerika entdeckt und zurückgewiesen werden, sind für alle Kosten verantwortlich, die aus ihrer Zurücksendung entstehen. Verbrecher und Sträflinge, sowie Personen aus Armenanstalten und schwangere Frauenzimmer ohne Männer dürfen durchaus nicht aufgenommen werden. Nach New-York werden in Folge des daselbst bestehenden Gesetzes auch Frauen mit Kindern, die nicht in Begleitung ihrer Ehemänner reisen, Kinder unter 13 Jahren ohne Eltern und Personen über 60 Jahre alt nicht befördert.

Abfahrt von Bremen.

Sofern keine anderweitige Vereinbarung getroffen, werden die Passagiere nebst ihrem Gepäck an dem zur Abfahrt bezeichneten Tage entweder per Dampfschiff oder per Eisenbahn nach dem ca. 6 Meilen von Bremen entfernten Seehafen frei hinbefördert, woselbst nach Ankunft die freie Schiffsbeköstigung sofort anfängt und zwar am Bord des für die Passagiere bestimmten Seeschiffes, oder im Fall einer Verzögerung auf Rechnung des Expedienten in einem Logirhause; dagegen wird ausdrücklich bevorwortet, daß den Passagieren für Zeitverluste, welche ihnen durch solche Verzögerungen erwachsen, außer der contractmäßigen Beherbergung und Beköstigung unter keinen Umständen irgend ein Ersatz geleistet wird.

Schiffsregeln.

Die Passagiere haben den Anordnungen des Capitains pünktlich Folge zu leisten; die Schlafstellen werden ihnen gehörig eingerichtet angewiesen und das Zwischendeck wird während der Nacht durch Laternen erleuchtet, ebenso die Cajüten. Die Mitnahme von Pulver und Reibzündhölzchen ist verboten, desgleichen das Tabakrauchen und Feueranmachen im Zwischendeck, dagegen ist das Rauchen aus Pfeifen auf dem Verdeck des Schiffes gestattet, doch müssen die Pfeifen mit guten Kapseln versehen sein. — Etwaige Waffen &c. sind dem Capitain während der Reise in Verwahrung zu geben.

Ankunft in Amerika.

Bei Ankunft im amerikanischen Landungshafen haben die Passagiere das Recht, noch 48 Stunden am Bord des Schiffes zu bleiben; sie genießen auch während dieser Zeit in gleicher Weise, wie unterwegs, vollständige Beherbergung und Beköstigung, dagegen sind sie verpflichtet, den Gesetzen der amerikanischen Regierung Genüge zu leisten; auch ist es erforderlich, daß sie die zum anfänglichen Aufenthalt im Seehafen oder zur Weiterreise ins Innere nöthigen Geldmittel besitzen.

Die Passage-Preise der Segelschiffe

bleiben sich nicht immer gleich und können darum vorher nicht bestimmt angegeben werden; sie steigen, wenn der Andrang groß ist und gewöhnlich auch kurz vor Abgang der Schiffe. Wer mit Segelschiff reisen will, dem ist daher zu rathen, daß er seinen Platz schon geraume Zeit vorher belege und das Handgeld bezahle. Die Preise bewegen sich für Zwischendeck gewöhnlich zwischen folgenden Zahlen:

Von **Bremen** nach	**New-York** oder **Baltimore**	50—65	Gulden Rh.
" " "	**New-Orleans**	55—70	" "
" " "	**Galveston**	60—75	" "
" " "	**Quebec**	50—60	" "

Diese Preise gelten für jede Person über 8 Jahre alt. Für Kinder unter 8 Jahren tritt eine Ermäßigung von 20 Gulden Rh. ein. Säuglinge zahlen 6 Gulden Rh.

Zweite Cajüte.

Die meisten Bremer Passagierschiffe haben auf dem Verdeck eine schön eingerichtete, größtentheils mit hellen und geräumigen Kammern versehene zweite Cajüte; dieselbe enthält für ca. 60 Personen Raum und kann allen Denjenigen, welche nicht im Zwischendeck reisen wollen, sondern sich eine angenehmere Ueberfahrt zu verschaffen wünschen, bestens empfohlen werden. — Der Preis für einen Platz in der zweiten Cajüte stellt sich per Person um 6 Thaler Gold oder 12 Gulden Rhein. höher, als der für das Zwischendeck.

Erste Cajüte.

Das Passagegeld in der ersten Cajüte des Schiffes beträgt nach den nordamerikanischen Häfen zwischen 70 bis 80 Thaler Gold oder 140 bis 160 Gulden Rhein. für die erwachsene Person; Kinder, welche bei der Einschiffung noch nicht 10 Jahre alt sind, zahlen die Hälfte und Säuglinge werden ganz frei befördert. Vom Cajütspassagier sind an Handgeld 20 Thaler Gold oder 40 Gulden Rh. per Kopf zu erlegen; er erhält Beköstigung am Tische des Capitains, hat sich jedoch mit Wein, sowie mit Matratze, Bett und Handtüchern in der Regel selbst zu versorgen. Die Beköstigung der Cajütspassagiere beginnt erst dann, nachdem das Schiff aus dem Hafen gelegt hat; das in Amerika zu zahlende Armengeld berichtigt der Schiffsrheder oder Schiffsbefrachter für eigene Rechnung.

Säuglinge zahlen in erster und zweiter Cajüte ebenfalls nur 6 Gulden Rheinisch.

b. Hamburg.

Die Regierung der freien Hansestadt Hamburg nimmt sich in ähnlicher Weise, wie die bremische Regierung, der Auswanderer auf's beste an. Zwischen Hamburg und Bremen ist überhaupt, was die Dampfschiffe anlangt, kein großer Unterschied. Hamburg hat fast dieselben Gesetze für Auswanderer, wie Bremen, es hat dieselben Einrichtungen in den Wirthshäusern für Auswanderer, beinahe dieselben Preise, ebenfalls ein Nachweisungsbureau für Auswanderer, und so hat der Auswanderer auch hier eine wohlgeordnete Einrichtung zu erwarten. Wer einmal eine Reise über solche Häfen gemacht hat, wo man nur nach dem Geld der Auswanderer trachtet, dem thut die hiesige Einrichtung, wie die bremische, wohl. Man merkt da doch, daß man seine Pflicht erkannt hat und derselben nachzukommen sucht.

aa. Obrigkeitliche Verordnung*) in Betreff des Auswandererwesens.

§ 1. Auf allen von hier direct nach anderen Welttheilen zu befördernden Auswandererschiffen ist eine von den übrigen Plätzen abgesonderte Abtheilung für einzeln reisende Frauenzimmer — worunter alle über 10 Jahre alten weiblichen Passagiere zu verstehen sind, welche ohne Begleitung von Ehemännern oder sonstigen nahen Angehörigen reisen — einzurichten. Eventualiter ist die Aufnahme von Frauen mit Kindern unter 14 Jahren in diese Abtheilung gestattet.

In allen Fällen ist einer zuverlässigen älteren weiblichen Person, welche die Nacht in dem für einzelne Frauenzimmer abgesonderten Raum zuzubringen hat, die specielle Aufrechthaltung der Ordnung daselbst zu übertragen.

Falls die Bauart des Schiffes es gestattet, ist diese Abtheilung im Hintertheil des Schiffsraumes, sonst aber an einem andern geeigneten Platze anzubringen und mit einer verschließbaren Thür zu versehen.

Ferner ist, und zwar vorzugsweise vorn im Schiffsraum, eine von den übrigen Schiffsplätzen durch eine Zwischenwand getrennte, wenn thunlich mit einem besondern Ausgang zum Verdeck versehene Abtheilung für alle unverheiratheten, über 14 Jahre alten männlichen Passagiere herzustellen.

Diese verschiedenen Separat-Abtheilungen sind so einzurichten, daß die Ventilation bestmöglichst gewahrt bleibt.

Behufs Herstellung hinreichender Ventilation müssen außer den Luken wenigstens zwei und je nach der Größe des Schiffes mehr Ventilatoren von mindestens je einem Fuß Durchmesser vorhanden sein.

Die Prüfung und Genehmigung bleibt in jedem Falle der Behörde vorbehalten.

In den Logirhäusern für Auswanderer sind besondere Schlafcabinette für einzeln reisende Frauenzimmer einzurichten.

---

*) In verkürzter Form ist auch hier zunächst das gegeben, was Bezug auf die Passagiere hat.

§ 2. Mit Rücksicht auf den Gesundheitszustand der Passagiere während der Seereise und um dem Ausbruch von epidemischen Krankheiten während derselben möglichst vorzubeugen, werden die Auswanderer vor der Einschiffung ärztlich untersucht.

Für die Untersuchung selbst gelten folgende Bestimmungen:

a. Dieselbe findet statt 1 oder 2 Tage vor Expedition der Schiffe in den größeren Logirhäusern zu vorher von den Expedienten anzusagenden Stunden, und haben die Wirthe die bei ihnen logirenden Auswanderer anzuhalten, zu dieser Zeit mit ihren Familien im Hause zu sein. Die bei kleineren Wirthen und zerstreut wohnenden Auswanderer müssen behufs der Untersuchung in einem ihnen von der Auswanderer-Behörde angewiesenen Locale sich einfinden.

b. Zum Beweise, daß die ärztliche Untersuchung beschafft ist, wird der Passageschein vom Arzte gestempelt.

c. Die Expedienten und Wirthe haben dafür zu sorgen, daß möglichst alle Auswanderer zur Zeit der Untersuchung im Besitze der richtigen Passagescheine sind, um dieselben vom Arzte abstempeln zu lassen. In Ausnahmefällen erhalten die Passagiere einen Gesundheitspaß, d. h. ein mit dem ärztlichen Stempel versehenes Formular, worin Name und Personenzahl entsprechend dem Passageschein auszufüllen.

e. Der untersuchende Arzt ist verpflichtet, alle Auswanderer, die an einer ansteckenden Krankheit, welche durch Uebertragung die Gesundheit der übrigen Passagiere gefährden kann, leiden, zurückzuhalten, sowie ferner solche, die schwer erkrankt sind, so daß ihre Weiterreise mit augenscheinlicher Lebensgefahr verknüpft ist.

f. Der Arzt meldet mittelst bestimmter Formulare derartige Fälle der Polizei-Behörde, welche den Transport der Kranken in das Allgemeine Krankenhaus veranlaßt. Ein Verbleiben derselben in den Logirhäusern ist unzulässig. Dem Untersuchungsarzt liegt in gesundheitspolizeilicher Beziehung die Ueberwachung der im hiesigen Hafen liegenden Auswandererschiffe und der Logirhäuser für Auswanderer ob, und ist ihm der Zutritt zu denselben jederzeit zu gestatten.

§ 3. Auf jedem Auswandererschiffe ist wenigstens ein, zuvor vom Untersuchungsarzte zu approbirender, zur Krankenpflege geeigneter, seefester Mann mitzunehmen. Bei einer größeren Anzahl von Passagieren kann auf Vorschlag der Besichtiger die Mitnahme von mehreren von der Auswanderer-Behörde verlangt werden.

Diesem Manne, welcher zu den regelmäßigen Schiffsarbeiten nicht verwendet werden darf, liegt, unter Aufsicht des Capitains, die Pflege und Wartung der Kranken, so wie die Sorge für gehörige Reinhaltung, Ventilation und Räucherung des Zwischendecks und der Passagierräume ob. Er hat in dieser Beziehung die Zwischendeckspassagiere zu beaufsichtigen, und Letztere sind verpflichtet, seinen betreffenden Anweisungen, namentlich was die Reinigung der Kojen und des Zwischendecks betrifft, Folge zu leisten.

Wenn die Zahl der Passagiere mehr als hundert beträgt, so ist außer dem Koch entweder noch ein Hilfskoch anzustellen, oder es sind einige dazu geeignete Passagiere dem Koch als Gehilfen beizugeben, welche zugleich als Assistenten des nach der obigen Vorschrift anzustellenden Wärters und Krankenpflegers verwendet werden können.

§ 3. Aufgabe des mitzunehmenden **Proviants** für jeden Passagier. Bei Reisen, deren längste Dauer zu 13 Wochen angenommen ist:

Gesalzenes Ochsenfleisch	26	Pfd.;
do. **Schweinefleisch** (Speck)	13	„
Gesalzene Heeringe	26	Stück;
Weißbrod	65	Pfd.;
Butter	$5\frac{5}{11}$	„
Kartoffeln	$6\frac{1}{2}$	Spint;
Syrup	$1\frac{1}{2}$	Pfd.;
Kaffee	$1\frac{3}{4}$	„
Thee	$\frac{1}{4}$	„
Essig	2	Quart;
Wasser	$1\frac{1}{3}$	Orhoft;
Weizenmehl	13	Pfd.;
Erbsen	$9\frac{3}{4}$	„
Bohnen	$4\frac{7}{8}$	„
Graupen	$3\frac{1}{4}$	„
Reis	$6\frac{1}{2}$	„
Pflaumen	$3\frac{1}{4}$	„
Sauerkohl	$4\frac{7}{8}$	„

Ist die Dauer der Reise auf mehr Wochen angenommen, so ist verhältnißmäßig mehr Proviant mitzunehmen.

§ 4. Hinsichtlich der mitzunehmenden **Speisen** für Kranke und Kinder und **Medicamente** gelten folgende nähere Vorschriften:

a. An Speisen für Kranke und Kinder sind für je hundert Personen mitzunehmen:

	auf 13 Wochen:	16 Wochen:	18 Wochen:	24 Wochen:	28 Wochen:	
Rothwein mindestens	20	25	29	37	44	Fl.
Zucker „	20	25	29	37	44	Pf.
Sago „	15	19	22	28	33	„
Hafergrütze „	25	31	35	46	54	„
Perlgraupen „	20	25	29	37	44	„

b. An Bord eines jeden Auswanderer führenden Segelschiffes muß sich eine Medicinkiste befinden, welche die im Anhange*) zu dieser Verordnung verzeichneten Medicamente enthalten muß.

Diese Kiste ist von einer durch den Apotheker, der sie gefüllt hat, auszustellenden Bescheinigung über ihren Inhalt und die Zahl der Passagiere, welcher derselbe entspricht, zu begleiten, und vor Abgang des Schiffes durch den Untersuchungsarzt zu revidiren, welcher bei Richtigbefund des Inhalts die Kiste versiegelt. An Bord werden die Siegel von den Besichtigern (§ 12) wieder entfernt, nachdem sie sich von deren unverletztem Zustande überzeugt.

Befinden sich unter den Passagieren **Kinder** im Alter von 1 bis 6 Jahren, so muß, und zwar außer dem im § 4 der Verordnung von 1868 unter a aufgeführten Proviant, für jedes Kind im obigen Alter $3\frac{1}{4}$ Pfd. Hafergrütze und $2\frac{1}{4}$ Pfd. **Zucker** mitgenommen werden, wogegen es zulässig

*) Es sind 52 Arzneimittel angegeben, außerdem concentrirte Milch für Kinder und Liebig's Fleischextract, ferner allerlei chirurgische Instrumente, Binden, Schienen, Charpie, Leinen, Watte, Guttapercha-Papier, Zunder, Schwamm u. s. w.

ist, für jedes dieser Kinder ein Quantum von 4 Pfd. Erbsen und je 2 Pfd. Bohnen und Sauerkohl wegzulassen.

Der Koch ist verpflichtet, von den mitzunehmenden Kinderspeisen täglich das erforderliche Quantum für die an Bord befindlichen Kinder von 1 bis 6 Jahren zu bereiten, und der Krankenwärter, diese Speisen gehörig an die Kinder zu vertheilen.

§ 5. Das mitzunehmende Trinkwasser muß gehörig abgelagert sein.

Zur Aufbewahrung des Wassers an Bord sind vorzugsweise eiserne Tanks, sonst aber nur gut ausgebrannte süße Fässer in eisernem Verband zu benutzen, und zwar namentlich gereinigte Palmölfässer oder Spriet- oder Weinfässer.

In Zeiten von Epidemien muß das Trinkwasser in der abseiten des Gesundheitraths näher zu bezeichnenden Weise desinficirt werden.

§ 6. Die Passagiere dürfen erst an Bord des Schiffes aufgenommen werden, nachdem die Beladung desselben mit Fracht- und Proviantgegenständen beendigt und das Schiff reisefertig ist.

Dispensationen von dieser Vorschrift sind in besonderen Fällen bei dem Polizeiherrn nachzusuchen.

Um bei dem Einschiffen der Auswanderer in die Segelschiffe eine für die Personen und ihre Effecten bei ungünstigen Witterungsverhältnissen nachtheilige Verzögerung zu vermeiden, dürfen die Auswanderer nicht eher zur Einschiffung an den Hafen bestellt und an Schiffsseite gebracht werden, bis sofort mit ihrer Uebernahme an Bord vorgegangen werden kann.

Die Logiswirthe sind verpflichtet, dafür zu sorgen, daß die Auswanderer sich zur bestimmten Stunde zur Einschiffung mit ihrem Gepäck einfinden.

§ 7. Auswandererschiffe dürfen gefährliche oder der Gesundheit nachtheilige oder übelriechende Ladungen nicht mitnehmen. Insbesondere sind unzulässig: Vitriolöl, Sprengöl, Schießpulver, ungereinigte Haare, frische und gesalzene Häute, ungewaschene rohe Wolle, Knochen, lose oder ungepreßte Lumpen.

§ 9. Ist das Schiff mit mehreren Decken versehen, so darf das unterste Deck (sogen. Orlogsdeck) zur Aufnahme von Passagieren nicht benutzt werden.

§ 10. Zur Beleuchtung des Zwischendecks müssen für je hundert Passagiere mindestens zwei starke Laternen verwandt werden, für welche das erforderliche Quantum Brennöl mitzunehmen ist.

§ 12. Den von dem Senate beeidigten Besichtigern liegt es ob, die Tauglichkeit des Schiffes und seiner Ausrüstung und die Erfüllung der dieserhalb bestehenden Vorschriften, ferner auch die gehörige Placirung und Unterbringung der Passagiere und ihrer Effecten zu überwachen. Sie haben dabei insbesondere darauf zu achten, daß die verschiedenen Nationalitäten unter den Passagieren thunlichst beisammen bleiben.

An Bord ist den Besichtigern ein Verzeichniß der angeschafften Lebensmittel und sonstigen Ausrüstungsgegenstände nach einem gedruckten, die einzelnen Gegenstände specificirenden Formular in zwiefacher Ausfertigung einzureichen. Die Besichtiger haben sich von der Richtigkeit dieses Verzeichnisses thunlichst selbst zu überzeugen, außerdem aber eine von dem Capitain und dem Obersteuermann an Eidesstatt ausgestellte Declaration des Inhalts sich ertheilen zu lassen:

daß die für die Passagiere bestimmten Ausrüstungsgegenstände, welche in dem übergebenen Verzeichnisse specificirt worden, ihrer gewissenhaften Ueberzeugung nach wirklich an Bord sich befinden;

daß sie von dem Passagierproviant weder etwas vom Bord bringen lassen, noch vor dem Antritt der Reise etwas verbrauchen oder verbrauchen lassen wollen;

daß sie ein beglaubigtes Exemplar der Verordnung erhalten, von deren Vorschriften Kenntniß genommen haben, diesen Bestimmungen gewissenhaft nachleben zu wollen geloben und hinsichtlich aller aus den übernommenen Pflichten wider sie erwachsenden Ansprüche der Entscheidung der Hamburgischen Behörde sich unterwerfen.

§ 13. Der Expedient hat auf seinen Bürger-Eid zu erklären:

daß er gewissenhaft Sorge getragen habe, um das Schiff nach Maßgabe der gesetzlichen Vorschriften mit der vorgeschriebenen Quantität gesunder, guter Nahrungsmittel, Wasser und sonstiger Ausrüstung auf . . . Wochen . . . Tage zu versorgen;

daß er den Besichtigern über die etwa am Bord befindlichen alten Ausrüstungs-Gegenstände wahrheitsgetreue und genaue Auskunft ertheilt habe;

daß sich unter der Ladung des Schiffes keine Gegenstände befinden, deren Mitnahme nach § 7 der Verordnung vom 20. April 1868 verboten ist;

daß er überhaupt den dem Expedienten eines Auswandererschiffes nach hiesigen Gesetzen obliegenden Pflichten in allen Stücken gewissenhaft nachgekommen sei.

§ 14. Der Expedient hat dafür zu sorgen, daß das Schiff von einem tüchtigen Capitain geführt werde, und bei eigener Verantwortlichkeit dafür aufzukommen, daß der Capitain die nachstehenden Verpflichtungen übernehme:

a. Dafür zu sorgen, daß die den Passagieren angewiesenen Plätze während der Reise beibehalten werden, und daß namentlich die den einzeln reisenden Frauenzimmern angewiesene Separat-Abtheilung am Abend regelmäßig geschlossen, alle in dieser Beziehung nöthige Ordnung strenge gehandhabt, jedem versuchten Unfug aber energisch gesteuert werde, daß ferner die Mannschaft die Passagierräume nur betrete, wenn der Schiffsdienst es erforderlich macht;

b. daß bei an Bord vorkommenden Geburts- und Todesfällen das nachstehend vorgeschriebene Verfahren beobachtet werde:

Jeder während der Reise vorkommende Geburts- und Todesfall ist vom Capitain oder dessen Stellvertreter innerhalb 24 Stunden in dem Schiffsjournal zu vermerken, und sind dabei, soweit solches irgend thunlich, die Personalien genau anzugeben; bei Todesfällen ist die bekannte oder wahrscheinliche Ursache des Todes zu bezeichnen. Ist ein Arzt an Bord, so ist ein ärztliches Attest beizulegen.

Der Nachlaß der Verstorbenen ist, sofern er sich nicht im Besitz von Angehörigen des Verstorbenen befindet, sofort vom Capitain in Verwahrung zu nehmen und in einem von ihm und zwei Zeugen zu unterschreibenden Inventar thunlichst genau zu verzeichnen. Das Inventar hat der Capitain alsbald nach seiner Ankunft am überseeischen Landungsplatze mit dem Journalauszug über etwaige Geburts- und Sterbefälle dem Hamburg vertretenden Consul zu übergeben und dessen Verfügung wegen des Weiteren einzuholen.

Wenn an Bord eines Auswandererschiffes epidemische Krankheiten ausbrechen und das Schiff sich in der Nähe oder im Bereich eines geeigneten Hafens befindet, so ist der Capitain verpflichtet, denselben anzulaufen, um die erkrankten Passagiere unter dem Schutz des Hamburg vertretenden Consuls zu landen und die sonst den Umständen nach erforderlichen Sanitätsmaßregeln zu ergreifen.

§ 15. Schiffscapitaine, welche die ihnen obliegenden Pflichten gröblich verletzen oder sich unfähig zur Führung eines Auswandererschiffes erweisen, können als zu solcher Führung nicht mehr zu verwenden von der Deputation für das Auswandererwesen den Expedienten bezeichnet werden.

Die Gesetze in Bezug auf verbotene Beförderung (Militärpflichtige, Deserteure u. s. w.), Raum und Einrichtung der Passagiere, Eintheilung, Versicherung u. s. w. sind dieselben, wie in Bremen.

bb. Die Expedition.

Das Auswanderer-Geschäft (accordiren mit den Passagieren, ihre Beförderung u. s. w.) ist von der Actien-Gesellschaft nicht einer Anzahl von Expedienten, sondern einem Manne, August Bolten in Hamburg, übertragen worden. Er hat seine Agenten überall angestellt und besorgt alle hierher gehörigen Angelegenheiten.

cc. Bedingungen und Regeln für Dampfschiffe.*)

Die Passage-Preise der Dampfer der Hamburg-Amerikanischen Actien-Gesellschaft betragen, einschließlich vollständiger Beköstigung, ab Hamburg:

Nach New-York:	Erste Cajüte	165	Thaler Preuß. Cour.
	Zweite „	100	„ „ „
	Zwischendeck	55	„ „ „
Nach New-Orleans oder Havanna:	Erste Cajüte	200	„ „ „
	Zweite „	150	„ „ „
	Zwischendeck	55	„ „ „

Es ist zu bemerken, daß zwischen Hamburg und Baltimore keine Dampfer laufen, und daß die Dampfschiffe nach New-Orleans auch zwei Cajüten haben.

Amerikanisches Kopfgeld haben die Passagiere nicht zu zahlen, sondern wird da, wo die amerikanische Behörde solches beansprucht, von der Gesellschaft getragen.

Die Expeditionen finden von Hamburg regelmäßig statt: jeden Mittwoch früh Morgens, und ferner auch außer Mittwochs, in den Monaten April, Mai, Juni, September und October jeden Sonnabend früh Morgens; nach Havanna und New-Orleans: am 1. Februar und 1. März, ferner von Ende September an alle 4 Wochen des Sonnabends.

---

*) Die Passage-Preise und näheren Bestimmungen für Segelschiffe sind beiläufig aus denen für die Bremer Segelschiffe zu ersehen.

Erste Cajüte oberer Salon.

Der volle Passagepreis ist für jede Person, Kinder nicht ausgenommen, zu entrichten, sobald ein separates Bett in den Cabinetten beansprucht wird.

Kinder bis zu 10 Jahren, sofern dieselben eines der zu diesem Zwecke vorhandenen Sophabetten oder zwei ein Bett benutzen, zahlen die Hälfte des Passagepreises, Säuglinge, sofern kein separater Platz für sie beansprucht wird, nur 3 Thlr.

Außer den Cabinetten zu zwei festen Betten sind noch einige Cabinette für 4 Personen eingerichtet. Sämmtliche Cabinette umgeben den obern Salon und sind mit gleicher Eleganz und Bequemlichkeit ausgestattet.

In vorstehenden Preisen ist inbegriffen: Vollständige Beköstigung und Bedienung, Bettzeug, Handtücher ꝛc., kurz Alles und Jedes, mit alleinigem Ausschluß von Wein, Bier und sonstigen Getränken, wofür nach dem am Bord befindlichen Tarife separat bezahlt wird.

Die Beköstigung ist, wie auf einem Dampfschiffe ersten Ranges erwartet werden muß, worüber das Speisereglement Näheres besagt.

Domestiken, welche bei ihren Herrschaften in den Cabinetten logiren, haben ihre Mahlzeiten in diesen zu halten und dürfen den Salon nicht benutzen; sie zahlen zwei Drittheile des Passagegeldes.

Erste Cajüte unterer Salon (zweite Cajüte).

Kinder bis zu 10 Jahren zahlen, falls zwei ein Bett benutzen, die Hälfte des Passagepreises; Säuglinge bis zum Alter von 1 Jahr zahlen 3 Thlr.

In den Passagepreisen ist inbegriffen: Vollständige und angemessene Beköstigung nach näherer Angabe des Speisereglements; desgleichen Eß-, Trink- und Waschgeschirr, Matratzen, Kopfkühl und Bettdecken, sowie Bettwäsche und Handtücher.

Die Schlafkammern, welche in der Regel für 6 Personen eingerichtet sind, umgeben sämmtlich den untern Salon, welcher zum gemeinsamen Wohnzimmer dient. — Die Bedienung ist eine vollständige. Die Cajüten werden geheizt.

Zwischendeck.

Kinder unter 10 Jahren zahlen die Hälfte des Passagepreises; Säuglinge bis zum Alter von 1 Jahr zahlen 3 Thlr. Pr. Cour.

In den Passagegeldern ist reichliche und nahrhafte Beköstigung nach Vorschrift des Gesetzes inbegriffen, nicht aber Betten, Bettzeug, Eß-, Trink- und Waschgeschirr.

Es ist ferner die Einrichtung getroffen, daß den Passagieren des Zwischendecks täglich frisch gebackenes Weißbrod verabreicht wird.

Das fast 8 Fuß hohe Zwischendeck ist durch Seitenfenster ausgezeichnet ventilirt und erhellt und im Winter geheizt. Vier Stewards sind angestellt zur Ueberwachung der Ordnung und Reinlichkeit. Eine besondere Bedienung findet im Zwischendeck nicht statt.

Belegung der Plätze.

Zur Sicherung eines Platzes auf den Dampfschiffen ist die Einzahlung eines Handgeldes von

50 Thlr. Pr. Cour. für jeden Platz in der ersten Cajüte oberer Salon,
30 „ „ „ „ „ „ „ „ ersten Cajüte unterer Salon,
20 „ „ „ „ „ „ im Zwischendeck

erforderlich, welches bei Entrichtung des vollen Passagepreises in Abzug gebracht wird. Vor Erlegung des Handgeldes wird kein Platz als engagirt betrachtet. Sollte bei Empfang des Handgeldes aus dem Inlande über die vorhandenen Plätze bereits anderweitig verfügt worden sein, so steht es auf desfallsige Benachrichtigung dem betreffenden Passagier frei, entweder durch Rücknahme des eingezahlten Handgeldes den Vertrag aufzuheben, oder denselben auf das zunächst abgehende Dampfschiff zu übertragen.

Reise-Gepäck.

An Reise-Gepäck hat ein jeder Passagier frei: 20 Hamburger Cubikfuß; Kinder und Domestiken die Hälfte.

Da der Abgang der Schiffe am bestimmten Tage stattfindet, so muß mindestens 24 Stunden vor Abgang des Schiffes alles Gepäck auf dem Landungsplatze der Gesellschaft, am Jonas Nr. 1, gegen Quittung des Meßzettels abgeliefert werden. Der Meßzettel wird von dem Schiffsmakler verabfolgt, worauf das Gepäck gemessen und die etwaige Ueberfracht mit ⅔ Thlr. Pr. Cour. per Cubikfuß berichtigt wird. Ist der Raum für die Ueberfracht nicht zum Voraus fest engagirt worden, so kann die Beförderung nicht garantirt werden.

Gelder, Werthpapiere oder sonstige werthvolle Gegenstände können versiegelt und mit dem vollständigen, deutlich geschriebenen Namen des Eigenthümers versehen, dem Capitain zur Aufbewahrung während der Fahrt eingehändigt werden, ohne weitere Gewährleistung der Gesellschaft.

Die Cajütspassagiere können nur Handkoffer, Mantel- oder Reisesäcke bei sich behalten; alles größere Gepäck muß im Raume verstauet werden.

Kaufmannsgüter und versiegelte Briefe dürfen unter keinem Reisegepäck verpackt werden.

Den Passagieren wird es besonders anempfohlen, alle Vorschriften in Betreff des Gepäckes genau zu befolgen und auch sogleich, bei Ankunft am Bestimmungsorte, darauf zu achten, daß Jeder das Seinige richtig wieder bekomme, indem spätere Reclamationen nicht berücksichtigt werden können.

Für Verlust, Beschädigung, oder Folgen unvermeidlichen Aufenthalts des Gepäcks, wenn nicht nachweislich durch die Gesellschaft oder deren Angestellte veranlaßt, übernimmt die Gesellschaft keinerlei Verantwortlichkeit.

Allgemeine Bestimmungen.

Ereignisse höherer Gewalt vorbehalten, gehen die Dampfschiffe unabänderlich an den festgesetzten Tagen früh Morgens von hier ab und müssen die Passagiere mindestens 48 Stunden vorher hier eintreffen und sich unverzüglich im Bureau des Schiffsmakler, Herrn August Bolten, der von der Direction allein zur Annahme der Passagiere befugt ist, melden. Wer dieß verabsäumt, verliert sein Anrecht auf die Ueberfahrt und das eingezahlte Handgeld. Die Passagiere werden am Expeditionstage Morgens an Bord befördert.

Sollten die Schiffe durch irgend eine unvorhergesehene Ursache verhindert werden, die Reise anzutreten, oder eine der angekündigten Fahrten ausfallen, so wird das etwa schon in Empfang genommene Hand- oder Passagegeld zurückbezahlt und erlischt damit jeder Anspruch der Passagiere auf Beförderung.

Der am Bord befindliche promovirte Arzt ist verpflichtet, Jedermann, der am Bord des Schiffes erkrankt, Beistand zu leisten, und darf dafür oder für die gereichten Medicamente keine Vergütung fordern.

Spirituöse Getränke darf Niemand mit sich bringen, jedoch sind solche zu den tarifmäßigen billigen Preisen für Jedermann an Bord zu kaufen.

Wer die Abfahrt des Schiffes versäumt, hat sein Passagegeld verloren. Ein Verkauf des Passagescheins ist ohne Genehmigung nicht zulässig und demnach ungültig.

Bei Belegung der Plätze haben die Passagiere Namen, Alter, Stand, Wohn- und Geburtsort anzugeben, da dieses zur Anfertigung der nach amerikanischen Gesetzen vorgeschriebenen Passagierlisten erforderlich ist; deßgleichen haben dieselben sich mit den von ihren Behörden vorgeschriebenen Legitimationen zu versehen.

Es können überhaupt nur solche Personen befördert werden, welchen die Einwanderung in den Vereinigten Staaten zufolge der bestehenden Emigrationsgesetze gestattet ist.

7. Nach welchem Hafen?

Wenn man die Bremer oder Hamburger Dampfer benutzen will, dann kann es sich hier nur um drei amerikanische Häfen handeln. Mit den Hamburger Dampfern kann man nur nach New-York und New-Orleans, mit denen des Norddeutschen Lloyd kann man nach diesen beiden Häfen und nach Baltimore fahren. Diese drei sind für die Einwanderung die bedeutendsten amerikanischen Häfen. Mit Segelschiffen jedoch hat man von Hamburg und Bremen aus auch nach den kleinern Häfen Gelegenheit. — Welcher von diesen Häfen ist nun der beste? Die Frage ist nicht: Welcher ist der bedeutendste in Bezug auf Handel und Gewerbe, oder: Wo ist die Einwanderung am stärksten? nein, die Frage bedeutet hier einfach: Wo kann der Einwanderer, der weiter reisen will, am ruhigsten und sichersten landen? Ihm gilt es gleich, ob die Stadt groß oder klein, reich oder arm, schön oder häßlich ist; er sieht doch gewöhnlich nicht genug davon, um auch nur ein geringes Verständniß davon zu haben; und wenn er sie ganz besehen könnte, so hätte er davon keinen Nutzen. Für ihn ist der Ort am besten, wo er selbst mit Hab und Gut am wenigsten der Gefahr ausgesetzt ist, wo das Landen am wenigsten Schwierigkeiten bereitet und von wo aus er am billigsten an den Ort seiner Bestimmung kommen kann. Er bedarf also einen gesunden Hafen, wo seine Gesundheit nicht gefährdet ist, einen ruhigen und sichern Hafen, wo er möglichst ruhig landen kann und vor Betrug geschützt ist, und drittens einen Hafen, von wo aus seine Weiterreise am wenigsten kostet. Drei Dinge geben also hier den Ausschlag: Schutz für die Person, Schutz für das Eigenthum und Ersparniß an Zeit und Geld. Es ist kein Zweifel, daß man in allen Häfen auf der einen Seite bemüht ist, den Einwanderer zu schützen. In Quebec, Boston, New-York, Philadelphia,

Baltimore, Charleston, New-Orleans und Galveston bestehen Vereine und Gesellschaften, die nicht ihre eigenen Vortheile, sondern das Beste der Einwanderer suchen. Aber auf der andern Seite bin ich auch davon überzeugt, daß in all diesen Häfen Leute sind, welche das Gegentheil von diesem suchen: nicht das Beste des Einwanderers, sondern nur ihren eigenen Vortheil, und welche lüsterne Blicke nach der Person und dem Eigenthum des Einwanderers werfen. Darum ist und bleibt es ein für alle Mal so, daß der Auswanderer sowohl als der Eiwanderer trotz all der guten Anstalten sich überall zunächst selbst in Acht nehmen muß; er ist überall zunächst auf sich selbst angewiesen und wenn er sich selbst der Gefahr, die auf Schritt und Tritt auf ihn lauert, aussetzt oder was er etwa versäumt, das kann ihm Niemand ersetzen. Und keine Gesetze der Welt, aber auch keinerlei gute Anstalten werden den Schwindlern und Betrügern das Handwerk ganz legen. Es wird überall und immer Tagediebe geben, die vom Besitz Anderer leben wollen und ihr schlechtes Leben mit Diebstahl und Betrug zubringen. Darum gilt für den Auswanderer, der überall dem Schutze Gottes befohlen ist, er mag landen, wo er will: Nimm Dich selbst in Acht, sehe Dich vor auf allen Seiten; und zwar von der Zeit an, da Du aus Deiner Heimath ziehst, bis Du wieder in Deine eigene Hütte eingehst.

Wollte man darum für den Einwanderer in dieser Beziehung einen Hafen über alle andern hervorheben, so wäre das eine Unwahrheit; wollte man die Anstalten eines Hafens hervorheben und die der andern verschweigen, so wäre das ungerecht. New-York ist in seiner Bedeutung bekannt. Dahin geht seit vielen Jahren ein Menschenstrom, wie das an andern Orten nie der Fall war. Im Frühjahr landen da oft 40,000 Menschen in einem Monat. New-York hat auch ausgezeichnete Anstalten für Einwanderer; kein anderer Hafen hat etwas Aehnliches. Der starke Einwandererstrom hat Vielen Veranlassung gegeben, sich an ihm zu laben; es haben sich da schlechte Elemente in unglaublicher Weise und Masse gesammelt. Früher kamen schreckliche Schwindeleien ohne Ende vor; jetzt ist's in allen Stücken besser. Die Regierung der Stadt und die des Staates und die des ganzen Landes hat viel zum Schutze der Einwanderer gethan. Auch unter den Deutschen haben sich Manche ihrer ankommenden Landsleute angenommen. Aber auch jetzt ist natürlich der Schlechtigkeit der Menschen die Thüre noch nicht ganz verschlossen, sie wird auch nicht verschlossen werden. — Der Ruhm, den New-York für sich in Anspruch nimmt, wird ihm in den letzten Jahren vielfach von andern Städten und Häfen, besonders von Baltimore, streitig gemacht. Es ist eine ziemlich weit verbreitete Bewegung im Gange, um die Auswanderung über Baltimore zu leiten. Was hat nun Baltimore zum Schutz der Einwanderer gethan, was bietet es ihnen? Es ist eine deutsche Gesellschaft da, werden auch manche andere Versuche gemacht, aber die Stadt als solche hat nichts gethan, wenigstens nichts, was in Anschlag zu bringen wäre, und der Staat hat auch nichts gethan. Es ist jedoch gut, wenn sich die Auswanderung mehr vertheilt. Die Masse in New-York ist zu groß, man wird nicht mehr Meister; der Einzelne verschwindet im Gedränge, ohne beachtet werden zu können. Baltimore hat noch keine starke Einwanderung, das Gedränge ist nicht so groß — und auch das ist schon ein Vortheil. Dann aber kommt es darauf an, wohin der Auswanderer gehen will; will er nach den westlichen oder gar nach den südlichen Staaten, dann kann er von Baltimore aus billiger dahin kommen, als von New-York aus — und das wäre ein zweiter Vortheil. Will er aber nach Norden, Canada, oder Nordwesten, dann ist die Reise von New-York aus billiger. — Nun kommt aber auch New-Orleans und macht seine Ansprüche geltend und weist auf seine Vortheile hin. Was New-Orleans zu sagen hat, ist hauptsächlich das, daß es von da aus nach den südwestlichen Staaten sehr wenig kostet und auch nach St. Louis und den westlichen Staaten ist die Reise den Mississippi hinauf angenehm und billig, nach St. Louis kostet es blos 5 Dollars und alles Gepäck ist frei. — Behalten wir jedoch Alles im Auge, so sehen wir, daß dieser Unterschied im Reisegeld nur für die Zwischendecks-Passagiere der oben erwähnten Dampfschiffe vorhanden ist; denn nur im Zwischendeck dieser Dampfer ist der Passagepreis nach allen drei Häfen gleich. Allerdings ist das diejenige Klasse, welche es am meisten braucht und hier den Ausschlag gibt. Die Andern aber haben auf den Dampfschiffen einen höheren Preis zu zahlen und haben darum gar nichts gewonnen, wenn sie von Baltimore oder New-Orleans aus billiger weiter befördert werden. Wer nach Baltimore reisen will und das Zwischendeck nicht benutzen mag, muß in der Cajüte reisen; es ist nur eine da und er muß dafür 135 Thaler bezahlen; nach New-York würde vielleicht die zweite Cajüte vollständig genügen und er hätte nur 100 Thaler zu zahlen. Noch mehr ist dieß der Fall bei New-Orleans. Doch für die Zwischendecks-Passagiere ist ein entschiedener Vortheil möglich und die mögen darum den Hafen wählen, der sie am nächsten dahin bringt, wohin sie wollen. Reisende über New-Orleans müßten dann nur nicht im Sommer reisen. — Wer mit Segelschiff reisen will, findet auch nach Galveston Gelegenheit, was für Texas bequem ist. Wer nach den südöstlichen Staaten, Süd-Carolina, Georgia u. s. w., reisen will, kann in Charleston landen. Auch Virginia wird seinen guten Hafen, Norfolk, bald belebt sehen.*)

Die Landreise in Amerika ist auf den Emigrantenzügen durchaus nicht angenehm und darum ist zu wünschen, daß dieselbe so viel als möglich verkürzt werde. Es wähle sich darum, um es zu wiederholen, Jeder einen Hafen, der ihn am nächsten dahin bringt, wohin er will, wenn hieraus nicht anderweitige Nachtheile für ihn entstehen.

Wir geben nun gleich hier die Eisenbahn-Preise von New-York, Baltimore und Quebec nach den verschiedenen Orten, auf daß man die Preise mit einander vergleichen und überhaupt sehen könne, was die Weiterreise kostet. Nach den gegebenen Orten kann man die nicht gegebenen leicht beiläufig berechnen. Die Preise sind per Emigrantenzug verstanden und bleiben sich nicht immer gleich, werden jedoch nie bedeutend verändert. Diese Preise sind gewöhnlich stark die Hälfte, nicht ganz zwei Drittel der Preise des Expreßzugs.

Vergleichende Uebersicht der Eisenbahn-Fahrpreise.

Nach:	Von Baltimore	Von New-York	Von Quebec**)
Pittsburgh	Doll. 6.—.	Doll. 7.10.	Doll. —.—.
Parkersburg	„ 5.—.	„ 10.20.	„ —.—.
Wheeling	„ 5.—.	„ 8.20.	„ —.—.
Cleveland	„ 6.50.	„ 8.95.	„ 10.37.
Columbus	„ 7.—.	„ 10.—.	„ 13.94.
Sandusky	„ 8.—.	„ 9.95.	„ 9.96.
Dayton	„ 7.—.	„ 10.85.	„ —.—.
Cincinnati	„ 7.50.	„ 11.50.	„ 14.67.
Toledo	„ 8.—.	„ 10.35.	„ 8.93.
Indianapolis	„ 9.—.	„ 12.35.	„ —.—.
Terrehaute	„ 10.—.	„ 13.25.	„ —.—.
Chicago	„ 10.—.	„ 13.—.	„ 9.96.
Dunleith	„ 16.50.	„ 19.50.	„ 14.15.
Rock-Island	„ 15.50.	„ 18.50.	„ 13.36.

*) Die Gesetze für Einwanderer sind in New-York so streng, daß Manche dort nicht landen dürfen, welche von andern Häfen gerne angenommen werden. Die kleinern Häfen thun Alles, was sie können, um nur Einwanderer zu bekommen und sind froh auch an den Armen. — Nur keine Monopole!

**) Die Preise von Quebec sind in Gold zu verstehen.

Nach:	Von Baltimore	Von New-York	Von Quebec
Galena	Doll. 16.50.	Doll. 19.45.	Doll. 12.55.
Quincy, Illinois ..	„ 14.50.	„ 16.30.	„ —.—.
St. Louis	„ 13.—.	„ 16.10.	„ 12.55.
Racine, Wisconsin .	„ 12.50.	„ 15.10.	„ 9.96.
Milwaukee „	„ 12.50.	„ 15.50.	„ 9.96.
Madison, „	„ 14.60.	„ 17.60.	„ 12.58.
Prairie du chien .	„ 17.50.	„ 20.50.	„ 14.95.
Davenport, Iowa .	„ 15.60.	„ 18.60.	„ 13.36.
Dubuque, „ ...	„ 16.50.	„ 19.60.	„ 14.55.
Burlington, „ ...	„ 16.—.	„ 19.—.	„ 13.75.
Iowa-City, „ ...	„ 17.15.	„ 20.15.	„ 14.67.
Detroit	„ 9.—.	„ 11.15.	„ 7.96.
St. Paul	„ 23.—.	„ 26.—.	„ 19.74.
Omaha	„ 24.90.	„ 26.80.	„ —.—.

Kinder von 4—12 Jahren zahlen die Hälfte, Kinder unter 4 Jahren sind frei. Jede volle Person hat von Baltimore 100 Pfund, von New-York 80 Pfund Gepäck frei, Kinder, welche den halben Fahrpreis zahlen, die Hälfte. — Ein Dollar hat 100 Cents; 7.10 heißt also: 7 Dollars und 10 Cents.

8. Abschließung des Contracts.

Habt Ihr Alles verkauft, Euch den Weg, den Ihr gehen wollt, gewählt und steht nichts mehr im Wege, so schließet nun in Eurer Heimath schon den Schiffscontract mit einem guten Agenten ab. Wartet nicht bis Ihr in den Hafen kommt; Ihr gewinnt damit nichts und setzt Euch der Gefahr aus, keinen Platz mehr zu bekommen und im Hafen lange warten und zehren zu müssen. Habt Ihr keinen Agenten in Eurer Nähe, dem Ihr Eurer Vertrauen schenken könntet, so wendet Euch an einen guten Expedienten in Bremen oder an die „Direction des Norddeutschen Lloyd.“ Eures Gepäcks wegen ist vielleicht ein Expedient vorzuziehen. Zugleich nehmen die Expedienten auch Passagiere für Segelschiffe an, die Direction des Nordd. Lloyd nimmt jedoch natürlich nur Passagiere für ihre eigenen Dampfer an. — Ihr seid nun in Stand gesetzt, zu wissen, was es nach den verschiedenen Orten und auf den verschiedenen Wegen kostet und könnt Euch selbst vor Betrug bewahren. Ihr bezahlt dem Agenten nur das Handgeld; das übrige Passagegeld bezahlt Ihr, wenn Ihr in den Hafen kommt.

Aber schließet nur einen Contract für die Reise nach Amerika; unter keinen Umständen laßt Euch schon hier Billete aufnöthigen für die Weiterreise vom amerikanischen Hafen in's Innere des Landes. Es ist damit schon viel Betrug getrieben worden, namentlich von J. N. Faas in Havre und seinen

Unter-Agenten, „welcher schon seit Jahren unsre deutschen Landsleute systematisch übervortheilte.“ Im vorigen Jahre wurde er von den Emigrations-Commissären in New-York genöthigt, beinahe 4000 Gulden Betrugsgelder zurückzuerstatten; das war er selbst allein für ein Jahr; seine Unter-Agenten trieben's in ähnlicher Weise. Die Eisenbahnpreise, welche drüben in Papiergeld gezahlt wurden, nahm er in Gold, was in den letzten Jahren viel ausmachte. Auf Verwenden der Behörde von New-York mußte ihm seine Agentur genommen werden. — Billete, Karten und Papiere jeder Art, die man Euch aufnöthigen will und die hier schon Geld kosten, aber erst in Amerika in Kraft treten sollen, nehmet nicht an. In Bremen und Hamburg ist der Verkauf aller solcher Billete von der Regierung verboten. Auch in dem Falle, daß kein Betrug damit verbunden ist und Ihr nur den rechten Preis zu zahlen braucht, ist doch jedenfalls kein Vortheil für Euch damit verbunden. Eure amerikanischen Billete kauft Ihr, wenn Ihr hinüber kommt und sie braucht, dann geht Ihr in jeder Weise am sichersten. — Aber auch allerlei Anweisungen, Wirthshaus-Karten u. s. w., die man Euch umsonst aus „purem Wohlwollen“, zu „Eurem Besten“ aufnöthigen will, nehmt nicht an oder werft sie weg, wenn Ihr sie genommen habt. Solche Mäkler sind gewöhnlich von Wirthen u. s. w. angestellt und werden von denen bezahlt, aber hintendrein seid Ihr es natürlich doch wieder, die herhalten müssen. Hinter all diesen Sachen sucht man auf Eure Rechnung seinen eigenen Vortheil. Darum sehet Euch vor.

9. Verpackung.

Alles muß in Kisten, Koffern und Reisesäcken gut eingepackt sein. In die Kisten kommt, was man erst in der neuen Heimath und nicht auf der Reise braucht; in die Koffer kommt, was man auf der Reise (auf dem Schiff u. s. w.) schon braucht, und in die Reisetaschen, was man unterwegs immer bei sich haben will.

Man sollte nie etwas in Ballen oder Säcke packen. Es kommt oft vor, daß Leute die Betten und Kleider in Säcke und Ballen packen; die sind dann gegen Schmutz und Nässe nicht gesichert und oft verdorben, wenn sie hinüber kommen. Eure Kleider und Betten habt Ihr nöthig, wenn Ihr hinüber kommt und sollten unterwegs nicht Schaden leiden; darum verpackt sie gut in Kisten.

Ich muß Euch wiederholt ermahnen: Nehmt ja nicht zu vielerlei mit, jedenfalls nichts, das die Fracht nicht werth ist. Ihr meint oft, es sei etwas sehr nöthig und gut, und es ist wirklich die Fracht nicht werth. Als Auswanderer habt Ihr auf der Eisenbahn 100 Pfund Gepäck frei; für jedes weitere Pfund müßt Ihr zahlen. Auf dem Schiff habt Ihr 20 Kubikfuß frei; das ist keine große Kiste, wie Ihr schon wißt, drei Fuß lang, drei Fuß breit und 2½ Fuß hoch; für jeden weitern Fuß müßt Ihr zahlen. Wenn der Raum auf den Schiffen nicht beschränkt ist, dann nimmt man's zwar nicht so genau, allein darauf könnt Ihr Euch doch keineswegs verlassen. Auf der Eisenbahn kommt es also auf's Gewicht, nicht auf die Größe an, auf dem Schiff kommt's auf die Größe, nicht auf's Gewicht an. Daher ist Euch kein Weg offen gelassen und Ihr thut wohl, wenn Ihr Euch beschränkt.

Die Kisten werden gewöhnlich viel zu groß gemacht; man meint, es solle nur recht viel hineingehen. Gewonnen wird damit aber gar nichts; beim Wiegen und Messen bleiben sich die Sachen doch gleich. Mit den ungeschickt großen und schweren Kisten kann kein Mensch umgehen; sie werden überall geworfen und gestoßen und kommen nicht selten in Stücken drüben an, was immer sehr unangenehm ist. Die Kisten sollten von gutem Holz und stark gemacht sein. Ebenso müssen die Schlösser und Bänder stark sein. Diese Kisten haben gewöhnlich ein gutes Schloß in der Mitte, welches inwendig angebracht ist; auf beiden Seiten haben sie an jedem Band ein Vorlegeschloß. Die eisernen Bänder gehen um die ganze Kiste herum. Koffer und Kisten sollten nicht zugenagelt oder -geschraubt werden. Gute Schlösser halten besser und wenn man den Zollbeamten die vernagelten Kisten öffnen soll, kommt man in Noth. Die Ecken der Kisten können mit Blech umgeben sein. — Schon Manche haben Obst u. dgl. zwischen die Betten gepackt und meinten, da bliebe es verschont; sie wollten Freunden oder sich selbst drüben noch eine Freude bereiten. Sie kamen hinüber und fanden das Obst verfault und ihre Sachen stark beschädigt. Obst hält sich auf der Seereise nicht lange; die Reise mit Segelschiffen dauert gewöhnlich zu lange. Beim Verpacken sei man vorsichtig und bringe die passenden Sachen zusammen. Durch viele „Kleinigkeiten" bereiten namentlich Auswanderer sich große Unannehmlichkeiten.

10. Beförderung.

Wer nicht zu viel Sachen hat, der nehme sie mit sich, wenn er in die Hafenstadt reist, er hat sie dann bei sich, wenn er hinkommt. Wer aber viel Gepäck hat und das Geld sparen möchte, der schicke dasselbe wenigstens 10 Tage früher, je nachdem die Entfernung ist, als Frachtgut voraus und schreibe dann sogleich an seinen Expedienten im Hafen. Der wird dann Alles besorgen. Kommen die Sachen früher an, so wird er sie in seinem Lagerhaus aufbewahren und hiefür keine Bezahlung verlangen. Er wird sie ebenfalls messen und auf's Schiff bringen lassen.

Alle Namen und Adressen müssen deutlich und vollständig geschrieben sein. Es ist gut, wenn der Weg, den man geht, auch auf dem Gepäck vermerkt ist. Will z. B. Jemand über Bremen und Baltimore nach St. Louis reisen, so adressire er seine Sachen: N. N.; über Bremen und Baltimore nach St. Louis. Bei der Beförderung des Gepäcks ist Vorsicht und Pünktlichkeit nöthig. Man sei überall selbst dabei und habe auf seine Sachen Acht!

11. Guter Rath und Reise-Regeln.

Nun bist Du fertig und zum Auswandern bereit. Ehe Du jedoch Deinen Reiseweg antrittst, merke Dir noch folgende Reise-Regeln:

1. Frage Dich vor jeder Abreise: Habe ich nichts vergessen?

2. Alles — ja Alles mit Gott! Mit Gott fang' an, mit Gott hör' auf, das ist der beste Lebenslauf.

3. Geh' ohn' Gebet und Gottes Wort niemals von Deinem Hause fort.

4. Sei nie zu spät, sondern immer bei Zeiten da, wo Du sein sollst.

5. Verschiebe nichts, sondern greife Alles frisch an.

6. Sorge unterwegs zunächst für Dich und das Deine mit aller Umsicht; richte Dein Auge auf alle Deine Sachen und verlaß Dich auf keinen Menschen; denn alle Mitreisenden haben genug für sich selbst zu thun und nicht jeder möchte es gut mit Dir meinen. Wer sich zu viel auf Andere verläßt, sieht sich oft betrogen.

7. Sei still für Dich. Mische Dich nicht leicht in die Angelegenheiten Anderer; Du meinst es vielleicht gut, aber es wird Dir übel gedeutet und bekommst Verlegenheiten für Deinen guten Rath.

8. Sei überall redlich und aufrichtig, vertraue aber den Menschen nicht zu bald und nicht zu viel. Die Welt liegt im Argen. Das erfährt kein Mensch besser, als der Auswanderer. Da kommen sie her mit ihrem freundlich lächelnden Angesicht, die „Landsleute“, die „Kameraden“; Dir, der Du ohne Weltkenntniß bist, kommen sie

engelgleich vor. Ja, Menschen können um ein paar Thaler sehr freundlich und dienstbar scheinen, haben sie die, dann kennen sie Dich nicht mehr.

9. Wer Dir Berufshalber einen Rath ertheilt, keine Selbstinteressen dabei hat und hiemit Erfahrung verbindet, dem folge. Sonst kannst Du auch an der Stellung erkennen, ob Jemand Vertrauen verdient oder nicht. Die Herzugelaufenen beachte nicht.

10. Sei immer bescheiden und anständig; thue keinem Menschen Unrecht und hüte Dich vor Beleidigungen; thut Dir aber Jemand Unrecht, so dulde und trage es, meide aber jede Gelegenheit zu ähnlichen Erfahrungen. Begehre nicht bald auf und poche nicht auf Dein Recht; damit wird selten ein guter Sieg erfochten. Wer zu viel auf sein Recht pocht, kommt überall in Händel; Andere reisen ohne Anstoß durch die ganze Welt — weil sie demüthig und stille sind.

11. Klage nur im äußersten Falle und wenn alles andere vergeblich versucht wurde; wenn Du aber klagen willst, dann thue es an der rechten Stelle.

12. Bedenke, daß der Auswanderer in vielen Stücken fast wie ein rechtsloser Mensch ist: Du kannst unterwegs nicht stille halten und Dein Recht suchen, Du mußt weiter eilen. Das wissen Schwindler auch; sei darum um so wachsamer.

13. Es ist nicht gut, in der Menschen Hände fallen —!

14. Befiehl dem Herrn Deine Wege und hoffe auf Ihn, Er wird's wohl machen.

III. Die Auswanderung.

A. Die Landreise.

1. Die Abreise.

So! Nun ergreife den Wanderstab. Es ist Alles verkauft und fort; und auch, was noch Dir gehört, ist fort, ist eingepackt und vorangeeilt. Das eigene Haus ist nicht mehr Dein eigen: Du bist ein Mensch ohne Heimath; hast hier keine mehr und dort auch noch keine. Das „ganze Dorf" sammelt sich zum Abschied. Da beschleicht Dich ein so wehmüthiges Gefühl, Dir wird das Herz so schwer, daß Du lieber wieder bleiben möchtest. Jetzt ist Dir die Heimath so lieb, wie nie zuvor; jetzt wärest Du vielleicht froh, wenn Dir der Gedanke an Auswanderung nicht gekommen wäre. Ja, Mancher bliebe jetzt schon gerne, allein — es ist zu spät, es geht nicht mehr; Alles ist verkauft, das Geld ist ausgegeben.

Doch weil es nun so weit gekommen ist, so habe guten Muth und wandre getrost aus; die Erde ist überall des Herrn. Du suchst eine neue Heimath und zu dem Preis, um welchen Du sie haben kannst, gehört auch das, daß Du die alte dahingibst. Behalte auch diese allzeit lieb und in dankbarem Andenken. Um jedoch die neue Heimath auch wirklich zu finden, mußt Du mit allem Fleiß nach ihr streben, und in gewissem Sinne gilt allerdings auch hier: Vergesse, was dahinten ist und trachte nach dem, was vor Dir liegt. Nicht mit zagendem Herzen, sondern mit Gottvertrauen sollst Du ausziehen. Du mußtest vorher Dich genau prüfen und Alles wohl überlegen, wozu ich Dich immer ermahnte. Nun aber sollst Du feste und gewisse Tritte thun. Kein Zagen und Seufzen, aber einen guten Muth, wie ihn nur ein festes Gottvertrauen gibt, hast Du hinfort nöthig. Die Kosten mußtest Du vorher überschlagen. Nun aber gilt es Fleiß in der Arbeit, Ausdauer im Entbehren und Geduld im Tragen, wenn Erfolg Deinen Weg krönen soll.

2. Unterwegs.

Ein großer und gefährlicher Feind der Reisenden ist die Unruhe, in die sie gewöhnlich gerathen. Hier vergißt man etwas, sucht es und kommt dort deßhalb zu spät; man nimmt des Kindes Spielzeug und läßt das Kind sitzen; man sucht den Stock, den man in der Hand hat, und läßt den Schirm liegen; man fragt den Andern: Hast Du auch Alles? und hat sogar die eigene Reisetasche vergessen. — Dadurch wird das Reisen unendlich erschwert und nicht selten hat man über Verlust zu klagen. Es kommt das gewöhnlich daher, daß man vorher nicht Alles genau überlegt hat und jetzt eigentlich nicht weiß, wo man anfangen soll. Auf der Reise muß man ruhig und gesammelt sein; dann geht Alles viel besser. Die „Geschäfte" sind alle abgemacht; jedenfalls machst Du unterwegs keine und gehst auf keine Vorschläge der aufdringlichen „Freunde" ein, welche sich an Auswanderer hängen, wie Kletten an's Kleid.*) Wenn Du Dein Gepäck bei Dir hast, so siehe zu, daß es bei jedem Wechsel ab- und aufgeladen werde.

3. Eisenbahn-Fahrpreise.

Auswanderer fahren zu ermäßigten Preisen, wenn sie sich als solche ausweisen. Es mögen hier die Fahrpreise für Auswanderer von nachfolgenden Hauptstationen gegeben werden. Nach diesen Stationen kann man alle andern beiläufig berechnen. Auf manchen Bahnen ist für Auswanderer kein ermäßigter Preis.

---

*) Kürzlich wollte ein einfacher Bauer auswandern. Auf der Eisenbahn kam ein feiner Schwindler zu ihm und nach längern Gesprächen sagte er zu ihm, er wolle ihm sein Geld unter sehr vortheilhaften Bedingungen in amerikanisches Gold umwechseln. Der unerfahrene Bauer ließ sich verleiten und erst als er in den Hafen kam, erfuhr er, daß er glänzende Spielmarken für sein Geld bekommen hatte. Sein ganzes Vermögen war auf einmal dahin.

	Für eine erwachsene Person.	Taxe für den Centner Uebergewicht:
Von Wiesbaden:		
nach Bremen	3 Thlr. 28 Sgr.	48,6 Sgr.
„ Hamburg	4 „ 20 „	57,8 „
Von Mainz: (via hess. Ludwigsbahn)		
nach Bremen	6 fl. 54 kr.	171,2 kr.
„ Hamburg	8 „ 12 „	203,4 „
Von Bingen:		
nach Bremen	7 „ 18 „	181,3 „
„ Hamburg	8 „ 36 „	213,5 „
Von Worms:		
nach Bremen	7 „ 30 „	183,1 „
„ Hamburg	8 „ 48 „	215,3 „
Von Alzey:		
nach Bremen	7 „ 54 „	194,3 „
„ Hamburg	9 „ 12 „	226,5 „
Von Ludwigshafen (via hess. Ludwigsbahn)		
nach Bremen	7 „ 48 „	184,5 „
„ Hamburg	9 „ 6 „	216,3 „
Von Treysa:		
nach Bremen	2 Thlr. 17 Sgr.	32 Sgr.
„ Hamburg	3 „ 9 „	41,2 „
Von Neustadt:		
nach Bremen	2 „ 19 „	32,9 „
„ Hamburg	3 „ 11 „	42,1 „
Von Marburg;		
nach Bremen	2 „ 26 „	35,9 „
„ Hamburg	3 „ 19 „	45,1 „
Von Gießen:		
nach Bremen	5 fl. 27 kr.	135,5 kr.
„ Hamburg	6 „ 45 „	167,3 „
Von Friedberg:		
nach Bremen	5 „ 51 „	145,3 „
„ Hamburg	7 „ 9 „	177,1 „
Von Frankfurt a. M.:		
nach Bremen	6 „ 18 „	155,8 „
„ Hamburg	7 „ 36 „	188 „
Von Darmstadt:		
nach Bremen	6 „ 48 „	165,6 „
„ Hamburg	8 „ 9 „	197,4 „
Von Heidelberg:		
nach Bremen	7 „ 51 „	184,5 „
„ Hamburg	9 „ 12 „	216,7 „

15*

	Für eine erwachsene Person:	Taxe für den Centner Uebergewicht:
(Thüringische Eisenbahn via Halle:)		
Von Merseburg:		
nach Bremen	2 Thlr. 25 10/12 Sgr.	32,7 Sgr.
" Hamburg	2 " 27 8/12 "	37,5 "
Von Weißenfels:		
nach Bremen	2 " 29,10 "	34,8 "
" Hamburg	3 " 1,8 "	39,6 "
Von Zeitz:		
nach Bremen	3 " 6,6 "	38,1 "
" Hamburg	3 " 8,4 "	42,9 "
Von Gera:		
nach Bremen	3 " 13 "	41,5 "
" Hamburg	3 " 14,10 "	46,3 "
Von Naumburg;		
nach Bremen	3 " 2,6 "	36,2 "
" Hamburg	3 " 4,4 "	41 "
Von Weimar:		
nach Bremen	3 " 11,10 "	40,8 "
" Hamburg	3 " 13,8 "	45,6 "
Von Erfurt:		
nach Bremen	3 " 16,6 "	43,1 "
" Hamburg	3 " 18,4 "	47,9 "
Von Gotha:		
nach Bremen	3 " 22,6 "	46,2 "
" Hamburg	3 " 24,4 "	51,0 "
Von Eisenach:		
nach Bremen	3 " 29,2 "	49,6 "
" Hamburg	4 " 1 "	54,4 "
(Via Cassel:)		
Von Gotha:		
nach Bremen	3 " 6 "	45,5 "
" Harburg	3 " 15 "	46,8 "
Von Eisenach:		
nach Bremen	2 " 29 "	45 "
" Harburg	3 " 8 "	46,5 "
Von Meiningen:		
nach Bremen	6 fl. 3 kr.	51,6 "
" Harburg	6 " 30 "	56,2 "
Von Hildburghausen:		
nach Bremen	6 " 24 "	55,2 "
" Harburg	6 " 57 "	59,8 "
Von Coburg:		
nach Bremen	6 " 54 "	59,3 "
" Harburg	7 " 24 "	63, "

Via Frankfurt:			fl.	kr.	Via Frankfurt:			fl.	kr.
Von Aalen	nach	Bremen	14	42	Von Horb	nach	Bremen	14	20
„ Besigheim	„	„	12	—	„ Ludwigsburg	„	„	12	15
„ Bietigheim	„	„	12	6	„ Nördlingen	„	„	15	54
„ Bretten	„	„	12	48	„ Oehringen	„	„	12	15
„ Bruchsal	„	„	10	16	„ Reutlingen	„	„	14	8
„ Ellwangen	„	„	13	13	„ Rottweil	„	„	15	15
„ Eßlingen	„	„	12	45	„ Sulz	„	„	14	50
„ Friedrichshafen	„	„	17	12	„ Stuttgart	„	„	12	30
„ Göppingen	„	„	13	15	„ Tübingen	„	„	13	45
„ Heidenheim	„	„	14	15	„ Ulm	„	„	14	30
„ Heilbronn	„	„	11	24	„ Vaihingen	„	„	12	24

Das vorstehende Fahrgeld wird nur solchen Personen zugestanden, welche sich bei dem Stationsvorstande durch obrigkeitliche Bescheinigung oder sonstige Legitimationen als Auswanderer ausweisen.

Die Fahrbillete sind nur für die dritte Wagenklasse gültig; im Allgemeinen ist die Benutzung von Schnellzügen, auch wenn sie diese Wagenklasse führen, hierbei ausgeschlossen.

Kinder unter 10 Jahren zahlen die Hälfte; kleine Kinder, welche noch getragen werden müssen, sind frei.

Ueber die Effecten sind Frachtbriefe oder, wenn dieselben von Agenten aufgegeben werden, genaue Effecten-Listen abzugeben, in welchen bei jedem einzelnen Colli der Eigenthümer bezeichnet sein muß. Von dem Frachtbriefe oder der Effecten-Liste wird der betreffenden Person ein Abschnitt ausgehändigt, durch welchen dieselbe sich bei der Auslieferung der Effecten zu legitimiren hat.

Die Aufgabe des Gepäcks hat an manchen Orten mindestens 2 Stunden, an andern 4 Stunden vor der Abfahrtszeit zu erfolgen.

Freigepäck für jede erwachsene Person 100 Pfund, für jedes zahlende Kind 50 Pfund.

Für Uebergewicht ist der Minimalsatz ½ Centner; das weitere Uebergewicht wird nach Zehntel-Centner berechnet.

Kinder, welche zu ermäßigtem Preise befördert werden sollen, erhalten Billete, welche die Bezeichnung „Auswanderer-Kind“ enthalten.

4. In der Hafenstadt.*)

1. In Bremen

haltet Euch nach dem Rathe der Auswanderer-Behörde, wenn Ihr

*) Auswanderer sind hier noch besonders zu mahnen, mit ihrem Gelde sparsam umzugehen. Viele Leute hatten noch nie in ihrem Leben auf einmal so viel Geld in Händen, wie sie nun besitzen, nachdem sie ihre Habe verkauft haben. Da denken sie, sie gingen ja nach Amerika, wo man viel Geld verdiene und wo es ihnen nicht fehlen werde. Sie meinen, nun habe die Armuth ein Ende, wollen sich etwas zu Gute thun, kaufen dieß und das, und geben so manchen Thaler aus, um den sie später herzlich froh wären. Kaufet auch im Hafen nicht zu vielerlei Sachen, sondern beschränkt Euch auf's Allernöthigste. Sparet überhaupt, so lange Ihr noch etwas habt, drüben habt Ihr, besonders im Anfang, jeden Pfennig nöthig.

Euern Weg noch nicht wißt. Wenn Ihr mit dem Zuge auf dem Bahnhof ankommt, seht Ihr links über einer Thüre mit großen Buchstaben geschrieben: „Nachweisungs-Bureau für Auswanderer". Den Beamten dieser Anstalt könnt Ihr vertrauen und Ihr thut wohl, wenn Ihr Euch in Allem, was Ihr zu thun habt, nach ihrem Rath haltet. — Zuerst müßt Ihr ein Wirthshaus haben, wo Ihr Euch niederlassen könnt, bis alle Eure Angelegenheiten besorgt sind. Wenn Ihr noch kein bestimmtes Haus habt, werden Euch diese Beamten eins anweisen. Gewöhnlich werden die Passagiere an die bereits wartenden Wirthe vertheilt, was zwar etwas verkäuferisch aussieht, aber doch nicht so ist, sondern nur um der Ordnung willen geschieht. Es sind etwa 70 Wirthe, welche von der Behörde die Erlaubniß erhalten haben, Auswanderer zu beherbergen, und welche sich nach bestimmten Verordnungen zu halten haben. Diese Häuser müssen alle in gleicher Weise geführt werden und haben alle denselben Preis; es ist ihnen vorgeschrieben, was sie zu liefern haben und was sie dafür nehmen dürfen; darum ist es ziemlich gleich, in welches man geht.

Nachdem Ihr im Wirthshaus abgelegt habt, ist das erste, daß Ihr zu Eurem Expedienten geht und ihm den Rest des Passagegeldes zahlt. Der wird Euch dann über Euer Gepäck und Euer weiteres Verhalten alles Nöthige sagen und Euch behilflich sein. — In allen andern Fällen, und wenn Ihr überhaupt etwas zu klagen habt, wendet Euch an

a. das Nachweisungs-Bureau für Auswanderer, welches u. a. folgende Winke gibt:

1) In Bremen erholt sich der Auswanderer allen Rath, dessen er bedürftig ist, am besten von dem Nachweisungs-Bureau für Auswanderer, welches in allen Fällen durch beeidigte Beamte ganz unentgeltlich Auskunft ertheilt. Ein Comptoir desselben befindet sich im Bahnhofsgebäude, dieses ist aber vorzugsweise bestimmt, die ankommenden Auswanderer zu bedienen und von dem zu unterrichten, was zunächst für sie nöthig oder zweckmäßig erscheint. Wer dann noch weiter sich belehren oder Beschwerden erheben will, wende sich an das Comptoir des Nachweisungs-Bureau's unterm Schütting, am Markte.

2) Um die Auswanderer vor Uebervortheilung zu schützen, sind mit hiesigen Gastwirthen Verabredungen getroffen, nach welchen dieselben in ihre Wirthslocale nicht mehr Personen aufnehmen dürfen, als bequem darin logiren können, auch an bestimmte Taxen für Logis, Beköstigung und Gepäckexpedition, welche den Auswanderern eingehändigt werden, gebunden sind.

3) Das Nachweisungs-Bureau behändigt den Auswanderern zu gleichem

Zwecke einen Durchschnitts-Preis-Courant über ihre gewöhnlichen Bedürfnisse während der Seereise, namentlich Matratzen, Blechgeschirr, wollene Decken u. s. w.

4) Entstehen Klagen über schlechte Behandlung, Prellereien oder dgl., so versucht das Nachweisungs-Bureau unterm Schütting entweder selbst Abhilfe zu schaffen oder solche durch genaue Angabe der betreffenden obrigkeitlichen, richterlichen oder sonstigen Behörde zu gewähren. Es ertheilt ferner in den geeigneten Fällen die Adressen der Herren Consuln, zuverlässigen Rechtsbeistände u. s. w.

7) Eine Hauptregel für Auswanderer ist, nicht zu viel Gepäck nach der neuen Heimath mitzunehmen. Es wird meist besser sein, das Ueberflüssige selbst mit einigem Schaden hier zu verkaufen, als in Amerika für die Weiterbeförderung theures Geld auszugeben, zumal dort häufig ganz andere Bedürfnisse vorwalten.

9) Den Auswanderern wird empfohlen, insofern sie dieß nicht schon früher gethan haben sollten, in Bremen ihr Geld in amerikanisches Geld oder Wechsel umzusetzen. Der Ordnung halber lasse man sich auch eine Abrechnung über die geschehene Einwechslung geben.*) Die Course amerikanischer Münzen und Wechsel sind im Comptoir des Nachweisungs-Bureau am Markte zu erfahren.

10) Jeder lese die ihm von seinem Schiffs-Expedienten eingehändigten gedruckten „Bedingungen der Ueberfahrt" aufmerksam durch und präge sich deren Inhalt genau ein. Hier wird besonders darauf aufmerksam gemacht, daß Tabakrauchen und Feueranmachen im Zwischendeck, sowie die Mitnahme von Reibzündhölzern und Pulver überhaupt verboten ist, Waffen aber auf Verlangen dem Capitain während der Seereise in Verwahrung zu geben sind.

11) Die Kosten der Reise der Passagiere von Bremen nach Bremerhaven trägt der Rheder oder Schiffs-Expedient.

13) Die während der Seereise unentbehrlichen Sachen sind in eine kleine Kiste besonders zu packen, da die größeren häufig in den Unterraum verpackt werden müssen.

15) Jeder Passagier hat auf sein Gepäck selbst zu achten. Jeder finde sich pünktlich zur bestimmten Zeit auf dem Schiffe ein und verlasse dasselbe nur mit Erlaubniß des Capitains, damit es nicht etwa ohne ihn absegle und er seines ganzen Passagegeldes verlustig gehe.

b. Die Wirthshäuser

haben folgende Preise für Logis und Beköstigung, welche von keinem mit dem Nachweisungs-Bureau für Auswanderer in Verbindung stehenden Gastwirthe überschritten werden dürfen.

Erste Classe.

Preis für Erwachsene: 14 Ggr. (17½ Sgr.) Pr. Cour.; für Kinder unter 10 Jahren die Hälfte; Säuglinge zahlen Nichts.

*) Man schreibe sich stets die Adresse des Bankhauses auf, falls man sie bei Verlust nöthig haben sollte.

Gegeben wird:
ein gutes Bett, Morgens Caffee mit Zucker und Milch nebst Weißbrod; Mittags Fleischsuppe, Fleisch und Zugemüse; Abends entweder Thee oder Caffee mit Zucker und Milch nebst Butter und Brod, oder statt dessen warmes Essen.

Zweite Classe.

Preis für Erwachsene: 10 Sgr. (12½ Sgr.) Pr. Cour.; für Kinder unter 10 Jahren die Hälfte; Säuglinge zahlen Nichts.

Gegeben wird:
Nachtlager (ohne Bett), Morgens Caffee mit Zucker und Milch; Mittags dasselbe Essen, wie in der ersten Classe; Abends Thee oder Caffee mit Zucker und Milch.

In beiden Classen gelten die angeführten Preise, in welche die in der kälteren Jahreszeit nöthige Heizung und Erleuchtung der Gastzimmer, ohne weitere Vergütung, eingeschlossen ist, für einen Aufenthalt im Gasthause von 24 Stunden. Fällt, auf Verlangen eines Gastes, eine oder die andere angeführte Leistung aus, so ist der Gastwirth verpflichtet, eine verhältnißmäßige Erniedrigung der Taxpreise eintreten zu lassen.

Dagegen werden besondere Leistungen nach einer im Gasthause aufgehängten Taxe besonders vergütet.

c. Taxe für die Beförderung des Gepäcks der Auswanderer vom Bahnhofe oder vom Landungsplatze der Oberweser-Dampfschiffe bis nach dem Gasthause **und** von diesem wieder zurück auf den Bahnhof oder an den Abgangsort der Unterweser-Dampfschiffe.

Bis zu 100 Pfd. werden nie mehr als 2 Sgr. (2½ Sgr.) Pr. Cour.;
Von 100 Pfd. bis 400 Pfd. werden nie mehr als 4 Sgr. (5 Sgr.) Pr. Cour.;
Für jede 100 Pfd. über 400 Pfd. werden nie mehr als 1 Sgr. (1 Sgr. 3 Pfg.) Pr. Cour. bezahlt.

Kleinigkeiten werden umsonst beigeladen, und tritt eine Ermäßigung der vorstehenden Taxe auf die Hälfte ein, wenn die Beförderung des Gepäcks nur nach oder von dem Gasthause erfolgt.

Alle mit dem Nachweisungs-Bureau in Verbindung stehenden Gastwirthe sind verpflichtet, auf Verlangen der Auswanderer die Expedition des Gepäcks und sonstiger Effecten derselben gegen die gedachten Taxpreise zu übernehmen, indeß hat jeder Eigenthümer selbst auf seine Sachen zu achten und bei deren Auf- und Abladen mitzuhelfen.

d. Schiffsbedürfnisse.

Durchschnittspreise,
zu welchen einige Hauptbedürfnisse der Auswanderer in Bremen zu kaufen sind.

Blechgeschirr für 1 Person.	Pr. Crt. Sgr.	Matratzen mit Stroh	Pr. Crt. Thlr.	Pr. Crt. Sgr.
1 Eßmenage . . . . ca.	4	einschläfige . . . . . ca.	—	12—15
1 Trinkbecher . . . „	1	zweischläfige . . . . „	1	— bis
1 Trinkflasche . . . „	3		1	6

Blechgeschirr für 1 Person.	Pr. Crt. Sgr.	Matratzen mit Seegras	Pr. Crt. Thlr.	Sgr.
1 Butterdose . . . . „	2	einschläfige . . . . . „	1	2 bis
1 Caffeekanne . . . „	2 bis 3		1	16
1 Waschschale . . . „	2 „ 3	zweischläfige . . . . „	3	— „
Löffel und Gabel . „	1½ „ 3	—	3	8
1 Nachtgeschirr . . „	4	1 Kiste (Proviant) „	—	16
—		—		
Für 4—6 Personen.		Wollene Decken.		
1 Eßmenage . . . . ca.	8 bis 10	Decken, ganz wollene, in		
1 Trinkflasche . . . „	5 „ 6	verschiedenen Längen u.		
1 Butterdose . . . . „	4 „ 5	Breiten . . . . ca.	—	21 „
1 Caffeekanne . . . „	5 „ 6		1	8
1 Waschschale . . . „	4	feinere . . . . „	1	12 „
1 Nachtgeschirr . . . „	6		1	18

2. In **Hamburg**

besteht ein ganz ähnliches Nachweisungs-Bureau wie in Bremen, es hat ganz dieselben Absichten und Zwecke und brauchen wir darum hier das Einzelne nicht anzuführen. Das Bureau ist Nr. 3 Erste Vorsetzen am Hafen. — Auch für die Wirthshäuser bestehen ähnliche Vorschriften, wie in Bremen. Sie geben dasselbe und haben ungefähr dieselben Preise (in der ersten Classe 1 Mark 8 Schilling = 18 Sgr. Pr. Crt.; in der zweiten Classe 1 Mark 2 Schilling = 13½ Sgr. Pr. Crt.). Nur besteht hier noch eine dritte Classe, welche Kost und Logis für 24 Stunden zu 14 Schilling (= etwas mehr als 10 Sgr.) à Person liefert. In allen Classen gelten die angeführten Preise, in welchen Heizung und Beleuchtung der Gastzimmer eingeschlossen ist, für einen Aufenthalt im Gasthause von 24 Stunden. Fällt auf Verlangen eines Gastes die eine oder die andere Leistung aus, so muß er sich wegen der eintretenden Preisermäßigung vorher mit dem Wirthe einigen. Besondere Leistungen werden nach ebenfalls vorher zu bestimmenden Preisen besonders bezahlt.

Sämmtliche Auswanderer-Wirthe sind verpflichtet, Auswanderer in der dritten Classe zu dem angegebenen Preise bei sich aufzunehmen.

Für die Beförderung des Gepäcks vom Berliner Bahnhof nach dem Logirhause werden für 100 Pfd. 4—5 Schilling (= 3 — 3¾ Sgr. Preuß. Court.) und vom Lübecker Bahnhof nach dem Logirhause für 100 Pfd. 5—7 Schilling (= 3¾—5¼ Sgr. Pr. Cour.) berechnet.

Für den Transport des Gepäcks der Auswanderer aus den Logirhäusern an Bord der Schiffe wird nicht mehr als 6 Schilling per 100 Pfund berechnet. — Die Auswanderer werden darauf angewiesen, dem Auf- und Abladen des Gepäcks, namentlich auf dem Schiffe selbst, immer persönlich beizuwohnen.

Die Preise für Schiffsbedürfnisse sind ungefähr dieselben, wie in Bremen.

5. Auf's Schiff.

Das ist ein wichtiger Schritt, den Ihr nun thut. Bis jetzt waret Ihr noch im Vaterland und hattet fast den Schmerz über die Trennung von der Heimath vergessen. Es gab so Vieles zu sehen, was Euch neu war, es kamen so viele Mitreisende aus allen Theilen des Landes zusammen, Viele unter Euch haben vielleicht gar nicht gewußt, daß die Welt so groß sei und daß es so viele Menschen gäbe; Alles wirkte erheiternd auf Euch ein und Manchem fing das Auswandern schon an zu gefallen. Da heißt's: Fort, auf's Schiff! und auf einmal wird's anders; die Freude ist dahin. — Was war es denn, das Euch aus dem Vaterlande trieb? Hat Euch Deutschland nicht gegeben, was Ihr nöthig hattet? Oder habt Ihr nicht gethan, was man mit Recht von Euch erwartete? War es die Schuld der Verhältnisse, oder der Menschen, oder Eure eigene, daß Ihr nun stehet am Ufer und schauet mit Zagen der Brandung zu? Sieh', wie sie spielt, — bald leise plätschert und eine unaussprechliche Sprache redet, und bald kühn daher braust, Anmuth und Kraft verkündend. Nur des Auswanderers Herz will nicht recht zur Ruhe kommen. Wohl Dir, wenn keine Gewissensschuld Deinen unbekannten Weg verfinstert, erschwert und mit Furcht und Grauen erfüllt! Siehst Du das Schiff dort? Es soll für Wochen Deine Wohnung sein. Darum vergiß nichts; hier kehrt Keiner mehr zurück, um es zu holen. Habe schon vorher Alles beisammen und sei fertig, wenn's zum Aufbruch ruft. Deine Sachen werden auf's Schiff gebracht; Du brauchst es nicht selbst zu thun; nur sieh' nach, daß nichts zurückbleibe. — Alles bekommt seinen Platz und Dir wird Deine Schlafstelle — die einzige Stelle, die auf dem Schiffe Dir gehört — angewiesen. — Es ist ein Drängen hin und her, ein Rufen nach allen Seiten, eine Menschenheerde ist bei dem scheidenden Schiffe versammelt. Freunde sind mit den Scheidenden bis auf die letzte Station gekommen, um ihnen das letzte Geleite zu geben. — Nun ist Alles an Bord: Passagiere, Gepäck und Fracht.

Noch einen Händedruck, noch ein letztes Lebewohl und einen Abschiedskuß, dann geht mit vielen Thränen auseinander, was bisher liebend beisammen gewohnt. Bei der Trennung merkt man erst recht, was man an einander hatte und wie lieb man sich hatte. — Jetzt verlassen Alle das Schiff, die nicht mitreisen wollen. Zuletzt gehen herunter die Beamten der verschiedenen Behörden, welche ihre Pflicht hierhergerufen und bisher thätig erhalten hat. Die Schiffsbrücke wird aufgezogen, die Anker werden gelichtet, das Schiff bewegt sich; es tritt seine Reise an.

B. Die Seereise.

Nur kurz können wir bei den einzelnen Theilen der Seereise verweilen. — Ich kann es Euch in der That gönnen, wenn Ihr nun auf einem deutschen Schiffe seid; die Beschwerden der Seereise werden da doch etwas gelindert. Wenn es dem Menschen schon wohl thut, wenn er überhaupt Menschen um sich hat, so thut es ihm doppelt wohl, wenn er Menschen um sich hat, die ihn verstehen, die Alles zurecht zu legen wissen, die nicht immer argwöhnen und verdächtigen, sondern immer das Beste zur Sache reden. Es liegt darin ein tiefes, stilles Glück, aber auch eine rettende Macht, die nicht ohne Erfolg ist. Die verschiedenen Nationen sind nun leider einmal geneigt, sich gegen einander aufzulehnen. Zwar auch die Deutschen sind höchst selten einig, aber doch finden sich unter den Landsleuten am ehesten immer wieder solche, die sich einander verstehen. Doch auch auf deutschen Schiffen seid in Euern Erwartungen und Forderungen vernünftig; verlangt nichts, was nun einmal auf Reisen nicht geleistet oder geliefert werden kann. „Kein Reisen geht ohn' Ungemach," am allerwenigsten fehlen die Beschwerden der Seereise. Man hat in neuerer Zeit viele Versuche gemacht, die Beschwerden der Seereise so viel als möglich wegzunehmen und allerlei Bequemlichkeiten einzuführen. Und nicht ohne Erfolg; denn eine Reise ist jetzt viel leichter, als vor etwa fünfzehn Jahren und weiter zurück. Aber gerade die eigenthümlichen Beschwerden und Leiden der Seereise sind geblieben und werden bleiben, so lange man mit Schiffen über den Ocean fährt. Darum seid billig in Euern Ansprüchen; seid überhaupt immer bescheiden und demüthig.

1. Der Abgang des Schiffes.

Wie langsam und sanft tritt das Schiff seine Reise an! Man merkt es kaum. Kaum sollte man glauben, daß es später so gewaltig daher brausen, so ungestüm schwanken, in allen Gliedern krachen, zittern und in allen Fasern beben könnte. Siehe, so besonnen und ruhig fängt man ein großes Werk und eine große Reise an. — Die Abfahrt eines Schiffes ist immer ergreifend. Unter den Passagieren ist Alles bewegt, ergriffen oder aufgeregt. Drüben am Ufer stehen sie und winken mit den Taschentüchern und Hüten herüber. Wie manches Herz möchte da fast brechen. Sie fühlen's: es ist eben doch ein Scheiden. Das Auge des Auswanderers sucht nach den bekannten Gestalten am Ufer, bis es dieselben nicht mehr erblicken kann. Behüt' dich Gott, du liebes Vaterland! — Auch den Seeleuten ist das Alles nicht so zur Gewohnheit geworden, daß es ihnen gleichgültig wäre. Auch sie sind immer wieder froh, wenn eine Reise gut vorüber gegangen ist. —

Mächtig tönt des Capitains starke Stimme durch das Gewirre hindurch. Er steht mit dem Lootsen an einer erhöhten Stelle, um das Ganze leicht übersehen und das Schiff sicher durch den Hafen führen zu können. (Aus dem Hafen und in den Hafen wird das Schiff zunächst von einem Lootsen geführt, der mit demselben genau bekannt ist.) Die Matrosen und Knaben laufen nach allen Richtungen und führen jeden Befehl auf's pünktlichste aus. Selbst jeder Blick des Capitains ist ein Befehl, dem Gehorsam geleistet wird. Am Mastbaum wird die Flagge aufgezogen, auch einige Nachbarschiffe hissen zum Lebewohl die Wimpel auf. Ein Theil der Matrosen zieht die Segel auf, andere befestigen die Boote und Treppen auf beiden Seiten des Schiffes. Der Steuermann nimmt seinen Platz am Steuerruder und richtet sein Auge auf den Kompaß, um das Schiff mit geübter Hand zu leiten. Dabei achtet er auf die Handbewegungen des Capitains, womit dieser ihm andeutet, wie er das Schiff zu steuern hat. Die Stimme des Capitains gilt den Matrosen und der übrigen Schiffsmannschaft, seine Handbewegungen sind die Sprache für den Steuermann. Zwei Kanonen werden abgefeuert zum weithin vernehmlichen Zeichen, daß die Reise angetreten ist. Die Rhede liegt bald hinter Euch; nach einigen Stunden wird sie aus Euern Augen verschwinden.

2. Das Schiff.

Nun seht Ihr Euch wohl, so weit es geht, das Schiff ein wenig an; es ist auch merkwürdig genug und jedenfalls ist Euch Alles neu. Wer noch keine Seedampfer gesehen hat, kann sich deren Einrichtung und Eleganz nicht vorstellen. Die erste Cajüte übertrifft oft die Hotels erster Klasse. Die Böden sind mit den feinsten Teppichen belegt; alle Möbel sind auf's angenehmste gepolstert und sind, sowie alles Geschirr der Tafel und der Küche, von der besten Sorte. Der Tisch hat etwa sechs Gänge und ist oft nur zu reichlich und zu fein. Die Bedienung ist entsprechend. Kurz, wenn Bequemlichkeiten eine Seereise zu einer Lustfahrt machen könnten, dann wäre eine Reise in der ersten Cajüte gewiß eine Lustfahrt. Die erste Cajüte nimmt den obern Raum des hintern Theiles des Schiffes ein. In der Mitte ist ein gemeinsamer großer Saal, in welchem eine große Tafel steht; ringsum sind die Schlafzimmer. Auf demselben „Stockwerk" sind nach vorne die Zimmer des Capitains, des Arztes, der Officiere der Reihe nach, der Ingenieure, der Köche, der Schiffszimmermänner, des Barbiers, das Hospital u. s. w. Der erste Rang ist im Hintertheil des Schiffes, der letzte im Vordertheil. Die erste Cajüte nimmt die ganze Breite des Schiffes ein, nach vorne theilt sich's. Die eben erwähnten Zimmer sind ringsum; in der Mitte sind die Küchen, der Maschinenraum und Rauchzimmer. Dieses „Stockwerk" ist ganz über Wasser.

Eine Treppe tiefer finden wir: Hinten, gerade unter der ersten, die zweite Cajüte (wo keine zweite Cajüte ist, zieht sich das Zwischendeck bis an's Ende durch); auf demselben Boden ist nach vorne das Zwischendeck und ganz vorne wohnen die Matrosen und Schiffsjungen. Dieses „Stockwerk" geht fast ganz im Wasser. Jede dieser Abtheilungen ist durch Wände von den andern getrennt und hat ihren besondern Eingang. Absichtlich sind die Treppen nicht nahe beieinander.

Unter diesem Boden kommt der große Bauch des Schiffes, welcher bis zum Kiel hinab mit Mundvorräthen und Waaren angefüllt ist. — Hinten am Schiffe ist das Steuerruder und tiefer unten im Wasser die gewaltige Schraube, welche das Ganze mit ungeheurer Macht treibt. Die spitzig auslaufende Brust des Schiffes, welche die Wellen zu theilen und das Wasser zu bahnen hat, wird Bug genannt. Die Maschine arbeitet unermüdlich Tag und Nacht, um ihre Last in den Hafen zu treiben. Die Segel kommen ihr bei gutem Winde bedeutend zu Hilfe. Denn auch die Dampfer haben Mastbäume, Segel und ein ausgedehntes Takelwerk und können daher mit doppelter Kraft, Dampf und Segel, ihrem Ziele zueilen. Das Verdeck steht den Passagieren zur Benutzung frei, sofern die Schiffsmannschaft dasselbe bei ihren Arbeiten nicht nöthig hat. Der Hintertheil gehört den Passagieren der Cajüte, der übrige

Theil denen des Zwischendecks. Vorne stürzen die Wellen häufiger und stärker an Bord, als hinten.

Auf Segelschiffen findet im Ganzen, soweit sie anwendbar ist, dieselbe Eintheilung statt. Die Küchen sind auf Verdeck, um alle Feuersgefahr ferne zu halten. Auf den Segelschiffen einiger Häfen müssen sich die Zwischendecks-Passagiere selbst kochen. Die Segelschiffe sind Dreimaster (die größten Kauffahrteischiffe und Kriegsschiffe), die meisten Dritthalbmaster, auch gibt es Zweimaster. Die Mastbäume müssen im richtigen Verhältnisse mit der Größe des Schiffes stehen.

3. Schiffsordnung.

Auf einem Schiffe herrscht nur der Wille eines Mannes, des Capitains; ihm hat Alles zu gehorchen. Meinungsverschiedenheiten oder Zwiespalt könnte sogleich gefährlich werden. Denn auf dem Schiffe ist die größte Vorsicht, Pünktlichkeit und Einheit nöthig. Darum hat sich Alles ihm zu unterwerfen. Und gegen alle Widerspenstigen, ob unter der Schiffsmannschaft, oder den Passagieren, hat er das Recht, Gewalt anzuwenden. Er selbst steht dann wieder unter strenger Aufsicht und kann durch die Gesetze erreicht werden, wenn er etwas gegen seine Instructionen thut. Aber auf dem Schiffe muß er strenge Ordnung halten; dieses ist ihm nicht übel zu nehmen, sondern es ist seine gewissenhafte Pflicht. So viele Menschenleben sind ihm in seine Hand gegeben, für Alles ist er verantwortlich, das geringste Versehen kann gefährlich werden, daher herrscht hier feste Ordnung und unter der Schiffsmannschaft militärische Zucht. Die Capitaine und Officiere der deutschen Dampfer sind gewöhnlich freundlich, greifen aber nichts mit Glace-Handschuhen an, was auch ganz recht ist. Sie sind erfahrene und erprobte Männer. — Das Haupt Aller ist der Capitain. Auf den Dampfschiffen theilt sich die Schiffsmannschaft unter ihm in zwei Linien: 1. Diejenigen, welche bei der Maschine thätig sind — Ober-Ingenieur, zweiter Ingenieur und so fort bis herab zu den Heizern und den Kohlenträgern; 2. Diejenigen, welche außer der Maschine im ganzen Schiff thätig sind — erster, zweiter, dritter und vierter Officier, die Vormänner der verschiedenen Abtheilungen der Matrosen, die Matrosen erster, zweiter und dritter Klasse und die Schiffsjungen (angehende Matrosen); sodann die Dienerschaft des ganzen Schiffes.

Der Passagier befleißige sich der größten Reinlichkeit,

sowohl hinsichtlich seines Körpers, als in Betreff seiner Schlafstelle, Kleider, Betten, Strohsäcke u. s. w. Letztere Sachen müssen bei gutem Wetter auf dem Verdecke oft gelüftet, hin und wieder mit Essig besprengt und überhaupt in guter Ordnung gehalten werden.

„Zanket nicht auf dem Wege," sprach Joseph zu seinen Brüdern. „Ist es möglich, so viel an Euch ist, so habt mit allen Menschen Frieden." Jeder Passagier soll seines Theils zur Erhaltung der Ordnung beitragen und Streitigkeiten und Wortwechsel vermeiden. Ihr könnt Euch hier nicht einander „aus dem Wege gehen"; der beschränkte Raum führt die Entzweiten immer wieder zusammen. Seid verträglich unter einander und helfet Euch einander die Beschwerden der Reise ertragen. Verbittert Euch das Leben durch Zänkereien nicht und sucht Alles im Frieden auszugleichen, wenn etwas vorgekommen ist. Allen Unterdrückten aber wird, wenn es nöthig ist, der Capitain Schutz und Hilfe gewähren. Ueber die Beschwerden der Seereise, welche nun einmal nicht zu vermeiden sind, wird der vernünftige Reisende nicht murren, sondern sie mit Geduld tragen.

Seid gegen einander und gegen die Schiffsmannschaft dienstfertig und zuvorkommend; wo Ihr einander Handreichung thun könnt, da thut es; wo Ihr der Schiffsmannschaft einen Dienst erweisen könnt, da thut es. Auf den Strickleitern und Masten wird man Euch freilich nicht brauchen können; aber sonst ist es doch immer schön, wenn man einander dient.

Haltet Euch zu den Euch bekannten und Eures Vertrauens würdigen Passagieren. Haltet zusammen! Achtet auf einander und wachet gegenseitig über Person und Eigenthum. Es sind unter den Passagieren immer Leute, vor denen Ihr Euch hüten müßt.

Deßhalb seid vorsichtig gegen fremde oder doch noch nicht hinreichend bewährte Passagiere. Schließet nicht zu leicht Freundschaften. Bedenket: hier sind allerlei Leute, welche aus allen Gegenden zusammengeströmt sind, hier eine kurze Zeit beisammen wohnen und dann wieder nach allen Richtungen zerstreut werden. Am allermeisten ist dieser Punkt von Frauen und Mädchen zu beherzigen. Wie manches leichtgläubige Mädchen schloß hier eine Freundschaft, die es in Jammer und Elend stürzte. Drüben angekommen, denkt man gewöhnlich an kein Versprechen mehr und lacht die leichtgläubigen Personen aus. Aber auch wie mancher Leichtgläubige schloß hier eine Freundschaft, die er mit dem theilweisen oder gänzlichen Verluste seines Vermögens büßen mußte. Darum seid vorsichtig!

Im Ganzen sehet darauf, daß Alle sich nach der Schiffsordnung halten.

4. Reisegesellschaft.

Diese ist gewöhnlich aus allen Schichten des Volkes zusammengesetzt; und darum sind hier allerlei Elemente vertreten. Der Norddeutsche, der Süddeutsche, der Pommer, der Schwabe, Franke und Sachse — Alle sind hier beieinander. Das sind Deutsche, die sich einander nicht verstehen. Wenn der Norddeutsche „platt" redet, kann der Süddeutsche ihn nicht verstehen; wenn der Schwabe „schwäbelt", so versteht man ihn nirgends. Wenn man dann aber noch die andern Nationalitäten dazu nimmt, dann kann man sich einen Begriff machen von der bunten Zusammensetzung dieser Reisegesellschaft. Da sitzen die Bayern und erzählen aus Bayerland; die Sachsen stimmen zu, oder verwerfen; die Schwaben lassen sich beim Reden nie hinten finden. Nicht selten kommen die verschiedenen Gruppen scharf aneinander, während sie so eifrig Politik treiben, als wären sie das hohe Parlament, das über alle Fragen zu entscheiden hätte.

Insofern nun ist die Reisegesellschaft im Allgemeinen recht angenehm und man findet immer Menschen, bei denen einem wohl wird. Aber wir wissen bereits, daß es hier auch Menschen gibt, von denen man ferne bleiben muß und vor denen man sich in Acht zu nehmen hat. Sie treten in allerlei Gestalt auf. Gewöhnlich sind sie sehr freundlich und zuvorkommend, sind überall bei Euch, werden sogar aufdringlich, wissen in Allem Bescheid und können Euch über Alles Auskunft geben; Ihr schenkt ihnen leicht Vertrauen, aber dann wehe Euch: sie werden ihre Absicht schon erreichen. Darum schließet Euch in so kurzer Zeit nicht leichtfertig an, am allerwenigsten denen, die sich so freundlich aufdrängen wollen. Es soll sogar Menschen geben, welche die Reise immer machen, um unterwegs zu stehlen. Sie haben gewöhnlich guten Erfolg, da ihnen die Unerfahrenheit vieler Leute zu Hilfe kommt. Auf dem Schiff interessirt Alles. Da kommen sie gelaufen und rufen: „ein Schiff!" oder „Fische!" — Alles läuft hinauf und unterdessen treiben sie unten an den offenen Kisten ihr teuflisches Handwerk. Darum haltet Alles gut geschlossen.

5. Einrichtung.

In der ersten Zeit geht das Schiff sanft und ruhig. Diese

Zeit benutzet, um Euch einzurichten, auf daß nicht Alles drunter und drüber gehe, wenn das Schiff in die größern Wellen kommt und stark zu schwanken anfängt. Mit den größern Kisten habt Ihr nichts zu thun; die sind weggestaut. Die Koffer aber und alles Gepäck oder Geschirr — Alles was Ihr habt, muß sorgfältig an Eure Bettstelle angebunden werden, sonst fliegt es durcheinander und wird zerstört, wenn die Stürme kommen. Ihr könnt nichts frei stehen lassen in der Meinung, es werde nicht Noth leiden: was nicht gut verwahrt ist, geht schon bei den allerersten Schwankungen und Stürmen zu Grunde. — Auf Euerm Schiffscontract steht die Nummer der Bettstelle, die Euch gehört. Suchet diese Nummer auf und richtet Euch ein, so gut Ihr's könnt; bald werdet Ihr's nicht mehr vermögen. Machet diese Einrichtung auch mit Rücksicht darauf, daß Ihr vielleicht bald krank daliegen werdet.

6. Wieder Land.

Wir gehen von den deutschen Häfen aus. Nachdem wir durch die Weser oder Elbe gefahren, kommen wir in die Nordsee. Wir verlieren das Land bald aus den Augen und es ist, als wären wir auf offener See. Wer jedoch den Ocean kennt, der sieht es dem Wasser an, daß wir noch nicht dort sind. Die Nordsee ist oft stürmisch und rauh. Die Seeleute haben sie nicht so gerne, wie den Ocean. Die Wellen sind kurz abgebrochen und scharf; wenn sie gegen das Schiff stürzen, so hört man einen Ton, nicht als wäre es Wasser, sondern als würden Felsen gegen das Schiff geschleudert; besonders unheimlich ist dieser Ton, wenn man im Innern des Schiffes ist.

Nachdem Ihr nun zum ersten Mal in Euerm Leben nur Wasser um Euch her gesehen habt, werdet Ihr Euch freuen, auf einmal wieder Land auf beiden Seiten zu sehen. Wir haben die Nordsee zurückgelegt und laufen nun in den englischen Kanal ein. Auf der einen Seite sehen wir die französische, auf der andern die englische Küste. Die Kreide-Ufer werden Euch gefallen; überhaupt werdet Ihr im Kanal viel Schönes sehen, besonders schön ist die anmuthige Insel Wight (Isle of Wight) mit ihrem reizenden Schloß. Die Städte und Dörfer an der englischen Küste sehen äußerst glücklich aus, besonders vom Schiff aus betrachtet.

Die meisten deutschen Dampfer laufen entweder in Southampton oder Havre an, um weitere Passagiere oder Ladung aufzunehmen. Entweder landen sie, oder sie werfen im Kanal Anker und werden ihnen dann die Passagiere auf Dampfbooten zugeführt. Landen sie, dann laßt Euch nicht einfallen, auszusteigen und am Ufer spazieren zu gehen, oder gar in ein Wirthshaus einzukehren, um zu trinken. Ihr wißt nicht, was Euch am Ufer und Euern zurückgelassenen Sachen auf dem Schiffe unterdessen geschehen kann. Um allen Gefahren vorzubeugen bleibet bei Euern Sachen auf dem Schiffe.

7. Der Ocean.

Weiter geht's durch den Kanal. Auf dem Wasser sehet Ihr befestigte Tonnen schwimmen; sie bezeichnen das Fahrwasser und kennzeichnen die gefährlichen Stellen. Der Kanal ist sehr belebt; allerlei Schiffe fahren hin und her. Da und dort sehet ihr Leuchtschiffe im Kanal und Leuchtthürme am Ufer, welche zur Nacht den Schiffen als Führer dienen. Endlich kommt Ihr an C. Lizard und zuletzt an den Scilly-Inseln vorbei. Das ist das Letzte, was Ihr von Europa sehen könnt. Das Auge haftet so lange es kann an diesen letzten Punkten vaterländischer Erinnerungen.

Vor Euch liegt der weite, weite Ocean. Dieser Tiefe sollt Ihr Euch anvertrauen. Der erste Anblick des Meeres macht auf die meisten Menschen einen tiefen, ernsten Eindruck, bald majestätisch erhebend, bald beugend, immer aber mit einem geheimen Grauen begleitet. — Die Größe und Majestät Gottes kann man nirgends tiefer empfinden, als auf dem Ocean. Ihr werdet nun Manches sehen und erfahren, wovon Ihr auf dem Lande keine Ahnung hattet.

Wohl dem, der Gott zum Führer hat
Auf allen seinen Reisen;
Er ist ihm selber Rath und That
Und wird den Weg ihm weisen;
Den Weg, den er erwählen soll,
Denn Er ist ja erbarmungsvoll.

Es gehe dann nur immerhin
Durch Sturm und krause Wellen;
Wenn ich in Deinem Schifflein bin,
Wird mich kein Sturmwind fällen,
Weil Du mein Steu'rmann selber bist
Und weil Dein Geist mein Führer ist.

8. Seekrankheit; Krankheit und Tod.

Wenn das Wetter schön, der Himmel heiter und die See ruhig ist und das Schiff so sanft dahin streicht, und wenn dabei die Leute wohl auf sind, so ist es gut auf dem Meer, daß Mancher denkt, er möchte sein Lebenlang so dahinfahren. Allein zunächst stellt sich die höchst widerwärtige sogenannte Seekrankheit ein.

Wenn das Schiff anfängt, sich stark zu bewegen und zu schwanken, so kann das der Körper des Landbewohners nicht ertragen. Den Meisten wird so eigenthümlich weh, daß sie's gar nicht sagen können: Das ist die kommende Seekrankheit. Es gibt nicht Viele, welche sie gar nicht bekommen; Manche bekommen sie jedes Mal, sie mögen die Seereise machen, so oft sie wollen; Manche bekommen sie nur das erste Mal. Die Meisten haben sie etwa drei Tage, Viele haben sie die ganze Reise. Die Krankheit besteht in einem unaussprechlichen Wehsein, Brechreiz, Kopfweh, Mattigkeit in allen Gliedern, auch der Geist ist so erschlafft, daß man gegen Alles völlig gleichgültig ist; man hat eine sonderbare Scheu vor dem Wasserspiegel und mag nicht hinblicken; man hat einen höchst widerlichen Geschmack im Munde, keinen Appetit, sogar Eckel vor allen Speisen und mag sie nicht sehen; man mag nichts sehen und hören, will sich nicht regen, will nur still liegen, ist so matt und erschöpft, daß man kein Glied regen mag. Ja, die Krankheit kann einen solchen Grad erreichen, daß man nichts sehnlicher wünscht, als sterben zu dürfen, — aber man stirbt nicht. Denn wenn die Krankheit auch mit unbeschreiblichem Weh erfüllt, so ist sie doch nicht gefährlich. Nur bei sehr schwächlichen Personen oder solchen, welche bereits eine langwierige schwere Krankheit haben, kann sie gefährlich werden. — Die Rathschläge, die man zur Verhütung dieser Krankheit ertheilt, sind sehr verschieden. Die Einen rathen, nichts zu essen, bis man an das Schwanken gewöhnt sei, die Andern, recht tüchtig zu essen, daß man bei dem starken Brechreiz sich recht tüchtig erbrechen müsse und nicht immer ein erfolgloses Würgen habe; noch Andere meinen, man solle den Unterleib fest umbinden. Das Richtige ist: regelmäßig in seiner Ordnung zu bleiben; man lebe nach einer gewissen Diät; man esse ja nicht zu viel und nicht zu vielerlei, aber auch nicht zu wenig, jedenfalls aber zwinge man sich, zur rechten Zeit etwas zu essen, auch wenn man gar keinen Appetit hat; man mag es zwar nicht, fühlt sich aber sogleich wohler, nachdem man etwas genossen hat. Am meisten Verlangen hat man nach Scharfem, Sauerem u. dgl. Diese Dinge üben während dem Essen einen gewissen Reiz aus, hernach wird's aber um so schlechter. Man esse nichts Saueres, nichts Scharfes, namentlich wenn es kalt ist, keine eingemachten Gurken, rothe Rüben, Nüsse u. dgl. Etwas Haferschleim ist gut; ebenso Obst, frisch und gedörrt. Hat man nach dem Erbrechen noch starken Reiz dazu und drückenden Schmerz auf dem Magen, dann ist ein Glas Champagner sehr wohlthuend und dem Brausepulver, das oft angewandt wird, vorzuziehen. Man trinke etwas Wein, kein Bier und keinen Branntwein und rauche nicht. In allen natürlichen Bedürfnissen sei man sehr regelmäßig. Vor Allem setze man der Schlaffheit einen energischen Willen entgegen. Wer sich gehen läßt, wie sein Gefühl ihn antreibt, kommt ganz herunter. Des Morgens beim Aufwachen hat man einen höchst widerlichen Geschmack im Munde; man will nichts essen, man will aber auch nicht aufstehen, sondern liegen bleiben. Kannst Du Dich selbst nicht zwingen, dann ist's gut, wenn Du Jemand hast, der Dich zum Aufstehen und Essen zwingt; Du dankst es ihm hernach. Bewegung in frischer Luft ist sehr gut; man halte sich so viel wie möglich auf Verdeck auf. Alte Capitaine geben gerne ein Glas Salzwasser aus dem Meere, worauf freilich eine gründliche Ausleerung des Körpers erfolgt. — Ein eigentliches Mittel dagegen gibt es nicht; geheilt wird sie vom Land. Leute, welche die ganze Reise meinten todtkrank zu sein, waren plötzlich gesund, als sie das Land wieder sahen. — Darum raffe man sich auf und habe guten Muth und festen Willen. Die Krankheit vergeht wieder, greift das Leben nicht an, sondern ist in ihren Folgen sogar höchst wohlthuend. Es ist besser, wenn man die Seekrankheit bekommt, als wenn man sie nicht bekommt. Sie ist eine der gründlichsten Curen, die es gibt. Nachdem sie vorüber ist, empfindet man ein seltenes Wohlsein, welches oft Jahre lang anhält. Wenn einem während der Krankheit alles Essen zuwider war, so bekommt man nachher einen guten Appetit und kann kaum genug bekommen. — Höchst wohlthuend sind auch die Seebäder. Wenn irgend thunlich, sollte man spät am Abend auf Verdeck ein Bad nehmen, oder wenigstens einige Eimer Seewasser über sich gießen lassen. Das Seewasser ist auf dem hohen Ocean besser, als an den Ufern.

Aber es stellen sich nicht selten auch noch andere Leiden und Krankheiten ein, Krankheiten, bei denen das Leben in Gefahr geräth. Diese stellen sich um so häufiger ein, je unordentlicher und schmutziger es auf dem Schiffe hergeht und je länger die Reise dauert. Auch noch in der allerneusten Zeit sind auf Segelschiffen verheerende Seuchen ausgebrochen. Wenn man am Anfang meinte, da unten im Zwischendeck könnte man es keinen Tag aushalten, und nun soll man Tag und Nacht auf seinem Schmerzenslager daliegen, ohne alles Angenehme, von Bequemlichkeiten gar nicht zu reden — vielleicht auch noch allein, fern von allen Lieben: dann mag die Noth und der Schmerz doch recht groß sein. Wie wohl daran seid Ihr dann, wenn Ihr den besten Arzt bei Euch habt.

Wie traurig aber ist's, wenn Ihr sogar eins der Euern in die Wellen des Meeres begraben müßt, wenn der Tod auf der großen Tiefe in Euern Kreis einkehrt und seine Beute sucht. Stirbt Jemand, dann wird er in ein Stück Segeltuch eingenäht, um Mitternacht auf einem Brett hinaufgetragen und in die Wellen eingesenkt. O, diesen Fall, diesen dumpfen Ton werde ich nie vergessen, als die Wellen sich öffneten und eine Mutter zu ihnen eingehen mußte. Die Kinder jammerten. Wir Alle sahen, wie das weiße Tuch geisterhaft hinabsank und in der Tiefe verschwand. Kein Sang, kein Klang! Nur das weite Meer murmelte einen dumpfen Grabgesang. — Warum aber mitten in der Nacht und nicht am hellen Tage? Warum kein offenes, ehrliches Begräbniß? Will man den Eindruck, den ein solches Begräbniß machen könnte, verwischen? Gibt es Leute, die zu „zart" sind, auf offener See, wo sie in beständiger Todesgefahr sind, an den Tod nachdrücklich erinnert zu werden? Gerade dann wäre ihnen eine solche Erinnerung sehr nöthig. Dieser unchristliche Brauch sollte unter allen Umständen abgeschafft werden.

Der Schiffsarzt darf seine Dienste Keinem versagen; und für dieselben darf er keine Vergütung verlangen. Versäumt er seine Pflicht, was leider zu oft vorkommt und traurige Folgen haben kann, so zeige man das ungesäumt dem Capitain an; der muß da Hilfe schaffen. Sollte auch er gleichgültig sein, so zeige man ihn nach der Landung bei der rechtmäßigen Behörde an, die ihn zu belangen wissen wird. Der Arzt muß jeden Tag wenigstens einmal die Runde durch's ganze Schiff machen und nach allen Passagieren sehen, auch wenn keine besondern Kranken da sind. Er hat genau über den Gesundheitszustand des ganzen Schiffes zu wachen. Sind Kranke da, dann hat er dafür zu sorgen, daß sie in's Hospital gebracht werden und daß ihnen jede mögliche Pflege zu Theil werde. Versäumt er etwas, so handelt er gegen seine Verpflichtungen. Aber dennoch wird Vieles versäumt, besonders in Bezug auf die armen Leidenden. Da liegt Einer und krümmt sich vor Schmerzen und weiß sich nicht zu helfen. Wo ist denn der Arzt? Der ist nirgends zu finden. Endlich findet man ihn beim Kartenspiel oder Trinktisch. — Herr Doctor, kommen Sie schnell nach Nro. 60 im Zwischendeck, N. ist sehr krank. — Werde gleich kommen. —

Wann er kommt, weiß man noch nicht; kommt er endlich, dann fragt er vielleicht: wo fehlt's? fühlt den Puls und sagt: Geh' hinauf auf Verdeck, dann wird's besser; ist nicht so gefährlich. — Damit ist er fort. Da liegt der Arme und windet sich im Todeskampf, aber — „ist nicht so gefährlich," so hat ja der Doctor gesagt. In der Nacht vielleicht scheidet die müde Seele und läßt die welke Hülle zurück. Während da unten der letzte Kampf gekämpft wurde, tanzte man oben herum und hielt nächtliche Gelage, vor denen man sich schämen sollte. — Es braucht nicht immer und nicht überall so zu gehen, es ist schon zu viel, wenn es nur hie und da so geht. Aber es ist schon vielfach so gegangen. Wenn man die Reise schon sechs mal gemacht hat, und ein Herz hat für die Noth seiner Mitmenschen und sich überall nach ihnen umschaut, dann hat man Manches gesehen und erlebt, über das man nicht schweigen darf. Kleinliche Rücksichten können da nicht gelten, wo es sich um viel wichtigere Dinge handelt. Vieles geschieht auf Rechnung der nothleidenden Menschheit, für die man kein Herz hat, nach welcher man nichts fragt.

9. Sturm.

Der Himmel hängt voll Wolken schwer,
Ich seh' das blaue Zelt nicht mehr,
Doch über Wolken hell und klar
Nehm' ich ein freundlich Auge wahr.
Es tobt der Sturm mit wilder Macht,
Sie wird so dunkel oft die Nacht. . .

(Möwes.)

Der Himmel hängt voll finstern, drohenden Wolken; der mächtige Bau des Schiffes wird vom Sturme dermaßen heftig gepeitscht, daß er in allen Fugen kracht und zittert und schnell umherschwankt und schaukelt, als wär's eine Nußschale; droben im Tauwerk singt's und pfeift's eine grausige Melodie; die Windsbraut heult, weil sie nicht zur Ruhe kommen kann; die Segel zerspringen und flattern wild umher, kaum wollen sie sich von den Matrosen bändigen lassen; das gewaltige Tau zerreißt wie ein Faden; immer drohender braust's und tobt's von allen Seiten; nirgends ein Halt; drunten schlägt die herrschende Maschine einen gleichmäßigen Tact zum Ganzen, nur hie und da scheint sie ihre unerschütterliche Gleichmäßigkeit vergessen zu wollen, wenn die im Wasser arbeitende Schraube durch die heftige Bewegung des Schiffes über das Wasser geschleudert wird und dann rasend schnell sich windet. Wenn der

Horizont immer kleiner wird, die Elemente immer wilder werden und das Schiff zerren und der Sturm von allen Seiten zu kommen scheint, wenn ringsumher Wasserberge sind und Dein Schiff in einem schauerlichen Thale zu arbeiten scheint, wenn im Schiffe Alles drunter und drüber fährt, Kisten und Koffer, Blechgeschirr und Betten nach allen Seiten stürzen, da die Kinder schreien, dort die Alten, — die Einen beten, die Andern fluchen, da Einer sammt seinem Bettzeug aus der Bettstelle stürzt, dort Einer auf der losgerissenen Kiste sitzt und mit derselben hin- und herschleift, die Einen schreien vor Schmerz, die Andern vor Furcht, Diese sich erbrechen und Jene zusehen müssen und können's nicht helfen, wenn das Schiff schwankt nach rechts und nach links, in die Tiefe und in die Höhe, so gewaltig, daß Du oft meinst, jetzt müsse es untergehen: — dann wirst Du gewahr, was ein Sturm ist und dann schaust Du manchmal umher, aber — „nirgends Rettung, nirgends Land, vor des Sturmwinds Schlägen;" gar nichts siehst Du als tobende Elemente und Dein Schiff denselben ausgesetzt. Denke Dir dazu 6—800 Menschen beisammen in einem Raum; diese wollen gehen und können nicht, jene wollen stehen und fallen um: ein wehmüthiges Durcheinander! — Einen solchen Sturm hast Du noch nicht erlebt, solche Stürme gibt's auf dem Lande nicht.

Aber wenn's so vorübergeht, dann ist's noch gnädig; wenn die Mastbäume noch nicht abbrechen und das Schiff noch keine Löcher bekommt, dürft Ihr herzlich dankbar sein. Schiffbruch wäre das traurige Ende; man muß jedem Reisenden von Herzen wünschen, daß er von diesem Ende verschont bleiben möge. Doch sind Schiffbrüche auf dem Ocean weniger zu fürchten, als an der Küste, und hier kommen sie häufig vor.

Bei einem Sturm bleibet Alle ruhig bei einander, an Eurer Bettstelle, versuchet es nicht, umherzugehen, schon Mancher hat dabei Arm oder Bein gebrochen; oft geht es ohne Unglücksfälle nicht vorüber. Oft reißen die Kisten los und stürzen umher, wodurch leicht ein Unglück entsteht. Ein Mann saß auf seiner Kiste, welche von der Gewalt des Sturmes losgerissen und mit ihm gegen eine andre Kiste geschleudert wurde, wodurch er beide Beine zweimal brach. Jedenfalls geht nicht auf Verdeck; die Schiffsmannschaft kann in solchen Zeiten keine Rücksicht auf Euch nehmen und Ihr seid überall im Wege.*) Die Matrosen setzen ihr Leben der größten

*) Bei einem fürchterlichen Sturme hatte unser Schiff Noth gelitten und ein großes Loch in die Seite bekommen. Wir hatten wenig Hoffnung

Gefahr aus; wie Schwalben hängen sie hoch droben an den Quermasten; Euch schaudert davor. Wenn Ihr im Schiffe seid, dann hört Ihr oft ein Donnern und Rasseln, gerade so, als wäre das Schiff auf Felsen gelaufen; da laufen dann die Leute und wollen sehen; fürchtet Euch davor nicht, es sind die Wellen, die um Euer Schiff herum toben. So lange das Schiff unversehrt bleibt, ist keine Gefahr vorhanden. Beim Schwanken senkt sich das Schiff oft so sehr auf eine Seite, daß Ihr meinet, es würde umstürzen und versinken. Auch davor fürchtet Euch nicht, es fällt nicht um.

In solchen schweren Tagen werden allerlei Wünsche und Gedanken der Menschen offenbar; der Eine sagt: wenn ich nur nie etwas von Amerika gehört hätte und fängt an, das Land zu verwünschen; der Andere ist unzufrieden mit der ganzen Welt und tobt in den Tag hinein; ein Dritter will, wenn er hinüberkommt, Briefe zurückschreiben und Alle warnen, nicht nach Amerika zu kommen, ja die Meisten nehmen sich vor, Allen abzurathen und diese Reise nicht zu machen. Das menschliche Herz ist unbeständig; kaum sind sie drüben angekommen, und sie haben Alles vergessen. Gebetet wird wenig; auch die Noth lehrt nicht immer beten. Manche denken an ihre stille Heimath; wie gerne wären sie wieder dort. Wenn sie nur auch ein kleines Stücklein Erde hätten, wie zufrieden wollten sie sein, wenn sie nur ihren Fuß darauf ruhen lassen könnten. Viele Tausende gehen jährlich nach Amerika und bestehen diese Gefahren, viele Tausende fassen unterwegs allerlei Entschlüsse und vergessen sie wieder.

Doch, das Wetter geht wieder vorüber und

Nach dem Sturme fahren wir
Sicher durch die Wellen;
Lassen, großer Schöpfer, Dir
Unsern Dank erschallen;
Loben Dich mit Herz und Mund,
Loben Dich zu jeder Stund.

Habt Ihr aber Schiffbruch zu befürchten, dann machet Euch bei Zeiten fertig und befehlet Euch den Händen des gnädigen

---

mehr und erwarteten unser Ende. Da kam ein Passagier aus dem Zwischendeck und wollte sehen, wo es hinaus wolle. Er wurde von einem Tau, das umherlag und plötzlich angespannt wurde, ergriffen und über Bord geworfen. Mehrere aus der Schiffsmannschaft eilten ihm nach in's Meer und es gelang ihnen, den Unglücklichen nach fürchterlichen Anstrengungen den Wellen zu entreißen und ihn dem Leben wiederzugeben. Allein es war schauderhaft, das nur mit anzusehen.

Gottes. Denket dann nicht an allerlei Sachen, die Ihr retten wollt, denket nur an das größte irdische Gut: das Leben. Euer Geld, Wechsel und Werthpapiere verwahret gut an Euerm Körper; sonst beladet Euch mit nichts, auf daß Ihr das Leben vielleicht um so eher rettet. Dann stellt Euch ruhig zusammen und erwartet mit einander was da kommen möge. Nur dann nicht hin- und herlaufen, wodurch nichts gewonnen, aber die Verwirrung nur um so größer gemacht wird. Dann habt Ihr unter den Menschen keinen Helfer als den Capitain mit seiner Mannschaft; hindert sie nicht, ihre schwere Pflicht zu erfüllen; bestürmet den Capitain nicht mit allerlei Fragen, er kann Euch jetzt nicht antworten, er hat genug mit dem Sturm und seinem Schiffe zu thun. Ihr werdet sehen, wie Jeder der Mannschaft fest auf seinem Posten steht und aushält bis auf den letzten Augenblick. Einem Capitain kommt kein Sturm und kein Schiffbruch unerwartet; er ist immer vorbereitet; so auch die ganze Schiffsmannschaft. Es ist schon vorher Alles so geordnet, daß jeder einzelne bei einem Schiffbruch genau weiß, wo er zu stehen, was er zu thun oder zu retten hat. Darum ist hier kein Durcheinander, sondern der größten Gefahr sehen sie ruhig entgegen. Macht nur auch Ihr kein Durcheinander und gebet zu solcher Zeit kein Aergerniß. Bleibet stille beieinander, bemühet Euch nicht um die Rettung, dränget nicht nach den Rettungsbooten, lasset dafür den Capitain sorgen, der es am besten versteht und der doch Keinem erlauben wird, sich vorzudrängen. Die Passagiere werden zuerst gerettet, oder wenigstens in die Rettungsboote gebracht und diese vom Schiff entlassen. Jedes Boot ist versehen mit Proviant auf einige Zeit, mit einem Compaß und mit seiner Abtheilung der Schiffsmannschaft, die es zu leiten versteht. Noch ist der Capitain allein auf seinem brennenden oder sinkenden Schiffe; er verläßt es zuletzt. Es ist einem Capitain schrecklich schwer, wenn er auf diese Weise sein Schiff verlassen muß. Sein Schiff ist ihm wie sein Leben; er läßt fast eben so gern sein Leben, wie sein Schiff.

Habt Ihr Schiffbruch gelitten, dann ist auch dieß Euer Büchlein in den Wellen begraben. — Die einzelnen Boote bemühen sich, nahe beieinander zu bleiben, werden aber gewöhnlich von den Wellen auseinander getrieben und da man nicht über die Wellen hinübersehen kann, so verliert man sich einander aus den Augen. Bei ruhiger See, was bei einem Brande möglich ist, können die Boote nahe beieinander bleiben. Führt dann Gott ein Schiff herbei, das Euch aufnimmt, so könnt Ihr noch gerettet werden.

Mitten wir im Leben sind Von dem Tod umfangen;
Wen suchen wir, der Hilfe thut, Daß wir Gnad' erlangen?
Das bist Du, Herr, alleine!

10. Das Leben auf dem Schiffe.

Haltet in Allem gute Ordnung und Regelmäßigkeit; solches trägt zum Wohlsein viel bei. Im Zwischendeck sind Leute von beiden Geschlechtern und jeglichem Alter in einem Raum beisammen. Sehet darauf, daß beim An- und Auskleiden die möglichste Schicklichkeit beobachtet werde. Ist die Seekrankheit vorüber, dann theilt Eure Zeit ein und sucht eine regelmäßige Beschäftigung; man fühlt sich wohler dabei, als wenn man den ganzen Tag mit Nichtsthun zubringt. Schuster, Schneider u. dgl. finden immer etwas zu thun; Frauen haben immer eine Arbeit bei sich. Dann kann man etwas lesen; Bücher habt Ihr ja bei Euch. In der Cajüte ist eine Bibliothek für die Passagiere dieser Klasse, ebenso ein Clavier. Bedenket namentlich, daß Ihr in ein Land gehet, in welchem die englische Sprache herrscht und lernt unterwegs fleißig Englisch. Anleitung dazu könnt Ihr leicht erhalten. An Regelmäßigkeit und Pünktlichkeit erinnert Euch die ganze Einrichtung des Schiffes. Die Zeit wird jeden Tag genau nach der Sonne berechnet, wenn sie die Mittagslinie passirt; und darnach wird die Uhr gerichtet. Jede Stunde und jede halbe Stunde wird geschlagen. Ein einzelner Schlag bedeutet eine halbe Stunde, ein Doppelschlag (zwei Schläge rasch hinter einander) bedeutet eine volle Stunde. Alle vier Stunden ist eine Wache; darum fängt man auf dem Meere alle vier Stunden von vorne an zu zählen (sowie man auf dem Lande alle zwölf Stunden von vorne anfängt) und in 24 Stunden fängt man sechsmal mit eins an, gegen zweimal auf dem Lande. Ein Doppelschlag ist also ein, fünf, oder neun Uhr; zwei Doppelschläge bedeuten zwei, sechs oder zehn Uhr; drei Doppelschläge bedeuten drei, sieben oder elf Uhr; drei Doppelschläge und ein einzelner Schlag bedeuten halb vier, halb acht oder halb zwölf Uhr und vier Doppelschläge bedeuten vier, acht oder zwölf Uhr — je nach der Tageszeit, die man leicht erkennt. Zwischen den einzelnen Doppelschlägen ist ein größerer Zwischenraum, als zwischen den zwei Schlägen, die einen Doppelschlag ausmachen. Wer das Steuerruder führt, schlägt die Stunde zuerst; am vordern Ende des Schiffes muß die größere Glocke sogleich mit derselben Stunde antworten. Dann wird die Wache abgelöst. — Jeden Mittag wird die Länge und Breite, in der sich das Schiff befindet, gemessen, wozu am gewöhnlichsten der Sextant benutzt wird. Darnach wird die zurückgelegte Entfernung der letzten 24 Stunden berechnet und angeschlagen; ebenso wird angegeben, wie viel man überhaupt zurückgelegt hat; die noch zurückzulegende Entfernung kann nicht genau angegeben werden, weil man noch nicht weiß, welchen Cours man einschlagen muß, was zunächst vom Wetter abhängt. Nach New-York kann z. B. ein Capitain einmal eine größere Entfernung haben, als ein anderes mal; darf er den nördlichen Cours wählen, dann ist die Strecke kürzer, als wenn er den südlichen Cours nehmen muß. Auf der Karte kann man demnach immer genau den Punkt suchen, wo sich das Schiff befindet. Wer Mathematik, Geographie und Astronomie versteht, kann sich auf dem Schiff nicht nur sehr angenehm beschäftigen, sondern kann auch seine Kenntnisse hier bedeutend vermehren; er hat ein gutes Feld dazu. Es fehlt aber auch sonst nicht an *Unterhaltung* auf dem Schiffe. Da ist zunächst der ganze Bau des Schiffes in allen Theilen bemerkenswerth. Dann kommt die ganze Creatur. Voran steht der Auf- und Untergang der Sonne; in dem Augenblick, da sie aus dem Wasser emporsteigt, oder in dasselbe hinabsinkt, ist es als wäre der zwischen ihr und dem Schiffe liegende Ocean eine glühende Masse. Auch ein Regenbogen auf dem Ocean ist sehr schön. Während der ganzen Reise ist das Schiff von Vögeln, namentlich Seemöven, umgeben. Die Seemöve fliegt bedächtig, wie ein lauernder Habicht, hinten am Schiffe hin und her und wird nicht selten von den Passagieren mit Brod und Fleisch gefüttert. Was auf's Wasser geworfen wird, fangen sie sogleich auf. Der kleine schwarze Sturmvogel (Seeschwalbe) ist nicht immer willkommen, weil er Sturm andeuten soll. Er fliegt wie eine Schwalbe ganz nahe über dem Wasser und umgibt das Schiff. Das Seeschwein, ein Fisch, dessen Kopf namentlich mit dem eines Schweines viel Aehnlichkeit hat, ist auch nicht immer gerne gesehen. Es schwimmt immer in einem Halbbogen auf und nieder, so wie ein Lamm, wenn es einen Sprung macht. Ueberhaupt sammelt sich die Thierwelt um's Schiff, wenn ein Sturm im Anzug ist. Kommt ein anderes Schiff so nahe vorbei, daß man die Passagiere sehen kann, so ist das eine allgemeine Freude. Aber auch in der Ferne werden die Schiffe mit Freuden begrüßt und jeder Segel der auftaucht, wird sogleich entdeckt. Mittelst Flaggen fragen sich dann die Schiffe allerlei: die erste Fahne, die aufgezogen wird, ist die Nationalfahne des Schiffes, woran man erkennt, ob es ein deutsches, französisches oder englisches Schiff ist; dann wird gefragt, wie das Schiff heißt, woher es kommt, wohin die Fahrt geht, wie lange unterwegs, ob gutes Wetter gehabt u. s. w. und wünscht sich schließlich gegenseitig eine gute Reise. Die Schiffssprache besteht nicht aus Buchstaben, sondern aus Zahlen. Gewisse Zahlen auf einer Fahne bedeuten gewisse Sätze; doch kann man durch Zusammensetzung auch allerlei Sätze bilden, da die Zahlen von 0 bis 9 das Alphabet sind. Alle diese Einrichtungen und Eintheilungen sind auf allen Schiffen dieselben, so daß sie sich überall einander verstehen und sich zurechtfinden können. Der Horizont auf dem Meere ist nicht so groß, wie man erwarten möchte, bei hellem Wetter sieht man kaum 15 engl. Meilen weit. — In der Nacht bietet der gestirnte Himmel einen prächtigen Anblick; die Sternbilder sind sehr klar zu erkennen. Je finsterer aber die Nacht ist, desto reizender ist das Meerleuchten. Wenn das Schiff das Wasser scheidet, oder wenn Wellen zusammenstoßen, dann sind all die schäumenden Wassertheilchen feurige Funken, goldene Perlen, ungemein lieblich anzusehen.

So bietet eine Seereise sehr Vieles und das Leben auf dem Schiffe bietet dem Empfänglichen treffliche Anhaltspunkte; daß aber die Menschen auch auf dem Meere nicht thun, wie's recht ist, das haben wir oben schon gesehen. Schiffsprediger sind noch nicht da; die geringen Anfänge, welche gemacht wurden, konnten nur zeigen, wie viel hier noch fehlt. Wenn auch unter den Passagieren ein Prediger ist, so ist er selten im Stande zu predigen. Der Sonntag vergeht darum gewöhnlich wie der Werktag.

Betrachtet man die Wunder in der Schöpfung einerseits, und das Leben der Meisten auf dem Schiffe andrerseits, so muß man auch auf dem Meere denken: „Die Welt ist vollkommen überall, Wo der Mensch nicht hinkommt mit seiner Qual!"

11. Land!

Eine größere Freude kann es kaum geben, als die ist, wenn eines schönen Tages der Ruf erschallt: Land! Land! Wie ein Zauberstrahl fährt es durch Alle und im größten Jubel eilt Alles hin und her. Tausend Wohlthaten genießt der Mensch täglich und denkt nicht daran. Daran dachten sie sonst nicht, auch für eine ruhige Stätte dankbar zu sein. Nun haben sie längere Zeit nichts als Wasser gehabt und seine Unbeständigkeit erfahren; da erst haben sie eingesehen, was ein ruhiger Aufenthalt auf dem Lande werth ist. Und nichts wünschen sie so sehr, nach nichts sehnen sie sich mehr, als nach dieser vielfach vergessenen Wohlthat. Land haben sie schon lange gesucht, Land! heißt es auf einmal. Und dieses Wort hat solche Macht, daß die Müden und Matten erfrischt, die Kranken sogar gesund werden. Die alte Mutter war immer krank und konnte das Bett gar nicht verlassen; jetzt fühlt sie eine neue Kraft in ihren Gliedern und weil Alles auf das Deck eilt, will auch sie hinauf; und richtig — es geht. Auch die vorsichtige Matrone kann nicht mehr widerstehen, sie watschelt ängstlich vorwärts und, droben angelangt, fragt sie: Wo? Wo denn? Fern am Horizont liegt auf dem Meere ein schmaler Streifen, mehr einer Wolke, als dem Festlande gleich. Sobald das Land nur mit dem Fernrohr erreicht werden kann, wird es vom Schiff aus entdeckt.

Das Wasser hat bereits seine tiefdunkle Farbe verloren und ist hellgrün geworden. Das Land rückt immer näher. Es ist wunderschön, wenn die Hügel aus dem Meere auftauchen; das Auge labt sich daran und kann sich nicht satt sehen. Ist es die rechte Zeit, dann wird das schöne Grün der Häfen mit Entzücken erfüllen. Man fühlt sich ungemein glücklich, wenn man nach gefährlicher Reise nun wieder in den sichern Hafen laufen darf.

12. Der Lootse.

Viele Schiffe, große und kleine, kreuzen hin und her. Auf einem derselben kommt der Lootse, welcher Euer Schiff in den Hafen führen soll. Er kennt die Küste genau und weiß die gefährlichen Stellen zu umgehen. Schiffe, die ohne einen Lootsen in den Hafen laufen, thun solches auf eigenes Risiko.

Es gibt nun Vieles zu sehen, was sehr interessirt: Die vielen Schiffe, die Begrüßungen, das immer näher kommende Land u. s. w. Allein jetzt macht Euch zuerst fertig, dann könnt Ihr noch genug sehen. Sucht Eure Sachen zusammen und packt ein, was Ihr im Hafen nicht gleich brauchet. Wechsel, Werthsachen, Scheine, Zeugnisse und sonstige Papiere verwahret gut; was Ihr im Hafen braucht, verwahret so, daß Ihr es leicht erreichen könnt. Um diese Zeit wird in den Schiffen gerne gestohlen; sehet Euch darum vor, bringet Alles in Sicherheit und laßt Euch durch nichts von Euern offenen Kisten locken. — Seid Ihr mit Euern Sachen nun so weit fertig, so bringt auch Euch selbst in Ordnung. Waschet Euch und ziehet reine Kleider an; Passagiere des Zwischendecks sehen oft sehr schmutzig aus, besonders wenn die Reise lang gedauert hat. Sie machen dann einen traurigen Eindruck und in solcher Uniform werden sie vielfach belacht und verspottet. Diese Erinnerung ist nicht unnöthig. Auch dürft Ihr nicht denken, Ihr hättet keine Zeit mehr; so schnell geht das nicht; Ihr habt ganz gut Zeit, Euch in Allem hübsch fertig zu machen und dann seid Ihr jederzeit bereit, an's Land zu gehen. Je nachdem es ein Hafen ist, hat man längere Zeit das Land auf beiden Seiten ganz in der Nähe, z. B. bei Baltimore und New-Orleans. — Merket Euch nun gleich von vorneherein, daß es bei der Landung gewöhnlich einen großen Wirrwarr gibt, und daß mancherlei Gefahren für Euch da sind. Darum nehmet Euch in Acht und die Ihr zusammengehört, bleibet beieinander, auf daß nicht Eins das Andere suchen müsse, wodurch die Verwirrung immer größer wird.

13. Die Quarantaine.*)

In der Nähe des Hafens muß jedes Schiff die Quarantaine passiren. Ein von der dortigen Regierung angestellter Arzt kommt an Bord und untersucht den Gesundheitszustand des Schiffes. Sind einzelne Kranke da, so werden sie in ein Hospital gebracht, das Schiff darf aber einlaufen; ist jedoch eine Seuche auf dem Schiffe ausgebrochen, oder sind ansteckende Kranke da, dann darf es nicht einlaufen, sondern muß draußen vor dem Hafen, bei der Quarantaine, Anker werfen. Die Passagiere werden dann aus dem Schiff genommen und in ein Hospital gebracht, das zu diesem Zwecke auf einer künstlichen Insel errichtet wird. Pockenkranke werden nach Blackwells-Island im East River gebracht. Das Schiff wird einer gründlichen Reinigung unterworfen und wenn es für nicht mehr schädlich erklärt wird, darf es landen. Die Passagiere müssen jedoch draußen auf dem schwimmenden Hospital verharren, wo sie die nöthige Pflege erhalten. Wenn sie wieder hergestellt sind, werden sie an's Land gebracht, sind sie aber gestorben, so hat die neue Welt nichts für sie als ein Grab.

Ist der Gesundheitszustand gut, so darf das Schiff sogleich landen. Von der Quarantaine an steht es unter Aufsicht der amerikanischen Regierung. Ein Beamter geht von da an mit, bis das Schiff Anker wirft; dann wird dieser von einem Polizei-Beamten abgelöst.

*) Quarantaine (von dem franz. quarante = 40) ist die vierzigtägige Liegezeit, Reinigungsfrist, Gesundheitsprobe für pestverdächtige Schiffe.

IV. Die Einwanderung.

Wir haben oben gesehen, wie stark die Einwanderung im Hafen von New-York ist; wir geben nun eine Uebersicht der seit 1856 in allen Häfen der Ver. Staaten Eingewanderten. Die Kopfziffern sind die folgenden:

Jahr	Zahl		Jahr	Zahl	
1856	200,436	Personen	1863	176,282	Personen
1857	251,306	"	1864	193,418	"
1858	123,126	"	1865	248,120	"
1859	121,282	"	1866	318,554	"
1860	153,640	"	1867	298,358	"
1861	91,920	"	1868	297,215	"
1862	91,987	"	1869	352,569	"

Die Einwanderung von Chinesen stieg von 4733 im Jahre 1856 auf 12,874 Personen im letzten Jahre und beträgt für die letzten 14 Jahre 78,817 Personen.

1. Die Landung.

Der Auswanderer ist zum Einwanderer geworden. — Die Landung hat schon Viele für die ganze Zukunft ruinirt. Merkt Euch das und seid vorsichtig. Gebt Euch keinen Fremden hin; Ihr wißt nicht, ob sie es gut mit Euch meinen; Ihr könnt die Schlechten nicht von den Guten unterscheiden, darum seid bei Allen vorsichtig. Ihr habt sie nicht nöthig; wenn Ihr nicht wißt, was Ihr thun sollt, dann holt Ihr Euch allen Rath von der deutschen Gesellschaft oder von einer ähnlichen Gesellschaft, die sich bewährt hat. Kommt Jemand, der sich für den Agenten der deutschen Gesellschaft ausgibt, so muß er sich legitimiren können und sein mit dem Siegel der

Gesellschaft versehenes Diplom vorzeigen; wer dieß nicht thut und nicht kann, ist nicht der Agent der deutschen Gesellschaft. Vor den Runners (vom englischen run, rennen, laufen) hütet Euch. Es sind Läufer, Zutreiber, eine Art Menschenverkäufer, welche sich unter der Maske freundlicher Gefälligkeit an die Auswanderer herannahen; sie sind gewöhnlich fein gekleidet, in Geberden und Sprache glatt wie ein Fisch, aber auch frech, grob und gewaltthätig, wenn es in ihren Kram paßt. Sie verstehen ihre Sache gründlich, reden Alle in traulicher Weise mit „Landsmann" an und haben eine merkwürdige Local-Kenntniß Deutschlands, sind sogar mit einzelnen Personen und Orten bekannt, namentlich in Gegenden, von wo Viele auswandern. Sie erkundigen sich genau nach Allem und merken sich's, um Kapital daraus machen zu können. Sie fragen Dich: Woher Landsmann? — Aus N. — Ei, wie schön; ich bin aus N. (sie nennen Dir einen Ort ganz in der Nähe Deiner Heimath, auch wenn sie die Gegend nie gesehen haben). Nun fangen sie an zu reden, wie man in Deiner Heimath redet; denn sie können alle Dialekte nachahmen. Dann fangen sie an, Dir von dem Claus, dem Jacob und dem N. Deines Dorfes zu erzählen; denn sie haben sich die Namen von Andern gemerkt und sind oft mit Einzelheiten bekannt, die Dich überraschen. Du bist froh, einen solchen „Landsmann" gefunden zu haben, schenkst natürlich dem „feinen Herrn" Vertrauen und — Du bist betrogen. Ein ehrlicher Mensch kann es gar nicht begreifen, welche Schliche diese Lockvögel und Gauner gehen und welche Fertigkeit sie in ihrem teuflischen Gewerbe haben, so daß sie fast unter allen Umständen ihr Ziel erreichen. Dieses Geschmeiß muß man kurz und fest abweisen, sonst wird man's nicht los; man lasse keine Zaghaftigkeit merken.

Lasset Euch auch nicht darauf ein, „gute Geschäfte" machen zu wollen. Da kommt Einer, der weint fast: er ist in so großer Noth, daß er seine schöne goldene Uhr verkaufen muß, thut ihm zwar ganz erschrecklich leid, kann es aber nicht helfen, denn er will doch nicht verhungern und seine Uhr lieber um den viertel Preis verkaufen. Dich dauert vielleicht der „arme Mensch", aber mehr noch lockt Dich die schöne goldene Uhr, die Du so billig haben kannst. Du kaufst sie vielleicht und bist betrogen, denn die Uhr ist nur Schein und keinen Thaler werth. Oder ein Anderer verkauft Dir eine wirklich goldene Uhr und geht fort, weiß sie Dir aber wieder aus den Händen zu spielen. Gleich darauf kommt sein Helfershelfer, der sich aber wie sein Feind anstellt, und sagt: Gelt, der hat Dir eine Uhr verkauft? Ja. Laß 'mal sehen. — Was hat sie gekostet? 50 Thaler. — Der ist ein Schwindler; die Uhr ist keine fünf Thaler werth. Mach', daß Du sie wieder los wirst. Ich will Dir 15 Thaler dafür geben; er muß sie wieder nehmen, sonst verklag' ich ihn; ich kenne den schon; wenn Du sie behältst, hast Du gar nichts. — Du willst lieber etwas verlieren, als Alles und gibst sie hin. Dasselbe Experiment hat der mit dieser Uhr schon oft gemacht. — Und viele andere Beispiele könnte man angeben und viele andere Kunstgriffe haben sie, mit denen sie Euch verlocken. Hütet Euch also, wenn Ihr vor Schaden sicher sein wollt. Es sind zu Euerm Schutze Anstalten genug vorhanden, wenn Ihr Euch nur nicht selbst der Gefahr aussetzen wollt.

Notirt Euch genau den Namen Eures Schiffes, den des Capitains, den Landungsplatz, Tag und Jahr Eurer Ankunft; es kann Euch später nützlich werden.

2. Die Zollbeamten.

Die Zollbeamten kommen an Bord des Schiffes und untersuchen das Gepäck der Einwanderer. Wenn vor der Untersuchung des Gepäcks der Beamte fragt, ob Verzollbares darunter sei, so redet die volle Wahrheit und bleibet ehrlich. Suchet nicht, etwas heimlich durchzubringen; denn abgesehen davon, daß jeder Betrug an sich eine Schande ist, so würde Euch eine solche Absicht auch nicht gelingen, sondern ganz gewiß an's Licht kommen. Die amerikanischen Beamten sind zwar gegen Einwanderer nicht zudringlich und nicht grob, sondern rücksichtsvoll, wenn sie aber eine betrügerische Absicht bei Euch merken — und wo eine solche ist, da merken sie's gleich — dann kann es Euch schlimm gehen; Ihr verfallt in die gesetzliche Strafe (siehe oben) und wißt nicht, wie lange Ihr im Hafen festgehalten werdet. Sagt offen und kurz, was Ihr habt und wie es für Eure Umstände nöthig ist; dann wird man viel nachsichtiger mit Euch verfahren.

Haben Einwanderer für ihr Gepäck Zoll zu zahlen, so können sie das gleich am Bord des Schiffes abmachen und dann ihre Sachen alle bei sich behalten. Für Kaufmannsgüter aber kann man den Zoll nicht am Bord des Schiffes bezahlen; die müssen in's Zollhaus wandern, wodurch die Kosten vermehrt werden. — Auf die Kisten, die untersucht sind und passiren können, wird ein Zeichen gemacht. Weiter werdet Ihr dann nicht mehr belästigt.

3. In New-York.

a. Die Landung der Cajüten-Passagiere.

Die Cajüten-Passagiere landen nicht, wie die Zwischendecks-Passagiere, alle an einem Platz. Die Dampfer des Norddeutschen Lloyd und der Hamburger Actien-Gesellschaft landen nicht in New-York, sondern bei dem freundlichen Hoboken, New-York gegenüber. Sobald die Dampfer angelaufen sind, kommen die Zollbeamten und untersuchen das Gepäck und dann können die Passagiere der ersten und zweiten Cajüte sogleich an's Land gehen und bis zur Weiterreise in einem Hotel in Hoboken bleiben oder mit einer Dampf-Fähre über den Fluß nach New-York fahren, was nur 3 Cents kostet und alle paar Minuten geschehen kann. — Die Cajüten-Passagiere der übrigen Dampfer haben auch das Vorrecht, da mit ihrem Gepäck zu landen, wo die Landungsplätze (Pier) der betreffenden Gesellschaften sind. Da aber die Dampfer im Flusse, Castle Garden gegenüber, Anker werfen, so werden auch diese Passagiere gewöhnlich mit Dampfbooten abgeholt und am Fuße von Broadway, neben Castle Garden, gelandet. — Ebenso können die Cajüten-Passagiere der Segelschiffe an den betreffenden Piers landen; um aber Zeit zu ersparen, ist's für sie das Einfachste, wenn sie auch in Castle Garden landen.

b. Alle Zwischendecks-Passagiere

ohne Ausnahme müssen in Castle Garden landen. Dieses alte Fort mit seiner großen Rotunde wird ganz zu Einwanderer-Zwecken benutzt. Es liegt am südlichen Ende der Stadt, ist vom Staate eingerichtet und steht unter Verwaltung einer Stadt-Commission. Zwei der Einwanderungs-Commissäre sind Deutsche. In allen Bureaus dieses Instituts sind deutsche Beamte angestellt. — Die Schiffe müssen vor Castle Garden, mitten im Fluß, Anker werfen, und die Zwischendecks-Passagiere werden dann sammt ihrem Gepäck in Castle Garden gelandet; die, welche in Hoboken anlaufen, werden auch hierher gebracht.

c. Castle Garden

liegt dicht am Wasser. Die Passagiere gehen von der Wasserseite hinein und betreten zuerst die große Rotunde, wo die wichtigsten Geschäfte gleich abgemacht werden. Es ist jedenfalls eine große Wohlthat, daß in dieses Gebäude Niemand eingelassen wird, als Solche, die von der Behörde Erlaubniß dazu haben und unter strenger Controle stehen. Zu diesen gehören die Agenten einiger Haupt-Eisenbahnen, eine Telegraphen-Agentur, eine Gepäck-Beförderungs-

Agentur, Geldwechsler, Victualienhändler und eine Anzahl Emigrantenwirthe. Die Gauner sind hier ein für alle Mal ausgeschlossen und kann sich deßhalb der Einwanderer leicht vor ihnen hüten. Draußen aber sind immer Haufen um's Fort herum versammelt; Polizeiwachen hüten die Eingänge. Wer nicht da hinaus muß, der bleibe drinnen; geht Jemand hinaus, so lasse er sich mit Niemand ein. Die Polizei ist überall stark vertreten, allein Vorsicht ist das Beste.

Kehrt der Passagier in Castle Garden ein, so sieht er rechts das Gepäcklager, links die Waage, womit das Gepäck gewogen wird. Am Eingang in die Rotunde steht ein Arzt, an dem Alle Eins nach dem Andern vorbeigehen müssen. Mit prüfendem und geübtem Blick forscht er, ob Niemand da sei, der gegen die Gesetze einwandere, als: alleinstehende Krüppel, Lahme, Blinde, geistig oder körperlich Unvermögende u. s. w. Sind solche da, so schreibt er ihre Namen auf; können sie kein Unterkommen finden, so muß das Schiff, welches sie gebracht hat, sie auch wieder mit zurücknehmen oder im Armenhaus unterhalten.

Die Rotunde, in der nun die Geschäfte abgemacht werden, ist in zwei Theile getheilt: rechts sind die Deutschen, links die Irländer und englisch Redenden. Die übrigen europäischen Nationen hängen gewöhnlich an den Deutschen. Jede Seite ist wieder abgetheilt: die Familien sind allein beisammen und einzelne Leute wieder allein.

Zuerst werden nun die Namen Aller sorgfältig registrirt, wozu Eins nach dem Andern an einem Pulte vorbei muß, wo regelmäßig eingeschrieben wird: der Name, — ob Familie oder allein, — woher aus Deutschland, — wohin in Amerika.

Geldwechsel. Zuerst sollte der Einwanderer nun sein Geld umwechseln. Hat er noch ausländisches Gold oder Silber bei sich, so kann er es hier gleich in amerikanisches Geld umwechseln. Auf einer Tafel steht geschrieben, so daß es Jeder lesen kann, was dasselbe in Amerika werth ist. Auch ist auf einer Tafel das Gold-Agio angeschrieben, d. h. was das amerikanische Gold mehr werth ist, als das Papier.*) Alle diese Sachen stehen unter Aufsicht der Behörde und man kann deßhalb sicher sein, daß die Angaben im Ganzen richtig sind. Die Preise sind zwar gewöhnlich ein Procent

*) Das Gold-Agio ist jetzt gering und wird wohl bald aufhören; aber es macht immer noch so viel aus, daß der Einwanderer es beachten darf.

niedriger, als an der Börse, wer aber keine große Summe hat, der nehme hier lieber eine Kleinigkeit weniger und setze sich nicht der Gefahr aus, unterwegs Alles zu verlieren. Die Einwanderer kennt Jeder an ihrem ganzen Wesen und Taschendiebe lauern auf sie. Ueber das, was man eingezahlt und dafür erhalten hat, bekommt man eine Rechnung. Man sehe nach, ob die richtig ist und ob man die Summe richtig erhalten hat, die angegeben ist. Darnach kann man die Rechnung Jemand zeigen, der's versteht; hat man zu wenig erhalten, dann läßt sich leicht abhelfen, wenn man der deutschen Gesellschaft oder dem Superintendent von Castle Garden Anzeige davon macht. Handelt sich's um eine größere Summe, dann ist's der Mühe werth, daß man an die Börse in Wall Str. gehe. — — Hat man einen Wechsel, so lasse man sich von einem Beamten in Castle Garden den Weg zu dem betreffenden Hause sagen; aber nie frage man Fremde nach dem Weg; die wissen, was man in solchen Häusern will und könnten gefährlich für Euch werden. Diese Geschäftshäuser sind alle in der Nähe und leicht zu finden; an allen Straßenecken sind die Namen der Straßen angeschrieben. Die Wechsel müssen alle in Gold ausgezahlt werden. Das Gold kann man dann in dem betreffenden Geschäftshaus selbst in Papiergeld umsetzen, wenn es denselben Preis gibt, den man an der Börse erhält; wenn nicht, dann geht man an die Börse.

So lange das Gold noch ein Agio hat, bezahlt nie in Gold aus, sondern mit Papiergeld; Ihr würdet sonst verlieren. Alles, was man kauft, jeder Lohn u. s. w. wird mit Papiergeld bezahlt, Gold und Silber war in den letzten Jahren gar nicht in Umlauf. Nur der Zoll muß in Gold oder dessen Werth gezahlt werden.

Der Ausrufer; Briefe, Verwandte.

Alles in der Rotunde muß schweigen. Ein Beamter tritt auf einen erhöhten Platz und ruft mit lauter Stimme die Namen Derer aus, für welche Briefe oder Werthsachen da sind. Sind die ausgerufenen Personen da, so werden ihnen die Briefe oder Werthsachen sofort übergeben. — Nun werden die Namen Derer ausgerufen, die von ihren Verwandten erwartet werden. In diesen Raum aber wird, wie gesagt, des Schutzes wegen Niemand zugelassen, auch die Verwandten nicht, sondern sie müssen in einem anstoßenden Zimmer warten. Die erwarteten Freunde werden ihnen dann in dasselbe zugeführt. Wie oft eilen da Gatten, Eltern und Kinder, Geschwister und Freunde einander in die Arme! Wie manche freudig bewegte Scene gibt es da! — Wer nun hier in New-York bleibt, hat sein

Ziel erreicht und hat entweder bei Freunden oder vielleicht durch diese gleich sonstwo ein Unterkommen gefunden. Sein Gepäck wird ihm weiter befördert von einer

Gepäckbeförderungs-Agentur, welche jedes Stück zu 50 Cents in irgend einen Theil der Stadt bringen muß. Dieß ist die gesetzliche Taxe; man zahle darum nicht weiter. Sobald das Gepäck nach Castle Garden gebracht wird, bekommt man für jedes Stück eine Blechmarke mit einer Nummer, an jedes Stück wird eine Blechmarke mit derselben Nummer geheftet. Diese Marken muß man gut bewahren, denn zunächst nur bei Vorzeigung derselben bekommt man sein Gepäck. Der hier zugelassene Gepäckbeförderer (Expreß-Mann) ist kein Betrüger und der Einwanderer kann ihm seine Blechmarken geben, wogegen er von ihm einen Schein bekommt, auf welchem dieselbe Nummer steht. Weiter braucht er sich nicht um sein Gepäck zu bekümmern; es wird ihm pünktlich zugebracht.

In dieser geräumigen Rotunde dürft Ihr bleiben, bis Ihr weiter reist. Jedenfalls braucht Ihr also nicht unter freiem Himmel zu logiren. Habt Ihr Euer Geld ausgewechselt, so könnt Ihr an den Eßbuden Euch die nöthigen Lebensmittel kaufen.

d. Die Weiterreisenden

sollten sich in New-York nicht aufhalten. Die Geschäfte in der Rotunde werden so rasch und regelmäßig nach einander abgemacht, daß die Passagiere noch an demselben Tage gegen Abend weiter reisen können. Sie hätten dann gar nicht nöthig, in ein Wirthshaus zu gehen und könnten jedenfalls Geld ersparen. Aber außerdem war das Umhergehen in New-York schon für Manche gefährlich und stürzte sie für alle Zeiten in's Verderben. Wären sie gleich weiter gereist, so wären sie sicher gewesen; daß sie's nicht gethan haben, haben sie — aber zu spät — oft und bitter bereut. Wenn Euch namentlich die Wirthe rathen, New-York doch auch ein wenig anzusehen, so werdet Ihr wissen, daß sie dabei nur ihren, nicht Euern Vortheil im Auge haben. Will man aber die Stadt besehen, so sei man vorsichtig, gehe auch nicht so mitten in den Straßen umher, was in Amerika gar nicht schicklich ist. Einwanderer ziehen oft in der größten Unabhängigkeit mitten in den Straßen umher und schauen neugierig nach rechts und nach links und werden dafür von den Buben ausgelacht.

e. Fahrgelegenheit in New-York.

Man kann um sehr wenig Geld in ganz New-York herumkommen. Omnibusse und Pferdebahnen führen nach allen Theilen der Stadt; per Omnibus kostet die Person überall 10 Cents, per Pferdebahn 6 Cents; Kinder unter 12 Jahren zahlen die Hälfte, unter 3 Jahren sind sie frei. Der Preis ist derselbe, ob man eine kleine Strecke oder die ganze Weglänge fährt, welche die betreffenden Fahrzeuge haben. Wer mit Kutsche fahren will, gehe von Castle Garden einige Minuten den Broadway hinauf, wo er beim Rathhaus (City Hall) Gelegenheit genug findet.

f. Eisenbahnen.

In die Rotunde sind zugelassen: die Pennsylvania Central-, die New-Jersey Central-, die New-York und Erie- und die New-York Central-Eisenbahn. Sie stehen unter der Controle der Einwanderungs-Behörde und zwei davon wurden schon auf längere Zeit hinaus geworfen, weil sich ihre Agenten, namentlich in Europa, als Betrüger erwiesen hatten. Darum soll Niemand seine Billete in Europa kaufen; es ist hier noch Zeit genug. Sollte aber Jemand ein Billet in Europa gekauft und dafür zu viel gezahlt haben, was er hier leicht erfahren kann, so mache er hievon Anzeige und er erhält hier sein Geld wieder. — Von hier aus kann man nun weiter reisen mit den Emigranten-Zügen oder mit den gewöhnlichen Zügen (Post-, Expreß-, Schnellzüge). — Welche von diesen Bahnen ist aber die beste? (Wir reden zunächst in Bezug auf Emigranten-Züge.) Der Preis ist bei allen gleich; alle haben auch so ziemlich dieselbe Zeit nöthig, um nach St. Louis oder Chicago (oft 6 Tage) u. s. w. zu kommen. Die Züge und auch die Wagen sind einander alle ziemlich gleich; es bleibt bei allen immer noch viel zu wünschen übrig. Die Hauptsache ist, daß die Passagiere sicher und schnell befördert werden. Ob die Wagen etwas schöner sind oder nicht, macht wenig aus; die meisten Auswanderer sind auch in Deutschland nicht in eleganten Wagen gefahren. Aber an der Zeit fehlt's; die Emigranten-Züge sind alle zu lange unterwegs. — Ich habe die verschiedenen Bahnen von Anfang bis zu Ende wiederholt benutzt und ziehe aus verschiedenen Gründen die Pennsylvania Central-Eisenbahn vor. Der natürlichste und schönste Weg wäre mit der New-Jersey Central-Eisenbahn von New-York über Bethlehem, Allentown, Reading und durch das schöne Libanon-Thal bis Harrisburg; von hier aus würde man dann mit der Pennsylvania Centralbahn weiter fahren über Pittsburg u. s. w. Und diesen Weg gehen auch die Kaufleute meistens. Aber die New-Jersey Centralbahn übergibt zwar in Harrisburg ihre gewöhnlichen Passagiere der Pennsylvania Centralbahn, nicht aber ihre Emigranten; diese müssen von

Harrisburg nördlich nach Erie am Erie-See, was offenbar ein Umweg durch eine weniger schöne Gegend ist. Jedoch ist dieser Weg immer noch der New-York und Eriebahn vorzuziehen. Diese letztere würde ich am allerwenigsten empfehlen. Sie hat mehr Unglücksfälle gehabt, als andere Bahnen und lag in den letzten Jahren immer vor den Gerichten. Außerdem fährt sie fast immer durch Wald, wenig schöne Gegenden und bedeutende Städte. Sind dieses auch keine Hauptsachen, so ist dem Einwanderer dennoch eine Reise durch eine schöne Gegend wohl zu gönnen und zu wünschen. — Die New-York Centralbahn führt schon durch schönere und bessere Gegenden und bedeutendere Städte (Troy. Albany, Syracuse, Rochester, Niagara, Buffalo). — Die Pennsylvania Centralbahn aber wird von keiner Eisenbahn in ganz Amerika übertroffen und wird dieses auch allgemein anerkannt. Es ist noch keinem Passagierzug ein bedeutendes Unglück passirt. Die ganze Verwaltung ist eine so solide, zuverlässige, daß man einen wohlthätigen Eindruck bekommt. Dazu fährt sie durch eine der schönsten Gegenden Amerikas. Die Strecke von Philadelphia bis Harrisburg nennt man ja den Garten von Pennsylvania; und wer die Umgebung von Harrisburg gesehen hat, wird sich gewiß darüber gefreut haben. Die ganze Fahrt bis über die Alleghanies hinüber ist interessant. — Wer vom Osten nach dem Westen, und umgekehrt, die verschiedenen Bahnen schon benutzt hat, wird sich immer für die Pennsylvania Centralbahn entscheiden, es sei denn, daß besondere Geschäfte ihn einen andern Weg führen. — Die Fahrpreise nach den verschiedenen Orten sind an den Bureaus angeschlagen. — Die Preise der Schnellzüge betragen beinahe das Doppelte der Emigrantenzüge. Einwanderer, die es können, sollten diese Züge benutzen; sie haben ein angenehmeres Reisen, sind schneller am Ziel, brauchen unterwegs nicht so viel zu zehren und ist der Unterschied am Ende nicht so sehr groß. Man kann mit diesen Zügen ohne Wagenwechsel von New-York nach Chicago kommen.

g. Das Gepäck.

Man bekommt für jedes Stück eine Blechmarke, auf der eine Nummer steht; an dem Gepäck ist immer eine Marke mit derselben Nummer; zur Vorsicht kann man nachsehen, ob die Nummern, die man hat, mit denen auf dem Gepäck stimmen, da ja ein Irrthum möglich ist. Man bekommt immer das Stück Gepäck, welches die Nummer trägt, die man vorzeigt. Diese Blechmarken bewahre man wie das Geld und gebe sie nicht aus den Händen. Hat man sie verloren, dann kommt man nur schwer zu seinem Gepäck. 80 Pfund sind frei. Das Uebergewicht wird immer so weit bezahlt, als das Billet lautet; man zahle darum unterwegs nichts mehr. Die Quittung dafür wird auf's Gepäck geklebt und auf's Billet gestempelt (Paid through). Aber die Blechmarke lautet nicht immer so weit, wie das Billet, was ein Uebelstand ist. Darum steht neben der Zahl auf der Blechmarke auch der Name der Station, bis wohin das Gepäck geht. Kommt Ihr dort hin, dann müßt Ihr Eure Marke abgeben und Euch eine andere dafür geben lassen; versäumt Ihr dieses, dann wird Euer Gepäck abgeladen und bleibt liegen. Darum habt hierauf Acht. Habt Ihr versäumt, Eure Blechmarke abzugeben und ist deßhalb Euer Gepäck unterwegs liegen geblieben, so könnt Ihr einem Eisenbahn-Beamten die Marke geben und er wird Eure Sachen nachkommen lassen. — Bleibt das Gepäck über 24 Stunden in Castle Garden liegen, so hat man 10 Cents Lagergeld täglich pro Stück zu zahlen. Für Emigrantenzüge wird das Gepäck in Castle Garden gewogen, für andere Züge erst auf dem Bahnhofe der betreffenden Eisenbahn. — Das Gepäck geht entweder als Frachtgut, was billiger ist, oder per Expreß (Eilgut), was sicherer, jedenfalls schneller ist. Als Frachtgut muß man voraus zahlen, als Expreßgut kann man voraus zahlen oder nachher, wenn man das Gepäck empfängt. Ob man vorher oder nachher zahlt, bleibt sich in Bezug auf die Kosten gleich; Manchen ist's aber nachher angenehmer, weil sie dann vielleicht eher das Geld haben.

h. Wirthshäuser.

Nachdem die Geschäfte in der Rotunde abgemacht sind, werden die licensirten Emigranten-Wirthe in dieselbe zugelassen, um Gäste für ihre Wirthshäuser zu gewinnen und mitzunehmen. Die Preise, welche diese Wirthe fordern dürfen, sowie alle übrigen Regulationen, unter denen sie stehen, müssen im Wirthslocale angeschlagen sein; auch müssen sie jedem gleich eine Karte geben, auf der die Preise angegeben sind. Der Preis ist gewöhnlich 1½ Dollar den Tag oder 8 Dollars die Woche. Der Einwanderer sei diesen Wirthen gegenüber vorsichtig und mißtrauisch. Trotz der Licensirung sind doch Manche unter ihnen, die verdächtig sind und die noch allerlei Mäkler-Absichten nebenbei haben; von der Freundlichkeit dieser Wirthe darf man sich nicht bestechen lassen; sie können bei der geringsten Veranlassung eben so grob sein, was sie oft genug bewiesen haben. Doch gibt es auch ganz ordentliche Männer unter ihnen. Geht man in ein Wirthshaus und bleibt nicht zu lange in demselben, sondern reist bald weiter, so lasse man sein Gepäck unterdessen ruhig in Castle Garden und nehme es dann gleich mit auf die Eisenbahn, sonst hat man doppelten Fuhrlohn zu zahlen. Auch in den Wirthshäusern wird nur mit Papiergeld bezahlt. — Jedenfalls ist es gut, wenn Ihr so schnell wie möglich aus New-York hinauskommt, es sei denn, daß Euer Weg hierher führt. Die Stadt hat für arme unerfahrene Leute zu viel Verführerisches und bei Allem kommt die Tasche des Einwanderers immer in's Spiel.

i. Mittellose Einwanderer,

welche etwa von Freunden Geld zur Weiterreise erwarten, es aber noch nicht erhalten haben oder welche krank oder temporär arbeitsunfähig sind, werden nach dem Armenhause oder dem Hospitale auf Wards-Island gebracht und dort auf Kosten der Einwanderungs-Commission verpflegt, bis sie Geld zur Weiterreise erhalten oder genesen sind oder Arbeit finden. Doch sollte Jeder sich vor diesem Asyl hüten und es nur im äußersten Nothfall benutzen. War aber Jemand gezwungen, seine Zuflucht dahin zu nehmen, so soll er sich bemühen, so bald als möglich wieder von dieser Insel wegzukommen, da der Aufenthalt unter den zum größten Theil demoralisirten Menschen ihm in jeder Beziehung nachtheilig ist.

j. Das Arbeit-Nachweisungs-Bureau,

welches mit Castle Garden verbunden ist und von welchem schon oben die Rede war (siehe Arbeit-Nachweisungs-Bureaus), befindet sich neben der Rotunde. Wer keine Arbeit hat, gehe dahin und gehe ja nicht in die Privatanstalten ähnlicher Art, wo ihnen nur zwei Dollars entlockt werden und damit ist's gewöhnlich am Ende; auch achte er in keinerlei Weise auf die Agenten dieser Schwindelanstalten. Für alle Buchhalter, Commis und alle dergleichen Einwanderer ist das Nachweisungs-Bureau zunächst nur insofern vorhanden, als sie sich entschließen, Handarbeiter werden zu wollen. — Diese Anstalt hat sich als gut und nützlich bewährt.

k. Die deutsche Gesellschaft

von New-York hat nicht weit von Castle Garden, Nr. 13 Broadway, ein Bureau und steht Einwanderern mit Rath und That bei. Von Geldunterstützung erwarte man nicht zu viel; ihre Unterstützung besteht zunächst in gutem Rath, und der ist hier oft mehr werth, als Geld. Doch kann sich der Einwanderer in allen Angelegenheiten getrost an diese Gesellschaft wenden. Der Präsident der deutschen Gesellschaft, gegenwärtig Phil. Bissinger, ist von Amtswegen Mitglied der Emigrations-Commission, welche bereits genannt wurde und unter deren Leitung ganz Castle Garden steht. — Seit 1868 besorgt diese deutsche Gesellschaft auch allerlei Geldgeschäfte, Versendungen, Billete u. s. w. und wir werden im Anhang noch weiter darauf aufmerksam machen müssen (siehe im Anhang).

l. Alle Klagen

und Beschwerden sollte der Einwanderer zunächst bei dem Superintendenten von Castle Garden (ein Irländer) vorbringen; findet er kein Gehör oder wird die Sache verzögert, dann wende er sich an den Präsidenten der deutschen Gesellschaft, welcher in Nr. 13 John Str. zu finden ist.

m. Proviant.

In der Rotunde sind Buden, wo licensirte Victualienhändler allerlei Lebensmittel zu mäßigen Preisen feil bieten. Wer weiter reist, versehe sich hier mit Brod, Fleisch u. s. w.; es ist viel billiger, als auf den Stationen unterwegs.

n. Auf den Bahnhof.

Von Castle Garden werden die Passagiere für Emigrantenzüge mit einem Boot nach dem Bahnhof gebracht oder von einem Führer dahin geleitet. Die eigentlichen Bahnhöfe dieser Gesellschaften sind nicht in New-York, sondern über dem Fluß drüben, wohin man mit einem Dampfboot gebracht wird. Nur der Bahnhof der New-York Central-Eisenbahn ist in der Stadt in der 31. Straße. In New-York sind blos Gepäckräume, Billetbureaus u. s. w. Der Dock der Pennsylvania Central-Eisenbahn ist dicht bei Castle Garden, Pier Nr. 1; auch hiedurch empfiehlt sich diese Bahn. Dann kommt die New-Jersey Central, Pier 15; die New-York und Erie-Bahn ist Pier 31. Eine Pferdebahn geht von Castle Garden nach allen diesen Plätzen und bringt jeden Reisenden schnell dahin. Ist Raum da, dann kann man einen Koffer vorne aufstellen und zahlt dafür wie für eine Person.

4. In Philadelphia.

In allen andern Häfen ist Alles viel einfacher, als in New-York; sodann gilt Vieles, was bei New-York gesagt wurde, auch für die andern Häfen; deßhalb können wir nun bei den übrigen Häfen kurz sein.

Wer mit Segelschiff reist, findet es in Philadelphia ruhig und sicher; mit Dampfschiff ist keine Gelegenheit nach dieser Stadt. Das Gedränge ist hier nicht groß, was sehr angenehm ist, — Wir beschränken uns auf den Rath, den die deutsche Gesellschaft in dieser Stadt ertheilt und verweisen alle Ankommenden an dieselbe.

Die deutsche Gesellschaft von Pennsylvanien schreibt:

„Der Hafen von Philadelphia empfiehlt sich dem deutschen Einwanderer durch seine Lage im Mittelpunkt einer ungeheuren Industrie, als Endpunkt der ausgezeichneten Pennsylvania Central-Eisenbahn zur Beförderung nach den westlichen Staaten und durch wirksamen Schutz gegen alle Unbilden bei der Ankunft, sowie bereitwillige Hilfeleistung zum fernern Fortkommen durch die deutsche Gesellschaft von Pennsylvanien.

Handwerker, Landbauer und Erdarbeiter sind fast immer gesucht, doch ist auch für sie der Spätherbst und Winter eine unpassende Zeit zur Ankunft.

Commis und Lehrer sollten gar nicht kommen, ohne vorher eine Stellung gesichert zu haben. Krüppel und Arbeitsunfähige sind benachrichtigt, daß die hiesigen Armenhäuser überfüllt sind und daß Tausende von verstümmelten Soldaten als Hausirer, Orgeldreher u. s. w. die Mildthätigkeit des Publikums in Anspruch nehmen.

Die deutsche Gesellschaft macht es sich zur Aufgabe, dem Einwanderer mit Rath und Hilfe zur Seite zu stehen, ihre Dienste sind ganz unentgeltlich und erstrecken sich auf Empfang, Rechtsschutz, ärztliche Behandlung, Arbeits-Nachweisung, Weiterbeförderung u. s. w.

Passagier-Schiffe werden von dem Agenten der deutschen Gesellschaft bei ihrer Ankunft in Philadelphia besucht werden, um die Bedürfnisse und Anliegen der Einwanderer zu erfahren; Einzelne sollten, ehe sie sich Fremden oder selbst Landsleuten anvertrauen, Vormittags im Bureau der deutschen Gesellschaft, Nr. 24 Süd Siebende Straße, vorsprechen.

Die deutsche Gesellschaft."

5. In Baltimore.

Der Hafen von Baltimore hat in den letzten Jahren bedeutend zugenommen. Außerordentliche Anstrengungen werden gemacht, um die Auswanderung mehr über diesen Hafen zu lenken, als dieß bis jetzt der Fall war. Die Dampfer, welche der Norddeutsche Lloyd nach Baltimore expedirt, sind nur zur Hälfte sein Eigenthum; die andere Hälfte gehört der Baltimore und Ohio Eisenbahn-Gesellschaft. Diese Eisenbahn-Gesellschaft hat darum ein doppeltes Interesse an der Auswanderung über Baltimore: erstlich hat sie die Hälfte aller Einnahmen, welche der See-Transport abwirft, sodann hat sie eine mehr als 400 Meilen lange Eisenbahn von Baltimore auslaufend, womit sie die Einwanderer nach dem Westen befördern will. Um das Geschäft ganz an sich zu reißen, hat diese Gesellschaft auf der Halbinsel Locust Point einen Dock gebaut, an welchem die Dampfschiffe landen. Die Dampfer landen also nicht an der Stadtseite, sondern gegenüber auf dieser nicht freundlichen Insel. Wollen die Passagiere in die Stadt gehen, so müssen sie entweder einen weiten Umweg auf dem Land machen oder mit einem Boot oder Nachen hinüber fahren. Sodann hat diese Eisenbahn-Gesellschaft einen Schienenstrang von dem Hauptbahnhof nach dem Dock gelegt, so daß die Eisenbahnwagen dicht neben die gelandeten Dampfschiffe laufen. Kommen die Dampfschiffe an, so wird das Gepäck der Passagiere von den Zollbeamten auf dem Schiff untersucht und kann gleich in die bereit stehenden Wagen geladen werden. Auch für die Passagiere stehen die Wagen bereit und sie brauchen nur einzusteigen und können sofort weiter reisen. Sie brauchen gar nicht in die Stadt zu gehen, brauchen sich keiner Gefahr auszusetzen und können Manches ersparen. Obwohl nun die Eisenbahn-Gesellschaft das nicht aus Menschenliebe, sondern um ihres eigenen Vortheils willen gethan hat, so ist doch immerhin ein Vortheil für den Einwanderer damit verbunden oder kann wenigstens verbunden sein. Sicher vor Betrug ist der Einwanderer lediglich um dieser Anstalt willen noch nicht. — Wie überall, so dürfen wir auch hier neben dem Guten die Gefahren nicht verschweigen. Wir gestehen, wir haben eine gewisse Furcht vor einem solchen Monopol; ein Monopol ist selten ein Segen für das Publikum. Der Einwanderer, sofern er mit den Bremer Dampfschiffen dort ankommt, befindet sich überall auf dem Eigenthum dieser Gesellschaft, nicht auf dem der Stadt oder des Staates. Will sie es nicht erlauben, so darf Niemand auf den Dock gehen, auch Solche nicht, welche das Beste der Einwanderer suchen. Alle Concurrenz ist da auf einmal abgeschnitten. Die Gesellschaft hat auch in Baltimore längst den Namen, daß sie sich sehr unabhängig betrage. Ist das wahr, was wir in den Zeitungen dort gelesen haben, dann ist Grund genug zu Befürchtungen vorhanden. — Wir hoffen und wünschen das Beste; aber, wie gesagt, uns ist bange vor einem solchen Monopol; es sind auch noch andere Verhältnisse vorhanden, die wir hier nicht weiter berühren wollen, welche wir aber genau kennen und welche das Ganze nur noch verwickelter machen. Wir wissen aus Erfahrung: es ist, als wäre die Luft um die Emigranten herum verpestet; es ist, als wäre eine gründliche Lauterkeit in dieser Luft nicht möglich; überall wird zu viel auf die Tasche des armen Einwanderers speculirt. Dennoch wird viel geredet und geschrieben von Humanität; Andere, die mit den Sachen genau bekannt sind, seufzen und schweigen gewöhnlich. Damit ist aber nicht geholfen. Wer das Wohl unserer Auswanderer sucht, der darf keine andern Rücksichten kennen, darf keine andern Absichten haben. Aber leider wird aus Rücksichten auf eigenen Vortheil allzuviel vertuscht und Manches gesagt, wovon man selbst überzeugt ist, daß man's eigentlich nicht hätte sagen sollen.

Die Segelschiffe landen an der Stadt. Es ist aber schon vorgekommen, daß der Emigranten-Agent der Baltimore- und Ohio-Eisenbahn die Capitaine der Segelschiffe veranlaßte, an dem Dock dieser Gesellschaft zu landen — natürlich, um dadurch die Passagiere für die Eisenbahn zu gewinnen.

Es ist aber noch eine Eisenbahn, welche von Baltimore nach dem Westen, Nordwesten und Norden führt: die Northern-Central-Eisenbahn, welche von Baltimore nördlich nach Harrisburg führt und dann weiter nördlich mitten durch Pennsylvanien geht. Diese Bahn bietet directe Verbindung nach allen nördlichen und nordwestlichen Gegenden. Wer nach dem Westen und Nordwesten will, nimmt in Harrisburg die Pennsylvania-Centralbahn und fährt über Pittsburg; wer weiter nördlich will, steigt in Harrisburg nicht aus. Diese Bahn fährt längere Zeit am schönen Susquehanna entlang, kreuzt diesen Fluß bei Harrisburg und geht überhaupt durch eine schöne Gegend. Wer über diese Brücke fährt, versäume nicht, sich umzuschauen; er wird sich laben an der Schönheit der Natur, die ihn von allen Seiten umgibt. — Die Northern-Centralbahn hat einen guten Namen und ist zu empfehlen. Die Leute betragen sich nicht gar zu unabhängig und begegnen einem mit der Freundlichkeit, die jedem Menschen wohlthut. Es ist kein Zweifel, daß sie Einwanderer gut behandeln wird und hat dafür schon sehr lobenswerthe Zeugnisse abgelegt und durch die That bewiesen, daß es ihr Ernst ist, was sie sagt. — Diese Gesellschaft hat ihren Hauptbahnhof in der Calvert Straße; sie hat aber auch ein Zweigbureau in der Thames Str., Nr. 124, nahe am Wasser, wo die Segelschiffe landen und wo Passagiere ihre Billete zur Weiterreise haben können. — Der Preis beider Eisenbahnen ist nach den westlichen Gegenden derselbe. Darum wähle sich der Einwanderer einen Weg und gehe denselben; er lasse sich nicht zwingen und drängen, einen andern Weg zu gehen. Jedem Einwanderer muß seine freie Wahl gelassen werden; alles Drängen und Zwingen ist nicht recht und nicht schicklich und sollte unterlassen werden. Jedem das Seine.

Auch in Baltimore sucht die deutsche Gesellschaft manche Noth zu stillen. Ich habe gesehen, wie ein Bedürftiger nach dem andern vor dem Präsidenten der Gesellschaft auftauchte und die erbetene Unterstützung erhielt. Die Agentur der Gesellschaft ist Nr. 272 Süd-Broadway, nahe bei Thames Str. Der Agent begibt sich bei Ankunft von Schiffen in der Regel sofort an Bord und ertheilt unentgeltlich Rath und Beistand. Arbeitsuchende können sich an ihn wenden. Herr A. Schumacher, Nr. 9 Süd-Charles Str., ist der Präsident der deutschen Gesellschaft und zugleich der Agent des Norddeutschen Lloyd. Mit allen gegründeten Klagen über die Behandlung unterwegs, oder über sonst Etwas, sollte man sich ungesäumt an ihn wenden. Er schreibt u. A. Folgendes:

„Auswanderer sollten sich mit bei Vorzeigung hier in Gold zahlbaren Wechseln versehen; langsichtige Papiere sind zu vermeiden, ebenso Wechsel auf Plätze im Innern des Landes, weil diese gewöhnlich nur am Orte der Auszahlung ohne Verlust einzuziehen sind. Personen, die mehr Geld bei sich haben, als sie der Sicherheit wegen in Banknoten oder Gold auf der Weiterreise mitzunehmen wünschen, ist die Gelegenheit geboten, es hier kostenfrei bei soliden Banken zu deponiren und sich darüber Scheine geben zu lassen, die überall leicht und in manchen Fällen selbst mit einer kleinen Prämie zu verwerthen sind. Etwa mitgebrachtes deutsches, französisches oder amerikanisches Gold oder Silber, sowie deutsche Cassenanweisungen sollten bei irgend einem respectablen Banquierhause, welches auf der Agentur der deutschen Gesellschaft zu erfragen, umgesetzt und nicht im Wirthshause, noch für zu kaufende Sachen oder für Fahrbillete in Zahlung gegeben werden, weil es in allen diesen Fällen selten zu seinem vollen Werthe angenommen wird. Mit alleiniger Ausnahme von Einfuhrzöllen werden alle Zahlungen hier jetzt in Papiergeld geleistet, und es ist daher unerläßlich, daß Jeder sich mit demselben bekannt mache. . . .

Passagiere, welche gleich weiter reisen wollen, wozu sie schon einige Stunden nach Ankunft, sobald ihr Gepäck untersucht, Gelegenheit erhalten, und denen daher die Zeit zu kurz sein möchte, sich in die Stadt zu begeben, können ihr mitgebrachtes fremdes oder amerikanisches Geld auch am Anlegeplatze umsetzen. Ein deutscher Geldwechsler hat daselbst eine Bude ereichtet, an der auf einer ausgehängten Tafel verzeichnet wird, zu welcher Prämie zur Zeit amerikanisches Geld angenommen, und wie viel für Preuß. Courant in hiesigem Papiergeld bezahlt wird, so daß Niemand zu besorgen hat, übervortheilt zu werden.

Einwanderer haben das Recht, 48 Stunden nach Ankunft des Schiffes an Bord zu bleiben. Innerhalb dieser Zeit können Diejenigen, welche weiterreisen wollen, die nöthigen Vorkehrungen dazu treffen, und wer hier zu bleiben gedenkt, sich nach Arbeit umsehen. Vor dem schnellen Verlassen des Schiffes, um in's Wirthshaus zu eilen, kann nicht genug gewarnt werden. Niemand sollte Wirthen, sogenannten „Runners" oder Agenten, die unter dem Vorgeben, ihnen Arbeit verschaffen zu können, sie in's Gast- oder Trinkhaus führen wollen, Gehör schenken. Dienstsuchende Mädchen haben diese Verwarnung besonders zu beherzigen.

Jeder achte darauf, daß sein Gepäck nicht früher von Bord geschafft oder der Eisenbahn übergeben werde, bis es vom Zollbeamten untersucht ist. Es ist sonst Gefahr, daß Sachen wegen versuchter Zollumgehung confiscirt, und unter Umständen dem Betreffenden noch Geldstrafen aufgelegt werden. . . .

Beim Ausladen muß Jeder darauf achten, daß er alle ihm gehörenden Sachen erhalte und sie, wenn er weiterreisen will, nicht aus den Augen lasse, bis sie der Eisenbahn übergeben sind und er den Empfangsschein darüber erhalten hat. . . .

Um sich vor Betrug zu schützen und freie Hand zu behalten, die Weiterreise von hier auf dem zweckmäßigsten Wege anzutreten, sollten keine Fahrbillete in Europa gekauft oder theilweise Zahlung darauf geleistet werden, und ebenso nachdrücklich muß vor Abschließung aller Contracte drüben über hier zu erhaltende Beschäftigung, Ankauf von Land u. s. w. gewarnt werden. . . .

Wir halten es ferner für angemessen, Einwanderer darauf aufmerksam zu machen, daß irgend welche Klagen über ihnen auf dem Schiffe widerfahrenen Unbilden gleich bei Ankunft auf der Agentur oder auch bei dem Unterzeichneten zur Anzeige gebracht werden sollten, um sie sofort untersuchen und dem Beschwerdesteller Genugthuung verschaffen zu können, statt, wie mehrfach geschehen, erst nach Ankunft im Innern in öffentlichen Blättern mit dergleichen Anklagen hervorzutreten, häufig nachdem der Capitain unsern Hafen schon verlassen, oder ihm doch der Beweis erschwert ist, sich zu rechtfertigen. . . ."

6. In New-Orleans.*)

Auch in New-Orleans, wie in allen südlichen Häfen, sucht man Einwanderer an sich zu ziehen. Ueber den Hafen selbst wollen wir hier nicht mehr weiter reden (siehe oben), sondern uns auf den Rath beschränken, den die deutsche Gesellschaft von dort ertheilt. Sie schreibt:

„Bei Bezahlung des Ueberfahrtsgeldes am Einschiffungsorte oder an den im Innern Deutschlands etablirten Agenturen werden die Einwanderer wohlthun, sich zu überzeugen und in ihren Empfangsscheinen für Passage anführen zu lassen, daß das sogenannte Commutations- oder Spitalgeld in der Passage einbegriffen und nicht durch sie zu zahlen, sondern daß der Capitain und Schiffseigner, oder dessen hiesiger Agent dafür verantwortlich ist. Zu bemerken ist noch, daß Kinder unter 10 Jahren und Bürger der Ver. Staaten kein Hospitalgeld zu zahlen haben. Diese mit Mäklern, Capitainen oder Agenten abgeschlossenen schriftlichen Contracte sollten niemals und unter keinem Vorwande aus den Händen gegeben werden, weil solche den Auswanderern im Falle von Contractbruch hier als Beweisstücke dienen müssen.

Sie werden wohlthun, schon unterwegs an Schiffsbord, je nach dem weitern Bestimmungsorte, wenn sie nach dem Innern gehen wollen, Listen mit Anzahl und Namen der nach einem jeden Orte bestimmten Personen zur sofortigen Abgabe an den Agenten der deutschen Gesellschaft in Bereitschaft zu halten.

Der Agent der deutschen Gesellschaft von New-Orleans besucht sobald als möglich nach Ankunft alle mit deutschen Einwanderern hier eintreffenden Schiffe und bietet seine Dienste an, wofür er, da er von der Gesellschaft besoldet wird, keine Zahlung verlangen darf. Er kann sich durch ein mit dem Siegel der Gesellschaft versehenes und von dem Präsidenten und Secretär derselben unterzeichnetes Diplom als Agent legitimiren. Wir fordern die Einwanderer auf, auf Vorzeigung dieser Legitimation zu bestehen, denn gleichzeitig mit ihm, oder vielleicht schon früher, als er, finden sich

*) Auch in Norfolk, Virginia (siehe oben), werden gegenwärtig allerlei Versuche gemacht, um die Einwanderung über diesen lieblichen Hafen zu lenken. Die bedeutendsten Bürger der Stadt, die zu ihrem Worte stehen, sagten mir, sie würden die Einwanderer gut aufnehmen und sie so lange beherbergen, bis sie ein Unterkommen gefunden hätten.

In Charleston, wo Segelschiffe landen, sind Deutsche, die sich ihrer Landsleute annehmen (siehe oben).

gemeiniglich eine Menge Dolmetscher, Mäkler, Unterhändler und Karrenführer an Bord des Schiffes ein und bieten ebenfalls ihre Dienste an; sie geben sich häufig und betrüglich für Agenten oder Mitglieder der deutschen Gesellschaft aus, oder suchen wohl gar den wirklichen Agenten oder die Gesellschaft selbst zu verdächtigen. Wir warnen alle Einwanderer vor diesen Leuten, die einzig und allein ihren eigenen Vortheil, nicht aber das Wohl des Auswanderers im Auge haben.

Hievon sind auszunehmen die Beamten des vom Staate Louisiana errichteten Einwanderungs-Bureaus, deren Pflicht es ist, alle Schiffe mit Einwanderern zu besuchen, sich der etwaigen Kranken anzunehmen und im Allgemeinen für das Wohl derselben zu sorgen. Dabei ist zu bemerken, daß der Wirkungskreis des Einwanderungs-Bureaus sich auf alle Nationen erstreckt, während die Dienste der deutschen Gesellschaft ausschließlich auf deutsche Landsleute sich beschränken.

Im Falle der Agent bei Ankunft eines Schiffes durch anderweitige Beschäftigung abgehalten wäre, die Einwanderer an Bord zu sprechen, so sollen sich dieselben, sobald sie an's Land kommen, sogleich nach der Agentur der deutschen Gesellschaft, Nr. 10 St. Peters Str., begeben, um sich daselbst Rath für ihr ferneres Verhalten, sei es, daß sie in der Stadt bleiben, oder nach dem Innern reisen wollen, einzuholen.

Niemand kaufe Land schon vor seiner Ankunft hierselbst. Hier gibt der Agent der deutschen Gesellschaft die beste Unterweisung dazu.

Auf keinen Fall kaufe man Billete zur Weiterbeförderung nach dem Innern schon in Deutschland. In der Regel geräth man dadurch in Schaden.

Allen, die weiterreisen wollen, wird gerathen, nicht ihr Geld und ihre Zeit durch unnützen Aufenthalt in der Stadt zu vergeuden; — gemeiniglich können sie sogleich, d. h. sobald ihr Gepäck vom Zollbeamten untersucht worden ist, vom Schiff auf das Dampfboot gehen und haben durchaus auf keine Verzehrung und an keinen Aufenthalt im Wirthshause zu denken.

Alle thun wohl, an Bord zu bleiben, bis an sie die Reihe zur Untersuchung des Gepäcks durch den Zollbeamten kommt. Man verheimliche dabei nichts; Schmuggeln zieht nicht allein den Verlust der Waare, sondern oft auch Geld- und andere Strafen nach sich.

Man zahle die Inland-Passage nicht eher, als bis sie durch den Capitain eingefordert wird, welches gemeiniglich unterwegs geschieht, und versäume nicht, die vom Agenten der deutschen Gesellschaft empfangene Karte dabei abzugeben. Unterwegs lasse man sich nicht durch die Einflüsterungen vorwitziger Rathgeber von der einmal eingeschlagenen Reiseroute abwendig machen.

Wir machen Einwanderer wiederholt darauf aufmerksam, daß unsre Agenten unentgeltlich für sie arbeiten, und daß sie nur die Erstattung baarer Auslagen zu fordern berechtigt sind. — Wir machen ihnen ferner bemerklich, daß jene Dolmetscher oder Unterhändler, vor welchen wir warnen, sich auch bald für Zollhausbeamte ausgeben, daß sie aber immer daran kenntlich sind, daß sie für ihre Dienstleistungen Zahlung begehren.

Dasselbe gilt für ähnliche Unterhändler, welche sich in der Nachbarschaft von Dampfbooten, die nach dem Innern bestimmt sind, herumtreiben und von letzteren das eine oder andere empfehlen. Zwar verlangen sie bei einer solchen Gelegenheit nicht immer Zahlung, da sie ihren Lohn von den Capitainen dieser Boote beziehen; letztere aber fordern alsdann natürlich eine verhältnißmäßig höhere Passage, so daß auf indirecte Weise jener Lohn dennoch aus den Taschen der Auswanderer kommt.

Die deutsche Gesellschaft unterhält Nr. 10 St. Peters Str. ein Nachweisungs-Bureau, wo Arbeitsuchenden unentgeltlich offene Stellen und Beschäftigung, wenn solche zu haben sind, nachgewiesen werden.

Einwanderer dürfen nie ihre Pässe, Heimaths-, Heiraths- oder Taufscheine verwahrlosen. Der Verlust solcher Documente hat häufig große Unannehmlichkeiten verursacht. — Wir selbst können bei einer solchen Sachlage nicht mehr thun, als warnen. Unmöglich können wir hundert Meilen von hier Agenturen errichten. Werden also die Auswanderer, ungeachtet aller durch uns angeordneten Vorsichtsmaßregeln, dennoch übervortheilt, so haben sie es sich selbst zuzuschreiben.

Die deutsche Gesellschaft von New-Orleans hält es endlich für ihre Pflicht, deutsche Auswanderer zu warnen, daß sie, weder in Deutschland vor ihrer Abreise, noch während ihrer Fahrt nach ihrem Bestimmungsorte in Amerika, irgend welche Contracte für Arbeit, oder Anstellung in den Ver. Staaten, die ihnen als besonders vortheilhaft dargestellt werden sollten, eingehen oder unterschreiben, indem die Erfahrung zeigt, daß die meisten derartigen Contracte darauf abzielen, aus der Unwissenheit des Einwanderers und seiner Unkenntniß des Landes Vortheil zu ziehen.

Die Direction der deutschen Gesellschaft von New-Orleans."

7. In Galveston.

Hier besteht seit Jahren ein Verein, welcher sich „Deutsch-Texanischer Freundschafts-Bund“ nennt und dieselben Absichten, Eigenschaften und Mittel der deutschen Gesellschaften anderer Städte hat und sich, wie diese, der Deutschen in jeder Weise annimmt. — Jedenfalls finden die Einwanderer auch bei den deutschen Gemeinden dieser Stadt alle mögliche Unterstützung.

8. In Boston.

Nach Boston ist die directe Fahrt von Deutschland nicht stark; von England aus gehen regelmäßig Dampfschiffe und Segelschiffe dahin. Der Hafen ist gut und sicher und kann Auswanderern empfohlen werden. Wer in dieser Stadt ankommt, findet guten Rath und Schutz von dem Hilfsverein für deutsche Einwanderer, der den deutschen Gesellschaften anderer Städte ähnlich ist. Ueberhaupt ist das deutsche Element stark genug, um in jeder Weise behilflich sein zu können, und die deutschen Gemeinden werden auch behilflich sein.

9. In Quebec.

Das königl. Emigrations-Departement zu Quebec gibt Einwanderern folgende Verhaltungsmaßregeln:

Alle Einwanderer, die im Hafen von Quebec ankommen, haben in der Regel das Recht, noch 48 Stunden auf dem Schiffe zu bleiben, und dürfen ihnen während dieser Zeit keine von den ihnen gesetzlich zukommenden Lebensmitteln oder sonstigen Bequemlichkeiten entzogen werden. Der Capitain des Schiffes ist verpflichtet, die Passagiere nebst ihrem sämmtlichen Gepäck kostenfrei an's Land zu schaffen, und dieses muß an den öffentlichen Landungsplätzen des Hafens, zur gelegenen Stunde, nicht vor 6 Uhr Morgens und nicht nach 4 Uhr Nachmittags, geschehen.

Da es für den Fremdling von besonderer Wichtigkeit ist, zuverlässigen Bericht über solche Gegenstände zu erhalten, welche sich hauptsächlich auf seine ersten Unternehmungen bei Landung in Amerika beziehen, und um das in verschiedenen Häfen für denselben so nachtheilig hausende Runnersystem von hier ferne zu halten, hat sich die canadische Regierung veranlaßt gefunden, den Herrn William Anderson als Dolmetscher in Verbindung mit dem königl. Emigrations-Departement zu ernennen, sowie die deutsche Gesellschaft als ihren Agenten Herrn Carl Friedrich Sinn bestellt hat, damit die Genannten ihre ganze Thätigkeit dem Wohle der Einwandernden widmen und denselben unentgeltlich jegliche Auskunft über die billigsten und besten Gelegenheiten zur Weiterreise nach dem Inlande, über die Ländereien, Aussichten auf Beschäftigung daselbst u. s. w. zu ertheilen, und im Falle gegründeter Klagen über Mißhandlung u. s. w. während der Seefahrt die nöthigen Maßregeln zu treffen, damit die Schuldigen zur Verantwortung gezogen werden.

Der folgende Tarif gibt den hiesigen Werth der ausländischen Gold- und Silbermünzen (in Gold):

		Doll.	Cts.			Doll.	Cts.
Doppel-Louisd'or . . .	=	7	30	Französ. Kronenthaler	=	1	—
Einfache „ . . .	=	3	65	Bayer. „	=	1	—
20-Frankenstück	=	3	70	Fünffrankenstück. . . .	=	—	92
10-Guldenstück	=	3	65	Preuß. Thaler	=	—	65
Pfund Sterling	=	4	86	Engl. Schilling	=	—	24

Kleinere Münzen der verschiedenen deutschen Staaten sind entweder hier gar nicht gangbar oder doch nur zum halben Werthe. Je weiter diese Münzen mit in's Innere des Landes genommen werden, je weniger wird für dieselben gegeben; sie sollten daher so wenig wie möglich mit von Deutschland gebracht werden.

In allen Fällen, wo dem hier ankommenden Auswanderer sich Zweifel aufdrängen, sollte er nicht versäumen, in den Gouvernements-Agenturen für Emigration um Rath zu fragen.

Einwanderer verlieren auf baar Geld, außer englischem und den Münzen der Ver. Staaten, immer viel am Course und thun am besten, sich in Deutschland Wechsel zu kaufen, die in Quebec bei Vorzeigung in Gold zahlbar sind.

Der Agent der deutschen Gesellschaft hat sein Geschäftslocal im Stationsgebäude der Grand Trunk Eisenbahn-Gesellschaft.

10. In's Land.

Auf der Reise in's Innere des Landes — von welchem Hafen aus sie auch geschehen mag — habt Ihr Euch vorzusehen, daß Ihr beim Zug-Wechsel immer wieder in die rechten Wagen kommt. Erkundigt Euch schon vorher, wo die Wagen gewechselt werden, und macht Euch bei Zeiten fertig.

Sodann sehe Jeder darauf, daß all sein Gepäck ausgeladen und wieder auf den andern Zug gebracht werde. Die Blechmarken oder Scheine behält Jeder, bis er auf die Station kommt, wohin sie lauten. Reist er noch weiter, so muß er sie abgeben und bekommt wieder andere. Am Bestimmungsorte empfängt man sein Gepäck gegen Vorzeigung dieser Marken.

Einwanderer, die des Reisens unkundig sind und namentlich in einem fremden Lande sich nicht zu helfen wissen, müssen unterwegs nicht oft einkehren, um zu essen, namentlich wenn die Züge nur kurz anhalten. Was man auf diesen Stationen bekommt, ist theuer. Etwas zu essen habt Ihr Euch vom Hafen mitgenommen, dazu bekommt Ihr überall leicht einen warmen Trank: Caffee, Thee oder Milch. Ehe Ihr den Zug verlasset, erkundigt Euch immer, wie lange er anhält. Es ist unterwegs überall Vorsicht gut.

Habt Ihr Schutz nöthig oder etwa Klage wegen Behandlung unterwegs zu führen, so wendet Euch an die deutsche Gesellschaft der Stadt, nach welcher Ihr reiset. — —

. . . .

Das wären die letzten Trübsale der nun mit Gottes Hilfe zurückgelegten Reise. Es folgen neue, die für Viele noch schwerer sind.

V. Die Ansiedelung.

1. Der schwere Anfang.

Wir haben es hier nur mit einer Klasse von Einwanderern zu thun: mit den Bauern, und unter diesen wieder zunächst mit denen, die sich auf unkultivirtem Land niederlassen. Denn diese haben es von allen Einwanderern am schwersten. — Wenn der Handwerker hinüber kommt, sucht er sich Beschäftigung; nachdem er solche gefunden, miethet er sich eine Wohnung und richtet sich einfach ein, fängt seine Arbeit an und damit sind seine größten Schwierigkeiten überstanden. Seine Familie hat Obdach und Brod; er hat sein regelmäßiges Leben und ist in Ordnung; ist er fleißig und macht er seine Arbeit zur Zufriedenheit, dann wird es ihm nicht an dem fehlen, was zum Lebensunterhalt nöthig ist. Hat er keine Familie, dann ist der Anfang noch leichter. — Ähnlich ist es bei allen andern Berufungsarten; sie haben einen leichtern Anfang, als der bedürftige Bauer. Auch der bemittelte Landwirth, der sich eine eingerichtete angebaute Farm kaufen kann, wo er eine Wohnung findet und gleich einziehen kann, hat bei seinem Anfang keine besondern Schwierigkeiten; oder wenn er sich auch unbebautes Land kaufen sollte, so schützt er sich mit seinem Geld vor Noth und Entbehrung. Aber anders ist's mit dem bedürftigen Landwirth, der nur wenige, oft fast gar keine Mittel mehr hat. Dieser hat einen schweren Anfang. Er hat nicht geringe Schwierigkeiten zu überwinden, Beschwerden durchzumachen, Entbehrungen zu tragen. Tausende jedoch haben einen solchen schweren Anfang gehabt, wissen aber nun nichts mehr von Mangel, leben im Wohlstand und Frieden. Um sie her sehen sie den Segen Gottes auf ihrer Hände Arbeit gelegt; der Boden gibt reichlich sein Gewächs; Freiheit würzt das Ganze. So sehen wir oft den schweren Anfang mit dem besten

Erfolg gekrönt und man darf deßhalb den schweren Anfang wohl wagen. Sofern des Lebens Glück von äußern Verhältnissen abhängt, ist das Leben der amerikanischen Farmer meistens ein glückliches zu nennen. Der Farmer befindet sich in einer ruhigen, unabhängigen Lage. Darum strebt in Amerika auch Jedermann nach Landbesitz. Die allermeisten Amerikaner besitzen Land; wenn sie's dann auch nicht selbst bebauen, weil sie einen andern Beruf haben, so wollen sie doch gerne ein Stück Erdboden ihr eigen nennen, als eine sichere Grundlage der Existenz. Bei allen unsichern und schwankenden Verhältnissen ist ein Landgut der sicherste Besitz. Auf dem Ackerbau ruht zugleich immer ein Segen; er ist die beste Beschäftigung für ein Volk und die solideste Grundlage für dessen Wohlstand. Die Völker, welche am fleißigsten Ackerbau treiben, sind den andern vorzuziehen. In Amerika, wo der Ackerbau so ausgedehnt ist, thun auch die Deutschen wohl, wenn sie sich ein Stück Land kaufen; brauchen sie's nicht, so kommt's ihren Kindern zu gute. Es ist überdieß meistens ein gut angelegtes Kapital, das seine Zinsen trägt, da das Land immer in seinem Werthe steigt, besonders in den neuen Staaten, wo es bis jetzt noch billig ist.

Denen nun, die auf ganz unbebautem Land ihren Anfang zu machen haben, mögen noch folgende Winke dienen, auf daß sie nicht ganz rathlos dastehen, wenn sie hinkommen. Sie kennen die Verhältnisse nicht, verstehen die Arbeit, wie sie dort ist, nicht und wissen oft gar nicht, wo sie anfangen sollen.

In allen diesen Arbeiten sind die Amerikaner Meister, und kein Deutscher, der erst drüben ankommt, kann es ihnen nachmachen. So wie ein amerikanischer Hinterwälder seine Axt schwingt, — das ist eine Lust, es anzusehen. Mit geringer Mühe hackt der in einem Tage eine Masse Holz zusammen, vor der einem Deutschen grauen würde. Sie können überhaupt mit allen Holzarbeiten gut umgehen. Sie alle verstehen mehr oder weniger vom Zimmermannshandwerk, beschlagen die Stämme und thun an ihren Blockhäusern alles selbst. Darum müßt Ihr diese Arbeiten von den Amerikanern lernen, oder von solchen Deutschen, die schon lange dort sind. Ihr müßt nur nicht auf's Gerathewohl anfangen, sondern Euch nach Allem erkundigen.

2. Der Ankauf des Landes.

Es ist hier nicht mehr die Frage: **wo** Ihr Euer Land kaufen sollt, darüber müßt Ihr nun längst im Reinen sein (siehe oben

„Wohin soll man auswandern?"). Ob Ihr viel oder wenig kauft, ob eine eingerichtete Farm oder unbebautes Land, das hängt von Eurer Tasche ab. Hier kommt nur der Ankauf an und für sich in Betracht. Dieser geschieht im Allgemeinen in zweierlei Weise: entweder kauft man das Land von der Regierung, oder von Privaten. Kauft man es von der Regierung, so ist keinerlei Gefahr damit verbunden. Man sucht sich ein Stück Land aus und wendet sich an eins der Landämter, die oben angegeben sind; und wenn man sein vom Präsidenten der Ver. Staaten unterzeichnetes Patent hat, dann ist alles in Ordnung. (Will man sich nach dem Heimstätte-Gesetz auf diesen Ländereien niederlassen, so siehe oben „Oeffentliche Ländereien".)

Kauft man das Land von Privaten oder Gesellschaften, dann ist Vorsicht nöthig. Unter Umständen könnte Jemand sein Land später ohne irgend einen Ersatz verlieren. Wenn nämlich auf einem Eigenthum noch alte Schulden sind, dann ist der Besitztitel ungiltig; und obwohl Du Dein Land gekauft und bezahlt hast, so kann Dich der alte Schuldherr doch von dem Land vertreiben. Darum ist es allgemeine Ordnung, daß man ein Stück Land vorher untersuchen läßt, ob keine frühere Forderungen darauf lasten, ob — mit einem Wort — der Besitztitel gut ist. Man nimmt dazu einen rechtschaffenen Advokaten, der nicht übervortheilt, und läßt ihn den Besitztitel untersuchen. Jedes Stück Land und jedes Haus ist sorgfältig gebucht, und er kann in den amtlichen Büchern das betreffende Eigenthum leicht untersuchen und alles Weitere besorgen. Dieser Weg wird allgemein eingeschlagen, darum gibt es in Amerika viele Advokaten, die nichts thun, als die Besitztitel von Häusern und Ländereien untersuchen. Will man ein Haus kaufen, so ist natürlich derselbe Weg einzuschlagen. Edictalien werden gewöhnlich nicht erlassen. Ist der Besitztitel richtig, so lasse man sich das ältere Patent geben, welches der Präsident dem ersten Käufer ausfertigte und unterzeichnete; ebenso läßt man sich die Quittungen über bezahlte Taxen geben und erst dann bezahlt man das Eigenthum und läßt sich vom Verkäufer einen Contract (Deed) ausstellen. Dieser Contract muß dann in's Hypothekenbuch eingetragen werden.

Ferner merke man sich Folgendes: Ist der Verkäufer ein verheiratheter Mann, so muß der Deed von ihm selbst und seiner Frau unterschrieben werden. Nach dem Gesetz gehört nämlich ein Drittel des Vermögens der Frau. Würde der Mann bald nach einem solchen Verkauf sterben, so könnte seine Wittwe erklären, sie sei mit dem Verkauf nicht einverstanden gewesen; ist dann ihre Unterschrift nicht da, so kann sie ein Drittel als ihr Witthum verlangen und würde es auch erhalten.

3. Waldland oder Prairie?

Die Frage: Was ist vorzuziehen, Waldland oder Prairie (Wiesenland)? wird verschieden beantwortet. Am besten ist: halb Waldland und halb Prairie. Ist aber zwischen beiden zu trennen und nur eins zu wählen, so würde ich Prairie vorziehen, namentlich für den Anfänger. Die Vorzüge, welche beide zusammen haben, sind in einem allein nicht zu finden; sie sind aber da vereinigt, wo eben halb Wald und halb Prairie ist. Kauft man Wald, so hat man einen Ueberfluß von Holz zum Brennen, zur Einfriedung der Farm und zu jedem andern Gebrauch; je nachdem die Lage ist, kann man auch einen bedeutenden Holzverkauf erzielen. Dabei ist gar nicht unwesentlich, daß durch den Wald eine Farm geschützt ist vor Winden und Stürmen, was bei Prairien nicht der Fall ist. — Dagegen ist aber doch das die Hauptsache, daß man einen Boden hat, den man benutzen kann. Es ist eine sehr harte Arbeit, das Waldland zu Ackerland herzurichten; es nimmt aber auch zugleich lange Zeit in Anspruch, bis man den Boden nur so weit von den Stämmen reinigt, daß man pflügen kann. Der arme Einwanderer will einen Boden haben, den er gleich pflügen und bearbeiten kann, auf daß er darauf pflanzen und seine Familie ernähren könne. Brennmaterial und was sonst nöthig ist, findet er dann schon, nachdem er mit der Hauptsache versorgt ist. Einen solchen Boden bietet ihm die Prairie. Er kann ohne Weiteres in den Pflug spannen und pflügen, so viel er will. Er hat ein freies Feld vor sich und kann sich bewegen, er kann gleich so viel pflügen, als er überhaupt zu bearbeiten vermag. Während man bei Waldland alle freie Zeit im Sommer und den ganzen Winter dazu benutzen muß, immer wieder ein Stückchen zu roden uud unter den Pflug zu bringen, kann man bei Prairie diese Zeit zu innern Verbesserungen anwenden, — hat auch etwas Zeit zur Erholung und kann ebenfalls für etwas geistige Nahrung sorgen. Der Boden ist für den Ackersmann eben doch die Hauptsache. Und bei den guten Verbindungsmitteln wird es nicht schwer und kostet nicht sehr viel, Holz zum Bau des Hauses und zur Umzäunung des Feldes herbeizuschaffen. Reicht das Geld nicht, so umzäunt man nicht weiter, als man bebauen will. Zum Brennen benutzt man Kohlen, die man billig und sehr gut bekommt. Die Kohlen sind überhaupt ein billiges Brennmaterial und vielleicht billiger, als der Holzbrand des Farmers, wenn er seine Zeit berechnet. In New-York sogar, wo allgemein Kohlen gebrannt werden, ist deßhalb der Brand billiger, als in einem Dorfe in Deutschland, wenn man das Holz kaufen muß.

4. Der Anfang auf Waldland.

Der Anfang — das ist eben der schwierige Knoten, der aufzulösen ist. — Zuerst baut man sich ein Haus, wo man mit den Seinen Obdach findet. Man sucht dazu die schönste, gesundeste und passendste Stelle auf dem ganzen Landgut aus, so viel als möglich in der Mitte gelegen, daß man nach allen Seiten desselben leicht kommen kann. Ist das Land eben, oder gar tief gelegen, so sucht man die höchste Stelle aus, um vor Wasser und ungesunden Dünsten geschützt zu sein; ist es hügelig, so sucht man eine geschützte Lage und nimmt Rücksicht auf das Fahren, daß man von allen Seiten her das Haus erreichen kann. Um das Haus herum soll ein Garten angelegt werden, darum baue man dasselbe nicht auf eine unfruchtbare Stelle, sondern auf fruchtbares Land, das man gleich bepflanzen kann. Auch sollte das Holz möglichst dünn stehen, auf daß man nicht so lange zu roden braucht, sondern leicht etwas pflanzen und nach und nach einen Garten anlegen kann.

Das Haus der bedürftigen Anfänger ist gewöhnlich ein Blockhaus, meist mit nur einem Raum, welcher Wohnzimmer, Schlafzimmer und Alles in Allem ist. Sind aber die Stämme lang genug, so kann man leicht zwei Räume herstellen. Arm und klein ist diese Hütte und nicht ansehnlich, aber dennoch kann Glück und Friede darin wohnen. Oft werden diese Häuser größer gebaut und auswendig mit Brettern bedeckt, so daß sie einem Frame house ähnlich sehen und sind dann angenehme warme Häuser.

Ist der beste Platz ausgewählt, so fängt man an, Bäume zum Hausbau zu fällen, was ein Mann mit einem kräftigen Sohne in acht bis zehn Tagen thun kann. Ist die Zeit nicht sehr dringend, dann werden immer einige Nachbarn behilflich sein, was beim Beschlagen der Bäume sehr wünschenswerth ist; ist es aber in einer Zeit, da kein Landmann abkommen kann, dann müßt Ihr Euch einen Zimmermann mitnehmen. Sind die Stämme zurecht gemacht, dann kommen alle Männer der Nachbarschaft zusammen und fügen sie fest in einander und schlagen das Haus auf. Sie stellen gewöhnlich in einem Tage das Viereck her.*) Die Fugen werden mit Lehm ausgefüllt und das ganze Innere sieht man oft mit Zeitungspapier überzogen, was schöner aussieht, als die nackten Stämme. Das Dach wird mit Schindeln gedeckt; das Kamin von Lehm oder Ziegelsteinen gemacht. Die Fensterrahmen kauft man fertig und das Glas ist passend dazu geschnitten und in jedem Laden zu haben. In ganz kurzer Zeit ist ein Obdach hergestellt. Während dieser Zeit kann die Familie ihren Aufenthalt in einem benachbarten Bauernhause haben; auf Gastfreundschaft darf man gewöhnlich rechnen. Es gehört zur Ehre, daß Farmer in dieser Zeit sich einander unterstützen. Bittet bescheiden darum, so werdet Ihr keine Fehlbitte thun. Stall u. s. w. wird entweder mit dem Hause zugleich gebaut, oder nachher, wenn man schon im Hause wohnt.

Hat man sich nun mit Lebensmitteln versehen und sonst das Nöthigste gekauft und sich so weit als möglich häuslich eingerichtet, dann fängt man an, den Boden um das Haus herum von Holz zu reinigen. Man denke aber nicht, daß man jeden Stamm umhauen und jeden Stock ausgraben müsse; nein, die dicken Stämme läßt man einstweilen stehen und gürtelt sie (d. h. man hackt rund um den Stamm eine Kerbe, wodurch die Rinde und etwas vom Holz entfernt wird; hiedurch wird der Saft abgeleitet und der Baum zum Verdorren gebracht), und nur das leichte Gehölz haut man nieder und verbrennt es. Auf neuem Land wächst es ungemein leicht und schnell und man kann manche Arbeit ersparen. Mit einem sehr geeigneten Pflug wird der Boden leicht gepflügt, nicht selten aber wird, wenn das Feuer alles Laub und Gras verzehrt und den Boden gereinigt hat, der Same so auf's Land gestreut und so zugeeggt; und dennoch kann man zwischen den Stämmen oft herrliche Saaten sehen. Schon manche Deutschen wollten es recht gründlich machen, wie sie es in Deutschland gewohnt waren, und sind dabei zurückgegangen. Die Fruchtbarkeit des dortigen Bodens ersetzt Vieles und macht viele Arbeit überflüssig; ja manchmal ist das zu viele Bearbeiten solchem Boden geradezu nachtheilig. Man muß nicht jeden Baum fällen, nicht jeden Stock ausgraben wollen, das würde viel zu viel Zeit wegnehmen und würde viel zu theuer sein; denn der Raum, den ein Stock einnimmt, bringt in Jahren nicht so viel hervor, als es kostet, denselben auszugraben. Man hat

---

*) Man nennt diese Arbeit im Englischen „Raising“; es ist ein Freudentag und geht dabei immer fröhlich her.

Raum genug und dehnt sich aus. Man nimmt immer das Land zuerst, das am leichtesten zu reinigen ist, schlägt nieder, was im Wege ist und hält sich bei den einzelnen Stöcken nicht auf. Wenn sie dürre geworden sind, so häuft man Wurzeln, Aeste und was sich sonst auf dem Land findet und von den stehenden dürren Stämmen herabfällt, um sie herum und zündet diesen Haufen an, wobei der Stock gewöhnlich großentheils mit verbrennt. Die Wurzeln verfaulen und dann kann man den ganzen Stumpen herausreißen (man hat hiezu besondere Maschinen). Die gegürtelten und verdorrten Stämme werden gelegentlich auch angezündet, oder, wenn man sie benutzen will, umgehauen. Diese Arbeiten werden im Sommer nach der Ernte gethan, wenn das Holz trocken ist und die Felder frei sind. — Im Winter wird immer wieder ein Stück Land urbar gemacht. Will man Bäume fällen, so hackt man sie alle auf derselben Seite stark halb durch, und wenn man eine Reihe hat, so läßt man den letzten in sie hineinstürzen und das Gewicht des einen reißt die andern mit sich zu Boden.

Die erste Saat ist gewöhnlich Weizen, je nach der Beschaffenheit des Bodens auch Welschkorn (Mais). — So wird des Ackerlandes von Jahr zu Jahr mehr und die Farm steigt in ihrem Werthe.

5. Der Anfang auf Prairie.

Daß der Anfang auf einer Prairie leichter, als auf Waldland ist, leuchtet sofort ein. Nicht ein Blockhaus, sondern ein Frame house wird gewöhnlich gebaut, wozu Zimmerleute nöthig sind. Auf entlegenen Prairien kann man auch Hütten von Rasen sehen — freilich keine angenehme Wohnung für Menschen. Der Boden ist für die Saaten leicht empfänglich zu machen. Nicht mit Holz, aber mit starkem Gras ist er bewachsen. Früh im Frühjahr, wenn es dürr und trocken ist, zündet man das Gras an; das Feuer lauft schnell und fegt Alles vom Boden weg. Um das Umsichgreifen des Feuers zu vermeiden, schneidet man auf einem breiten Streifen um das Stück Land herum, das man bebauen will, alles Gras sauber ab und grabt den Boden um; ein tiefer Graben ist nicht nöthig. Ist das Wetter recht ruhig, dann greift das Feuer nicht weiter um sich. Manchmal freilich lauft es weiter, als man es wünscht, und man kann hie und da von einem Prairiebrand lesen.

Wenn die Pflanzen anfangen zu treiben und auch die Wurzeln im Prairieboden sich regen, dann pflügt man den abgebrannten Rasen etwa 3 Zoll tief um. Man muß die Prairie gerade in dieser Zeit pflügen, um den Rasen in seinem ersten Treiben zu stören, weil er dadurch leichter abstirbt. Würde man im Winter pflügen, so würden die Wurzeln doch wieder treiben; später wäre es aber auch nicht so gut. Um den zähen Rasen 3 Zoll tief umzureißen, braucht man manchmal vier starke Thiere. Man darf nicht tiefer pflügen, als der Rasen ist, damit die umgekehrten Wurzeln der Luft ausgesetzt werden, wodurch das Faulen beschleunigt wird.

Doch wird hierbei zugleich eine Ernte erzielt. Man legt nämlich in jede dritte Furche die Maiskörner und pflügt sie zu; sonst braucht man nichts zu thun, und doch erzielt man leicht einen Ertrag von 25 Bushel per Acker.

Kommt das nächste Frühjahr, so ist der Rasen faul. Man pflügt nun 2 Zoll tiefer, um von der untern Erde herauf zu bringen, die sich dann mit dem faulen Rasen vermischt. Nun kann man Weizen pflanzen. — Das dritte Jahr ist der Boden in ganz culturfähigem Zustande und man kann damit anfangen, was man will.

Es ist leicht einzusehen, daß die Ansiedlung auf einer Prairie früh im Frühjahr vorzuziehen ist.

Um sich gegen die Winde zu schützen, werden um die ganze Farm zwei Reihen Schutz-Bäume gepflanzt, die zu diesem Zwecke ganz besonders geeignet sind und sehr schnell wachsen. Um die Wohnungen herum kann man Haine pflanzen.

6. Die Umzäunung.

Bei Waldland, wo an Holz kein Mangel ist, bietet die Umzäunung keine besondern Schwierigkeiten. Nur ist das Riegelspalten eine harte Arbeit und die Deutschen sind es nicht gewohnt; sie thun darum sehr wohl daran, wenn sie sich von den geübten Amerikanern rathen und helfen lassen. Man nimmt gut gewachsene Stämme und hackt oder sägt sie in 10 Fuß lange Blöcke, welche dann gespalten werden. Die Riegel werden im Zickzack über einander gelegt und 6—8 Riegel hoch. Um die Fenz höher zu machen, ruht die obere Riegelreihe auf Staken, welche in den Winkeln auf jeder Seite in die Erde gerammt werden. Hiedurch wird die Fenz zugleich stärker. Sie hat aber ihre Stärke schon durch die Zickzackform, und je kürzer der Zickzack ist, desto stärker ist sie, je länger gezogen er ist, desto schwächer ist sie. Zur Außenfenz um eine 160 Acker große Farm braucht man in runder Zahl etwa 11,000 Riegel; zieht man zwei

Theilungsfenzen in geraden Linien der Länge und der Breite nach durch die Farm, wodurch dieselbe in vier gleiche Theile zerlegt wird, so braucht man dazu die Hälfte; und zu beiden etwa 4000 Staken.

Auf den Prairien findet man vielfach Hecken-, Bretter- oder auch Drahtfenzen, welche alle den Zickzackfenzen vorzuziehen sind, weil sie weniger Raum einnehmen und weniger Arbeit verursachen. da sie nicht jeden Winter durch die Fröste verschoben werden. Besonders zu empfehlen sind die Hecken. Sehr geeignet sind die Osage Orange, welche nicht allein einen guten Schutz gewähren, sondern auch — namentlich im Sommer — eine Zierde der Farm sind. Diese Hecken sollten überall angelegt werden; der Same ist leicht zu haben.

Kann man das ganze Land nicht umzäunen, so thut man das zunächst mit dem Ackerland.

7. Die neue Heimath.

So hättet Ihr denn nun Euer Ziel erreicht; Ihr seid in der neuen Heimath angekommen. Hier sollt Ihr arbeiten und leben und vielleicht auch sterben. So viel an Euch ist, laßt es an nichts fehlen, was zu Eurem Wohle dienen kann. Behaltet Eure alte Heimath lieb und in der neuen werdet gute Bürger. Gedenket Derer, die Ihr zurückgelassen habt. Habt Ihr noch bedürftige Eltern oder Geschwister zurückgelassen, so theilet ihnen von dem Euern mit. Auch dazu ist ein guter Wechsel auf ein solides Haus der beste und einfachste Weg. Schon viel Noth wurde dadurch gelindert, daß Kinder ihren Eltern, Geschwister ihren Geschwistern, Freunde ihren Freunden etwas Geld aus Amerika schickten. Ihr könnt schneller etwas ersparen, als es in Deutschland möglich ist, und solche Nothpfennige bereiten viel Freude zugleich.

Versäumet nicht, alle Gerechtigkeit zu erfüllen; werdet gute Bürger, unterthan der Obrigkeit, die Gewalt über Euch hat. Ihr habt dazu auf dem nächsten Gericht (Court house) eidlich zu versichern, daß Ihr aus eigenem Antrieb entschlossen seid, Bürger der Ver. Staaten zu werden und dem Gehorsam gegen alle anderen Staaten und Fürsten zu entsagen (siehe oben unter „Der Staat").

In Eurer Arbeit und Einrichtung nehmt Euch den amerikanischen Farmer zum Muster und seid eifrig bemüht, immer wieder etwas Nützliches zu lernen. Der Amerikaner hat sich gut eingerichtet und weiß vielerlei Sachen selbst zu bereiten. Gar nicht selten habe ich gefunden, daß die Männer selbst die Schuhe machen und nur zu den feineren Sachen einen Schuhmacher gebrauchen; die Frauen machen die Kleider für die ganze Familie. Einen Stoff zu der gewöhnlichen Manneskeidung, halb Wolle und halb Baumwolle, weben die Frauen selbst. Gute Aepfel, Pfirsiche und anderes Obst gibt's in Menge und sie verstehen es trefflich einzumachen und frisch zu erhalten. Man findet in den dortigen Farmerhäusern einen guten Tisch und allerlei Sorten Eingemachtes, welches bei jedem Tisch sein muß. An Wurzeln, Melonen u. s. w. fehlt's nicht und sie wissen alles wohl zu bereiten. Der Zucker-Ahorn liefert seinen Saft, woraus sie einen gesunden und wohlschmeckenden Zucker zu bereiten wissen. Sie machen selbst ihre Seife, ziehen ihre Lichter und wissen sich in jeglicher Weise selbst zu helfen.

Während Ihr nun aber im Irdischen treu seid und auch der Obrigkeit des Landes das Ihrige gebet, so gebet auch Gott, was Gottes ist. Ohne Seinen Segen gelingt's Euch nicht; ohne Ihn ist's umsonst, daß Ihr früh aufstehet und spät sitzet. Bleibet bei Eurer evangelischen Kirche. Und wenn man Euch kommt und stets was Neues herbringen will, so prüfet die Geister.

Schicket Eure Kinder in gute Schulen und sorget, daß sie lernen, was zu ihrem Wohle dient. Laßt sie die Sprache des Landes lernen, haltet sie aber fest bei Eurer Muttersprache. Denn die schöne Muttersprache ist ein Band, das die Kinder im fremden Lande vielfach mit ihren Eltern verbindet. In Eurem Hause erschalle deutsche Sprache und deutscher Gesang. Können die Kinder nicht mehr mit den Eltern in ihrer Muttersprache reden, singen und beten, so werden sie ihnen entfremdet. Ziehet sie auf in der Zucht und Vermahnung zum Herrn, und das um so mehr, je mehr der Ungehorsam der Kinder zunimmt.

Seid in Allem wacker und treu, so werdet Ihr den Tag Eurer Abreise vom Vaterland nicht bereuen müssen; in der neuen Heimath werdet Ihr gesegnet sein und Euer Segen wird ruhen auf Kindes Kind.

Schluß.

Ein Herr Alexander hat bei Homer, in Champaigne County, Illinois, eine Farm, welche 26,600 Acker Landes enthält. Sie hat 400,000 Dollars gekostet und trägt mit Recht den Namen „Broadlands" = breite Länder. Sie mißt fast sieben Meilen von Nord nach Süd und sechs Meilen von Ost nach West, und hat Sommerweide für 10,000 Stück Vieh. Auf der Westseite sind zwei Weidflächen von je 3000 Acker, jede 3 Meilen lang und 1½ Meile breit. Oestlich davon ist ein Welschkornfeld von 3 Meilen Länge und ½ Meile Breite; ferner sind auf der Farm 5000 Acker mit Weizen angebaut, welche, wenn man 50 Bushel per Acker rechnet, einen Ertrag von 250,000 Bushel ergeben. Die Farm ist hauptsächlich der Viehzucht gewidmet und die Bewirthschaftung ist, trotz der außerordentlichen Größe, eine sehr einfache.

Auf dieser Farm sind angestellt: ein Superintendent, sieben Vormänner, ein Buchführer, ein Bäcker, ein Zimmermann, ein Metzger und etwa 150 andere Arbeiter. — Drei Fahrwege laufen durch dieselbe, welche von 150 Meilen lebendigen Hecken begrenzt sind.

Nach Abzug aller Kosten und Ausgaben hat diese Farm im vorigen Jahre einen reinen Ertrag von 200,000 Doll. abgeworfen.

Die Bewirthschaftung kann als musterhaft bezeichnet werden. Dampfpflüge und allerlei Maschinen werden fleißig auf der Farm benutzt.

Nun, lieber Auswanderer, so weit bringst Du's nicht, und brauchst es nicht so weit zu bringen; aber Dein bescheiden Theil wird auch Dir werden. Und damit sei zufrieden.

Sing', bet' und geh' auf Gottes Wegen,
Verricht' das Deine nur getreu,
Und trau des Himmels reichem Segen,
So wird er bei Dir werden neu:
Denn welcher seine Zuversicht
Auf Gott setzt, den verläßt Er nicht.

Die Pflicht Deutschlands.

Noch ein kurzes Wort an alle Freunde der Auswanderer kann sich der Verfasser nicht versagen. —

Wenn man in den Auswanderer-Häfen ist und sieht, wie jährlich, ja wöchentlich Tausende das Land ihrer Väter verlassen, um in der neuen Welt eine Heimath zu suchen, so kommt einem unwillkürlich der Gedanke: Hat denn Deutschland diesen Dahinziehenden auch Alles gethan, was es konnte? — Steht man drüben in den Häfen, besonders in New-York, und sieht sie kommen diese Schaaren, so kommt einem die Frage noch nachdrücklicher: Hat denn Deutschland für seine Kinder, die hier kommen, auch Alles gethan, was es konnte? Und die Frage wird noch dringender, wenn man sieht und achtet auf den Zustand, in welchem die Meisten gehen und kommen. Aber leider findet man auf diese Frage keine befriedigende Antwort; leider ist man in vielen Gegenden Deutschlands noch nicht einmal zu der Einsicht gekommen, daß die Auswandererfrage überhaupt eine wichtige Frage sei. Man hört wohl von starker Auswanderung, kümmert sich aber weiter nicht darum; man hört oder sieht auch Berichte über diesen Gegenstand und Amerika überhaupt, beachtet sie aber wenig und nicht selten ist man sogar mit Vorurtheilen gegen Amerika erfüllt, womit dann Alles abgeschnitten wird. Aber damit wird der Sache, die doch nun einmal zu einer bedeutenden, umfassenden Thatsache geworden ist, auch gar nicht geholfen. Einzelne sind es, welche mit redlichem Eifer in dieser Sache thätig sind, weil sie die Wichtigkeit derselben erkannt haben. Aber sie richten nicht viel aus. Der Auswandererfrage muß im Allgemeinen mehr Aufmerksamkeit geschenkt werden; die Auswandernden selbst müssen im Allgemeinen mehr Theilnahme finden. Wenn Leute nach Amerika gehen, dann heißt es: Der N. geht nach Amerika; damit ist man gewöhnlich zum Ende des Auswandererliedes gekommen. Wer aber, wie Verfasser, die Auswanderer auf ihrem ganzen Wege, in deutschen und fremden Häfen, gesehen hat und ihre Lage, ihre Nöthen und Sorgen auf der Reise und drüben kennt, der ist dennoch auf's tiefste überzeugt von der großen Wichtigkeit dieser Frage und der wird das Resultat seiner Erfahrungen zum allgemeinen Besten auch sagen dürfen. Es handelt sich hier nicht um abstracte Begriffe, sondern um eine wirklich vorhandene Noth, welcher abgeholfen werden soll. Aber wo ist die Noth? worin besteht sie? und wie ist ihr abzuhelfen? — Das sind die Fragen, welche Verfasser nach seinen Erfahrungen und seinem Vermögen beantworten möchte.

Wo ist die Noth? — Es ist ein thörichtes, von Selbstüberschätzung und Ueberspannung zeugendes Beginnen, wenn man, wie schon versucht wurde, in Deutschland Vereine gründen will zum Schutze der Landsleute in Amerika. Es zeugt dieß zugleich von einer Unkenntniß einer Sache, über die man sich dadurch doch anmaßt, ein Richter zu sein. Wir haben zunächst unser Auge nicht nach Amerika zu richten; Amerika wird für das Seine sorgen. Man ist dort im Allgemeinen aufgewacht und schenkt dieser Sache in der That mehr Aufmerksamkeit, als in Deutschland. Man läßt es auch nicht bei bloßem Reden bewenden, sondern thut auch etwas. Die Regierung hat sich seit Jahren der Einwanderer in löblicher Weise angenommen. Wo man in Deutschland allerlei Vorlagen zu Gesetzen unterbreitete, und es doch zu keinem Gesetze kam, oder wenn es dazu kam, das Gesetz doch nicht gleich angewendet werden konnte, also dem Auswanderer einfach nichts nützte, da hat man in Amerika Gesetze erlassen und zugleich verfügt, daß diejenigen Schiffe, welche nicht nach diesen Gesetzen verwaltet werden, einfach nicht landen dürfen. Damit war mit einem Mal Vieles abgethan. Wenn nun auch Alles, was bisher gethan wurde, noch sehr unvollständig ist und noch viele Wünsche übrig läßt, so muß man doch das anerkennen, was bereits geschehen ist; und man kann sich der Hoffnung hingeben, daß auch noch Weiteres geschehen werde. Es liegt jetzt wieder ein Gesetz vor, welches hoffentlich bald angenommen und in Kraft treten wird. — Auch von kirchlicher Seite hat man an dieser Sache Antheil genommen. Es sind in New-York z. B. vier oder fünf Colporteure und Missionare angestellt, welche unter den Einwandernden thätig sind. Aber diese Hülfe ist sehr unvollständig und kann unter Umständen nur unvollständig sein. Wenigstens ist es des Verfassers Ueberzeugung, daß die Emigranten-Missionen in den amerikanischen Häfen nie ihr Ziel erreichen, wenn ihnen nicht von Deutschland aus besser vorgearbeitet wird. Alles Bemühen in Amerika heißt die Arbeit am Ende anfangen und nicht am Anfang. Man muß in Deutschland, zu Hause anfangen. Und da öffnet sich denn ein weites, vierfaches Feld für eine große Thätigkeit: 1. Schutz der Auswandernden, bis sie auf dem Seeschiffe sind; 2. Beistand während der Seereise; 3. Auskunft über amerikanische Verhältnisse und Zustände und 4. die nöthigen Verbindungen mit Amerika, wodurch dann die dortige Thätigkeit für Einwandernde erst recht erfolgreich werden könnte.

Worin besteht denn die Noth? — Es wird Vieles im Allgemeinen gesprochen und wenn man ausgeredet hat, dann weiß man nicht, wo es fehlt und wo geholfen werden sollte oder könnte. Es sei dem Verfasser erlaubt, auf einzelne Punkte aufmerksam zu machen. — Ist es nicht so, sobald sich Jemand entschlossen, auszuwandern, dann will Jedermann an ihm rupfen? Schon in der eigenen Heimath geht der Betrug nicht selten an. Gegen die soliden Häuser, welche in reeller Weise ein Auswanderungsgeschäft treiben, soll nichts gesagt sein; mit denen soll man seine Geschäfte abmachen. Aber es gibt außerdem noch allerlei Agenten und Aufdringlinge, welche die Auswanderer überall umgeben und ihnen keine Ruhe lassen, bis sie ihren Zweck erreicht haben. Auf der Reise zum Hafen, im Hafen selbst — überall lauern sie auf die Auswanderer, wie das Raubthier auf seine Beute. Werden die Auswandernden über fremde Häfen verschleppt, dann ist's um so schlimmer. Die Eisenbahnstationen unterwegs, sowie der Aufenthalt im Hafen bringen den Pilger in beständige Gefahr, nicht nur in Bezug auf seinen Besitz, sondern auch namentlich in Bezug auf sein wahres Wohl. Er muß sich ansehen, als in allseitiger Gefahr schwebend, und darum muß er beständige Vorsorge üben. Und sollte es auch gelingen, eine solche Ordnung herstellen zu können, daß der Auswandernde äußerlich geschützt und vor Betrug sicher wäre, so wäre doch damit für sein inneres Wohl noch nicht gesorgt. Und gerade hierin fehlt's noch überall. Die Anstalten vom Staat oder von Städten sind sehr lobenswerth und, wenn sie ihren Zweck erreichen, gewiß sehr nützlich; aber ihr Zweck ist eben zunächst nur auf die äußere Wohlfahrt und Sicherheit gerichtet. Dieses ist hoch zu schätzen und kann nicht zu hoch geschätzt werden; könnte man nur einmal dieses Ziel erreichen, — wie froh könnte man sein! Aber selbst dann dürfte man hierbei noch nicht stehen bleiben. Einstweilen jedoch sind wir immer noch weit von diesem Ziele entfernt. — Auch auf der Seereise bleibt Vieles zu wünschen übrig. Manche Schiffe werden überfüllt und dadurch entstehen Krankheiten und allerlei schlechte Zustände. Es ist zu viel, wenn tausend, oder gar noch mehr, Passagiere auf einem Schiffe sind. Das kann für Körper und Geist keine guten Folgen haben. In manchen Häfen laufen Schiffe, die in einem Zustande sind, der für die Beförderung von Menschen nicht geeignet ist. Es ist wohl der Mühe werth, daß man dieser Sache mehr Aufmerksamkeit schenke. Wir sind jetzt, da dieses geschrieben wird, Mitte Mai und bereits sind in London 713 Schiffbrüche für das laufende Jahr gemeldet. Wenn auch nicht bei jedem Schiffbruche eine größere Anzahl von Menschenleben zu beklagen ist, so möchte man doch fast sagen: das ist zu viel. Im vorigen Jahre haben an der englischen Küste etwa 2700 Schiffbrüche stattgefunden und bei den meisten Schiffen nimmt man nach amtlichen Angaben an, daß sie zu schwer befrachtet waren. — Daß aber das sittliche Verderben groß ist und daß gegen dieses noch gar nichts gethan ist, haben wir oben schon gesehen. Ebenso ist oben des Weiteren von den andern Gefahren die Rede gewesen.

Aber außer den Nöthen der Reise zu Land und zu Wasser muß noch auf etwas anderes aufmerksam gemacht werden, an das man gewöhnlich gar nicht denkt, das aber wohl zu beachten ist und auf das man seine Aufmerksamkeit schon in Deutschland richten sollte: das ist die Unkenntniß Amerikas und der amerikanischen Verhältnisse überhaupt. Leute, die nach Amerika gehen, sollten Amerika besser kennen, sollten wenigstens wissen, was dort am besten für sie ist und wo sie sich am besten, am vortheilhaftesten niederlassen können. Es gilt doch gar nicht gleich, wohin man zieht und wo man seinen Anfang macht; daß es in einer Gegend leichter geht, als in einer andern, haben wir oben gesehen. Wenn so Viele auswandern, so ist ihnen doch in jeder Beziehung das Beste zu wünschen. Zwar gehen gewöhnlich die Einen den Andern nach, und man findet darum in den einzelnen Landestheilen Amerikas immer eine einzelne Gegend Deutschlands vorherrschend vertreten. Aber um so mehr müssen dann schon die Ersten in die rechte Gegend geleitet werden, was bei den neuen Gegenden besonders wichtig ist.

Durch diese mangelhafte Kenntniß von Amerika werden wir an die mangelhaften Verbindungen mit Amerika erinnert. — Mangelhafte Verbindung mit Amerika? Ist denn Amerika nicht durch Tausende von Fäden mit Deutschland verbunden? Es ist wohl kein Dorf mehr in Deutschland, aus welchem nicht Einzelne oder Mehrere in Amerika wären, und dadurch ist sogar jedes Dorf mit Amerika in Verbindung gesetzt; Briefe kommen zurück und bringen in jedes Dorf Nachrichten aus Amerika. — Ja, es ist wahr; die beiden Länder sind tausendfach mit einander verbunden; aber eben deßhalb sollte die Verbindung viel besser sein, als sie ist. Alle die vielen Fäden verlaufen sich im Einzelnen und sind nicht zu einem geordneten Ganzen zusammengewunden. Was aber die allermeisten Privatbriefe anlangt, so sind wir überzeugt, daß dieselben weder als zuverlässige, noch auch als hinreichende Nachrichten aus Amerika gelten können, daß aber gerade dieselben die Ursache sind, warum die Ansichten und Urtheile über Amerika so verschieden sind und sich einander so sehr widersprechen. Ein unparteiisches, wahres Urtheil ist in diesen Briefen höchst selten zu erwarten. Deßhalb müssen nicht alle falsche Nachrichten enthalten; Jeder schreibt zunächst über seine Verhältnisse und beurtheilt die sonstigen Verhältnisse nach den seinigen. Geht's Jemandem gut, so schreibt er „gute" Briefe und Amerika ist dann ein „gutes" Land; geht's ihm schlecht, so schreibt er „schlecht" und ist mit Amerika unzufrieden. Es ist aber leicht einzusehen, wie einseitig solche Urtheile sein können, und daß das noch keine Verbindungen sind, welche zum allgemeinen Wohle beitragen. Trotz der tausendfachen Berührungen stehen sich beide Länder doch noch fremd einander gegenüber. Deutschland hat mit keinem Land mehr zu thun, als mit Amerika; und dennoch ist ihm dieses im Ganzen ein fremdes Land, wenigstens viel fremder, als es sein sollte; denn es ist nachgerade doch möglich, in Bezug auf Amerika sichere Wege zu bahnen und gewisse Tritte zu thun.

Wenn wir diesen Nothständen gegenüber fragen: Wie ist ihnen abzuhelfen? so wollen wir gleich beim letzten anfangen und unsern Gang rückwärts machen. — Aber zunächst möchte man hier fragen: Ist denn hier überhaupt Abhilfe möglich? Die Auswanderungs-Sache ist von einer sehr schlechten Luft umgeben, von der die Meisten, die sich ihr nähern, verdorben werden. Leute, von denen man es nicht geglaubt hätte, haben sich als Betrüger erwiesen; sie konnten den Versuchungen nicht widerstehen, die mit dieser Sache meistens verbunden sind.*)

*) Manche wackere Männer, die schon Jahre lang mit Auswanderern zu thun haben, meinen, es sei hier nicht zu helfen, weil die Versuchungen zu stark seien und weil sich das Volk nichts sagen lasse. Die Arbeit der Einzelnen wird allerdings wenig ausrichten; das Ganze muß von Anfang an nach einem geordneten System in die Hand genommen werden. Zum Verzagen sind die Gründe noch nicht vorhanden.

Die Abhilfe muß von der Regierung und von der Kirche aus geschehen. — Zuerst sollten alle Regierungen Hand anlegen und das Feld so viel als möglich beschränken. Je größer dieses ist, desto schwerer ist es zu überwachen; je kleiner es ist, desto leichter ist eine gründliche Ordnung herzustellen. Alle Regierungen Deutschlands sollten, der württembergischen folgend (siehe „In welchem Hafen soll man einschiffen?"), alle fremden Häfen für Auswanderer verbieten und auch Havre etwa nur insofern zulassen, als die deutschen Dampfer daselbst anlaufen und Passagiere aufnehmen. Deutschland wird doch noch im Stande sein, seine übrigen Kinder wegzubringen! Und es sollte im Stande sein, sie auf der Wegfahrt besser zu versorgen, als fremde Länder es thun und thun können. Wir wollen die fremden Häfen und ihre Schiffe in ihrem Charakter hier gar nicht berühren, wollen sie nicht herabsetzen. Die französischen Häfen und Schiffe mögen für die Franzosen die besten sein; die englischen Häfen und Schiffe mögen für die Engländer die besten sein und sind es wohl auch; aber für Deutsche sind sie nicht die besten. Die Inman-Steamer sind gut, aber für Deutsche sind sie nicht vorzuziehen. Es ist eine unangenehme Verschleppung, wenn Deutsche nach Liverpool gebracht werden, um dort für die Reise nach Amerika eingeschifft zu werden. Wenn eine Reise auf einem englischen Schiffe mehrere Thaler billiger ist, als auf einem deutschen, so hat man doch auch sonst wieder mehr Ausgaben und wird der Unterschied beinahe aufgehoben. Wenn jedoch Süddeutsche eben so billig nach Havre kommen können, wie nach Bremen oder Hamburg, so läßt sich nichts dagegen sagen, wenn sie über Havre reisen und dann aber ein deutsches Dampfschiff (Hamburger oder Bremer) nehmen. Sie sparen dann ein paar Tage unangenehme Seereise durch die Nordsee und etwas Geld, weil es von Havre aus weniger kostet, als von den deutschen Häfen aus. — Will Jemand über einen fremden Hafen reisen, so lasse man ihn gehen. Aber alles Werben für ausländische Häfen sollte in Deutschland nicht mehr geduldet werden. Allen Auswanderungs-Agenten sollte, wie es in Württemberg bereits der Fall ist, verboten werden, irgend Jemand über fremde Häfen zu schicken; die Agenturen aber, die ausschließlich für fremde Häfen bestehen, sollten aufgehoben werden. Würden die Regierungen das thun, dann wäre auf einmal außerordentlich viel geholfen. Alles Werben hätte ein Ende; das vielfache Vertheiltwerden der Auswanderer würde aufhören; das ganze Feld wäre zunächst auf Hamburg und Bremen beschränkt; und hier, vor der Thüre, noch in der Heimath, könnte man es leicht überwachen und die ganze Thätigkeit reguliren, während das bei der bisherigen Zerstreuung der Emigranten gar nicht möglich ist. Vor gefährlichen Monopolen in diesen beiden Städten braucht man sich nicht zu fürchten; es wird an der nöthigen Concurrenz nicht fehlen; auch könnten die Regierungen ein Wort mitzureden haben. — Und damit kommen wir an die weitern Gesetze, welche die Regierungen zur Regulirung des ganzen Auswanderungswesens zu erlassen hätten. Zwischen Berlin und Washington finden schon seit längerer Zeit Verhandlungen wegen einer internationalen Commission für die Auswanderung statt. Mögen diese Verhandlungen guten Erfolg haben! Was man aber auch für Verordnungen und Gesetze erlassen mag, immer muß dafür gesorgt werden, daß sie sogleich angewendet werden können. Hier kann man keinen langweiligen, schleppenden Rechtsweg brauchen. Der Auswanderer kann auf seinem Wege nicht ohne bedeutenden Schaden aufgehalten werden und Gesetze, die nicht sogleich angewendet werden können, nützen ihn nichts. Gauner wissen die Gesetze zu umgehen und darum müssen hier die Zügel streng angezogen werden. Agenten in Amerika, die zum Werben nach Deutschland gehen, sagen einfach: Man mag immer Gesetze erlassen in Deutschland, sie werden doch nicht gehalten und wir gehen hin und fragen bei unsrer Arbeit wenig darnach, sondern wissen sie zu umgehen. — Es ist in den letzten Jahren so viel über diese Sache verhandelt worden, daß man's fast müde wird, wenn man Alles genau verfolgt hat. Die Sache ist aber nicht so schwer; man fürchte sich nur nicht vor ihr und lasse alle Nebenrücksichten fahren und fasse den Stier gleich bei den Hörnern.

Wenn aber der Staat Alles auf's Beste geordnet hätte, so bliebe doch noch eine Aufgabe für die Kirche übrig. Sie darf ihre Kinder, für die sie verantwortlich ist, nicht unversorgt ziehen lassen. Es ist ihre Pflicht, sich der Auswanderer anzunehmen, besser anzunehmen, als es bisher geschehen. Was thut Deutschland? Was thut die Kirche? Im Ganzen geschieht sehr wenig in dieser Sache. Wenn es nur einmal so weit gekommen wäre, daß die Kirche mit allen ihren Gliedern ihre Pflicht erkannt hätte! Man treibt äußere und innere Mission und bedenkt nicht, daß Tausende der Auswanderer in's größte Verderben laufen, weil nicht für sie gesorgt wird. Man findet kaum einen Grund dafür, daß dieser umfassende Gegenstand so wenig beachtet wird. Zwar ist es jetzt vielleicht nicht mehr so schlimm, wie es früher war; die kirchliche Versorgung war früher nicht ausreichend; in vielen Gegenden mit deutscher Bevölkerung war keine deutsche Kirche, kein deutscher Gottesdienst und keine deutsche Schule; jetzt ist diesem Mangel, wenn auch nicht ganz, so doch großentheils abgeholfen; nur in den äußern Staaten ist noch ein fühlbarer Mangel, dem durch die guten Kräfte, die in Amerika in immer größerer Anzahl erzogen werden, nach und nach abgeholfen werden wird; — auch auf der Reise ist Manches besser geworden. Aber durch den Dienst der Kirche wurde wenigstens für die Auswandernden noch wenig oder nichts gebessert.

Was hier geschehen könnte, wäre vielleicht Folgendes:

Man sollte bessere Verbindungen mit Amerika anknüpfen. Seelsorger sollten wissen, wie und wo ihre Beichtkinder versorgt werden können und sollten im Stande sein, sie in den einzelnen Gegenden an diese oder jene Kirche zu empfehlen, um auf diese Weise gleich eine Verbindung des Einzelnen mit einer Kirche in seiner neuen Heimath anzubahnen. Der Einwanderer würde dann nicht so vereinzelt und verlassen dastehen, sondern hätte gleich einen Halt an Freunden, an die er sich wenden könnte. Und dieses würde eine große Wohlthat für ihn sein. — Zugleich aber würden durch bessere Verbindungen die bereits in Amerika bestehenden Vereine und Gesellschaften zum Besten der Emigranten ihren Zweck vollständiger erreichen. Und wenn man nicht im Stande wäre, Empfehlungen nach einzelnen Gegenden mitzugeben, so könnte man den Auswanderer an diese Emigranten-Missionen oder an eine Kirche überhaupt empfehlen.

Bessere Kenntniß der amerikanischen Verhältnisse wäre nöthig und könnte durch bessere Verbindungen zum Theil erreicht werden. Es handelt sich hier zunächst nicht um die kirchlichen Verhältnisse, sondern um Alles, was zu einer vortheilhaften Ansiedlung gehört, wie oben unter „Wohin soll man auswandern?" angegeben. Ehe der Auswanderer seine Heimath verläßt, soll er wissen, wo es am besten für ihn ist und was er zu erwarten hat. Solche Schriften, welche hierüber zuverlässige Auskunft geben, sollten empfohlen und verbreitet werden, weil sie ersetzen, was nicht jeder Einzelne zu geben im Stande ist. Es ist ein empfindlicher Nachtheil, wenn die Leute ohne alle Kenntniß des Landes hinüber kommen.

Wie auf jedem Dampfer ein Arzt ist, so sollte auch auf jedem ein Schiffs-Prediger sein. Auf Segelschiffen wäre es bei einer kleinen Passagierzahl vielleicht nicht möglich; bei einer größeren Zahl sollte jedoch auch hier ein Prediger sein. Der Schiffs-Prediger sollte aber nicht blos auf dem Schiff geduldet, sondern rechtmäßig, nöthigenfalls von der betreffenden Behörde autorisirt werden, auf daß er auch etwas zu sagen habe und über Zucht und Sitte wachen könne. Wir wollen kein herrschendes Wesen, aber wir wollen auch keinen Schiffs-Prediger in einer solchen Stellung, daß Jeder, der sich's einfallen läßt, über ihn herzufallen, solches auch ohne Weiteres thun könne. Der Schiffs-Prediger würde zum Schiffsvolk (Passagiere und Mannschaft) in demselben Verhältniß stehen, wie ein Prediger zu seiner Gemeinde, über die er nicht herrscht, sondern die er weidet und hütet. — Man denke nicht, es sei oft ein Prediger unter den Passagieren, der etwas thun könne; ist einer da, dann ist er wenigstens nicht in einem Zustande, der ihm etwas zu thun erlaubt; oft würde er aber auch gar nicht ankommen, wenn er wirklich predigen wollte. Aber auch wenn alle reisenden Prediger predigen könnten und dürften, so wäre damit der Noth noch nicht abgeholfen. Es handelt sich auch nicht allein um die Passagiere, sondern ebenfalls um die Schiffsmannschaft. Es fährt da eine ganz bedeutende Zahl von Menschen das ganze Jahr hindurch über's Wasser und hört fast nie ein Wort Gottes. Sollte man für die nicht auch etwas thun können? — Am leichtesten wäre vielleicht zu helfen, wenn Prediger da wären, welche hinreichend Medizin verstünden, um zugleich Schiffsarzt sein zu können; dadurch würde der Schiffsarzt überflüssig werden. Der Prediger müßte auf dem Schiffe freie Station haben; für sein Gehalt würde die Kirche sorgen. Könnte der Prediger zugleich der Arzt sein, so würden die Eigenthümer der Schiffe, die ja den Arzt besolden müssen, wohl auch zu seinem Gehalt etwas beitragen.

In den Häfen sollten Herbergen zur Aufnahme von Emigranten sein. Dieselben könnten nach dem Muster der evangelischen Vereinshäuser gehalten werden. Der Auswanderer könnte in denselben um einen mäßigen Preis Kost und Logis haben und stünde zugleich unter geistlicher Pflege, — hätte überhaupt für den nöthigen kurzen Aufenthalt eine sichere Stätte.

Ehe der Auswanderer seinen Heimathsort verläßt, sollte er kirchlich aus der Gemeinde entlassen werden. Die Entlassung könnte vielleicht auf folgende Weise geschehen: Sie findet statt in der Kirche am letzten Sonntag vor der Abreise. Schon acht Tage vorher wird in der Kirche angezeigt, daß am kommenden Sonntage die Entlassung der auswandernden N. N. stattfinden werde. Am betreffenden Sonntage hält der Prediger nach der Predigt vom Altare aus eine kurze Rede an die Gemeinde und wendet sich dann an die Scheidenden, welche vor den Altar getreten sind. Sie bekommen den kirchlichen Segen und vielleicht eine Bibel oder sonst ein gutes Buch zum Andenken. Sehr wünschenswerth wäre es, wenn die Auswanderer noch am letzten Sonntag zum hl. Abendmahl gehen könnten. Daran würden mit Antheil nehmen die nächsten Freunde oder vielleicht auch die ganze Gemeinde. Eine solche einfache Feier würde gewiß gegenseitig von großem Nutzen sein. Sie würde auch das Gemeinschaftsband stärken. Der Gemeinde würde es zum Bewußtsein gebracht: Eines unsrer Glieder verläßt uns; die Abziehenden würden dadurch auf's neue fester mit der Gemeinde verbunden. Vielleicht würde dann auch manches Gebet zum Himmel emporsteigen. Durch eine solche Entlassung und durch das Entlassungszeugniß des Seelsorgers würde zugleich auch der Anschluß an eine Gemeinde in Amerika vorbereitet werden.

Eine solche Entlassungsfeier ist höchst einfach und mit gar keinen Unmöglichkeiten verbunden; kaum bietet sie Schwierigkeiten dar. Jeder Prediger kann sie ohne weitere Vorbereitungen einführen; kein Mensch wird etwas dagegen haben, und das Presbyterium würde wohl gerne beistimmen. Wo nur die wahre Liebe ist, da findet sie auch den Weg. — Man wundert sich, daß so Viele der Kirche entfremdet werden; man sollte sich darüber nicht wundern. Man läßt sie ja laufen und leitet dadurch die Entfremdung ein. An der Entfremdung trägt die Kirche, tragen die Diener der Kirche vielfach selbst die Schuld. Es ist kaum zu begreifen, wie es möglich ist, daß hierin so viel versäumt werden kann! —

Möge Deutschland seine Pflicht erkennen! Möge die Kirche ihre Pflicht erkennen! Auf Prediger-Conferenzen, kirchlichen Versammlungen und -Festen und bei andern Gelegenheiten sollte die Auswanderungs-Sache besprochen und Hand an's große Werk gelegt werden, auf daß der Auswandernde Hilfe und Schutz von der Kirche empfange, wie er solches mit Recht von ihr erwarten darf.

Anhang.

Münz-Verhältniß.*)

1 Dollar = 2 fl. 30 kr. rhein., = 1 Thlr. 13 Sgr. Preuß. Cour., = 5 Franken 25 Centimes.

1 Gulden Rhein. = 40 Cents; 1 Vereinsthaler = 69 Cents; 1 Fünffrankenstück = 95 Cents; zwanzig Franken (Gold) = 3 Doll. 83 Cents; 1 Dukate = 2 Doll. 20 Cents; 1 Friedrichsd'or = 3 Doll. 90 Cents; zehn Gulden (Gold) holl. = 4 Doll.; 1 holl. Gulden = 40 Cents.

Münz-Eintheilung.

Ein Dollar hat 100 Cents; ein Cent ist 1½ Kreuzer.

Die einzelnen Cents sind aus Kupfer oder Nickel geprägt.

Aus Silber werden geprägt: 3-, 5-, 10-, 25-, 50-Centstücke und 1 Dollarstück.

Aus Gold werden geprägt: 1 Dollar, Quarter Eagle (viertel Adler) = 2½ Dollars, Half Eagle (halber Adler) = 5 Dollars, Eagle (sprich: Ighel) = 10 Dollars, Double Eagle (Doppel-Adler) = 20 Dollars und 50 Dollarstücke, welche jedoch selten sind.

Seit Anfang des amerikanischen Krieges ist alles Metallgeld aus dem Verkehr verschwunden; an seine Stelle trat das Papiergeld. Auch das Kleingeld des Silbers (5, 10 Cents u. s. w.) wurde aus Papier gemacht. Der Werth dieses Papiergeldes war Schwankungen unterworfen. Das Agio war oft sehr hoch, gegenwärtig ist es niedrig, und in nicht ferner Zeit wird es wieder auf Pari stehen. — Es gibt Banknoten von verschiedenem Werth: von 1—1000 Dollars.

Längemaß.

12 Zoll = 1 Fuß; 3 Fuß = 1 Yard; 5½ Yards = 1 Pole (Ruthe); 320 Poles = 1 Meile.

---

*) Bei dieser Angabe ist vom Cours-Verhältniß abgesehen.

Deutsche Gesellschaft
der
Stadt New-York.
Gegründet im Jahre 1784.

17 und 19 Broadway, New-York.

§ 1 der Statuten; „Die Deutsche Gesellschaft hat den Zweck, deutsche Einwanderer zu unterstützen und nothleidenden Deutschen und ihren Nachkommen Hülfe zu leisten."

Die Deutsche Gesellschaft der Stadt New-York übernimmt von heute an die Besorgung der folgenden Geschäfte für deutsche Einwanderer und deren Freunde:

1) Das Uebersenden von Geld nach allen größeren Plätzen Deutschlands und der Schweiz, entweder durch Wechsel und Anweisungen zahlbar bei Vorzeigung oder in Baar;
2) die Besorgung von Passage-Scheinen für die Reise von Europa hierher, und von hier nach Europa;
3) die Besorgung von Reisebilleten für Eisenbahnen oder Dampfschiffe für die Reise in das Innere des Landes;
4) das Umwechseln von Geld;
5) das Ausstellen von Vollmachten;
6) die Aufnahme von Vollmachten und die Besorgung der dadurch übertragenen Geschäfte;
7) die Uebernahme und Beförderung von Packeten und Werthgegenständen.

Die Gesellschaft bezweckt hierdurch, ihren Landsleuten einen zuverlässigen, prompten und billigen Weg für die Besorgung ihrer Geschäfte zu eröffnen. Sie wird für ihre Dienstleistungen nur so viel berechnen, als erforderlich ist, die dadurch entstehenden Unkosten zu decken und einen Reserve-Fond zu bilden, welcher für die Unterstützung hilfsbedürftiger Deutscher verwendet werden soll.

Sie leistet jedoch keinen Vorschuß irgend einer Art und bedingt baare Zahlung für alle von ihr zu besorgenden Geschäfte.

Geschäftslokal Nr. 13 Broadway.

Adresse für Briefe: German Society, Post Box 4330, **New-York.**

Wir laden hiermit unsere Landsleute ein, sich unserer Vermittlung für die Besorgung der oben angeführten Geschäfte zu bedienen.

Der Verwaltungsrath der deutschen Gesellschaft:

Philipp Bissinger,
Präsident.

Norddeutscher Lloyd.

Post-Dampfschifffahrt

von Bremen nach New-York, Baltimore, Havanna, New-Orleans und Westindien.

1. Zwischen **Bremen** und **New-York**:
   Abfahrt von Bremen in den Wintermonaten jeden Sonnabend, von März bis Ende October jeden Mittwoch und Sonnabend.
2. Zwischen **Bremen** und **Baltimore**:
   Abfahrt von Bremen alle 14 Tage des Mittwochs.
3. Zwischen **Bremen** und **New-Orleans** (via Havanna):
   Abfahrt von Bremen von September bis Mai ein- oder zweimal monatlich.
4. Von **Bremen** nach **Westindien**, nach **Laguayra**, **Porto Cabello**, **Savanilla** und **Colon** mit Anschlüssen via **Panama** nach allen Häfen der Westküste von **Süd-** und **Nord-Amerika**:
   Abfahrt von Bremen vom October an ein- oder zweimal monatlich.

Passage-Preise
einschließlich vollständiger Beköstigung:

Nach **New-York**:	Erste Cajüte	165	Thlr. Preuß. Cour.
	Zweite "	100	" " "
	Zwischendeck	55	" " "
Nach **Baltimore**:	Erste Cajüte	135	" " "
	Zwischendeck	55	" " "
Nach **New-Orleans** und **Havanna**:	Erste Cajüte	180	" " "
	Zwischendeck	55	" " "

Kinder unter 10 Jahren zahlen auf allen Plätzen die Hälfte. — Säuglinge unter einem Jahre 3 Thlr. Preuß. Cour.

Nähere Auskunft ertheilen sämmtliche Schiffs-Expedienten und Schiffsmäkler in Bremen, sowie deren inländische Agenten.

Bremen, 1870.

Die Direction des Norddeutschen Lloyd.

H. Peters, Director. Hirschfeld, Procurant.

Schmidt & Dihlmann

in

Stuttgart

befördern Reisende und Auswanderer nach Amerika, besorgen

Wechsel- und Incasso-Geschäfte, Vollmachten, Todesscheine und **Documente** aller Art

von und nach Amerika, sind erbötig, inländischen Capitalisten die sichere Anlage größerer und kleinerer Summen auf gute Hypotheken in Amerika zu vermitteln, wobei die höchsten Zinsen zu erzielen sind.

Jede gewünschte Auskunft wird bereitwillig ertheilt von

Schmidt & Dihlmann,
Stuttgart,
und deren bekannten Bezirks-Agenten.

Caspers Hôtel

nahe am Bahnhof

in

Bremen.

Wer in keinem gewöhnlichen Wirthshaus logiren will, wird hier gut und billig wohnen können.

Röhlig & Comp.,

Speditions-Geschäft

in

Bremen.

New-Yorker Germania,

Lebens-Versicherungs-Gesellschaft,

Europäische Abtheilung in Berlin.

Special-Directorium für Europa:

Frhr. Eduard von der Heydt, Heinrich Hardt, Herm. Marcuse, Herm. Rose, Generalbevollmächtigter.

Versicherungs-Bestand der Gesellschaft am 31. Dezember 1869 16,312 Policen für . . . . Doll. 29,598,416. 24
Baares Vermögen derselben ditto . . . . " 3,224,464. 89
Für Todesfälle im Jahre 1869 bezahlt . . . . . " 295,681. 05

Bei der europäischen Abtheilung wurden seit Eröffnung derselben vom 1. Juni 1868 bis zum 31. Dezember 1869 ausgestellt 1034 Policen für Thlr. 1,667,837 Kapital und Thlr. 6124 jährliche Rente.

Das Depositum in Deutschland ist auf Doll. 150,000 erhöht und befindet sich bei dem Bankhause F. M. Magnus in Berlin und bei der königl. württemb. Hofbank in Stuttgart.

Der ganze Netto-Gewinn kommt den Versicherten zu Gute.

Bei ihren billigen Prämien, möglichst liberalen Bedingungen und hohen Dividenden bietet die solide und umsichtige Verwaltung der Gesellschaft außerordentliche Vortheile. **Schon im zweiten Jahre erhalten die Versicherten eine Dividende.** Die New-Yorker „Germania“ ist die einzige in Deutschland arbeitende Gesellschaft, deren Reserven regierungsseitig berechnet und deren jährliche Abschlüsse von einem Regierungsamte des Staates genau controlirt werden. Sie unterwirft sich in ihren Policen für Europa dem Gerichtsstande desjenigen Agenten, welcher die Versicherung abgeschlossen hat.

Die Gesellschaft gestattet ihren Versicherten ohne specielle Erlaubniß nicht nur das Reisen und Wohnen in Europa und Nord-Amerika, sondern auch die Ueberfahrt von und nach einem der Häfen der Ver. Staaten und Europa's.

Prospecte, Antrags-Formulare und jede gewünschte Auskunft ertheilen die Agenten der Gesellschaft, sowie

der General-Agent: **Eduard Schwandner**
in
Stuttgart.

Anm. des Verf. Die New-Yorker Germania gewinnt jedes Jahr an Bedeutung und ist im Vertrauen schnell gestiegen. Sie ist Allen, besonders Auswanderern zu empfehlen.